Nicole Rettig
Statische Moderne

Undisziplinierte Bücher

Gegenwartsdiagnosen und ihre historischen Genealogien

Herausgegeben von
Iris Därmann, Andreas Gehrlach und Thomas Macho

Wissenschaftlicher Beirat
Andreas Bähr · Kathrin Busch · Philipp Felsch
Dorothee Kimmich · Morten Paul · Jan Söffner

Band 4

Nicole Rettig

Statische Moderne

Zum Begriff der Statik in bildender Kunst, Literatur und Architektur in der ersten Hälfte des 20. Jahrhunderts

DE GRUYTER

Dissertation der Universität Konstanz
Tag der mündlichen Prüfung: 2. Juli 2020
Referent: Prof. Dr. Bernd Stiegler
Referent: Prof. Dr. Thomas Weitin

ISBN 978-3-11-135676-1
e-ISBN (PDF) 978-3-11-073091-3
e-ISBN (EPUB) 978-3-11-073104-0
ISSN 2626-9244

Library of Congress Control Number: 2021944253

Bibliografische Information der Deutschen Nationalbibliothek
Die Deutsche Nationalbibliothek verzeichnet diese Publikation in der Deutschen
Nationalbibliografie; detaillierte bibliografische Daten sind im Internet über
http://dnb.dnb.de abrufbar.

© 2023 Walter de Gruyter GmbH, Berlin/Boston
Dieser Band ist text- und seitenidentisch mit der 2022 erschienenen
gebundenen Ausgabe.
Coverabbildung: Reg Speller/Valueline/Getty Images Plus
Satz: Integra Software Services Pvt. Ltd.
Druck und Bindung: CPI books GmbH, Leck

www.degruyter.com

Und nun vollends die Statik zur Grundlage der Ästhetik zu machen; denn was anderes ist das ‚statische Gefühl' als die verstandesmäßig erfaßte Theorie in Fleisch und Blut übergegangen aus dem Unbewußten heraus wirkend.

Franz Czech

Dem Ingenieur ist nichts zu schwere –
Er lacht und spricht: „Wenn dieses nicht, so geht
    doch das"
Er überbrückt die Flüsse und die Meere,
Die Berge unverfroren zu durchbohren ist ihm Spaß.
Er türmt die Bogen in die Luft,
Er wühlt als Maulwurf in der Gruft,
Kein Hindernis ist ihm zu groß –
Er geht drauflos!

Den Riesen macht er sich zum Knechte,
Des wilder Mut, durch Feuersglut aus Wassersflut
    befreit,
Zum Segen wird dem menschlichen Geschlechte –
Und ruhlos schafft mit Riesenkraft am Werk der neuen
    Zeit.
Er fängt den Blitz und schickt ihn fort
Mit schnellem Wort von Ort zu Ort,
Von Pol zu Pol im Augenblick
Am Eisenstrick!

Was heut sich regt mit hunderttausend Rädern,
In Lüften schwebt, in Grüften gräbt und stampft
    und dampft und glüht,
Was sich bewegt mit Riemen und mit Federn
Und Lasten hebt, ohn' Rasten webt und locht und
    pocht und sprüht,
Was durch die Länder donnernd saust
Und durch die fernen Meere braust,
Das alles schafft und noch vielmehr
Der Ingenieur!

Die Ingenieure sollen leben!
In ihnen kreist der wahre Geist der allerneuesten Zeit,
Dem Fortschritt ist ihr Herz ergeben,
Dem Frieden ist hienieden ihre Kraft und Zeit geweiht!
Der Arbeit Segen fort und fort,
Ihn breitet aus von Ort zu Ort,
Von Land zu Land, von Meer zu Meer –
Der Ingenieur.

Heinrich Seidel

Danksagung

Ich danke meinen Eltern, die mir in den vergangenen Jahren eine unendlich große Stütze waren, meinem Bruder, ohne den es diese Arbeit so nicht gäbe, all meinen Freunden, die mich durch eine sehr dunkle Zeit begleitet haben, Dr. Gunhild Berg, die mir die Tür zu Begriffs- und Wissenschaftsgeschichte öffnete, Prof. Dr. Bernd Stiegler, der mir mit Rat und Tat zur Seite stand, Dr. med. Zhihong Zhang, die mit ihren Akupunkturnadeln Großartiges vollbrachte, und meinem Augenarzt Dr. Frieder Mall, der immer für mich da war.

Dem Zukunftskolleg der Universität Konstanz danke ich sehr herzlich für die Übernahme der Druckkosten.

Inhaltsverzeichnis

Danksagung —— IX

Einleitendes —— 1
    Anmerkungen —— 11

Signaturen der Statik – Mondrian und die Moderne —— 15
    Äquilibrium —— 15
    Perspektiven —— 24
    Statik/Dynamik —— 27
    Elementarismus —— 30
    Objektivität —— 36
    Experiment —— 39
    Mathematik —— 47
    Mechanik —— 50
    Tanz —— 53
    Urbane Räume —— 54
    Totalität —— 78
    Eisenarchitektur —— 84
    Ulrich —— 94
    Neuer Mensch —— 99
    Monumente —— 110
    Spannungen —— 111
    Anmerkungen —— 114

Intermezzo. Dadas statische Lyrik —— 145
    Anmerkungen —— 151

Immerzu austarieren! Oskar Schlemmer sucht Maß und Mitte —— 154
    Mitte —— 154
    Statik/Dynamik —— 169
    Gleichgewicht —— 176
    Mathematik —— 185
    Tanzende Visionäre —— 192
    Klarheit —— 194
    Universalität —— 197
    Konstruktivismus —— 198
    Anmerkungen —— 202

Gottfried Benn und der Triumph der Statik —— 213
    Statik —— 213
    Stundengott —— 233
    Solo-Spieler —— 237
    Schrift/Bild —— 241
    Mitte —— 244
    Anmerkungen —— 246

Ausklang. Jean Tinguelys Manifest „Für Statik" (1959) —— 255
    Anmerkungen —— 257

Schlusspunkt —— 258
    Anmerkungen —— 260

Abbildungsverzeichnis —— 261

Abbildungsnachweis —— 263

Literaturverzeichnis —— 265

Register —— 285

Einleitendes

Alfred Gotthold Meyer, Professor für Geschichte des Kunstgewerbes an der Königlichen Technischen Hochschule Berlin-Charlottenburg, konstatiert in seiner 1907 postum erschienenen Monografie *Eisenbauten. Ihre Geschichte und Ästhetik*, mit welcher der Autor einen Beitrag zur Stilgeschichte leisten möchte, dass der „moderne Mensch [...] mitten im Wirbelstrom einander widerstreitender Kräfte [steht]. Er ist herausgeschleudert aus den ruhigen Gleisen, in denen das Dasein seiner Ahnen verlief. Von allen Seiten dringt das „Neue" auf ihn ein, betäubend und doch wieder anregend".[1] Das beginnende 20. Jahrhundert, das machen diese Zeilen deutlich, wird als Zeit des Umbruchs, der Veränderung und Beschleunigung erfahren, in der sich das Alte noch nicht verabschiedet hat, das Neue aber, welches der Autor nicht etwa dämonisiert, ihm vielmehr eine anregende, produktive Kraft zuschreibt, schon nach vorne drängt und eine technische Zukunft ankündigt. „[D]as Lied der Maschinensäle, Niethämmer und Fabriksirenen"[2] ist schon vernehmbar, ohne dass sich aber die Menschen dieses Neue, Technische und Zukunftsweisende bereits angeeignet haben. Das Eindringen der Technik in die bislang ruhige, geordnete und beschauliche Welt beschränkt sich dabei allerdings nicht nur auf die optische und akustische Wahrnehmungswelt. Auch die Sprache wird von der Technisierung beeinflusst, ja es wird gar von einer „Ingenieurisierung von Sprache und Denken"[3] gesprochen, womit das Übernehmen mechanischer Begriffe in den allgemeinen Sprachgebrauch sowie der Transfer technischer Denkweisen und Ideale in andere Wissensbereiche gemeint ist. Entsprechend stellt Robert Musil in seinem Roman *Der Mann ohne Eigenschaften* (1930/1932) gewohnte Sprachbilder neben neue, technische Redeweisen. „[S]charfsichtig", heißt es dort, sei man nach wie vor nicht „wie ein Riesenrefraktor, sondern wie ein Adler"[4], und wer etwas auf sich halte, setze sich nicht etwa auf einen „Wolkenkratzer, sondern aufs hohe Roß".[5] Selbst die Ingenieure, die den Fortschritt symbolisieren und mit ihren kühnen Ideen, gewagten Vorhaben und gewaltigen Bauprojekten nach vorne treten, vermögen es in Musils Roman ganz offensichtlich nicht, sich von Altbewährtem und Geschätztem loszumachen, denn warum sonst „tragen sie beispielsweise so oft eine Uhrkette, die in einseitigem, steilem Bogen von der Westentasche zu einem hochgelegenen Knopf führt, oder lassen sie über dem Bauch eine Hebung und zwei Senkungen bilden, als befände sie sich in einem Gedicht? Warum gefällt es ihnen, Busennadeln mit Hirschzähnen oder kleinen Hufeisen in ihre Halsbinden zu stecken? Warum sind ihre Anzüge so konstruiert wie die Anfänge des Automobils?"[6] Es gelingt ihnen schlicht nicht, „die Kühnheit ihrer Gedanken statt auf ihre Maschinen auf sich selbst anzuwenden".[7] Auch wenn es hier, in Robert Musils Romanfragment – der Autor hat, nebenbei bemerkt, von 1898 bis 1901 an der Deutschen Technischen Hochschule in Brünn Ingenieurwissenschaften studiert –, kaum so aussieht, als wäre der Ingenieur *der* Mann der Zukunft, „l'homme moderne par excellence"[8], der mit seinen technischen Erfindungen, Konstruktionen und Bauwerken das Morgen gestaltet, erscheint er doch rein optisch altmodisch und verstandesmäßig als jemand, der nicht fähig ist, geistig seine Disziplin zu verlassen, so ist der Umbruch in eine neue, technisierte, klare, rationale, objektive, logische Zeit nicht mehr aufzuhalten – es schlägt die Stunde des Ingenieurs, der mit seinem Rechenschieber und seinem Reißbrett die Welt erobert. „Das Jahrhundert der Maschine hat", so Le Corbusier, „den Konstrukteur erweckt, neue Aufgaben, neue Verfahren, neue Mittel haben ihn geboren. Überall ist er jetzt am Werk".[9] Ähnliche Worte findet der Ingenieur Ludwig Brinkmann, der zeitweilig auch als Romancier hervortrat, in seiner 1908 erschienenen Monografie *Der Ingenieur*: „– und jetzt entsteht ein neuer Stand, ein neues Geschlecht, eine neue Entwicklungsstufe geistiger Veranlagung, welche berufen ist, dem Weltbilde ein anderes Antlitz zu verleihen, – es entsteht der Ingenieur".[10] Der Autor ist ferner der Überzeugung, dass die Erkenntnisse der Ingenieure auf andere Bereiche übertragen werden können, womit er letztlich der Verfasstheit technischen Denkens, den mechanischen Strukturen und Gesetzmäßigkeiten Gültigkeit „in allen menschlichen Dingen"[11] zuspricht. Vor diesem Hintergrund kann es kaum verwundern, dass der Ruf nach einer Erweiterung des Wirkungsbereiches der Ingenieure, der sich, so die immer wieder anklingende Forderung, nicht nur auf das Gebiet der Technik, sondern auf den gesamtgesellschaftlichen Bereich erstrecken soll, zu Beginn des 20. Jahrhunderts seitens der Technikapologeten immer lauter wird. Mit ihrer regen Publikationstätigkeit versuchten sie nicht nur die kulturelle Bedeutung der Technik hervorzuheben und die „heimlich-unheimliche Klasse von Menschen, deren Schaffen und Wirken sich dem Auge fast aller entzieht"[12], ins Rampenlicht zu stellen, sie wollten die Öffentlichkeit ebenso davon überzeugen, dass die Ingenieure aufgrund ihrer wachsenden Beeinflussung des gesellschaftlichen Lebens auch kulturelle, soziale und politische Aufgaben übernehmen können, ja müssen. Wie also „die Technik noch die ihr gebührende Rangstellung und Bewertung erkämpfen muss", so müssen auch „die Ingenieure noch um ihre verdiente soziale Bewertung [...] ringen".[13] Dass dieses Ringen nicht nur nicht vergebens war, dass sich all das Engagement der Technikbefürworter, die gegen das schlechte Image von Technik und Ingenieuren anschrieben, positiv auswirkte, lässt sich daran ablesen, dass das öffentliche Ingenieurbild bereits gegen Ende der Weimarer Republik ein vollkommen anderes war.[14]

Ein anschauliches Beispiel für ein solches Popularisierungsbemühen ist das Büchlein *Der Ingenieur. Seine kulturelle, gesellschaftliche und soziale Bedeutung* (1910). In ihm sind insgesamt zehn Essays versammelt, die u. a. das Verhältnis des Ingenieurs zu Politik, Moral, Gesundheit, Verwaltung, Literatur und Heimatkunst beleuchten. Sowohl dem Laien als auch den Ingenieuren soll, so die Ankündigung, die Bedeutung des zur damaligen Zeit nur wenig beliebten Berufsstandes nähergebracht werden. Dies lässt, zumal aus heutiger Sicht, aufhorchen, denn es ist doch sehr erstaunlich, dass noch vor gut hundert Jahren der Ingenieur selbst von seiner gesellschaftlichen Bedeutung überzeugt werden musste. Aber auch hinsichtlich der Zwei-Kulturen-Debatte, welche 1959 von Charles Percy Snow angestoßen wurde, ist dieses kleine Buch aufschlussreich, da die um die Aufwertung von Technik und Ingenieurberuf bemühten Autoren der Essays immer wieder Parallelen zwischen Literatur und Kunst auf der einen und Technik auf der anderen Seite aufzeigen. So bemerkt etwa Georg Biedenkapp in seinem Aufsatz „Die soziale Wertung des Ingenieurs": „Die Erziehung benutzt die Hervorbringungen der Poesie und Künste, um den jugendlichen Geist zu bilden und zu veredeln, Gemüt und Charakter zu entwickeln. Sie könnte aber vielleicht ebenso gut die Schöpfungen der Technik hier im gleichen Sinne verwenden".[15] Doch schon ein Blick in die Zeitungen verrate, dass noch um eine solche Gleichstellung gekämpft werden müsse, denn „nun schaue man einmal in die Tages- und periodische Presse, man schaue in die Lehrpläne der Schulen und Universitäten: wieviel Raum ist da selbst den kleinsten Helden der Literaturgeschichte gewidmet und wie ganz vernachlässigt bleiben da die großen Meister, deren technischen Leistungen vorwiegend das neunzehnte Jahrhundert seine glänzende Entwicklung verdankt [...]. Wann aber liest man in den Zeitungen etwas über den Schöpfer der Dampfmaschine oder über gleichwüchsige Gestalten der Geschichte der Technik".[16] Diese einseitige Berichterstattung, die letztlich in eine Überbewertung literarischer Themen münde, liege vor allem am mangelnden Technikwissen der Redakteure, erklärt der Autor weiter. Es bedürfe deshalb schreibender Ingenieure, die diese Lücke füllen. Der erste zaghafte Schritt sei dabei schon getan, denn durch den großen Ansturm auf die technischen Berufe sei schon manch schreibfertiger Ingenieur zur Tagespresse abgewandert. Aber nicht nur in den Zeitungen soll sich die steigende gesellschaftliche Relevanz der Ingenieure, die mit ihrem Schaffen das Leben der Menschen umgestalten und mit ihren Erfindungen mehr und mehr in die Umwelt eingreifen, widerspiegeln, auch die Literatur soll, ja wird die Figur des Ingenieurs sowie dessen technische Errungenschaften aufnehmen. Davon geht zumindest der unbekannte Verfasser des letzten Essays des Bändchens *Der Ingenieur*, der den Titel „Der Ingenieur und die Literatur" trägt, aus. „Es kann", so der Autor, „gar nicht ausbleiben, daß in den nächsten Jahrhunderten die Technik noch tief in die Gestaltung der Literatur eingreifen wird. Vor allem wird sie eine Menge neuer Gleichnisse und Bilder hergeben, und diese Gleichnisse und Bilder werden sich zu gebräuchlichen Worten verdichten".[17]

Zudem bleibt auch der Bereich der Ästhetik nicht unberührt vom zunehmenden Einfluss des Ingenieurs. Zahlreiche avantgardistische Künstler greifen die mathematisch-exakte Sprache auf, erkennen in ihr eine neue Schönheit, einen eigenen Reiz und verkünden den Anbruch einer neuen Zeit, in der neue künstlerische Ideale gelten sollen. So fordert etwa der französische Künstler Fernand Léger in seinem Aufsatz „Sehr aktuell sein", der im von Carl Einstein und Paul Westheim herausgegebenen *Europa Almanach* (1925) erschien, dass die „Linie, die Ziffer, die Sekunde, der Millimeter, die Präzision"[18] besonders geschätzt werden sollten, wohingegen es alles Unbestimmte und Ungenaue abzulehnen gelte, denn die neue Welt sei „fest, klar und genau".[19] In ebendiese Richtung zielt auch Alexander Rodtschenko:

> KONSTRUKTION – Organisation der Elemente.
> KONSTRUKTION *ist* MODERNE
> WELTANSCHAUUNG.
> KUNST ist wie jegliche *Wissenschaft*
> einer der Zweige der MATHEMATIK.
> KONSTRUKTION ist eine moderne Forderung nach
> ORGANISATION und zweckbestimmter Nutzung
> des *Materials*.
> KONSTRUKTIVES LEBEN
> IST DIE KUNST *DER ZUKUNFT*.
> [...]
> Bewußtes und organisiertes LEBEN, das SEHEN und
> KONSTRUIEREN kann, ist moderne Kunst.
> [...]
> *Bewußtsein*, EXPERIMENT, *Ziel*,
> KONSTRUKTION, Technik und *Mathematik* sind die
> BRÜDER der modernen KUNST.[20]

Die Formsprache der anbrechenden Epoche ist eine, das zeichnet sich mehr und mehr ab, die das Klare, Konstruierte, Genaue, Mathematische ausstellt, das Gefühlsmäßige, Ornamental-Verspielte aber vermeidet. Bei der Produktgestaltung tritt entsprechend an die Stelle des handwerklichen Einzelstücks und der luxuriösen Sonderanfertigung mit aufwendigen Verzierungen das Serienstück, die normierte, schematisierte Form, die Zweckform. Es war die Geburtsstunde des modernen Industriedesigns. Und schließlich führen Bauten wie das Rietveld-Schröder-Haus in Utrecht, das Café *De Unie* in Rotterdam, die Gebäude der Weißenhofsiedlung in Stuttgart oder die „Meisterhäuser" des Bauhauses in Dessau das neue Formideal vor. Überhaupt ist in der Architektur eine Grenzverschiebung zu erkennen. Der Ingenieur dringt mit seiner Eisenarchitektur, deren Siegeszug bereits im 18. Jahrhundert begann, wobei jedoch der entscheidende Durchbruch erst Mitte des 19. Jahrhunderts gelang[21], in diesen Bereich vor. Mit dem Aufkommen der netzartigen Architektur, die auch als „Architektur des Ingenieurs"[22] bezeichnet werden kann, da es seine Berechnungen bzw. die auf deren Grundlage erstellten Konstruktionszeichnungen sind, die nun die Optik der Bauwerke bestimmen, entsteht eine Debatte sowohl um das Verhältnis, die Bedeutung, die Aufgaben und Zuständigkeitsbereiche von Architekten und Ingenieuren[23] als auch um die Ästhetik. Die „Spitzengewebe aus Eisen"[24], so die einhellige Meinung der Ingenieure und Architekturtheoretiker, verlange ein verändertes Ästhetikverständnis. Die „Schönheit stählerner Schärfe"[25], die neue, auf Rechenoperationen beruhende Optik erfordere einen neuen Schönheitsbegriff, der in den klaren, reduzierten Formen einen besonderen Reiz erkennt und ihnen einen eigenen Kunstwert zugesteht. Auf dieses veränderte Bewusstsein spielt Gustave Eiffel an, wenn er den gegen den Eiffelturm Protestierenden folgendes entgegnet:

> Ich glaube fest, daß mein Eiffelturm seine eigenartige Schönheit haben wird. Stimmen die richtigen Bedingungen der Stabilität nicht jederzeit mit denen der Harmonie überein? Die Grundlage aller Baukunst ist, daß die Hauptlinien des Gebäudes vollkommen seiner Bestimmung entsprechen. Welches aber ist die Grundbedingung bei meinem Turm? Seine Widerstandsfähigkeit gegen den Wind! Und da behaupte ich, daß die Kurve der vier Turmpfeiler, die der statischen Berechnung gemäß von der gewaltigen Massigkeit ihrer Basen an in immer luftigere Gebilde zerlegt zur Spitze emporsteigen, einen mächtigen Eindruck von Kraft und Schönheit machen wird. Birgt doch auch die Kolossalität, die absolute Größe an sich einen eigenen Reiz.[26]

Wo also „der Ingenieur die Harmonie eines großartigen Kräftespiels und die Bändigung von Gewalten und Naturkräften im Dienste der Menschheit sieht"[27], da konnten die an alten Beurteilungsmaßstäben hängenden, „antiquarischen Kunstfreunde" zuallererst „nur das Disharmonische, das Häßliche, das ästhetisch Störende wahrnehmen".[28]

Der Wandel hin zu einem neuen Gefühl für Schönheit vollzog sich allerdings nur langsam, bedarf es doch eines eingeübten, gewohnheitsmäßigen Blickes. Gerade Alfred Gotthold Meyer erscheint vor diesem Hintergrund als Vorreiter einer Bewegung, die der Eisenarchitektur eine ihr eigene Schönheit zuschreibt und sie damit in die Kunstgeschichte einschreibt. Aber auch Sigfried Giedion, Architekturtheoretiker und Apologet des Neuen Bauens, fördert das Verständnis für die ungewohnt puristische, klare und reduzierte Formsprache der Ingenieurarchitektur.

Eines der Schlagworte, das im Zusammenhang mit der Eisenarchitektur immer wieder fällt, ist Statik. In genau diesem Wissensbereich sind im 19. Jahrhundert große Fortschritte zu verzeichnen, wie Meyer in seiner konzisen Skizze der Geschichte der Statik, die sich im Wesentlichen auf Georg Christoph Mehrtens *Vorlesungen über Statik der Baukonstruktion und Festigkeitslehre* (3 Bde., 1903–1905) stützt, wissen lässt:

Allein im Vergleich mit allen früheren Jahrhunderten der Baugeschichte darf man sagen, daß das Bauen im 19. Jahrhundert im statischen Rechnen ein neues, großes sicheres und fortan unentbehrliches Mittel zur Lösung seiner konstruktiven Aufgaben erhielt. Und dieses Mittel ist seit einem Menschenalter auch Allgemeingut der Fachkreise. Die Riesenliteratur der Baukunde überliefert es in allen Formen, vom streng theoretischen Lehrbuch bis herab zum tabellarischen Handbüchlein [...]. Damit trat dann freilich in die praktische Baukunde ein theoretisches, in systematischer Form übermitteltes Wissen.[29]

Die Ingenieurwissenschaft zielt also ebenso auf eine Systematisierung des Wissens ab wie auf die Anwendbarkeit der Theorie in der Praxis. An Meyers Ausführungen ist jedoch die Tendenz zu einer immer stärkeren Verwissenschaftlichung der Disziplin deutlich abzulesen. Diese schlägt sich nicht nur in der ständig steigenden Anzahl an Fachliteratur nieder, sondern auch in der Institutionalisierung der technischen Bildung.[30]

Auch wenn Meyer in seiner Arbeit die Geschichte der Statik nachzeichnet, so kann doch konstatiert werden, und das ist durchaus bemerkenswert, dass sich die Technikhistoriker erst seit den frühen 1990er Jahren verstärkt für die Geschichte der Baustatik interessieren. Die erste Tagung, die sich mit der Historie der Baustatik befasste, fand 2005 in Madrid unter dem Titel „Historical Perspectives on Structural Analysis" statt. Die bislang umfangreichste Studie zur Geschichte der Baustatik legte Karl-Eugen Kurrer, Bauingenieur und Technikhistoriker, vor. In seiner 2016 erschienenen *Geschichte der Baustatik. Auf der Suche nach dem Gleichgewicht*[31], deren Untertitel auf den wichtigsten der mechanischen Grundsätze hinweist, bemerkt der Autor, dass die Statik von vielen nicht wahrgenommen werde, weil sie davon ausgingen, dass die „Standsicherheit von Bauwerken a priori gewährleistet ist, das bautechnische Wissen sich gleichsam naturhaft mit dem Bauwerk verbindet, von ihm absorbiert wird – verschwindet – und damit nicht mehr in Erscheinung tritt".[32] Nur dort, wo die Baustatik versage, trete sie deshalb ins Bewusstsein.

Die vorliegende Arbeit möchte für das selbst von Technikhistorikern lange Zeit kaum berücksichtigte Thema „Statik" sensibilisieren. Es ist jedoch nicht die mechanische Statik, es sind nicht die Formeln, Lehr- und Handbücher der Ingenieure, die im Zentrum stehen, sondern der Begriff „Statik", welcher zu den interdisziplinären Begriffen zu zählen ist. Letztere sind „Begriffsworte [...], die in mehreren Disziplinen mit abweichenden Bedeutungen verwendet werden".[33] Entsprechend stellt diese Untersuchung einen Beitrag zur interdisziplinären Begriffsgeschichte[34] dar. Sie spannt sich zwischen Literatur- und Kunstwissenschaft, Architekturtheorie, Wissen(schaft)sgeschichte[35] und Technikgeschichte[36] auf. Ausgehend von der ursprünglich technischen Bedeutung des Begriffs „Statik", der vom griechischen statiké (téchnē), der „Kunst des Wägens"[37], abgeleitet wird und die „Lehre vom Gleichgewicht der Kräfte oder [die] Lehre vom Spannungs- und

Verschiebungszustand von Tragwerken"[38] bezeichnet, wird danach gefragt, wie der Begriff in der ersten Hälfte des 20. Jahrhunderts in außertechnischen Disziplinen und Diskursen, genauer: in Kunst und Literatur, verwendet wird. In welchen Kontexten taucht der Begriff auf? Was genau wird jeweils mit ihm bezeichnet? Welches Wissen schreibt sich in ihn ein? Welche Vorstellungsbereiche werden berührt? Welche Visionen, Utopien, Hoffnungen und Sehnsüchte schlagen sich in diesem Begriff nieder? Ist der Begriff negativ oder positiv konnotiert? Wird der Begriff einheitlich verwendet oder eröffnen sich neue, vielleicht sogar divergierende Bedeutungsdimensionen?

Um 1900 tritt die „heimlich-unheimliche Klasse von Menschen"[39] auf unterschiedlichen Wegen zunehmend ins Bewusstsein der Öffentlichkeit. Es ist eine Zeit, in der sich das Gesellschaftsbild des Ingenieurs ebenso wandelt wie das Ästhetikverständnis. Wiewohl nicht grundsätzlich, so beginnt man nun doch – vor allem in avantgardistischen Kreisen und von Seiten der Ingenieure und Technikapologeten – in der schmucklosen Zweckform eine eigene Schönheit zu erkennen. Analog zu den Ingenieuren gestalteten zahlreiche Künstler fortan reduziert-exakt. Das Mathematisch-Puristische wird zum neuen Formideal. Gerade am Beispiel der Eisenarchitektur, in der die statischen Rechenoperationen der Bauingenieure für jeden sichtbar zutage treten, wird deutlich, dass es die Statik ist, die das optische Erscheinungsbild der zunehmend technisierten Umwelt mehr und mehr prägt. Zwar symbolisieren die Eisenkonstruktionen der Ingenieure einerseits den technischen Fortschritt, sind also unmittelbar an beschleunigte Prozesse zurückgebunden, doch stehen sie andererseits für Stabilität, Gleichgewicht, Festigkeit und Ruhe. Sie sind unbeweglich und deshalb *auch* Inbegriff des Anti-Dynamischen.

Vor diesem Hintergrund schärft sich schließlich der Blick dafür, dass jenseits der so oft aufgerufenen Dynamik eine andere, ruhige Sphäre existiert, die im Folgenden als „statische Moderne" bezeichnet wird.[40] Sie ist allerdings, darauf wird zurückzukommen sein, ebenso wenig ohne Dynamik zu denken wie andersherum die „dynamische Moderne" nicht ohne Statik funktioniert. Jedenfalls setzen sich die Vertreter der „statischen Moderne" vom Dynamismus jener Jahre ab, befinden sich darum aber nicht im Abseits, sondern agieren vielmehr aus der Peripherie der Mitte heraus, geben sich dabei aber nicht aufrührerisch, laut, rebellisch oder provozierend. Vielmehr schlägt man leise Töne an, die jedoch nachhallen: Nachhallen, weil man hier Existenzielles und Wesentliches ergründet, also gerade nicht wie etwa die Futuristen an der Oberfläche der Erscheinungswelt, die aufgrund beschleunigter Prozesse nur mehr bruchstückhaft ins Bewusstsein dringt, haften bleibt und sich stattdessen mit dem auseinandersetzt, was hinter der äußeren Fassade steckt. Nicht selten wird deshalb die Metaphysik aufgerufen. Zudem zeigt sich, dass im Begriff der Statik all das Wissen kondensiert ist, das in der von Fortschritt, Technik und Beschleunigung geprägten Moderne ganz offensichtlich keinen Platz hat. So ist dieser Begriff eng verbunden mit dem Ruf nach Gemessenheit, Exaktheit, Ordnung, Maß und Zahl. Gleichzeitig ist er aber auch Ausdruck der Suche nach Gleichgewicht im Leben sowie Zeichen der Sehnsucht nach festen, unumstößlichen Werten, die das Hier und Jetzt überdauern.

Im Zentrum der Arbeit stehen die Werke von Piet Mondrian (1872–1944), Oskar Schlemmer (1888–1943) und Gottfried Benn (1886–1956), da ihr Denken, so die hier verfolgte These, besonders eng mit der Statik verwoben ist, weshalb dann auch ihr Schaffen im Zeichen einer „statischen Ästhetik" steht. Es enthält in nuce all das, was die „statische Moderne" auszeichnet. Hinzu kommt, dass diese drei Avantgardisten jeweils unter völlig anderen Voraussetzungen und Bedingungen arbeiteten. Programmatik und Ästhetik entspringen also verschiedenen Kontexten, weisen aber bei aller Unterschiedlichkeit große Parallelen auf. Zusammen bilden Mondrian, Schlemmer und Benn ein breites Spektrum ab, das eine Vielzahl von Anknüpfungspunkten bietet, sodass ein vielschichtiges theorie- und kulturhistorisches Panorama entfaltet werden kann, welches wiederum die Komplexität und Tragweite des Statikbegriffs offenlegt.

Der erste Teil der Arbeit dreht sich um die neoplastizistische Kunst des niederländischen Malers Mondrian. Mit seiner aufs Elementarste reduzierten Bildsprache stieß er selbst in avantgardistischen Künstlerkreisen auf Ablehnung. Zu puristisch, zu dogmatisch sei diese Ästhetik, die sich gegen jegliche Weiterentwicklung sperre, befand etwa der *Stijl*-Kollege Theo van Doesburg. Nun sparte Mondrian nicht an theoretischen Erläuterungen, in denen er die dem Neoplastizismus zugrunde liegende Gedankenwelt präsentiert. Sie ist wesentlich von einem gewissen M. H. J. Schoenmaeker, der seine Philosophie als positiven Mystizismus oder auch als plastische Mathematik bezeichnet, beeinflusst. Mondrians Schriften belegen zum einen die Kommentarbedürftigkeit abstrakter Kunst, zum anderen spricht aus ihnen die Sehnsucht nach einem geschlossenen Weltbild und einer harmonischen Gesellschaft. Angesichts der spekulativ-mystischen Unterfütterung des Neoplastizismus, die voller vager Formulierungen und skurriler Gedanken steckt, verwundert es kaum, dass seine Theorie unter Beschuss stand. Nicht zuletzt ist es die zwar postulierte, doch nicht konkretisierte Umgestaltung des Lebens, die kritisiert werden muss. Wie die neue Gesellschaft im Einzelnen organisiert sein soll, das buchstabiert Mondrian, dem es ansonsten nicht an Worten fehlt, nicht aus. Jedoch soll es in dieser Arbeit weniger darum gehen, Mondrian als utopischen Denker zu entlarven, der absurden Theorien nachhängt, sondern vor allem darum, eine Auffächerung, mithin eine Entschlüsselung des Statikbegriffs zu liefern. Mondrians Werk bietet sich diesbezüglich vor allem deshalb an, weil sich seine Texte durch eine auffallende Begriffsverwirrung, ja Begriffsakrobatik hinsichtlich des Verhältnisses von Statik und Dynamik auszeichnen. Sie sind ein Paradebeispiel dafür, dass der

Begriff „Statik" häufig umgangen wird, was zum einen an der offenkundigen Unbeliebtheit dieses Begriffs liegt, zum anderen weist die Vermeidung des Begriffs auf ein reduziertes Statikverständnis hin. Wie zahlreiche andere Künstler, so verwendet auch der *Stijl*-Künstler den Begriff der Statik nicht, umkreist ihn allerdings beständig, indem er beispielsweise von Gleichgewicht, vom Unbeweglichen, von Ruhe oder dem Unveränderlichen spricht. Ob nun seine Gitter-Bilder tatsächlich wie von ihm intendiert dynamische Gleichgewichte darstellen, darüber lässt sich trefflich streiten. Was ist überhaupt ein dynamisches Gleichgewicht? Außerdem lassen sich in der kunstwissenschaftlichen Forschung unterschiedliche Positionen finden: Während für die einen der Neoplastizismus der Inbegriff von Statik ist, betonen die anderen das Moment der Bewegung. Diesem begrifflichen Durcheinander auf den Grund zu gehen und es Schritt für Schritt aufzulösen, ist eines der Ziele dieser Arbeit.

Oskar Schlemmer, dem das zweite Kapitel gewidmet ist, bewegt sich in seinen Schriften im selben Begriffsfeld wie Mondrian. Auch sein bildnerisches Denken kreist um die Begriffe „Gleichgewicht", „Abstraktion", „Mathematik", „Universalität" und „Stil", die, das sei schon jetzt bemerkt, Schlüsselbegriffe der „statischen Moderne" sind. Die Gemälde des Bauhauskünstlers wurden aufgrund ihrer geometrischen Bildsprache nicht zu Unrecht als konstruiert bezeichnet. Schlemmer jedoch legte großen Wert darauf, nicht als Konstruktivist abgestempelt zu werden. Seine Bilder seien nicht das Resultat planmäßig-exakter Gestaltung, sondern intuitive Schöpfungen. Auch wenn seine Ästhetik an das Formideal der Ingenieure angelehnt ist, so will Schlemmer über das rein Technische hinaus. Das gelingt ihm nicht zuletzt dadurch, dass er den Menschen ins Zentrum seiner Kunst stellt. Er sei, so betont Schlemmer, das Maß aller Dinge und mehr als nur ein Lebewesen aus Fleisch und Blut. Er sei ein physisches, psychisches *und* kosmisches Wesen. Auch wenn der Bauhäusler die Mathematik aufruft, dann macht er nicht die „kalte" Mathematik der Ingenieure für seine Kunst geltend, sondern eine metaphysische. Die „ästhetische Statik", das wird auch hier deutlich, ist weit mehr als nur Kunst im Zeichen des technischen Fortschritts.

Wesentlich brüchiger als bei den beiden Künstlern, die sich um die Synthese verschiedenster Gegensätze bemühen, gestaltet sich die „statische Ästhetik" bei Gottfried Benn. Weder wird von ihm eine harmonisch-vitale Gesellschaft antizipiert noch wird eine Alleinheit ersehnt. Stattdessen führt der Schriftsteller den Zerfall der Welt in all seinen Facetten vor. Die Gegenwart sei eine Zeit voller Spannungen. Diese gelte es, heißt es im *Radardenker* (1949/1958), auszugleichen. Das Ausgleichen, wird sich zeigen, ist am Ende nicht so ungewöhnlich für den die Ambivalenz beständig herausstellenden Benn, wie man vielleicht zunächst meinen möchte. Auch er macht sich auf die Suche nach dem Gleichgewicht, auch er ist, um mit Durs Grünbein zu sprechen, unter die Statiker gegangen. Für ihn sind Balance, Abstraktion, Stil und Konstruktion ebenso wichtig wie für Schlemmer und Mondrian, ja er verwendet sogar den Begriff der Statik und liefert dessen Definition gleich mit. Über Benn und die Statik wurde bereits viel geschrieben, und dennoch gibt es ein paar kleine, weiße Flecken, die noch nicht erkundet wurden, wie etwa die Bedeutung der „neuen Mitte", über die der Autor in *Probleme der Lyrik* (1951) spricht. Auch ein Vergleich von Benns statischer Lyrik mit jener des Dadaismus steht noch aus.

Zwischen dem ersten und zweiten Hauptkapitel findet sich ein Intermezzo. Es handelt von Richard Huelsenbecks Definition statischer Lyrik und dem Gedicht „grün" (1918) von Raoul Hausmann. Abgeschlossen wird die Arbeit durch einige Bemerkungen zu Jean Tinguelys Manifest „Für Statik" (1959). Damit ist der Übergang zur Postmoderne, die in dieser Arbeit nicht weiter thematisiert wird, geschaffen. Daneben werden ausgehend von den Werken der drei Hauptakteure zahlreiche Anknüpfungspunkte aufgezeigt, so etwa zu Theo van Doesburg, Robert Musil, Max Eyth, Le Corbusier, Amédée Ozenfant, Sigfried Giedion, Oswald Spengler, Fortunato Depero, Erich Mendelsohn, El Lissitzky oder Fernand Léger. Letztlich spannt sich auf diese Weise zwischen all dem Dynamischen, das die neue Zeit augenscheinlich prägt und auf das im Rahmen des Modernediskurses vielfach verwiesen wird[41], peu à peu ein „Netz der Statik" auf. Tritt man zurück und betrachtet all diese Fäden, die durch den Begriff „Statik" zusammengehalten werden, so wird deutlich, dass Statik wie Statisches die Moderne durchdringen, dass also die Dynamik nur vordergründig das Lebensgesetz der Moderne ist. Mondrian, Schlemmer und Benn erscheinen nicht als Alleingänger, die den „Sonderweg Statik" betreten, sondern als Vertreter einer umgreifenden Bewegung, die hier und da aufscheint.

Beim Eruieren dessen, was die „statische Moderne" auszeichnet, werden vor allem vier Aspekte in den Blick genommen:
1. Konstruktion
2. Gleichgewicht
3. Spannung
4. Anti-Dynamik

Indem die Arbeit zahlreiche Disziplinen, Diskurse und Werke zusammenführt, kann sie aufzeigen, dass die Statik grundlegender Bestandteil verschiedener Wissensbereiche ist, was von Kunst- und Literaturwissenschaftlern bislang übersehen oder zumindest kaum beachtet wurde. Eine Gesamtschau, die sich auf die Statik, verstanden als technisches wie ästhetisches Verfahren, als Prinzip, Ideal und Denkweise konzentriert, existiert bisher nicht. Erst durch das Zusammenführen literatur-, kunst-, wissen(schaft)s- und technikgeschichtlicher

Diskurse im Rahmen einer begriffsgeschichtlichen Herangehensweise kann es gelingen, die Moderne bei aller wahrgenommenen Dynamik als eine Zeit zu erkennen, die auf unterschiedliche Weise von der Statik geprägt ist.

Die „statische Moderne" wird aus zahlreichen „punktuelle[n] Perspektiven"[42] zusammengesetzt, die mal mehr, mal weniger untereinander verknüpft sind. Diese mosaikartige Form der Darstellung wurde gewählt, weil es angesichts der Masse und Vielschichtigkeit des Materials schlicht unmöglich war, alles zu berücksichtigen und allem gleichermaßen gerecht zu werden. Nicht zuletzt ist die Arbeit ein Produkt der Kontingenz: Die Auswahl und Zusammenstellung der einzelnen Fallbeispiele ist eine Variante unter vielen anderen möglichen Realisierungen. So wäre es etwa denkbar gewesen, den Perspektiven eine breiter angelegte Technikdiskussion, eine Auseinandersetzung mit dem Formbegriff oder ein Kapitel zur Begriffsgeschichte voranzustellen. Zudem hätten zeitgenössische (Architektur-)Zeitschriften wie *G*, *i 10*, *Die Bauwelt*, *Baukunst* oder *Die Form* in den Blick genommen werden können. Auch die Wahl der Hauptakteure hätte eine andere sein können. Nicht berücksichtigt werden u. a. Literatur und Kunst der Neuen Sachlichkeit und die pittura metafisica.

Abschließend sei bemerkt, dass die vorliegende Arbeit weitere Überlegungen in diese Richtung anstoßen will. Um im Bild des Bauens zu bleiben: Es kann an- und umgebaut, es können weitere Bilder an die Wände gehängt und andere Bücher in die Schränke gestellt werden, es können zusätzliche Lampen für eine bessere Beleuchtung montiert und neue Durchgänge geschaffen werden. Und es kann der Roboter, der am Ende dieser Arbeit ins „statische Gebäude" gesetzt wird, einmal genau unter die Lupe genommen werden. Möglichkeiten, die „statische Moderne" zu fassen, gibt es jedenfalls viele.

Anmerkungen

1 Alfred Gotthold Meyer, *Eisenbauten. Ihre Geschichte und Ästhetik*, Esslingen am Neckar 1907, Vorwort, ohne Seitenangabe.
2 Robert Musil, *Der Mann ohne Eigenschaften*, Hamburg 1952, S. 36.
3 Georg Biedenkapp, „Der Ingenieur und die Politik", in: Friedrich Kahl und Adolf Reitz (Hrsg.), *Der Ingenieur. Seine kulturelle, gesellschaftliche und soziale Bedeutung, mit einem historischen Überblick über das Ingenieurwesen*, Stuttgart 1910, S. 30–36, hier S. 31.
4 Robert Musil, *Der Mann ohne Eigenschaften*, S. 37.
5 Ebd. S. 37.
6 Ebd. S. 38.
7 Ebd. S. 38.
8 So bezeichnet Anatole de Baudot, der weniger ein ausübender Architekt als vielmehr ein Vertreter der Ideale des Neuen Bauens war, den Ingenieur auf dem Internationen Architektur-

kongress 1889 (zit. nach Sigfried Giedion, *Bauen in Frankreich – Bauen in Eisen – Bauen in Eisenbeton*, Leipzig und Berlin 1928, S. 11).
9 Zit. nach Sigfried Giedion, *Bauen in Frankreich*, S. 12.
10 Ludwig Brinkmann, *Der Ingenieur*, Frankfurt am Main 1908, S. 10.
11 Ebd. S. 83.
12 Ohne Verfasser, „Einleitung", in: Friedrich Kahl und Adolf Reitz (Hrsg.), *Der Ingenieur*, S. 5 und 6, hier S. 5.
13 Georg Biedenkapp, „Die soziale Wertung des Ingenieurs", in: Friedrich Kahl und Adolf Reitz (Hrsg.), *Der Ingenieur*, S. 24–26, hier S. 25.
14 Katja Schwiglewski, *Erzählte Technik. Die literarische Selbstdarstellung des Ingenieurs seit dem 19. Jahrhundert*, Köln, Weimar und Wien 1995, v. a. S. 65–119.
15 Georg Biedenkapp, „Die soziale Wertung des Ingenieurs", S. 25.
16 Ebd. S. 25.
17 Ohne Verfasser, „Der Ingenieur und die Literatur", in: Friedrich Kahl und Adolf Reitz (Hrsg.), *Der Ingenieur*, S. 51 und 52, hier S. 51.
18 Fernand Léger, „Sehr aktuell sein", in: Carl Einstein und Paul Westheim (Hrsg.), *Europa Almanach*, Leipzig 1993 (Nachdruck der Ausgabe von 1925), S. 13–16, hier S. 13.
19 Ebd. S. 13.
20 Alexander Rodtschenko, „Losungen" (1921), in: ders., *Alles ist Experiment. Der Künstler-Ingenieur*, herausgegeben von Pierre Gallissaires, Hamburg 1993, S. 45–46.
21 Vgl. *Der Brockhaus. Moderne Kunst, vom Impressionismus bis zur Gegenwart*, herausgegeben von der Lexikonredaktion des Verlags F. A. Brockhaus, Mannheim, Leipzig und Mannheim 2003, „Eisenarchitektur", S. 86 f. In der Einleitung seines Buches *Eisenbauten. Ihre Geschichte und Ästhetik* hält Alfred Gotthold Meyer diesbezüglich folgendes fest: „Das Eisen [...] ist erst durch die Bautätigkeit des 19. Jahrhunderts zu einem entscheidenden Faktor geworden und hat sich schon während zweier Menschenalter für eine Reihe von Aufgaben, die größtenteils überhaupt erst von der Kultur des 19. Jahrhunderts geschaffen worden sind, insbesondere bei den Bahnhöfen, Fabrikanlagen und Ausstellungshallen, in allen Kulturländern als unersetzlicher Baustoff eingebürgert" (Alfred Gotthold Meyer, *Eisenbauten*, S. 1).
22 Antonio Becchi, „Baustatik", in: *Enzyklopädie der Neuzeit*, im Auftrag des Kulturwissenschaftlichen Instituts (Essen) und in Verbindung mit den Fachwissenschaftlern herausgegeben von Friedrich Jaeger, Bd. 1, Stuttgart 2005, Sp. 1093–1100, hier Sp. 1099.
23 Der Kunsthistoriker Hans Sedlmayr bemerkt in seinem 1948 erschienenen Hauptwerk *Verlust der Mitte* zum „Aufstieg der technischen Baukunst" folgendes: „Seit der Mitte des Jahrhunderts stehen sich im Felde des Bauens „Neurenaissance" und „technische Baukunst", Künstlerarchitekt und Ingenieur, école des beaux arts und école polytechnique gegenüber [...]. Akut ist der Gegensatz in der Architektur seit 1840–1850, er hat das ganze Jahrhundert beschäftigt. „Wie ist das Verhältnis von Ingenieur und Architekt? Sind sie ein und dasselbe? Wie verhält sich ihre gegenseitige Kunst?" Das sind jetzt die Hauptfragen [...]. Der Ingenieurbau wächst rapid an und zieht bereits Bauaufgaben auf seinen Boden, die bisher unbestritten der Domäne des Architekten gehört hatten. Er greift auf das Haus, zunächst auf das Warenhaus, später auch auf das Wohnhaus [...]. In einem unterscheidet sich die Lage noch grundlegend von der der folgenden Generation: die Ingenieure selbst halten ihre Tätigkeit nicht für „Kunst" im höheren Sinne des Wortes. Es sind vielmehr die Architekten selbst, und gerade die führenden, die die Bedeutung der neuen Konstruktion erkennen und das Bewußtsein haben, in einer Übergangszeit zu schaffen" (Hans Sedlmayr, *Verlust der Mitte. Die bildende Kunst des 19. und 20. Jahrhunderts als Symptom und Symbol der Zeit*, Frankfurt am Main 1958, S. 59 f).

24   Alfred Gotthold Meyer, *Eisenbauten*, S. 89.
25   Ebd. S. 87.
26   Zit. nach Joseph August Lux, „Heimatkunst und Technik", in: Friedrich Kahl und Adolf Reitz (Hrsg.), *Der Ingenieur*, S. 43–47, hier S. 45.
27   Ebd. S. 45.
28   Ebd. S. 45.
29   Alfred Gotthold Meyer, *Eisenbauten*, S. 42f.
30   Hierzu: Walter Kaiser und Wolfgang König (Hrsg.), *Geschichte des Ingenieurs. Ein Beruf in sechs Jahrtausenden*, München und Wien 2006.
31   Die erste Auflage erschien 2002 im Ernst & Sohn Verlag unter dem Titel *Geschichte der Baustatik*.
32   Karl-Eugen Kurrer, *Geschichte der Baustatik. Auf der Suche nach dem Gleichgewicht*, Berlin 2016, S. 3. Der Autor des Geleits, Ekkehard Ramm, bemerkt, dass der Begriff „Baustatik" in dieser Kurzform vermutlich erst zu Beginn des 20. Jahrhunderts eingeführt wurde. Zuvor sprach man stattdessen von „statischer Baukunst" oder der „Statik der Baukonstruktionen" (vgl. ebd. V).
33   Ernst Müller und Falko Schmieder, *Begriffsgeschichte und historische Semantik. Ein kritisches Kompendium*, Berlin 2016, S. 834.
34   Zur interdisziplinären Begriffsgeschichte siehe: Ernst Müller und Falko Schmieder, *Begriffsgeschichte und historische Semantik. Ein kritisches Kompendium*, S. 819–842; Ernst Müller und Falko Schmieder, „Interdisziplinäre Begriffsgeschichte", in: *Trajekte. Zeitschrift des Zentrums für Literatur- und Kulturforschung Berlin*, „Interdisziplinäre Begriffsgeschichten", Nr. 24, 12. Jg., April 2012, S. 5–9; Jutta Weber (Hrsg.), *Interdisziplinierung? Zum Wissenstransfer zwischen den Geistes-, Sozial- und Technowissenschaften*, Bielefeld 2010, v. a. Teil 2: „Vom Wandern der Begriffe", S. 83–163; Christoph Strosetzki (Hrsg.), *Literaturwissenschaft als Begriffsgeschichte*, Hamburg 2010; Michael Eggers und Matthias Rothe (Hrsg.), *Wissenschaftsgeschichte als Begriffsgeschichte. Terminologische Umbrüche im Entstehungsprozess der modernen Wissenschaften*, Bielefeld 2009; Ernst Müller und Falko Schmieder (Hrsg.), *Begriffsgeschichte der Naturwissenschaften. Zur historischen und kulturellen Dimension naturwissenschaftlicher Konzepte*, Berlin 2008; Gunter Scholz (Hrsg.), *Die Interdisziplinarität der Begriffsgeschichte*, Hamburg 2000.
35   An dieser Stelle kann nur auf wenige Arbeiten im Forschungsfeld „Literatur/Kunst – Wissen – Wissenschaft(sgeschichte)" verwiesen werden. Folgende Beiträge stehen deshalb stellvertretend für die breit gefächerte Diskussion rund um das Verhältnis von Ästhetik, Wissen und Wissenschaft: Hermann Parzinger, Stefan Aue und Günter Stock (Hrsg.), *Arte Fakte: Wissen ist Kunst – Kunst ist Wissen. Reflexionen und Praktiken wissenschaftlich-künstlerischer Begegnungen*, Bielefeld 2014; Roland Borgards, Harald Neumeyer, Nicolas Pethes und Yvonne Wübben (Hrsg.), *Literatur und Wissen. Ein interdisziplinäres Handbuch*, Stuttgart 2013; Philipp Sarasin, „Was ist Wissensgeschichte?", in: *IASL* 36 (2011), S. 159–172; Ralf Klausnitzer, *Literatur und Wissen. Zugänge – Modelle – Analysen*, Berlin 2008; Sibylle Peters und Martin Jörg Schäfer (Hrsg.), *„Intellektuelle Anschauung". Figurationen von Evidenz zwischen Kunst und Wissen*, Bielefeld 2006; Nicolas Pethes, „Literatur- und Wissenschaftsgeschichte. Ein Forschungsbericht", in: *IASL* 28 (2003), S. 181–231; Michael Hagner (Hrsg.), *Ansichten der Wissenschaftsgeschichte*, Frankfurt am Main 2001; Daniel Fulda und Thomas Prüfer (Hrsg.), *Faktenglaube und fiktionales Wissen. Zum Verhältnis von Wissenschaft und Kunst in der Moderne*, Frankfurt am Main 1996.
36   Der Sammelband *Technik in der Literatur* gibt einen Einblick in die von Literaturwissenschaftlern lange Zeit vernachlässigte Technik-Diskussion. Zur Einführung: Harro Segeberg, „Literaturwissenschaft und interdisziplinäre Technikforschung", in: ders. (Hrsg.), *Technik in der Literatur.*

Ein Forschungsüberblick und zwölf Aufsätze, Frankfurt am Main 1987, S. 9–29. In der Folge erschienen zahlreiche Beiträge zum Themenkomplex „Ästhetik und Technik", von denen hier nur eine Auswahl genannt werden kann: Bernd Stiegler, *Der montierte Mensch. Eine Figur der Moderne*, Paderborn 2016 (im Folkwang Museum in Essen war vom 9. November 2019 bis 15. März 2020 die Ausstellung „Der montierte Mensch" zu sehen); Hans-Christian von Herrmann und Wladimir Velminski (Hrsg.), *Maschinentheorien/Theoriemaschinen*, Frankfurt am Main 2012; Knut Hickethier und Katja Schumann (Hrsg.), *Die schönen und die nützlichen Künste. Literatur, Technik und Medien seit der Aufklärung*, München und Paderborn 2007; Harro Segeberg, *Literatur im Medienzeitalter. Literatur, Technik und Medien seit 1914*, Darmstadt 2003; Birgit Wagner, *Technik und Literatur im Zeitalter der Avantgarden. Ein Beitrag zur Geschichte des Imaginären*, München 1996; Hanno Möbius und Jörg Jochen Berns (Hrsg.), *Die Mechanik in den Künsten. Studien zur ästhetischen Bedeutung von Naturwissenschaft und Technologie*, Marburg 1990.

37 *Brockhaus. Enzyklopädie in 30 Bänden*, 21., völlig neu bearbeitete Aufl., Band 26, Leipzig und Mannheim 2006, „Statik", S. 178–179, hier S. 178.

38 Ebd. S. 178.

39 Ohne Verfasser, „Einleitung", in: Friedrich Kahl und Adolf Reitz (Hrsg.), *Der Ingenieur*, S. 5.

40 Zum Begriff der Moderne siehe: Karin Thomas, *Blickpunkt Moderne. Eine Geschichte der Kunst von der Romantik bis heute*, Köln 2010; Moritz Baßler, „Einleitung", in: ders. (Hrsg.), *Literarische Moderne. Das große Lesebuch*, Frankfurt am Main 2010, S. 15–31, hier S. 21ff; Klaus Peter Müller, „Moderne", in: Ansgar Nünning (Hrsg.), *Metzler Lexikon Literatur- und Kulturtheorie. Ansätze – Personen – Grundbegriffe*, Stuttgart und Weimar 2008, S. 508–511; Helmuth Kiesel, *Geschichte der literarischen Moderne. Sprache, Ästhetik, Dichtung im zwanzigsten Jahrhundert*, München 2004; Peter V. Zima, *Moderne – Postmoderne: Gesellschaft, Philosophie, Literatur*, Tübingen und Basel 2001.

41 Umfassende Studien zur Beschleunigung: Hartmut Rosa, *Beschleunigung. Die Veränderung der Zeitstrukturen in der Moderne*, Frankfurt am Main 2005; Peter Borscheid, *Das Tempo-Virus. Eine Kulturgeschichte der Beschleunigung*, Frankfurt am Main 2004; Paul Virilio, *Der negative Horizont. Bewegung, Geschwindigkeit, Beschleunigung*, München 1989.

42 Gottfried Benn, *Sämtliche Werke. Stuttgarter Ausgabe*, Stuttgart 1986–2003. Im Folgenden direkt im Text belegt als SW I–VII, hier SW IV, 387.

Signaturen der Statik – Mondrian und die Moderne

Der neue Mensch hat sich aus dem Chaos herausgeschält. Er liebt Klarheit, Ruhe und Ausgeglichenheit. Konstruktiv sein heißt wahr sein in Arbeit und Leben, in Material und Form.
Egon Engelien

Äquilibrium

Eine dem modernen Leben gemäße Kunst, mithin die Ausdrucksform eines *„wirklich modernen Menschen"*[1] strebe, so Piet Mondrian in seinem Aufsatz „Die Neue Gestaltung in der Malerei" (1918), zum Abstrakten. Doch als „Produkt eines kultivierten Äußerlichen und eines vertieften, bewußteren Innerlichen"[2] sei sie nicht völlig realitätsfern, vereine vielmehr Geist und Materie, sei also *„abstrakt-real*, weil sie zwischen dem absolut Abstrakten und dem natürlich konkret Realen steht. Sie ist nicht so abstrakt wie die gedankliche Abstraktion, und sie ist nicht so wirklich wie die greifbare Realität. Sie ist ästhetisch lebendige *Gestaltung".*[3] Die Neue Gestaltung[4] wendet sich demnach nicht gänzlich von der äußeren Welt, dem Natürlichen ab, sondern geht von der Realität aus, ist aber auch nicht nur reine Offenbarung psychischer oder emotionaler Zustände. Auch wenn Mondrians neoplastizistische Tafelbilder in ihrer auf die Spitze getriebenen Abstraktion auf den ersten Blick für den Betrachter nichts mit der Umwelt zu tun zu haben scheinen, so verweist der Künstler, Theosoph und Jazztänzer zumindest theoretisch nachdrücklich auf die Verbindung der abstrakten Gestaltung zum ‚vollen Leben'.[5] Sie ist ihm Inbegriff des Lebendigen, Universalen und Harmonischen, „Band zwischen Geist und Leben"[6] sowie Signum einer *„ausgewogene[n] Ordnung"*[7], durch die „Inhalt und Erscheinung der Dinge entschleiert werden: der Inhalt, weil er in letzter Bestimmtheit gestaltet wird, die Erscheinung, weil sie, vom Natürlichen ausgehend, doch den Kern des Natürlichen bewahrt".[8] Von dieser Behauptung ausgehend kann konstatiert werden, dass eine so gedachte radikale Abstraktion eine Darstellungsweise ist, die gewissermaßen realer ist als in der Kunstgeschichte vorangegangene Kunstformen[9], weil sie sich weder wie beispielsweise der Naturalismus des 19. Jahrhunderts ausschließlich auf die äußere Erscheinungswelt konzentriert noch in expressionistischer Manier vornehmlich Seelisches zum Ausdruck bringt, sondern Inneres und Äußeres gleichermaßen berücksichtigt. Naturalistische oder realistische Kunst ist vor diesem Hintergrund weiter vom Eigentlichen, Wahren entfernt als neoplastizistische Werke. Barnett Newman, amerikanischer Künstler und Vertreter des abstrakten Expressionismus, sprach sogar davon, dass ihm Mondrians radikale geometrische Bildsprache noch zu naturalistisch sei, weil sie, wie abstrahiert diese dem Betrachter auch erscheinen mag, der Holländer letztlich aus der Natur abgeleitet habe.[10]

Bei der bereits erwähnten ästhetischen Gestaltung der beiden Pole – die Materie (das Äußerliche) auf der einen, der Geist (das Innerliche) auf der anderen Seite – spielt das Gleichgewicht zwischen den beiden Extremen eine, wenn nicht *die* entscheidende Rolle, denn die

> Gleichgewichtsbeziehungen sind es, wodurch die Einheit, die Harmonie, das Universale sich *gestalterisch* in der Verschiedenheit, in der Mannigfaltigkeit, im Individuellen, im Natürlichen ausdrücken. Wenn wir uns auf Gleichgewichtsbeziehungen konzentrieren, können wir also im Natürlichen Einheit gewahren. Freilich tritt im Natürlichen die Manifestation der Einheit nur verschleiert hervor. Obwohl sie im Natürlichen nicht zum exakten Ausdruck gelangt, kann aber doch alle Erscheinung auf diese Manifestation zurückgeführt werden. Der exakte Ausdruck der Einheit *kann* daher *gestaltet* werden, er *muß gestaltet* werden, da er in der sichtbaren Wirklichkeit nicht anschaulich wird.
>
> Stellt sich Gleichgewichtsbeziehung in der Natur durch *Position*, *Dimension* und *Wert* der natürlichen Erscheinungsformen und ihrer Farben dar, ‚abstrakt' gestaltet sie sich durch *Position*, *Dimension* und *Wert* von gerader Linie und rechteckiger (Farb)fläche.
>
> In der Natur können wir wahrnehmen, daß alle Beziehungen von einer Urbeziehung beherrscht werden: es ist die des extremen Einen zu dem extremen Anderen.[11]

Dieser Textabschnitt aus Mondrians Aufsatz „Die Neue Gestaltung in der Malerei" ist gleichsam die Essenz der Gestaltungstheorie des holländischen Künstlers. Mondrian kommt in seinen Schriften immer wieder auf den Begriff des Gleichgewichts zurück, der so zu einem grundlegenden Stichwort der Neuen Gestaltung avanciert. Letztlich geht es ihm vor allem darum, in der Kunst das Individuelle, Chaotische zu verdrängen, um zum Absoluten, Universellen vordringen zu können.[12] Sein Neoplastizismus ist eine radikale Abkehr von natürlichen Formen und Farben. Er ist eine ästhetische Ausdrucksform, die lediglich die gerade Linie, deren orthogonale Anordnung und die Grundfarben Rot, Gelb, Blau sowie die Nichtfarben Schwarz, Weiß und Grau anerkennt. Eine solche auf das Elementarste reduzierte Bildsprache erlaubt dem Künstler nur noch insofern subjektiv einzugreifen, als er über die Anordnung von Linien und Farben auf der Grundfläche des Gemäldes entscheiden darf. Indessen ist es ob der minimalen Variationsmöglichkeiten, welche das Mondrian'sche Konzept vorsieht, nicht erstaunlich, dass sich der Neoplastizismus langfristig nicht durchsetzen konnte, wiewohl die puristische Ästhetik, wenn auch in abgeschwächter Form, weiterlebt, etwa am von Walter Gropius gegründeten Bauhaus und in der Konkreten Kunst.

Zwar nicht von Anfang an, dann aber umso entschiedener, wandte sich Theo van Doesburg, der Initiator der Zeitschrift *De Stijl*, die erstmals 1917 erschien und der holländischen Kunstrichtung ihren Namen gab, mit seinem Elementarismus dezidiert gegen die Starrheit einer rein auf Orthogonalität, Primär- und Nichtfarben beschränkten Abstraktion und führte als dynamisch-aktive Momente die Diagonale sowie dissonante Farbklänge ein. An die Stelle der Veranschaulichung kosmischer Harmonie als Gegenbild zum natürlichen Chaos trat nun die Betonung von Bewegung, Aktivität und Dynamik. Damit war die von vielen als zu dogmatisch empfundene Ästhetik Mondrians, die dem Künstler kaum Freiraum für eigene Interpretationen lässt, überwunden und führte schließlich dazu, dass sich Mondrian 1925 von der *Stijl*-Gruppe zurückzog.[13]

Oskar Schlemmer, der am Bauhaus u. a. die Abteilung „Bauhausbühne" leitete und vor allem mit seinem *Triadischen Ballett* großes Aufsehen erregte, schrieb hinsichtlich der puristischen Bildsprache neoplastizistischer Werke in einem Brief an seinen langjährigen Freund Otto Meyer-Amden:

> Mondrian: er ist ja recht eigentlich der Gott des Bauhauses, und Doesburg ist sein Prophet. Vielleicht hat dessen agitatorisch-fanatische Prophetie die gute Sache etwas schief gemacht. Mondrian ist einer, und seine Demonstration geht durchaus konform mit einer gewissen holländischen Architektur, – wie ich auch Mondrians „Bilder", trotz des Absoluten, das diese doch sein wollen, als typisch holländisch empfinde. Es ist wohl nebensächlich, daß Mondrian jetzt aus Not Blumenstücke malt, die er bei Besuchen beschämt wegräumt. Was auch soll er tun bei dieser seiner doch fast einmaligen bildlichen Demonstration? Ebenso wie der Russe Malewitsch, dessen Tat das rote Quadrat als Bild war und der ironisch sagte: Jetzt könnten ja wieder die Engelsköpfchen kommen. Am Bauhaus, das stets „auf" dem laufenden sein wird, kursiert der Spruch: Quadrat + Blume = Kunst.[14]

Von einer Minimalästhetik, wie sie der Neoplastizismus darstellt, ist keine Weiterentwicklung möglich – der „Nullpunkt" der Kunst ist erreicht.[15] Mondrian ging zunächst den Weg zurück zum Gegenständlichen, zur Blume.[16] Diese Rückkehr zum Natürlichen, Abbildenden war jedoch keinesfalls eine Zurückweisung oder Verwerfung seines ästhetischen Konzepts, vielmehr spielte er bis zuletzt mit geraden Linien, Grund- und Nichtfarben, experimentierte während seiner letzten Schaffensphase in Amerika sogar mit den damals neuen farbigen Klebebändern.

Der Künstler war davon überzeugt, dass seine Kunst eine gesellschaftsverändernde Kraft besitze, ja dass die Neue Gestaltung selbstbewusst an der Spitze der Menschheit nach vorne schreiten müsse.[17] Er wollte keinesfalls bloße Dekorationsobjekte schaffen, sondern wirkmächtige Bilder, die durch die Gestaltung des Gleichgewichts Harmonie zum Ausdruck bringen und damit aufzeigen, was dem gegenwärtigen sozialen Leben offenkundig fehlt.[18] Für Mondrian war der Neoplastizismus ein geeignetes Mittel, um eine neue Lebensanschauung, ein neues Lebensgefühl zu initiieren. Der Blick auf seine Bilder sollte kathartisch sein und in eine gleichsam paradiesische Alleinheit fern von irdischem Leid führen. Dass das Vorhaben, die Menschheit mittels Bildwerken in einen idealen, absolut ausgeglichenen und harmonischen Zustand zu versetzen, auf einer vollkommenen Überschätzung der Möglichkeiten von Kunst basiert und dass ein solcher Zustand zumindest auf unserer Erde unerreichbar ist, muss mittlerweile nicht mehr explizit hervorgehoben werden, da man in der Forschung bereits mehrfach darauf hinwies.[19] Kritisiert wurde daneben auch, dass der Künstler zwar eine neue Gesellschaft antizipiert, deren konkrete Organisation allerdings wie manch anderes in seiner utopischen Theorie nicht ausbuchstabiert. Überhaupt entpuppt sich Mondrian als naiver Idealist, der so abseitigen wie mystischen Theorien folgt.[20] Doch auch wenn Mondrian mit seinen Werken nur einen kleinen Kreis ansprach, auch wenn seine Ästhetik erst im Zuge postmoderner industrieller Verwertung stärkere Verbreitung fand, auch wenn die gesellschaftsverändernde Kraft der Bilder Theorie blieb, er also sowohl mit seinem bildkünstlerischen Werk als auch der dazugehörenden Programmatik letztlich am tatsächlichen Alltagsleben vorbeiging, so bleibt bei aller sicherlich berechtigten Kritik die Tatsache bestehen, dass sich hinter seinem Werk die ehrliche Sehnsucht nach einem harmonischen Leben verbirgt.[21] Insofern sollten seine Bemühungen, die Kunst ins soziale Leben einzubetten, ernst genommen werden.[22]

Dass theoretischer Anspruch und tatsächliche Wirkung im Rahmen des Neoplastizismus auseinanderklaffen, verdeutlicht auch die Differenz zwischen der von Mondrian in seinen Schriften zur Neuen Gestaltung geforderten Bildsprache – er will ein *dynamisches* Gleichgewicht gestalten[23] – und dem optischen Eindruck, den seine Gitter-Bilder beim Betrachter tatsächlich hinterlassen. Auf der einen Seite spricht der Holländer selbst immer wieder von einem inneren und äußeren Rhythmus, von natürlicher Ausdehnung, von vollendeter Aktivität, von wechselnder Aktion und einer lebendigen Gestaltung, die auf die Vitalität und Beweglichkeit des Kosmos verweist, vom Wirken gegensätzlicher Kräfte und der Verwandlung des einen in das andere. Kunst ist ihm ein Wechselspiel polarer Kräfte und Inbegriff einer allumfassenden, bewegten Verbundenheit. Seine Philosophie ist also durchwoben von Begriffen, die das Dynamische bezeichnen, was jedoch nicht Wunder nimmt, geht es ihm doch um die Darstellung des ‚vollen Lebens'. Auf der anderen Seite aber suggerieren seine Gemälde das Gegenteil. Sie wirken durch und durch statisch, was nicht zuletzt an der aufs Elementarste reduzierten Bildsprache liegt. Cornelis van Eesteren, ebenfalls *Stijl*-Künstler, hält diesbezüglich fest: „Van Doesburg und Mondrian, zwei noch wenig verstandene Persönlichkeiten, wollten jeder auf eigene Art der Mitwelt die Neue Gestaltung erschließen. Mondrian war statisch, van Doesburg dynamisch".[24] Und auch in der *Kunst des 20. Jahrhunderts*, einem umfassenden Nachschlagewerk für moderne Kunst, wird die *Stijl*-Ästhetik, die Mondrian, wiewohl er sich von der *Stijl*-Gruppe Mitte der 20er Jahre distanzierte, mit seinem Neoplastizismus entscheidend wie nachhaltig prägt, mit dem Attribut des Statischen belegt, wenn Karl Ruhrberg die konstruktivistische Kunst der Russen mit dem holländischen *Stijl* vergleicht: „Suprematismus und Konstruktivismus entsprechen der politischen Revolutionierung des Denkens in Rußland; sie sind dynamischen Wesens. Die „Stijl"-Ästhetik, 1917 auf dem Höhepunkt der europäischen Katastrophe des Ersten Weltkrieges entwickelt, ist Ausdruck der Sehnsucht nach Ruhe und daher statisch".[25] „De Stijl", heißt es außerdem,

> ist nicht anarchisch, sondern bürgerlich. Sie ist künstlerischer Reflex der vom Menschen dem Meer abgerungenen niederländischen Landschaft, Symbol der Überlegenheit des Ordnung stiftenden Geistes über die ungezügelte, ungeordnete Natur; das bedeutet nicht deren versteckte Nachahmung, es bedeutet vielmehr, daß die Malerei des „Neoplastizismus" aus dem gleichen ordnenden Geist entstanden ist. Ruhe, Harmonie und Disziplin sind die Kennzeichen dieser Kunst, die totale Harmonisierung der Welt ihr utopisches Ziel. Mondrian, der größte unter den „Stijl"-Künstlern, sah in der Kunst die Formulierung eines allgemeinen Ideals der Glückseligkeit, für dessen Propheten er sich hielt.[26]

Ein eingehender Blick in Mondrians Schriften zum Neoplastizismus kann jedoch aufzeigen, dass nicht nur seine Bilder, sondern gerade auch seine Theorie unmittelbar mit dem Begriff der Statik verbunden ist. Ausgangspunkt ist der Begriff des Gleichgewichts, der im Zentrum von Mondrians Überlegungen steht und den Dreh- und Angelpunkt seiner Theorie bildet.

Konsultiert man gängige Nachschlagewerke wie *Meyers großes Konversations-Lexikon*, den *Brockhaus* oder *Duden*, so kann festgehalten werden, dass es sich bei der Statik um ein Teilgebiet der Mechanik handelt, welches sich mit den Bedingungen des Gleichgewichts der Kräfte befasst, oder kurz: Statik ist die „Gleichgewichtslehre"[27]. Im Gegensatz zur Dynamik, die sich mit in Bewegung befindlichen Objekten beschäftigt, geht es in der Statik um Körper in der Ruhelage. Das Adjektiv „statisch" bedeutet dementsprechend stillstehend oder gleichgewichtig.[28]

Besonders aufschlussreich ist eine Textpassage aus Mondrians Aufsatz „Die neue Gestaltung. Das Generalprinzip gleichgewichtiger Gestaltung" (1920), in dessen Zentrum – wieder einmal – das Gleichgewicht steht. „Die Logik", so der Künstler,

> verlangt, daß Kunst der bildliche Ausdruck unseres ganzen Wesens sei, also auch der gestaltete Ausdruck des Nicht-Individuellen (das der absolute und ausgleichende Gegensatz ist) – andererseits soll Kunst der unmittelbare Ausdruck des Universellen in uns sein, das heißt die exakte Erscheinung außerhalb unseres Wesens. So verstanden ist das Universelle das, was stets ist und bleibt, das für uns mehr oder weniger Unbewußte, im Gegensatz zum mehr oder minder Bewußten, dem Individuellen, welches sich stets wiederholt und erneut. – Unser ganzes Wesen ist sowohl das eine wie das andere: das Unbewußte und das Bewußte, das Unbewegliche und das Bewegliche; entstehend und Form wechselnd in wechselnder Aktion. Diese Aktion enthält alles Leid und alles Glück des Lebens, – das Leid entsteht durch

> fortgesetzte Scheidung, das Glück durch immerwährende Erneuerung des Veränderlichen. Als Unbewegliches steht über allem Leid und allem Glück – das Gleichgewicht. Durch unser Unbewegliches verschmelzen wir uns mit allen Dingen. Das Veränderliche zerstört unser Gleichgewicht, es trennt und scheidet uns von allem, das anders ist als wir. – Aus diesem Gleichgewicht, dem Unbewußten und dem Unbeweglichen, entsteht die Kunst.[29]

Das Gleichgewicht, das für Mondrian Quelle der künstlerischen Schöpfungskraft und Ursprung der Kunst ist, wird hier explizit als „Unbewegliches" bezeichnet. Umgekehrt bedeutet das, dass alles Bewegliche, welches das Veränderliche einschließt, eine Bedrohung für das Gleichgewicht bedeutet, weil es auf das Äquilibrium zerstörend einwirkt. Ferner rückt neben den Begriff des Gleichgewichts jener des Universellen, der wiederum mit der Exaktheit verbunden ist, denn Kunst ist für Mondrian Ausdruck des Absoluten, welches durch exakte Gestaltung dargestellt werden kann. Sie zeigt, „was stets ist und bleibt"[30], also alles Dauerhafte, Gleichbleibende, Unwandelbare, Konstante, oder metaphysisch gesprochen, das Wesen der Dinge. Auf ähnliche Weise sind diese Begriffe an anderer Stelle verwoben, dort nämlich, wo Mondrian die Neue Gestaltung als abstrakt bezeichnet, das Abstrakte anschließend mit dem Mathematischen gleichsetzt und schließlich vom „*Universalen-als-des-Mathematischen*"[31] spricht. Die abstrakte Malerei gestaltet demnach das Universelle mithilfe einer mathematisch-exakten Bildsprache.

Da nun also der Begriff des Gleichgewichtes in engster Verbindung zur Unbeweglichkeit, sprich zu einem Zustand der Ruhe, sowie zur Exaktheit und damit zur Mathematik steht, kann konstatiert werden, dass sich Mondrian bei der Ausformulierung seiner Kunstphilosophie sprachlich in einem Begriffsfeld bewegt, das genuin technisch ist und damit wiederum der Sprache der Ingenieure entspricht.[32] Ursprünglich naturwissenschaftlich-technisches Vokabular ist hier in den Wortschatz des Künstlers, also in den Bereich der Ästhetik vorgedrungen.

An dieser Stelle muss betont werden, dass Mondrian selbst niemals von Statik spricht, sondern bei der Ausformulierung seiner Theorie ausschließlich den Begriff „Gleichgewicht" (lat. Aequilibrium) verwendet. Dieser bezeichnet den „Zustand eines Körpers oder Systems, wobei die einwirkenden Kräfte sich aufheben, also insgesamt keine Änderung hervorbringen. Der Körper oder das System kann dabei in Ruhe (statisches G.) oder in gleichförmiger Bewegung verharren (dynamisches G.)".[33] „Übertragen", heißt es in *Meyers Lexikon* weiter, „wird das Wort G. auf die verschiedensten Kräfteverhältnisse angewendet. So wird in der inneren Politik von einem G. unter den Parteien und Interessengruppen gesprochen. Vornehmlich spricht man im Verhältnis der Staaten zueinander im allgemeinen vom politischen G., im besonderen vom europäischen G.".[34] Mondrian nun schöpft diese Möglichkeit der Übertragung voll aus, indem er sämtliche Gegensätze, darunter auch den von Männlichkeit und Weiblichkeit, in einen ausgeglichenen Zustand bringen will, ja er erweitert das zunächst mechanische Verständnis, wenn er im Gleichgewicht einen Ausdruck von Universalität erkennt. Vom Gedanken der Universalität ist es dann auch nicht mehr weit zur Sphäre des Göttlichen. Seine Theorie bezieht Menschliches ebenso ein wie Göttliches, Weltliches ebenso wie Religiöses und sprengt damit die herkömmliche, originäre Definition vom Gleichgewicht. Das Erkennen des Äquilibriums wird bei ihm zum religiösen Bekenntnis; es zu sehen und zu gestalten ist gleichsam eine religiöse Handlung:

> Der Mensch der Gegenwart [...] ist imstande, das Äußerliche in einer Gleichgewichtsbeziehung zum Innerlichen und umgekehrt zu sehen: er ist imstande, das Eine wie das Andere durch Beziehung zu erkennen. Gerade dadurch sieht der wahrhaft moderne Mensch die Dinge *in ihrer Ganzheit* und akzeptiert das Leben *in seiner Ganzheit*: gerade dadurch sieht er Natur und Geist, Weltlichkeit und Glauben, Kunst und Gottesdienst – Mensch und Gott *als Einheit*.[35]

Durch die Beschauung eines neoplastizistischen Werkes soll der Betrachter angeregt werden zu einer allumfassenden Schau, die nicht beim eigenen, individuellen Sein in all seinen Facetten endet, sondern sich bis hin zur amorphen Welt des Göttlichen ausdehnt. Alles soll sich in einem Gefühl absoluter Harmonie auflösen. Mondrians ästhetisches Programm bezieht sich demnach nicht ausschließlich auf irdische Phänomene, menschliche Eindrücke und Gefühlsregungen eingeschlossen, sondern ebenso auf eine Sphäre, die unabhängig von der physikalischen Raum-Zeit existiert. Die neoplastizistischen Werke schließen den gesamten Kosmos ein – alles steht in Verbindung zueinander, nichts ist isoliert, alles bildet eine Einheit. Die Bilder sind gleichsam „heilige Flächen".[36] Kunst ist hier Religion. Der Neoplastizismus symbolisiert also eine ganzheitliche Welterfahrung, in der Mensch und Gott, Kunst und Religion zusammenfallen, womit das Mondrian'sche Konzept eingebettet wird in eine überzeitliche, ewige Dimension des Göttlichen.

Hinsichtlich des Begriffs der Statik ist außerdem Mondrians Bemerkung zur Ruhe aufschlussreich. „*Ruhe*, das Gegenteil von Bewegung", schreibt er, „ist vollkommene, ausgewogene Bewegung, und stellt sich daher durch ausgewogene Bewegung, d. h. Einheit von Bewegung und Gegenbewegung dar. Diese Bewegungseinheit verinnerlicht den gestaltenden Ausdruck zur Kunst".[37] Mit diesen Worten beschreibt Mondrian nichts anderes als einen statischen Zustand, denn wo aufgrund ausgeglichener Verhältnisse Ruhe herrscht, dort wirken die Gesetze der Statik. Der Begriff „Statik", darauf sei in diesem Zusammenhang verwiesen, ist vom griechischen statikós abgeleitet und bedeutet „zum Stillstehen bringend".[38] Entsprechend heißt es schon in *Zedlers Großem vollständigen Universal-Lexicon aller Wissenschafften und Künste* (1731–1754) zum „Stillstand der schweren Cörper": „Von diesem machen die Gesetze der Statick bekannt"[39], und im *Deutschen Wörterbuch von Jacob und Wilhelm Grimm* (1854-1961) ist zum Begriff „Statik" folgendes vermerkt: „lehre vom gleichgewicht der kräfte; der theil der mechanik, der von den körpern in der ruhelage handelt".[40] Sowohl Mondrian als auch dem Statiker geht es demnach in erster Linie um das Suchen und Finden eines an den Ruhebegriff zurückgebundenen Gleichgewichtes. Hier wie dort steht das Gleichgewicht demnach für Ruhe und ausgewogene Kräfteverhältnisse und bei Mondrian zusätzlich für Harmonie und kosmische Einheit.

Bei der begrifflichen Schärfung des Begriffes „Ruhe" spricht Mondrian von ausgewogener Bewegung und wählt damit eine Formulierung, die das Bild einer Waage evoziert. Ganz explizit erwähnt der Künstler die Waage, wenn er festhält, dass der „Neo-Plastizismus bestätigt, daß das Gleichgewicht hergestellt werden kann durch sich die Waage haltende, ungleiche aber gleichwertige Gegensätze".[41] Auch diese Textstelle erlaubt es, Mondrians Kunstphilosophie mit der Statik in Verbindung zu bringen, denn der Begriff „Statik" wird vom griechischen statiké (téchnē), der „Kunst des Wägens"[42], also des Wiegens, Abwiegens oder Abschätzens abgeleitet. Dementsprechend findet man im *Grammatisch-kritischen Wörterbuch der hochdeutschen Mundart* (1811) von Johann Christoph Adelung unter „Wagekunst" folgende Bemerkung: „Die Kunst, Wagen zum Wiegen zu verfertigen, und in weiterer Bedeutung, die Wissenschaft von der Schwere der Körper, die Statik, welche letztere auch wohl die Wägekunst genannt wird, von dem Verbo wägen".[43] Bereits im 18. Jahrhundert veröffentlichte der Mechaniker und Instrumentenbauer Jacob Leupold (1674-1727) die mehrbändige technische Enzyklopädie *Theatrum Machinarum*, wobei der erste Teil des 5. Bandes, welcher 1726 erschien, den Titel „Theatrum Staticum" trägt und von der „Gewicht-Kunst und Waagen" handelt.

Die eigentümliche Verwobenheit von Statik und Dynamik scheint auch dort auf, wo Mondrian über seine für die Begründung des Neoplastizismus grundlegenden Einsichten spricht. So bemerkt er: „Das Problem war für mich geklärt, als ich zwei Dinge begriff; erstens: in der darstellenden Kunst kann die Wirklichkeit nur durch das Gleichgewicht der dynamischen Bewegung von Form und Farbe ausgedrückt werden; zweitens: die reinen Mittel gewähren den wirksamsten Weg, dies zu erreichen".[44] Ferner hält er fest: „Mir wurde zunehmend klarer, daß der künstlerische Ausdruck der wahren Realität erreicht wird durch dynamische Bewegung im Gleichgewicht".[45] Allen Volten Mondrians zum Trotz kann, ja muss der Neoplastizismus als statisch bezeichnet werden. Zwar bricht der Künstler an vielen Stellen die „statische Lesart", indem er Begriffe verwendet, die dynamische Prozesse bezeichnen (z. B. Bewegung, Ausdehnung, Veränderung, Rhythmus und Aktion), doch kann dies nicht darüber hinwegtäuschen, dass sowohl seine Theorie als auch seine Kunst unmittelbar mit der Statik verbunden sind. Im Mittelpunkt seiner Überlegungen steht das Gleichgewicht, das auch für den Statiker von zentraler Bedeutung ist. Weil sich nun allerdings die Gedankenwelt Mondrains durch ein beständiges Changieren zwischen den Polen Statik und Dynamik auszeichnet, verwundert es nicht, dass es ihm um ein *dynamisches* Gleichgewicht zu tun ist. In letzteres schreibt sich die Statik insofern ein, als selbst in bewegten Systemen, welche sich in einem ausbalancierten Zustand befinden, die Gesetze der Statik wirksam sind. Der Neoplastizismus, der im Zeichen des Äquilibriums steht, ist am Ende doch gerade eines: eine Lehre des Gleichgewichts und damit, wenn man so will, eine „statische Ästhetik" mit lebensphilosophischem Unter*bau*.

Und noch etwas: Die von Mondrian in seinen Schriften vorgenommene Verschränkung von Statik und Dynamik, resp. seine Ankündigung, ein dynamisches Gleichgewicht gestalten zu wollen, steht der Definition von Statik nicht vollkommen entgegen, wie man vielleicht zunächst meinen möchte, sondern deckt sich mit dem Verständnis der Ingenieure dahingehend, dass auch sie kein vollkommen starres Äquilibrium kennen, wie Karl-Eugen Kurrer, Ingenieur und Verfasser der umfassenden Monografie *Geschichte der Baustatik. Auf der Suche nach dem Gleichgewicht* (2016) in einem Gespräch mit dem Magazin „momentum", in dem alles rund ums Bauen thematisiert wird, herausstellt:

> Im realen Sinne gibt es kein Gleichgewicht. Es ist eine Modellvorstellung, eine utopische, natürlich. Es ist immer eine Bewegung. Gleichgewicht ist [...] gefrorene Bewegung. Im Sinne einer lebendigen Baustatik gibt es kein Gleichgewicht. Auch Häuser bewegen sich, wenn auch in kleinen Schritten. Der Boden „arbeitet", er gibt nach. Selbst historische Bauten, die vor 300 Jahren errichtet wurden, können sich noch heute setzen [...]. Bauwerke sind also nicht tot. Es bilden sich Risse, es stellen sich immerzu neue Gleichgewichtszustände ein. So ist auch Bauwerken das Historische auf elementare Weise eingeschrieben.[46]

Auch Mondrian kennt kein vollkommenes, ‚reines' Gleichgewicht:

> Natur und Geist finden also nur *im Abstrakten ihren reinen Ausdruck, ihre wahre Einheit.* Diese ist, ebenso wie sie in der *Abstrakten Realen Malerei* – nur relativ – bildnerisch dargestellt werden kann, auch *im abstrakt-realen Leben* – nur relativ – erreichbar. Relativ, denn so wie – im Leben – das vollkommene Gleichgewicht doch stets durch *die Zeit* getrübt wird, wird – auch in der Kunst – die reine Darstellung der Beziehung durch den Rhythmus relativiert.[47]

Die Ingenieure und Mondrian teilen demnach die Vorstellung vom Gleichgewicht als dynamischem Zustand. Weil das Gleichgewicht immer an einen Prozess, nämlich das Austarieren der wirkenden Kräfte, gebunden ist, beschreibt die Statik mitnichten gänzlich Statisches im Sinne von völlig unbeweglichen und unveränderlichen Zuständen. Vielmehr schreibt sich in die Statik die Zeit und damit Veränderung ein. Sie ist unweigerlich an Leben und Vitalität zurückgebunden, weshalb sie letztlich, wenn auch unterschwellig, nur dynamisch zu begreifen ist.[48]

Ausgehend von einigen Bemerkungen zur Perspektive in der bildenden Kunst wird im Folgenden das ambivalente Verhältnis der *Stijl*-Ästhetik zu Statik und Dynamik eruiert.

Perspektiven

Eine für das zentralperspektivische Sehen wichtige Voraussetzung ist das Ideal der visuellen Homogenität der Umwelt. Für eine assoziativ und diskontinuierlich verfahrende individuelle Wahrnehmung ist in einem solchen Raumkonzept kein Platz. „Die ideale Wahrnehmung soll von allen Beimischungen innerer Bilder freigehalten werden. Die permanente Neigung des Bewusstseins, dem aktual Sichtbaren Wissen und Erinnerung beizufügen [...], muß stillgestellt sein".[49] Ein impulsives Raumerleben, das heterogene, disparate, simultane und fragmentarische Erscheinungen zulässt, ein Raumerleben, welches das sinnlich Wahrgenommene mithilfe der Erinnerung oder bestimmter vorhandener Erfahrungswerte ordnet, modifiziert und ergänzt, ist im zentralperspektivisch organisierten Systemraum ausgeschlossen. Die in der Theorie der Zentralperspektive wurzelnde Vorstellung einer homogenen Welt löste sich jedoch gegen Ende des 19. Jahrhunderts immer weiter auf. Anstelle der Zentralperspektive als dem dominierenden technischen Darstellungsverfahren fanden nun auch neue Gestaltungsmethoden Anwendung in den verschiedenen Kunstströmungen der Moderne. Die zum Paradigma gewordene Metapher des Bildes als *fenestra aperta* begann sich langsam aufzulösen.[50] Von nun an ging es nicht mehr um mimetisches Abbilden, sondern um das Problematisieren und Infragestellen des Wahrnehmungsprozesses. Impressionisten und Fauvisten distanzierten sich bereits von den Vorgaben der Zentralperspektive, doch erst die Kubisten vollzogen den endgültigen Schritt hin zu einer dynamischen, multiperspektivischen Gestaltungsweise. Sie visualisierten den Zerfall des Raumes in verschiedene Einzelansichten, indem sie den darzustellenden Gegenstand zunächst in einzelne Strukturelemente zerlegten, um ihn sodann in eine Ordnung zu überführen, welche die unterschiedlichen Ansichten des gemalten Motivs gleichzeitig hervortreten lässt. Im Mittelpunkt des Schaffens der Kubisten stand eine lebendige Sicht auf die Wirklichkeit. Viele Künstler, darunter Futuristen, Expressionisten und Dadaisten, folgten diesem neu eröffneten Weg – ihre Werke sind Zeugnis eines veränderten Raum- wie Wahrnehmungsverständnisses.

Motiviert wurde das Bedürfnis moderner Künstler, die Statik des Raumes zugunsten seiner Dynamisierung aufzubrechen, unter anderem durch die Gewinnung neuer Erkenntnisse im Bereich der Physik. In der Einstein'schen Relativitätstheorie etwa ist der Raum relativ, d. h., er kann nicht länger als eigenständige und unabhängige Größe gedacht werden, sondern muss immer im Zusammenhang mit der Zeit betrachtet werden. Während in dem von Euklid entworfenen Raummodell jedem Körper *ein* fester Standpunkt innerhalb eines statischen Koordinatensystems zugewiesen werden kann, geraten die Koordinaten in Einsteins Theorie in Bewegung und machen so eine eindeutige Verortung der Gegenstände unmöglich: „Die Definitionen der Bezugspunkte sind ins Fließen geraten, da die Bezugspunkte untereinander in Relation stehen (Leibniz), aber auch, weil sie real in einem absoluten Sinne (Newton) nicht mehr existieren".[51] Während also der Raum der Zentralperspektive, der für ein anthropozentrisches Weltbild steht, Sicherheit und Orientierung suggeriert, wird dem Individuum im „fließenden Raum"[52] Einsteins nun schrittweise der Boden entzogen. In einem Raum, in dem kein festes und einheitliches Bezugssystem existiert, in einem Raum, in dem sich die Koordinaten ständig verschieben, kann es keine gesicherte Erkenntnis und keine endgültige Verortung mehr geben. Das Individuum befindet sich in ständiger Unsicherheit und kann nie zur Ruhe kommen, weil es sich immer wieder neu absichern muss.

Aber auch die neue Wahrnehmungssituation in den Großstädten führte zum Aufbrechen des homogenen Raumes der Zentralperspektive. Die durch die industrielle Revolution hervorgerufene Technisierung führte zu einer völligen Veränderung des städtischen Erscheinungsbildes, in dessen Folge sich auch die Wahrnehmungsbedingungen vollkommen verändert haben. Das Raumerleben war keine homogene Erfahrung mehr, sondern zeichnete sich vor allem durch Dynamik und Simultaneität aus. Charakteristisch für die großstädtische Wahrnehmung ist die immer wieder eintretende Überblendung und Durchdringung verschiedener optischer, akustischer, haptischer und olfaktorischer Sinneseindrücke sowie die dadurch hervorgerufene Reizüberflutung. Der ruhende Blick, mit dem das wahrnehmende Subjekt die vielfältigen Erscheinungen hierarchisieren und klassifizieren konnte, kann innerhalb einer chaotisch-bewegten Umgebung nicht mehr bestehen, da er die simultanen und disparaten Erscheinungen nicht zu fassen vermag.

Mit ihren Bildern reflektierten die Künstler der Avantgarde das neue Raumwissen und die veränderten Wahrnehmungsbedingungen auf verschiedene Art und Weise. Paradigmatisch heißt es in einem Aufsatz Raoul Hausmanns zur neuen Kunst:

Unsere Zeit ist eine Epoche des Absterbens und gleichzeitig des Neuauflebens, des Werdens gegenüber einer alten Welt des Seins [...]. Diese untergehende Welt war eine Welt vor allem des ruhenden Raumes –, wir sind im Begriff, in eine Welt der Zeit und der dynamischen Kräfte zu schreiten, in der eine ungeheure Bewegung und Bewegtheit alte Grenzen auflöst und die Fesseln sprengt.[53]

Wenn Raoul Hausmann hier vom Sprengen der Fesseln spricht, dann bezieht er sich damit auch auf das Loslösen von konventionellen künstlerischen Gestaltungsmitteln. Immer wieder kritisiert der Dadasoph in seinen Texten einen an der Zentralperspektive geschulten Blick, da dieser den Menschen in eine distanzierte und objektive Beobachterposition versetze.[54] Dem mathematisch definierten und abstrahierten Raum stellt Raoul Hausmann einen konkreten Raum gegenüber, der unmittelbar erfahren werden kann. Der Mensch soll nicht länger Beherrscher der Welt bleiben, sondern wird dazu aufgerufen, sich unmittelbar und mit all seinen Sinnen in die Gesamtzusammenhänge einzuordnen. Expressionismus, Kubismus, Dadaismus und abstrakte Kunst versteht der Dadasoph als Bewegungen, die sich von der objektivierenden und distanzierenden Sicht auf die Dinge abwenden und sich dagegen einem dynamischen Weltbild zuwenden, welches dem Betrachter keinen privilegierten und herausgehobenen Standpunkt zuweist.

In die Reihe avantgardistischer Kritiker der Zentralperspektive gesellen sich auch die Vertreter der Neuen Gestaltung. In seinem Aufsatz „Die Verwirklichung der Neuen Gestaltung in weiter Zukunft und in der heutigen Architektur" (1922) hält Mondrian fest, dass die „neue Anschauungsart [...] von keinem bestimmten Punkt" ausgehe, sondern „das Blickfeld überall" habe. Sie sei „[s]chrankenlos, ungehemmt von Zeit und Raum, gemäß der Relativitätstheorie".[55] Auch die *Stijl*-Künstler stellen sich also dezidiert gegen ein statisches Raumkonzept. Gleichzeitig aber unterscheiden sich ihre Werke ganz wesentlich von den Darstellungen anderer avantgardistischer Strömungen. Zwar begrüßen sie wie viele andere Avantgardisten die moderne Großstadt, doch geben sie nicht einfach deren Oberfläche wieder, denn die Neue Gestaltung „hat die neue Realität in der Malerei gefunden, indem sie von der äußeren Oberflächenerscheinung abstrahierend nur das Innerste ausdrückt (kristallisiert)".[56] Die Neue Gestaltung will das Unveränderliche, Absolute ausdrücken, nicht das Schwankende, Chaotische, Veränderliche. In den Werken der *Stijl*-Künstler offenbart sich also ein vom Verstand geleiteter Wille zur Totalität, der durch Ausgleich diverser Gegensätze zur Anschauung gebracht werden soll. Der harmonische Eindruck, der hierdurch suggeriert wird, fehlt den grellen, wirbelnden, multiperspektivischen Darstellungen von Kubisten, Expressionisten, Dadaisten und Futuristen. Statt purer Dynamik wird immer wieder ein Ausgleich von Statik und Dynamik gefordert, ein Vorhaben, das an sich schon problematisch ist, doch wird gleichzeitig ein dynamisches Raumkonzept, aus dem nicht zuletzt die Affinität der Künstler zur Technik spricht, vorgestellt, das dem modernen, bewegten Leben entspricht. Die *Stijl*-Ästhetik erweist sich bei einer Durchsicht der Schriften als brüchig und ambivalent, insbesondere hinsichtlich der Gewichtung von Statik und Dynamik, wie im Folgenden aufgezeigt werden soll.[57]

Statik/Dynamik

Susanne Deicher beschreibt ihren Blick auf Mondrians *Komposition 2* von 1922 wie folgt:

> Der Blick umkreist die leere Mitte des Bildes. Die schwarzen Linien und die bunten Rechtecke scheinen in dieser Bewegung nach außen zu streben. Die Anordnung einfacher Farbelemente auf der weißen Fläche, um die zum Kasten formierten Linien herum, wäre auch anders denkbar, bleibt in Gedanken verschiebbar.[58]

Damit betont die Autorin gleich zu Beginn ihres Buches *Piet Mondrian 1872– 1944. Konstruktion über dem Leeren* nicht etwa das Moment des Statischen der Kunst Mondrians, sondern hebt den Eindruck des Dynamischen, welcher sich bei der Bildbetrachtung einstellt, hervor. Dabei schreibt sich, folgt man der Beschreibung Deichers, die Dynamik auf zweierlei Weise ein: erstens durch den bewegten Blick der Bildbetrachterin, der kreisförmig über die Bildfläche[59] wandert, zweitens durch die *scheinbare* Bewegung der Bildelemente resp. durch das *geistige* Verschieben derselben.

Während Deicher ein über den Bildraum hinausgreifendes Liniennetz imaginiert, sprechen andere dem Raster, das in der Kunst der Moderne immer wieder zu finden ist, also nicht nur für Mondrians Kunst charakteristisch ist, eine zentripetale Kraft zu.[60] Doch egal, ob es sich nun um eine Bewegung von innen nach außen oder in umgekehrter Richtung handelt – die Bewegung ist eine, die im Bewusstseinsraum des Betrachters stattfindet. Wenn also El Lissitzky in seinem Aufsatz „K. und Pangeometrie" bemerkt, dass es die Leistung der Futuristen und Suprematisten gewesen sei, statische Flächen zu schaffen, die die Dynamik lediglich bezeichnen, dass ihre Gemälde also „ins Irrationelle transponierte und versinnlichte Kurventabellen der Schnelligkeit und des Dynamismus"[61] seien, dann trifft dies in ähnlicher Weise auf den Neoplastizismus zu, denn tatsächlich kann es Mondrian durch die starre Materialität seiner Gemälde, aber auch durch die von ihm gewählte Bildsprache nicht gelingen, sich über die Statik, die seine Bilder suggerieren, hinwegzusetzen.[62] Wird von der Dynamik neoplastizistischer Bilder gesprochen, so ist diese ausschließlich im Bewusstseinsraum des Betrachters zu situieren, ja man kann konstatieren, dass es eines zweiten Blickes bedarf, eines reflektierenden, analysierenden oder auch meditativen Betrachtens, um die Gitter-Bilder als bewegte Objekte wahrzunehmen. Die Rede vom zweiten Blick hängt unmittelbar mit einem Bildverständnis zusammen, das als anthropologisch zu bezeichnen ist, weil der menschliche Körper selbst zum „Ort der Bilder"[63] wird, wie Hans Belting in seinem Vorwort zum Sammelband *Der zweite Blick* ausführt. „Ohne unseren Blick (ohne unser Bewusstsein) wären die Bilder etwas anderes oder gar nichts. Zwar empfangen wir Bilder der Welt oder solche im sozialen Raum von außen, aber wir machen sie zu unseren eigenen Bildern".[64] Bilder betrachten heißt deshalb immer auch, sie zu animieren.[65] Ähnlich formuliert das Michael Bockemühl im Rahmen seiner Ausführungen zur Bildrezeption: „Das Bild besteht nicht in dem allein, was als Gemälde, als Pigment und Struktur, vor Augen steht. Es entsteht und kommt zum Bewusstsein nur im schöpferischen Prozess des Anschauens [...]. Es ist Schöpfung und Neuschöpfung in einem. Bildlichkeit ist nur aktuell wirkend, ist immer Geschehen".[66] Wenn also Susanne Deicher von nach außen strebenden Linien und variablen Bildelementen spricht, dann steht dahinter ein Bildverständnis, welches das Bewusstsein, mithin den menschlichen Körper zum Bewegungs- bzw. Entwicklungsraum der Bilder erklärt. Es ist der zweite Blick, der aus dem starren Gemälde ein lebendiges, vitales macht, egal, wie statisch es auf den ersten Blick wirkt.[67]

Im ersten Kapitel, in welchem das Begriffsfeld „Statik" abgesteckt wurde, wurde darauf hingewiesen, dass Statik vom griechischen statiké abgeleitet wird und die Kunst des Wägens bezeichnet, womit der Begriff unmittelbar mit dem der Waage verbunden ist. Was liegt da näher, als Mondrians Statik suggerierende Gitter-Bilder mit einer Waage zu vergleichen? Über die *Komposition mit Rot, Gelb und Blau* (Abbildung 1) schreibt Michael Bockemühl passend:

> Die schwarzen Linien vermitteln eine gewisse Starrheit, so dass die beiden Senkrechten als „stehend", die Waagrechten dagegen als durch diese – etwa wie die „Balken" einer Waage – „getragen", nach rechts und links frei über die Fläche „ragend" empfunden werden können [...]. Wird das Bild als extremes Ponderationsgefüge betrachtet, so wird Balance bewusst, die latent an jedem Ort der angeschauten Bildfläche wirkt. Es darf dies keineswegs für selbstverständlich gehalten werden. Die Vorstellung einer Balance [...] kann nicht anders gefasst werden, als indem zugleich eine Änderung der Lage der Gestaltelemente und damit aller Beziehungen als möglich anerkannt wird. Sonst könnte das Gefüge nicht als „kühn", d. h. als unter der Bedingung extremer Instabilität ausgewogen gelten, sondern wäre eine in sich und im Rahmen starre Struktur, die gegenüber Tragen und Lasten ganz indifferent wäre.[68]

Mondrians Bild wird hier als variables System beschrieben, in welchem ein ausgeglichener Zustand herrscht. Es erscheint als wandelbares Gefüge, weil bei dessen Betrachtung nicht einfach das dargestellte Gleichgewicht wahrgenommen wird, sondern weil gleichzeitig die Möglichkeit der Veränderung der Positionen der einzelnen Elemente mitgedacht wird, d. h., Balance impliziert immer auch, dass Verschiebungen innerhalb des Beziehungssystems möglich sind.

Statik/Dynamik — 29

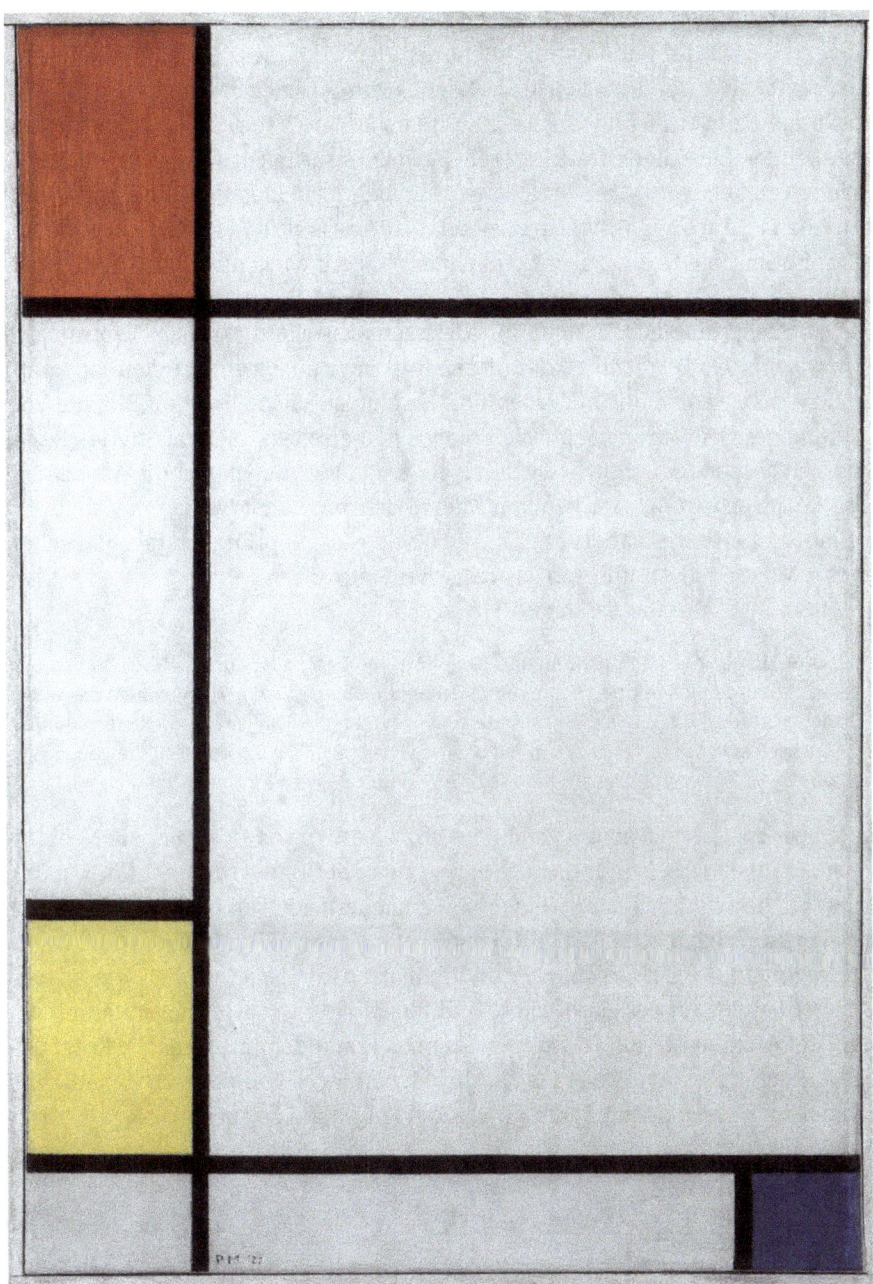

Abbildung 1: Piet Mondrian, Komposition Nr. III mit Rot, Gelb und Blau (1927).

Bockemühl verwendet im Rahmen seiner Ausführung den im Kunstdiskurs gängigen Begriff der Ponderation, nicht den der Statik, was jedoch naheliegend wäre, zumal auch auf diese Weise der Konnex zum Ausgleichen und Wiegen gegeben wäre. Allzu gern wird jedoch die Statik im außertechnischen Bereich zu kurz gefasst, indem sie lediglich mit Starrheit, Bewegungslosigkeit und Stillstand in Verbindung gebracht wird. Dass Statik aber weit mehr bedeutet, dass sie einen äquilibristischen und spannungsvollen Zustand meint, dass sie das ständige Austarieren der Kräfte einschließt, dass sie also dynamisch begriffen werden muss, weil es ein absolutes, völlig starres Gleichgewicht nicht gibt, wird übersehen. Indem Mondrian in seiner Komposition das Äquilibrium dezidiert ausstellt, rückt es ins Zentrum des Bewusstseins des Betrachters, der diesen Zustand nun als einen erkennen kann, der nicht selbstverständlich gegeben und absolut ist. Vielmehr ist im Bild die Veränderung des Gefüges angelegt. Die Komposition erscheint nicht als starres Beziehungsgefüge, sondern schließt Dynamik ein, und lässt zudem über die Assoziation einer Waage an das Ausgleichen von Kräften denken. Damit wiederum visualisiert sie Statik, ist also die ästhetische Umsetzung dieses ursprünglich mechanischen Begriffs. Mondrian ist mithin ein „ästhetischer Statiker".

Außerdem schreibt Bockemühl:

> Das Gewahren des kompositionellen Beziehungsgefüges in Mondrians Bild ist abhängig von der tatsächlichen Übereinstimmung der Senkrechten und der Waagrechten des Bildes mit der Aufrechten und der Horizontalen des Betrachters, die dieser sinnlich durch seinen Gleichgewichtssinn erfährt. Schon mit schräg gehaltenem Kopf lassen sich die „Gewichte" nicht mehr fassen, am intensivsten wird die Wirkung dagegen im Stehen.[69]

Damit aber spricht Bockemühl genau das an, was Theo van Doesburg am Neoplastizismus kritisiert. Es ist der orthogonale Aufbau der Bilder, der nicht nur an die Struktur des menschlichen Körpers erinnert, sondern auch an die Statik der Architektur. Entsprechend schreibt der Künstler: „Die rechtwinklige Komposition, in der extreme Spannungen, Horizontale und Vertikale, neutralisiert worden waren, weisen, als Überbleibsel der klassischen Tradition, eine gewisse Homogenität mit der Statik der Architektur auf. Die Kontra-Komposition (oder anti-statische Komposition) hat sich selbst von dieser Gleichartigkeit befreit".[70] Wie es sich mit Statik und Dynamik im Elementarismus verhält, wird im Folgenden beleuchtet.

Elementarismus

In seinem Manifest „Malerei und Plastik" (1926–1927) proklamiert van Doesburg den Elementarismus, mit dem er sich ausdrücklich gegen die Statik des Neoplastizismus stellen will. Letzterer habe in eine Sackgasse geführt, weil er die

Kunst und mit ihr den Künstler an einen Punkt gebracht habe, von dem keine weitere Entwicklung mehr möglich sei. Dabei fällt auf, dass van Doesburg erst jetzt, also zum Zeitpunkt der Begründung dieser neuen, Diagonale und dissonante Farbklänge aufnehmenden Stilrichtung, den Neoplastizismus ganz explizit mit dem Attribut des Statischen, und zwar negativ gelesen als Erstarrung und Lähmung der kreativen Kräfte, belegt. Neoplastizismus und Statik fallen für ihn nun in eins. Zuvor dagegen hatte er den Begriff „Statik" wie Mondrian umgangen und sprach stattdessen ausschließlich von Gleichgewicht und Ruhe, die durch die Kunst zur Darstellung gebracht werden sollten.

Gleich zu Beginn der insgesamt vier Punkte umfassenden Begründung des Elementarismus, der Elemente des Futurismus, des Dadaismus, des Suprematismus, des „Proun" und des *Stijl* vereint[71], schreibt van Doesburg:

> Der Elementarismus verwirft die Forderung nach einer absoluten Statik, die zur Erstarrung führt und die schöpferische Kraft lähmt [...]. Wie der Elementarismus versucht, die beiden Faktoren statisch und dynamisch (Stillstand und Bewegung) in eine Gleichgewichtsbeziehung zu bringen, strebt er in gleichem Maße danach, die beiden elementaren Faktoren Zeit und Raum in einer neuen Dimension zusammenzufassen. Während sich die Ausdrucksmöglichkeiten des Neo-Plastizismus auf zwei Dimensionen (die Fläche) beschränkt, sieht der Elementarismus die Möglichkeit einer Gestaltung in vier Dimensionen, im Gebiet der Raumzeit.[72]

Vernichtend fällt seine Kritik dann auch im resümierenden Artikel zum zehnjährigen *Stijl*-Jubiläum aus:

> Bliebe die Stijl-Idee auf eine abgeschlossene, dogmatische und vollkommen statische Erkenntnis beschränkt (Mondrian), so würde sie jede Entwicklungsmöglichkeit nicht nur blockieren, sondern auch in sich selbst eintrocknen und aus Mangel an Vitalität für die Zukunft als das unfruchtbare Zeugnis eines menschlichen Irrtums zu gelten haben. Die Stijl-Idee aber, wie ich sie meine, nämlich als ‚mouvement perpétuel' unserer schöpferischen Kraft, hat einen unbeschränkten Sinn, die Stijl-Idee dagegen, begriffen als ein begrenztes, dogmatisches System des Denkens und Schaffens, ist für Gegenwart und Zukunft sinnlos.[73]

Solch scharfe Kritik muss bei Mondrian auf Unverständnis gestoßen sein – und tatsächlich hat er sich von der *Stijl*-Gruppe distanziert, die von Beginn an nur lose war, keine festen Mitglieder hatte und der sich die Künstler nur zeitweilig anschlossen. Einzig van Doesburg, der eifrig und unablässig für die *Stijl*-Ideen warb, war der feste Kern der Gruppe, hielt sie zusammen und sorgte nicht zuletzt mit der Gründung der Zeitschrift *De Stijl* für die Verbreitung der holländischen modernen Kunst. Mondrian jedenfalls wollte selbst, zumindest theoretisch, keine statische Kunst schaffen. Zudem weisen Begriffe wie Ausdehnung, Rhythmus oder auch Aktivität, die Mondrian in seinen Schriften immer wieder verwendet, auf Bewegung. Hier jedoch wird die Diskrepanz zwischen der Theorie einerseits und der tatsächlichen künstlerischen Umsetzung sowie der Wirkung auf Dritte andererseits deutlich. Mondrians Kunst, das haben die Ausführungen zum Neoplastizismus gezeigt, ist eng mit der Statik verwoben, weswegen es nicht verwunderlich ist, dass der Name Mondrian häufig in einem Atemzug mit dem Begriff „Statik" genannt wird. Und nicht zuletzt ist der in Mondrians Kunsttheorie so prominente Begriff des Gleichgewichts eng verbunden mit jenem der Statik, wie ein Blick in diverse Nachschlagewerke erweist.

Van Doesburg nun setzt sich mit seinem Elementarismus von Mondrians Kunstsprache ab. Er möchte Statik *und* Dynamik zur Anschauung bringen. Dazu müsse die rein orthogonale Darstellung aufgebrochen werden. Zwar habe der Neoplastizismus mit seiner absoluten Abstraktion schon neue Wege hin zu einer vollkommen naturfernen ästhetischen Ausdrucksform gebahnt, doch sei es der Elementarismus, der laut van Doesburg diesen Ansatz konsequent weiterführe:

> Hatte der Neo-Plastizismus die Symmetrie, als Assoziation zu unserer äußerlichen körperlichen Struktur, auch schon (und sehr zu Recht) verworfen, so lag es in seiner Linie, auch das Orthogonale, als Assoziation zu unserer natürlichen organischen Struktur, *als einzig mögliche Ausdrucksweise zu verwerfen*. Ebendies tut der Elementarismus, der durch die Überwindung einer starren Statik eine neue geistige Bewegung zugleich mit einer neuen Optik in uns wachruft.[74]

Überblickt man das Manifest, so fällt auf, dass van Doesburg den Begriff der Statik in unterschiedlichen Kontexten verwendet. Welche Bedeutungen er aufnimmt, soll im Folgenden aufgezeigt werden.

Zunächst fordert der *Stijl*-Künstler die Herstellung einer Gleichgewichtsbeziehung zwischen Statik (Stillstand) und Dynamik (Bewegung), doch heißt es etwas später, dass der Elementarismus *keine* Statik kenne und dass der Elementarist ein „geistiger Rebell" sei, „ein Unruhestifter, der auf Kosten der eigenen Ruhe die Ruhe des Regelhaften und die Wiederholungen des bürgerlichen Lebens mutwillig stört".[75] Damit ist der Künstler kein isoliert arbeitendes, abgeschottetes, in sich ruhendes Individuum, das Kunst um der Kunst Willen schafft, vielmehr wird dem Künstler eine soziale Wirkmacht zugesprochen, und zwar indem er Unruhe und Chaos stiftet und damit gesellschaftliche Um- wie Unordnungen erzeugt. Der Künstler ist vor diesem Hintergrund Inbegriff des Dynamischen. Ihm geht es nicht länger um die Visualisierung eines harmonischen Gleichgewichtes. Seine Kunst baut sich aus Dissonanzen und Diagonalen auf. Die Kontra-Kompositionen, wie van Doesburg die Bilder des Elementarismus nennt, stehen im Zeichen des Ungleichgewichts. Der Elementarist sucht „eine heterogene, kontrastierende, labile Ausdrucksweise"[76] und will sich von der „statische[n], perpendikulare[n] Achse der Schwerkraft"[77] lösen. „Der Elementarist setzt", so lässt sich mit van Doesburgs Worten zusammenfassend festhalten, „der Komposition aus Gleichgewichtsbeziehungen des Neo-Plastizismus die ungleichgewichtige Kontra-Komposition als Phänomen einer zeiträumlichen Spannung von Farbe, Linie oder Fläche entgegen, immer in Opposition zu der natürlichen und architektonischen Struktur".[78] Hinter dieser Formulierung verbirgt sich van Doesburgs Ansicht, dass es dem Architekten obliege, die Statik zu berücksichtigen, sie gar zu betonen, während es die Sache des Malers sei, zu destabilisieren.[79]

Die destabilisierende Funktion, die van Doesburg der Malerei zuschreibt, findet eine treffende Umsetzung in einer Fotografie, die der Künstler 1925 im Atelier schoss (Abbildung 2).

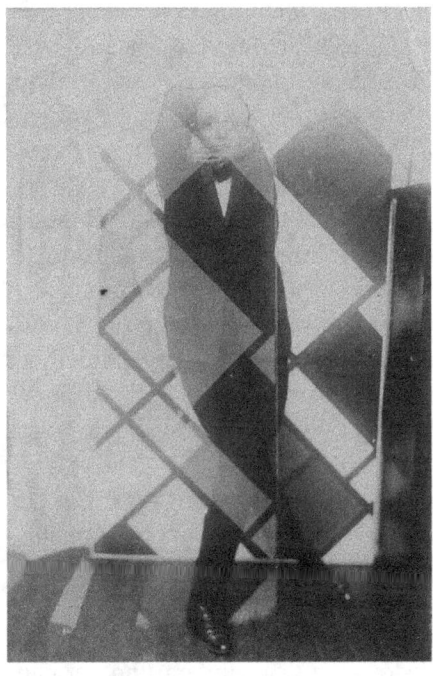

Abbildung 2: Theo van Doesburg, Simultanes Porträt von Valentin Parnac in seinem Tanz-Epos mit Theo van Doesburgs dissonanter Kontra-Komposition XVI im Hintergrund, Atelier 84 Avenue Schneider, Clamart (Hauts-de-Seine), 1925.

Hier ist visualisiert, was van Doesburg theoretisch fordert, dass nämlich die Malerei zu einer Zeit-Raum-Kunst avancieren soll. Der Mensch soll nicht vor dem Bild stehen bleiben, sondern in Interaktion mit der Kunst treten, sie mithin unmittelbar erfahren. „Es handelte sich", schreibt der Maler-Architekt in seinem Beitrag „Über das Verhältnis von malerischer und architektonischer Gestaltung" (1927),

> nicht darum, den Menschen um bemalte Wandflächen herumzuführen, damit er die malerische Entwicklung des Raumes beobachten könnte, sondern: um eine zusammenwirkende synoptische Wirkung von Malerei und Architektur hervorzurufen. Um das zu

erreichen, mußten die bemalten Flächen sowohl architektonisch als malerisch zueinander in Beziehung stehen, ein einziger Körper werden. Konstruktion und Komposition, Raum und Zeit, Statik und Dynamik in einem Griff gefaßt. Die gestaltende Raum-Zeitmalerei des 20. Jahrhunderts ermöglicht dem Künstler, seinen großen Traum zu verwirklichen: Den Menschen statt vor – in die Malerei zu stellen.[80]

Damit löst van Doesburg die bildende Kunst sowohl von der Frontalität und Zweidimensionalität als auch von der Statik klassischer Tafelbildmalerei. Der Mensch steht dem Kunstobjekt nicht mehr distanziert gegenüber und misst den ästhetischen Raum nicht länger mit starrem Auge aus, sondern bewegt sich ganzkörperlich im Kunstraum, erfährt ihn also unmittelbar. Auf diese Weise gelingt eine Synthese von Kunst und Leben, von Mensch und Raum, entsteht mithin gesellschaftlich relevante Kunst. Höhepunkt der in diese Richtung zielenden Bestrebungen war sicherlich die Ausgestaltung der *Aubette* in Straßburg. Nachdem jedoch das Projekt aufgrund fehlender Akzeptanz scheiterte, wandte sich van Doesburg der Konkreten Kunst zu.[81]

Aber zurück zum Manifest „Malerei und Plastik". Hier bezieht sich der Begriff „Statik" erstens auf Erstarrung, Dogmatismus, Abgeschlossenheit, Entwicklungslosigkeit sowie geistige und schöpferische Lähmung. Für all das steht Mondrian. Hätte van Doesburg diesbezüglich eine Gleichung aufgestellt, so diese: Statik = Mondrian. Zweitens meint „Statik" Stillstand im Gegensatz zur Bewegung. Und schließlich verwendet er den Begriff in Bezug auf die Orthogonalität, wie sie etwa in der Architektur zu finden ist. Gerade die horizontal-vertikale Ausrichtung der Baukonstruktionen suggeriert Stabilität und verstärkt dadurch den Eindruck des Statischen. Die Achse der Schwerkraft kommt hier voll zur Geltung. So lässt sich folgende Formel aufstellen: Orthogonalität = Stabilität = Gleichgewicht = Statik. Indem der Elementarist Schrägen einsetzt, kann er nicht nur seine Kunst von dieser Form der Statik lösen, sondern gerade auch in Verbindung mit der Architektur eine Destabilisierung herbeiführen und auf diese Weise für einen Ausgleich von Statik und Dynamik sorgen. Insgesamt aber steht bei der Begründung des Elementarismus der dynamische Aspekt im Vordergrund.

Liest man die Kontra-Kompositionen jedoch vor dem Hintergrund der bautechnischen Definition von Statik, ergibt sich ein völlig anderes Bild. Im Rahmen der Baustatik bedeutet Statik nicht nur die „Lehre vom Gleichgewicht der Kräfte", sondern auch die „Lehre vom Spannungs- und Verschiebungszustand von Tragwerken".[82] Die Kontra-Kompositionen wiederum sind das „Phänomen einer zeiträumlichen Spannung von Farbe, Linie oder Fläche"[83], können also als spannungsvolle Kompositionen, in denen die Bildelemente zu einem energiegeladenen Kräftespiel zusammentreten, gelesen werden. Sie veranschaulichen eben jenen Widerstreit der Kräfte, welcher Bauwerken aus bautechnischer Perspektive innewohnt. Die von van Doesburg als anti-statisch bezeichneten

Bilder des Elementarismus visualisieren die Statik demnach gerade dadurch, dass sie Ausdruck eines dynamisch-spannungsvollen Verhältnisses der Bildkomponenten sind. Die Kontra-Kompositionen sind demzufolge statische Objekte, weil sie erstens aufgrund ihrer Materialität unbeweglich sind und weil sie zweitens spannungsgeladene malerische Konstruktionen darstellen, in denen Farben, Flächen und Linien divergierende Kräfte innerhalb eines Ordnungssystems symbolisieren (Abbildung 2 und 3).

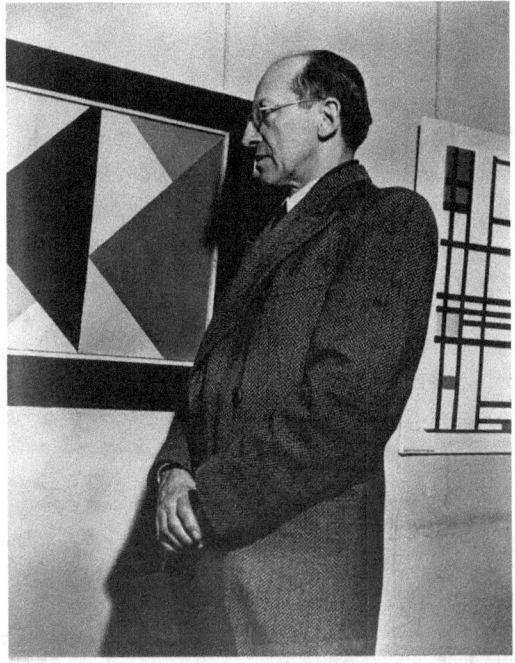

Abbildung 3: Piet Mondrian bei der Ausstellung „Masters of Abstract Art" in Helena Rubensteins New Art Center, New York City (April 1942).

In den folgenden Kapiteln wird dem naturwissenschaftlich-technischen Wissen im Neoplastizismus nachgespürt. Mondrian betont immer wieder, dass es die Aufgabe des modernen Künstlers sei, die Naturgesetze sichtbar zu machen. „Die Gesetze", lässt er wissen, „die in der Kunstwelt immer bestimmender wurden, sind die großen, verborgenen Gesetze der Natur, die die Kunst auf ihre eigene Weise erfaßt [...]. Wir gelangen dahin, einzusehen, [...] so objektiv wie nur möglich zu sein".[84] Wenn Mondrian hier davon spricht, dass seine Kunst so objektiv wie nur irgend möglich sei, so kann man angesichts der spekulativ-mystischen Begründung des Neoplastizismus, welcher u. a. auf J. H. M. Schoenmaekers plastischer Mathematik basiert[85], erahnen, dass das Objektivitätsverständnis des Künstlers nicht mit jenem der Naturwissenschaftler zu vergleichen ist. Seine Theorie ist unbestritten pseudowissenschaftlich. Im Folgenden wird es deshalb nicht um eine Kritik an Mondrians Verwendung des Objektivitätsbegriffs gehen, da dies ohnehin nicht weiterführen würde, sondern darum, aufzuschlüsseln, in welchem Verhältnis Objektivität und Universalität stehen. Beide Begriffe spielen in seinen theoretischen Schriften eine zentrale Rolle und sind daher wesentlich für die Charakterisierung seiner „statischen Ästhetik".

Objektivität

Ein Kunstwerk kann als *„epistemologische Metapher"*[86] begriffen werden, da sich in ihm Aspekte der zeitgenössischen Kultur, Lebensanschauungen oder Denkweisen offenbaren – es ist ein Signum des Zeitgeistes. Um 1900 ist dieser geprägt von Diskontinuität und Unbestimmtheit. Es ist eine Zeit, in der „sich die mehrwertigen Logiken durchsetzen, die z. B. das Unbestimmte als gültiges Ergebnis des Erkenntnisaktes ansetzen".[87] Die Poetik des offenen Kunstwerks, welches kein notwendiges Ergebnis kennt, also divergierende Interpretationen zulässt, trat, so die Feststellung Umberto Ecos, genau dann auf, als die moderne Physik Diskontinuität zuließ und sie „nicht mehr als mangelndes Wissen, sondern als unausmerzbaren Aspekt jeder wissenschaftlichen Verifikation [...] anerkannt hat".[88] Für Kunstwerke der Moderne wie für die Experimente der Physiker gelte deshalb,

> daß die unvollkommene Kenntnis eines Systems essenzielle Komponente seiner Formulierung ist, und daß darum „das unter verschiedenen Versuchsbedingungen gewonnene Material nicht mit einem einzelnen Bilde erfaßt werden" kann, sondern als „komplementär in dem Sinne zu betrachten (ist), daß erst die Gesamtheit aller Phänomene die möglichen Aufschlüsse über die Objekte erschöpfend wiedergibt".[89]

Dagegen strebt nun aber Mondrian das Gegenteil an. Er ist auf der Suche nach Totalität, bei der alle Gegensätze zu einer Einheit verschmelzen. Mit seinem Neoplastizismus formuliert er eine ästhetische Sprache, die alles vereinen möchte. Dieser Wille zur Totalität ist aus der Perspektive der Naturwissenschaften zu Beginn des 20. Jahrhunderts nicht mehr zeitgemäß, denn die Wissenschaftler haben erkannt, dass die Welt viel zu komplex ist, um alle Phänomene einheitlich und widerspruchslos erklären zu können. Vielmehr lassen sie eine Vielzahl von Erklärungen und Modellen zu, auch wenn sie Unterschiedliches aussagen und beweisen, auch wenn sie sich komplementär zueinander verhalten.

Während die Wissenschaftler seit dem ausgehenden 19. Jahrhundert akzeptieren mussten, dass mit zunehmender Geschwindigkeit eine Theorie auf die andere folgte, dass Experimente wissenschaftliche Tatsachen zutage förderten, die konträre, unvorhersehbare Schlussfolgerungen nach sich zogen, dass überholte Theorien wieder auferstanden, dass im Grunde keine gesicherte theoretische Grundlage mehr existierte, verlief die Wissenschaft im 18. Jahrhundert in vergleichsweise ruhigen Bahnen. Nicht der rasante wissenschaftliche Fortschritt, nicht die kurze Lebensdauer der Theorien erschütterte die Forscher, vielmehr sorgte man sich um die Zufälligkeit und Variabilität der beobachteten Phänomene. Um dem natürlichen Chaos Herr zu werden, begann man zu abstrahieren und zu idealisieren. Die Naturforscher waren auf der Suche nach absoluter Wahrheit, nach dem Wesen der Dinge, nach letztgültiger Erkenntnis. Der Weg dorthin führte über die Idealisierung der beobachteten Naturerscheinungen. Das bedeutet, dass sich das Streben nach Naturwahrheit, welches unweigerlich eine metaphysische Dimension annahm, auf die wissenschaftliche Praxis auswirkte. Charakteristisch für diese war der korrigierende Eingriff des Naturforschers, der nicht als Makel begriffen wurde, sondern als unumgängliche Voraussetzung wissenschaftlichen Arbeitens, ja der forschende Geist wurde dann als Genie der Beobachtung gerühmt, wenn es ihm gelang, von Beobachtung zu Beobachtung fortzuschreiten, seine Eindrücke so lange zu memorieren, zu analysieren und zu vergleichen, bis er am Ende aus dem gesamten Fundus einen idealen Typus herausgeschält hat. Ein Atlasmacher beispielsweise bildete das vorliegende Studienobjekt nicht etwa so ab, wie es sich ihm in all seiner Einzigartigkeit präsentierte, sondern befreite das individuelle Exemplar von sämtlichen Varianzen und Anomalien, sodass er schließlich ein perfektes, charakteristisches Abbild darstellen konnte. Die auf solche Weise entstandenen Atlasbilder zeigen die Natur nicht so, wie sie ist, sondern wie sie idealerweise sein könnte oder sollte. Es sind Bilder des Allgemeinen, Wesentlichen, Typischen, oder anders: Es handelt sich um „Vernunft-Bilder".[90] Die Atlasmacher „verteidigen den Realismus – „die Natur-Wahrheit" – der zugrundeliegenden Typen und Regelmäßigkeiten gegen den Naturalismus des individuellen Objekts mit seinen irreführenden Besonderheiten".[91] Der Naturforscher im Zeitalter der Aufklärung musste also mit geschärften Sinnen in die vielfältigen Erscheinungen der Natur eintauchen, gleichzeitig aber wurde von ihm verlangt auszuwählen, zu vergleichen, zu systematisieren, zu beurteilen und zu verallgemeinern. Er musste sowohl eine unmittelbare als auch eine distanzierte Haltung gegenüber den Naturphänomenen einnehmen. Letztere gestattete es ihm, das natürliche Chaos zu ordnen, anstatt sich von der Vielgestaltigkeit und Zufälligkeit der Erscheinungen übermannen zu lassen. Erst in der zweiten Hälfte des 19. Jahrhunderts änderte sich die Einstellung hinsichtlich des eingreifenden Vorgehens der Forscherpersönlichkeit. Nun galt es, das Selbst des Wissenschaftlers auszuklammern, um eine objektive Sicht auf die Dinge zu ermöglichen. Die von den „Zeitgenossen wahrgenommene und häufig kommentierte Beschleunigung [womit hier die wachsende Geschwindigkeit wissenschaftlicher Veränderungen gemeint ist] führte zur Abkehr von der absoluten Wahrheit (und aller metaphysischen Ambitionen überhaupt) und zur Hinwendung zur Objektivität".[92] Mit letzterer haben sich Lorraine Daston und Peter Galison in ihrem Buch *Objektivität* intensiv befasst. Ihre Studie zeigt auf, dass wissenschaftliche Leitprinzipien stets zurückgebunden sind an die Auffassung vom wissenschaftlichen Selbst sowie an bestimmte Denk-, Wahrnehmungs- und Aufzeichnungsweisen. Anhand zahlreicher Beispiele erzählen sie die Geschichte der epistemischen Tugenden, die „Biographie[n]"[93] von Naturwahrheit, Objektivität und geschultem Urteil. Sie betonen, dass die Objektivität „weder ein Synonym für Wahrheit oder Gewißheit noch für Genauigkeit oder Präzision"[94] sei, ja dass der Begriff „vielschichtiger als Blätterteig"[95] sei. Doch hätten all die verschiedenen Bedeutungen einen gemeinsamen Nenner: Objektivität werde immer durch ihr Gegenteil, die Subjektivität, definiert.[96] Was die Rolle wissenschaftlicher Bilder angeht, merken Daston und Galison an, dass sie dazu da seien, naturgetreu wiederzugeben. Abbildungen seien im naturwissenschaftlichen Diskurs immer „Versuche zur Wiedergabe, zur *Re*präsentation"[97]: „Repräsentative Bilder können Unklarheiten beseitigen, können perfektionieren und glätten, um an das heranzukommen, „was ist". Aber sie dürfen nichts neu schaffen. Nicht von der Natur zur Kunst überwechseln".[98] Damit nun kann der Schritt zu Mondrian gemacht werden: Versucht man sein epistemologisches Ideal zu verorten, so fällt auf, dass sich die Suche des holländischen Künstlers nach dem Absoluten, Universalen mit dem Streben der Wissenschaftler des 18. Jahrhunderts nach Naturwahrheit deckt, denn hier wie dort ist ein metaphysischer Impetus angelegt, hier wie dort geht es um das Entschleiern der Natur, um das Vordringen zum Wesen der Dinge, um das ewig Gültige, um die Befreiung der natürlichen Erscheinungen von allem Chaotischen und Zufälligen. Während allerdings die Atlasbilder des 18. Jahrhunderts als „Vernunft-Bilder"[99] bezeichnet werden können, ist die Neue Gestaltung Ausdruck eines *„geistigen Gefühls – von Vernunft und Gefühl in einem"*.[100] Sie stelle, so Mondrian, „das Gleichgewicht von Geist und Gefühl"[101] dar. Zwar solle die Subjektivität soweit als möglich verdrängt werden, doch sei die Kunst gegenwärtig noch nicht zu vollkommener Objektivität gelangt. Das wiederum bedeutet, dass die Neue Gestaltung „die unmittelbarste *ästhetische Offenbarung* des Universalen in einer noch subjektiven Zeit"[102] ist. Hier wird deutlich, dass für Mondrian die Begriffe „Universalität" und „Objektivität" zusammenfallen. Objektiv sein heißt für ihn, in der Kunst das Universale zum Ausdruck zu bringen. Gerade weil in der Neuen Gestaltung das in der Natur verhüllte Absolute erkennbar hervortrete[103], sei sie objektive Gestaltung. Allerdings sei die ästhetische Darstellung des Universalen nicht frei von Subjektivität. Seine Gemälde seien „*Ausdruck des Universalen durch subjektive Bewältigung des Universalen*".[104] Das bedeutet, dass die neoplastizistischen Bilder Mondrians persönliche Auseinandersetzung mit den Gesetzmäßigkeiten der Natur visualisieren. Sie sind individuelle Gestaltungen des Universalen. Seine Bilder sind insofern Repräsentationen als Mondrian vorgibt, durch sie trete die Natur völlig rein, d. h. befreit von allem Zufälligen, zutage. Tatsächlich aber präsentiert uns Mondrian seine Sicht auf die Welt, seine Erkenntnis. Nicht zuletzt schafft er dadurch etwas Neues, eine neue Ästhetik.

Experiment

Auffallend ist, dass Mondrian im Rahmen seines Neoplastizismus den Ausgleich von Extremen ausruft, doch dabei keine ausreichend spezifizierten Gesetze formuliert, die eine gestalterische Hilfestellung bieten könnten. Lediglich die Parameter werden bestimmt, also gerade Linien in orthogonaler Anordnung, Primär- und Nichtfarben. Die Ordnung dieser Elemente wird von Mondrian nur dahingehend definiert, dass die Positionen der Geraden bzw. die Proportionen der Flächen sowie die eingesetzten Farben in einem ausgeglichenen Verhältnis stehen sollen.[105] Wie aber das Gleichgewicht letztlich ästhetisch umgesetzt wird, bleibt jedem Künstler selbst überlassen. Er muss sich von seinem Eindruck, seinem Empfinden, seinen Erfahrungen leiten lassen. Hat der Künstler eine äquilibristische Komposition gestaltet, so bedeutet dies allerdings noch lange nicht, dass auch andere die gewählte Anordnung von Linien und Farben als gleichgewichtig und harmonisch einstufen. Von Mondrian selbst ist bekannt, dass er teils sehr lange an seinen Gemälden arbeitete und sogar Leinwände übermalte, bis er meinte, ein ausbalanciertes Verhältnis gefunden zu haben.[106] Sein Vorgehen gleicht mehr dem Prinzip „trial and error" als dem Lösen einer mathematischen Aufgabe. Während bei Mondrian das Ergebnis des Gestaltungsprozesses offen ist, weil es eben doch nicht gänzlich frei vom Einfluss des Individuellen ist, erzwingen in der Mathematik die vorgegebenen Parameter geradezu eine bestimmte Lösung. Entsprechend kann konstatiert werden, dass der Neoplastizismus weniger mathematisch als vielmehr experimentell ist. Das wissenschaftliche Experiment zeichnet sich gerade dadurch aus, dass die „Zutaten" definiert sind, der jeweilige Ausgang jedoch ungewiss ist. Der Neoplastizismus gleicht auch dahingehend einem Experiment, als der Künstler ebenso wenig wie der wissenschaftliche Forscher, der bestimmte Hypothesen bezüglich des Ausgangs eines Experiments hat und zudem von seiner wissenschaftlichen Sozialisation beeinflusst wird, seine Subjektivität vollkommen auszuschalten vermag. Hier wie dort bieten sich Einfallstüren für subjektive Beimischungen. Weder Künstler noch Wissenschaftler arbeiten also voraussetzungslos. Die Individualität scheint hier wie dort durch, auch wenn dies gerne bestritten wird.[107]

Mondrian hatte im Laufe der Zeit seine Bildsprache immer weiter reduziert. In seiner Radikalität bleibt er jedoch letztlich ungenau, was einerseits am Wesen der Kunst selbst liegt, die eben nicht völlig in Objektivität und Berechenbarkeit aufgelöst werden kann, andererseits zielt der Neoplastizismus auf Universalität, die selbst in den Naturwissenschaften noch nicht gefunden wurde, wie die Unvereinbarkeit der Relativitätstheorie mit den Erkenntnissen der Quantenmechanik zeigt. Eine Weltformel, die sämtliches Wissen zu vereinen vermag, existiert bisher nicht. Mondrian entgeht diesem Dilemma, indem er das Göttliche ins Feld führt. Er schwingt sich auf in mystisch-religiöse Sphären und verlässt damit den Boden der Empirie.[108]

Bemerkenswert ist, dass das Experiment auch in der Geschichte der Baustatik eine wesentliche Rolle spielt. Dies ist jedoch angesichts der ausgeprägten Praxisorientierung der Ingenieurausbildung kaum verwunderlich, denn lange Zeit erlernten die Ingenieure die nötigen Kenntnisse und Fähigkeiten von Fall zu Fall, von Auftrag zu Auftrag, von Objekt zu Objekt. Doch trotz der offensichtlichen Tendenz zur Empirie spielte auch die Theoriebildung, die es erlaubt, aussagekräftige Vorhersagen zur Stabilität eines Bauwerkes zu treffen, für die Entwicklung des Bau- und Ingenieurwesens eine entscheidende Rolle. Insgesamt lassen sich zwei Tendenzen beobachten: Die eine führt von der Theorie zur Praxis, die andere in umgekehrter Richtung. Zum einen wollte man komplexe Theorien mittels Experimenten überprüfen, um anschließend aus dem daraus gewonnenen Wissen Regeln abzuleiten, die auch für einen Praktiker mit durchschnittlichen mathematischen Kenntnissen verwendbar waren, zum anderen wurde versucht, aus dem Erfahrungswissen Regeln für die Konstruktion abzuleiten, was u. a. beim Brückenbau und bei Problemen des Steinschnittes gelang. So galt es also, eine „Mechanik des Bauwerks zu begründen, die Grundprinzipien der „rationalen" Mechanik mit den Erfahrungswerten der Baupraxis verband".[109] Die Baustatik ist demnach keine rein mathematisch-logische Disziplin fern jeglicher Empirie; vielmehr ist das Wechselspiel von mathematisch-konstruktivem und empirisch-experimentellem Wissen grundlegend bei der Herausbildung dieser Fachrichtung.

Noch um 1900 war die Gewichtung von Theorie und Praxis nicht festgelegt. Es taten sich zwei Fronten auf, von denen die eine um die Vorherrschaft der Theorie, um eine Verwissenschaftlichung des Ingenieurberufs kämpfte, die andere dagegen forderte eine vornehmlich experimentell ausgerichtete Ausbildung, wie folgender Ausschnitt aus der *Geschichte des Ingenieurs* verdeutlicht:

> Die Ingenieurwissenschaften zielen einerseits auf die theoretische Systematisierung des technischen Wissens, andererseits auf Anwendungen in der industriellen Praxis. Die Geschichte zeigt, dass sich die Technikwissenschaften [...] zwischen den beiden Polen Praxisorientierung und Theoretisierung bewegen und jeweils neu situieren. Im späten 19. Jahrhundert verleitete sie die Anlehnung an universitäre Methodenideale, die Theore-

tisierung in Form einer Physikalisierung und Mathematisierung der Technik so weit zu treiben, dass die praktische Brauchbarkeit ihrer Arbeiten darunter litt. Das wichtigste Ergebnis der in den Ingenieurwissenschaften selbst entstehenden Gegenbewegung bestand darin, dass die Technischen Hochschulen seit den 1890er Jahren Laboratorien und Versuchsfelder einrichteten bzw. ausbauten. Mit Hilfe dieser Ausstattung entwickelten sich die Technikwissenschaften zu experimentellen Erfahrungswissenschaften. Im Studium nahm der Stellenwert praktischer Unterrichtsformen, wie Übungen im Laboratorium und am Zeichenbrett, auf Kosten der Vorlesungen zu.[110]

Ein Beispiel dafür, welch zentrale Rolle das Experiment bei der Entwicklung der Baustatik spielte, ist der Bau der 1850 fertiggestellten Britannia-Brücke über die Menai-Straße im Norden von Wales (Abbildung 4). Da bei einem derart großen Bauvorhaben niemals zuvor Schmiedeeisen benutzt worden war, konnte man bei der Planung, der Konstruktion sowie der bautechnischen Realisierung weder auf theoretisches noch auf praktisches Wissen zurückgreifen. Deshalb unternahm der leitende Ingenieur Robert Stephenson zusammen mit einigen seiner Assistenten „eine Serie systematischer Experimente, um den Aufbau des als Tragebalken dienenden schmiedeeisernen Kastens zu bestimmen [...]. Ohne Stephensons Experimente hätten sich genietete Eisenbleche wohl kaum so schnell als Baumaterial durchgesetzt".[111] Erst etwa 40 Jahre nach dem Bau der Britannia-Brücke wurden adäquate theoretische Modelle entwickelt. Das experimentelle Wissen ist hier der Theoriebildung zeitlich weit voraus.[112]

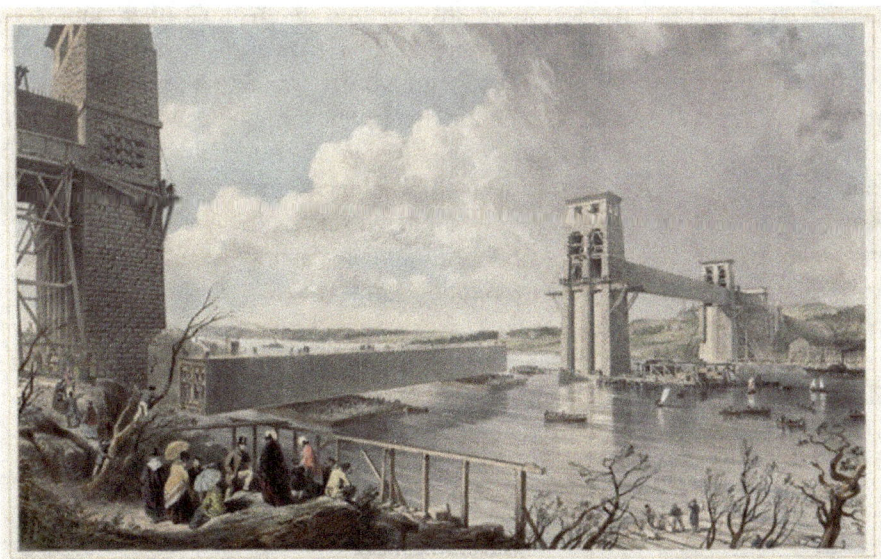

Abbildung 4: Bau der Britannia-Brücke, Lithographie von G. Hawkings (1850).

Indessen kritisiert der Ingenieur Karl Culmann (1821–1881), der sich während einer zweijährigen England- und Nordamerikareise, die er 1849 antrat, ein eingehendes Bild von den hiesigen Ingenieurleistungen machen konnte, in seinem Hauptwerk *Die grafische Statik* (1866) die englischen Bauingenieure ob ihres verschwenderischen, völlig unökonomischen Vorgehens sowie ob ausbleibender Berücksichtigung statischer Theorien:

> Allein was dem reichen Engländer ziemt, der überall das grosse, volle Bewusstsein mit sich herumträgt: „ich bin im Besitz des Eisens und brauche mich nicht mit der Statik zu plagen", passt weniger für die armen Teufel des Continents; die müssen difteln und probiren, für jede zu bauende Bahn deren viele, viele abstecken und veranschlagen, um die billigste zu finden, und für jede zu bauende Brücke verschiedene Kraftpläne zeichnen, um ja kein Material zu vergeuden.[113]

Diese Kritik Culmanns verdeutlicht, wie sehr Tüfteln und Probieren und theoretisches Wissen, auf dessen Grundlage die „Kraftpläne" gezeichnet werden, bei der Entwicklung der Statik – als theoretische Wissenschaft *und* Baupraxis – zusammenspielen. Ein weiteres Beispiel für die enge Verknüpfung von Theorie und Praxis ist das 1848 erschienene Handbuch *Der Ingenieur* von Julius Ludwig Weisbach. Gleich zu Beginn wird angekündigt, dass es „eine gedrängte und möglichst geordnete Zusammenstellung von solchen sorgfältig ausgewählten Regeln, Formeln und Tabellen [enthält], welche auf den sichersten Theorien und Thatsachen der Erfahrung basirt sind, und in dem Ingenieurwesen, der praktischen Geometrie und Mechanik, dem Maschinenwesen, der Baukunst und der Technik überhaupt, ihre Anwendung finden".[114] Diese Zeilen verdeutlichen, dass es den Ingenieuren nicht nur um die Systematisierung und prägnante Darstellung des empirisch gewonnenen Wissens geht, sondern auch um die Entwicklung eines Wissenskanons, aus dem alle Ingenieure schöpfen können. Der Wissensbestand wird also durch Handbücher wie *Der Ingenieur* zum einen zunehmend strukturierter und formalisierter, zum anderen ermöglichen Sammlungen solcher Art eine gezielte Weiterentwicklung der mechanischen Regeln und Formeln. Sie sind Zeichen der voranschreitenden Verwissenschaftlichung dieses Arbeitsbereiches.

Indes wird das Thema „Baustatik" nicht nur in fachspezifischer Literatur von Ingenieuren für Ingenieure behandelt, sondern findet ebenso Eingang in die Unterhaltungsliteratur. Als einschlägiges Beispiel sei die 1899 erschienene Erzählung *Die Brücke über die Ennobucht* genannt, in welcher der Dichter-Ingenieur[115] Max Eyth (1836–1906) das Eisenbahnunglück auf der Firth-of-Tay-Brücke in Schottland, welches sich im Dezember 1879 ereignete, verarbeitete (Abbildung 5 und 6).[116]

Eyth, der sowohl als Ingenieur wie auch als Schriftsteller tätig war und zu den Bestseller-Autoren des beginnenden 20. Jahrhunderts gezählt werden kann[117], gelang es mit Hilfe seiner Erzählungen, die technikfernen Leser an die

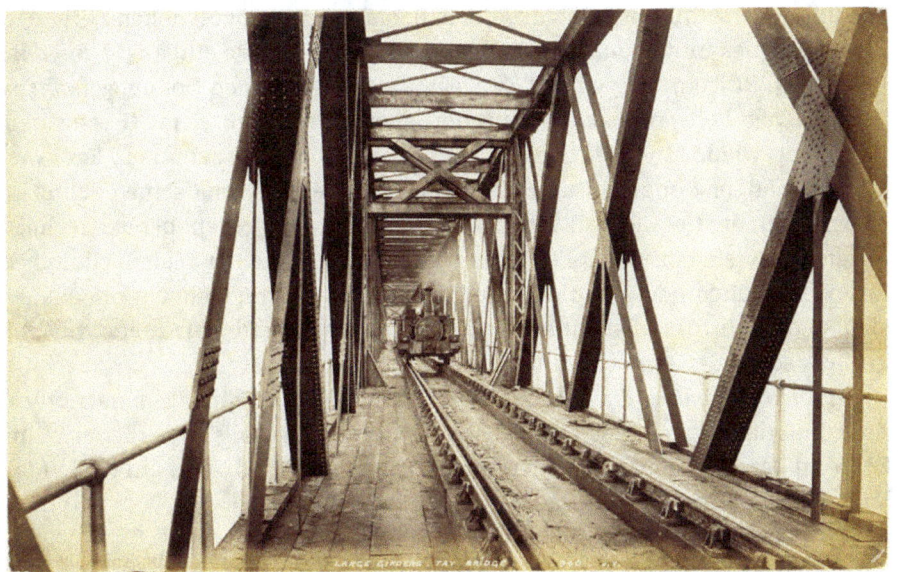

Abbildung 5: Die Firth-of-Tay-Brücke vor dem Unglück (um 1880).

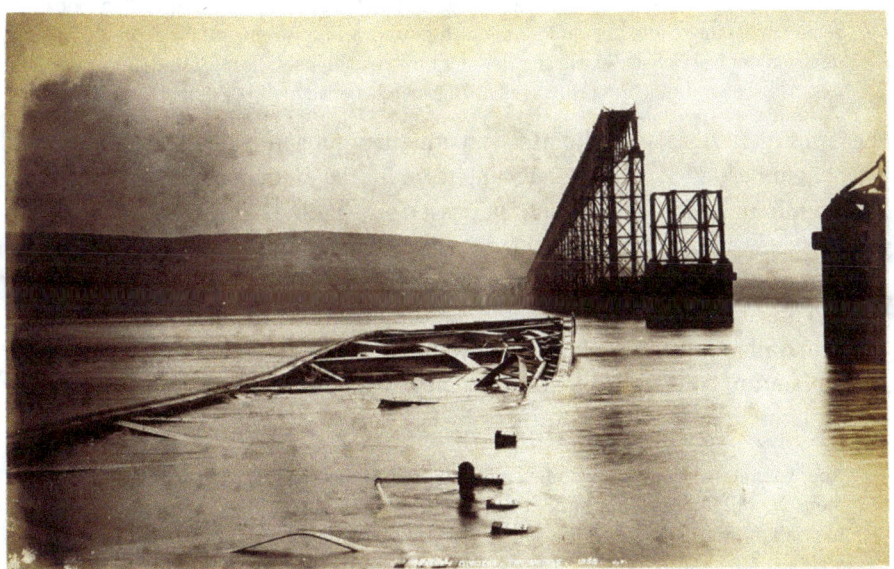

Abbildung 6: Die Brücke nach dem Einsturz (um 1880).

Technik heranzuführen und sie mit dem damals wenig angesehenen Beruf des Ingenieurs bekannt zu machen, indem er anschaulich wie eingängig von den Problemen, Risiken, Ängsten und Zweifeln, aber auch von den Hoffnungen, Freuden und dem Fortschrittsoptimismus der Ingenieure erzählt. Seine Geschichten sind nicht, wie man vielleicht zunächst meinen möchte –, denn Max Eyth war selbst ein äußerst optimistisch eingestellter Ingenieur, der mit seinen Schriften gegen das in der Gesellschaft vorherrschende Misstrauen gegenüber der Technik ankämpfte, – ein einseitiger Lobgesang auf die Möglichkeiten neuer technischer Errungenschaften oder auf die Leistungen der Ingenieure; vielmehr offenbaren sich seine Schriften als kritisch-reflektierte Auseinandersetzungen mit der Technik sowie der Arbeit der Ingenieure.

In *Die Brücke über die Ennobucht* erzählt Eyth, wie es zum Zusammenbruch der Ennobrücke kam, ohne sich dabei in technischen Details zu verlieren.[118] Im Zentrum der Geschichte steht der junge Ingenieur Harold Stoß, ein Rechentalent, das in Karlsruhe studierte.

> Auf der dortigen Polytechnischen Schule hatte Stoß die Weisheit und die Formeln Redtenbachers eingesogen, an denen zu jener Zeit die technische Jugend Deutschlands mit Andacht und Verehrung hing. Wie sich so oft die Gegensätze in einer Menschennatur begegnen, hatte er ausgesprochenes mathematisches Talent und eine begeisterte Vorliebe für die trockensten Spekulationen, wenn sie sich in algebraische Formeln pressen ließen. Sobald er seine Konzepthefte, die mit endlosen Berechnungen gefüllt waren, auf die Seite warf, war er dagegen der fröhlichste Gesellschafter, der unverwüstlichste Optimist und hatte das große Geschick, seiner Umgebung einen Teil der eigenen Lebensfreudigkeit einzuflößen.[119]

Hier wird nicht nur das Bild eines sympathischen jungen Mannes gezeichnet, der sowohl ein besonders ausgeprägtes Interesse für die Mathematik hat als auch ein beredter, freundlicher Mitmensch ist, dessen gute Laune ganz offenkundig ansteckend ist; es wird auch verdeutlicht, dass das Rechnen und Theoretisieren maßgeblicher Bestandteil der Arbeit eines Ingenieurs ist. Bereits in der Ausbildung werden die Studenten dazu angehalten, komplizierte Rechenaufgaben zu lösen. Doch trotz aller Verwissenschaftlichung dieses Berufes und trotz der zunehmenden Spezialisierung stützt sich vieles noch immer auf Spekulation, wie Harold Stoß wissen lässt:

> Aber schließlich beruht doch alles mögliche auf Annahmen, auf Theorien, die noch kein Mensch völlig durchschaut und die vielleicht in zehn Jahren wie ein Kartenhaus zusammenfallen. Ein Holzbalken mit seinen Fasern ist noch verhältnismäßig menschlich verstehbar. Aber weißt du, wie es einem Block Gußeisen zumute ist, ehe er bricht, wie und warum in seinem Inneren die Kristalle aneinanderhängen; ob ein hohles Rohr, das du biegst, auf der einen Seite zuerst reißt oder auf der anderen vorher zusammenknickt, ehe es in Stücken am Boden liegt? Wieviel ich über Kohäsion nachgedacht habe, damals und

> später – namentlich später –, daß mir übel wurde, von den ewig kreisenden Gedanken – Donnerwetter, wie es stürmt![120]

Die zur Verfügung stehenden Formeln sind also, zumal solange man sich an keinerlei Vorbildern orientieren kann, keineswegs ausreichend, um garantieren zu können, dass eine Eisenbrücke stabil steht. Zu viele unbekannte Faktoren spielen bei der Berechnung des Brückenbaus eine Rolle. Darüber ist sich gerade Stoß, der sich ständig in seinen Formeln vergräbt, im Klaren. Unablässig kreisen seine Gedanken um Sicherheitskoeffizienten, Integrale, Luftdruck, Korrosion, Tragfähigkeit und Kostenberechnungen. Um sein eigenes Unbehagen zu überspielen, um sich selbst zu beruhigen, betont er umso nachdrücklicher die Richtigkeit seiner Berechnungen, die von ökonomischen Vorgaben ebenso geleitet werden wie von ganz privaten Interessen, denn Stoß will Billy, die Tochter des Bauherrn Bruce, ehelichen:

> Bruce war mit mir schon längst überzeugt, daß die gewöhnlichen Formeln für die Bruchfestigkeit gußeiserner Röhren im Prinzip falsch sind. Nach meiner Art rechnend mußte die Brücke mit eisernen Pfeilern um 70 000 Pfund billiger werden als mit gemauerten Pfeilern. Drei Tage lang schloß ich mich ein, um alles, was sich für meinen Plan sagen ließ, schwarz auf weiß niederzuschreiben. Billys blaue Augen halfen mit – vielleicht etwas zu sehr. Jedenfalls wurden die Formeln fast so lang wie die Pfeiler und bewiesen sonnenklar, daß der Plan einen glänzenden Erfolg versprach, wenn die Grundsätze richtig waren, nach denen ich rechnete und rechnen mußte.[121]

Weil Stoß wider besseres Wissen gerechnet hatte, weil er rechnete, wie man es von ihm verlangte und wie er selbst es wollte, um die Hand von Billy nicht zu verlieren, erbaute man die Brücke auf falschen Grundlagen, was letztlich zu ihrem Einsturz führte.

Dass sich Ingenieure nicht ausschließlich von Rechengesetzen, sondern auch vom Gefühl leiten lassen, ja dass beim Konstruieren das Gefühl sogar die Oberhand gewinnen kann, belegt auch folgende Textstelle:

> Oft genug war ich starr vor Erstaunen, wenn ich beobachtete, wie sehr Brücken bei ihm Gefühlssache sind, namentlich Gitterbrücken. Es ist nicht Erfahrung. Man hat keine Erfahrung von Dingen, die noch nie gemacht wurden. Es ist auch nicht Instinkt. Unsere Vorfahren wußten zu wenig von Häng- und Sprengwerken, um dieses Wissen zu vererben. Es ist ein Drittes, Unergründliches, Unerklärliches; und Bruce hatte ein Stück davon in irgendeinem Winkel seines Gehirns mit auf die Welt gebracht. Nur brauchte er eine ruhige Stunde, um sich die Dinge halb im Traum zurechtzulegen.[122]

Wiewohl Eyths Erzählung ein fiktionaler Text ist – eine Tatsache, die wohl viele seiner zeitgenössischen Leser übersahen[123], da Max Eyth selbst als Ich-Erzähler auftritt und auf diese Weise dem Berichteten einen authentischen Charakter verleiht – kommt diese Textpassage doch einem Bekenntnis gleich, welches offenbart, dass sich die Baustatik nicht nur auf Theorie und Empirie begründet, sondern dass eine dritte Dimension im Spiel ist, ein „Unergründliches", „Unerklärliches". Mathematik und Gefühl verbinden sich in der Brücke, die zum Signum nicht nur einer neuen, von Rechenoperationen bestimmten Architektur wird, sondern auch zum Zeichen einer metaphysischen Wirkmacht, die sowohl die Richtigkeit der Berechnungen durch den Menschen als auch die daraus resultierende neue Optik der Eisenarchitektur untermauert und legitimiert. Die Integrale dienen nur mehr als „Beruhigungsmittel"[124]; sie sind gleichsam weltliche Bestätigung eines tiefen „statischen Gefühls".

Dieses „statische Gefühl" ist es, welches auch der Architekturtheoretiker Alfred Gotthold Meyer in seinem Buch *Eisenbauten. Ihre Geschichte und Ästhetik* (1907) in den Konstruktionsprozess einschreibt:

> In die rechnerisch abwägende Tätigkeit selbst kann eine dem künstlerischen Schaffen näher verwandte persönliche Kraft spontan eingreifen: das „statische Gefühl" des genialen Konstrukteurs, das dem Rechnen *vorauseilt*, das dieses nur in seinen Dienst nimmt. Dann fällt der „Rechnung" nur noch die Rolle eines Regulatives zu: sie hat das gefühlsmäßig erkannte Resultat nachträglich nur zu bestätigen. Wo *diese* Schaffensart herrscht, da ist die innere Vorstellungskraft von vornherein rege. Das „visionäre" Denken des *Genies* ist im wesentlichen immer ein „bildliches". Und dann pflegt es auch als formal glückliche Gestaltungskraft zu wirken.[125]

Das Gefühl wird hier als ein dem Rechnen vorgängiges Moment vorgestellt, das lediglich im Nachhinein mit Hilfe mathematischer Formeln abgesichert werden muss. Die Ratio bestätigt in diesem Fall, was das Gefühl diktierte, will heißen, dass die Berechnungen als Korsett fungieren, welche das Gefühlsmäßige festzurren und fixieren. Meyer betont, dass der Entwurf einer Eisenkonstruktion in erster Linie durch die Rechenoperationen bestimmt sei, sich die schöpferische Phantasie des Ingenieurs also nur im Rahmen des mathematisch-technisch Möglichen bewegen könne; gleichzeitig verankert er die Mathematik über das „statische Gefühl" in einem unbewussten, unergründlichen Bereich. Sobald die Rechenoperationen dem Gefühl nachgeordnet sind, scheint die Mathematik lediglich zu existieren, um die persönliche, bildnerische Gestaltungskraft des Bauingenieurs zu untermauern. Andersherum empfänden, so Meyer, „gerade die phantasievollsten Künstler immer von neuem die innere persönliche Gesetzmäßigkeit ihres Schaffens als allgemein gültiges Gesetz".[126] Mit seinen Ausführungen wirft Meyer zum einen implizit die Frage nach dem Ursprung der Mathematik auf, zum anderen verschränkt er Kunst und Konstruktion, indem er die starre Zuordnung auflöst, nach welcher die Kunst ausschließlich dem Gefühl, der Intuition und der individuellen Schöpfungskraft, die Konstruktion dagegen dem Rationalen, Exakten sowie Objektiven zugeordnet wird. Bei allen

Parallelen, die der Architekturtheoretiker aufzeigt, wird aber auch deutlich, dass das Schaffen von Künstlern und Ingenieuren grundverschieden ist.

Schließlich kann festgehalten werden, dass Mondrian wie Bruce in Eyths Erzählung beim Konstruieren vom „statischen Gefühl" geleitet wird, denn er legt zwar die einzelnen Komponenten fest, aus denen sich die neoplastizistischen Bilder zusammensetzen dürfen, doch bei der Anordnung dieser macht sich unweigerlich sein Gefühl für eine ausgewogene Positionierung der verschiedenen Bildelemente bemerkbar. Seine Vorgaben, also die Beschränkung auf Primär- und Nichtfarben sowie gerade Linien in orthogonaler Anordnung, dämmen den Einfluss des Gefühls zwar ein, aber es ist eben doch sein „statisches Gefühl", das ihn letztlich zu seinen äquilibristischen Kompositionen führt. In seinen Schriften rekurriert er immer wieder auf Abstraktion, Exaktheit und Mathematik, aber mit dem Lösen einer Rechenaufgabe, zumal einer komplexen, wie es etwa von Ingenieuren und Statikern verlangt wird, hat sein künstlerischer Akt letztlich nichts zu tun. Das Rechnen ist noch nicht einmal nachgängig, bestätigt also nicht die Richtigkeit seiner „Lösung". Insofern ist Mondrians „statisches Gefühl" nicht mit jenem der Ingenieure zu vergleichen. Doch das Resultat ist dasselbe: Konstruktionen im Gleichgewicht, mithin Konstruktionen, die im Zeichen der Statik stehen.

Mathematik

Die Mathematik spielt bei der Begründung des Neoplastizismus eine entscheidende Rolle. Sie bildet nicht nur das Gegengewicht zum Gefühl, sie ist für Mondrian auch der Inbegriff des Abstrakten und Exakten, ja Ausdruck des Universalen:

> Nach einer langen Kulturentwicklung ist in der Malerei die Einsicht gereift, daß das Abstrakte – als das Universale – zu klarer Gestaltung gebracht werden kann. Gerade durch die Kultur der Formgestaltung begann man einzusehen, daß das Abstrakte – *als das Mathematische* – sich durch alle Dinge und in allen Dingen *tatsächlich* selber darstellt [...]. Durch die Malerei selbst kam der Künstler zu der bewußten Erkenntnis (im praktischen Sinn; im tieferen Sinn ist es die Wirkung des Zeitgeistes, die den Künstler zum Bewußtsein führte), daß die Erscheinung *des Universalen-als-des-Mathematischen* das Wesentliche alles rein *ästhetischen*, gestaltenden Schönheitsempfindens ist [...]. Er lernte es, dasjenige *exakt* zu gestalten, was in der Natur nur *durchschimmert*.[127]

In diesem Zusammenhang verweist Mondrian zudem darauf, dass bereits Aristoteles das Abstrakte mit dem Mathematischen gleichsetzte, ohne allerdings, und das ist symptomatisch für sein Schreiben, eine Quelle anzugeben.

Problematisch an einer Verknüpfung von Kunst und Mathematik ist aber, dass der Vergleich nur oberflächlich gezogen werden und letztlich nur vage bleiben kann.¹²⁸ El Lissitzky macht in seinem Aufsatz „K. und Pangeometrie", der 1925 im *Europa Almanach* erschienen ist, ganz zurecht auf die Gefahren der Parallelisierung von Mathematik und Kunst aufmerksam. Er bemerkt, dass der starre Euklidische Raum, auf welchem zentralperspektivische Darstellungen beruhen, aufgrund neuer wissenschaftlicher Erkenntnisse durch alternative Raummodelle ergänzt werden müsse:

> Schon Lobatschewski hat das Absolute des Euklidischen Raumes gesprengt. Euklid, aus der Erfahrung der irdischen Maßverhältnisse, hat einen mathematischen Raum ausgebaut, der keine Krümmung kennt und infolge dessen imstande ist, in der Ebene ein Quadrat zu bauen, der mit einem unveränderlichen Maßstab sich zu messen erlaubt [...]. Lobatschewski und Gausz haben zuerst bewiesen, daß der Euklidische Raum nur ein Fall in der unendlichen Reihe von Räumen ist. Unsere Sinne sind nicht imstande, sich das vorzustellen, aber das ist eben die Eigenschaft der Mathematik, daß sie von unserer Vorstellungsfähigkeit unabhängig ist.¹²⁹

Daraus folge wiederum, „daß die mathematisch existierenden mehrdimensionalen Räume nicht vorstellbar, nicht darstellbar, überhaupt nicht materialisierbar sind".¹³⁰ Die Künstler nun wollten mit ihrer Bildsprache auf die wissenschaftlichen Neuerungen, auf die neuen möglichen Räume eingehen, sie ästhetisch umsetzen, doch konnten diese „Versuche" nach Ansicht Lissitzkys nicht befriedigen:

> Im vitalen Drang um die Erweiterung der G[estaltung] der K[unst], glauben einige moderne K[ünstler] [...] neue, mehrdimensionale, reale Räume aufzubauen, in welche man ohne Regenschirm hineinspazieren kann, wo Raum und Zeit zu einer Einheit gebracht sind, die auswechselbar sind. Dabei hat man sich mit einer beweglichen Oberflächlichkeit auf die modernsten wissenschaftlichen Theorien bezogen, ohne sie kennenzulernen (mehrdimensionale Räume, Relativitätstheorie, Minkowskiwelt usw.).¹³¹

Anstatt einen tatsächlich dynamischen Raumausdruck zu finden, habe man nur „statische Flächen"¹³² geschaffen und den dynamischen Aspekt ins Irrationale verlegt. Diese Kritik trifft auch auf Mondrians Kunst zu. In seinen neoplastizistischen Werken ist Dynamik nur latent angelegt, und zwar insofern sie ausschließlich Sache der Imagination ist. Das Moment der Bewegung wird lediglich theoretisch postuliert. Zudem verliert sich das Aufrufen der Mathematik bei Mondrian in Andeutungen und vagen Formulierungen.

Gleichwohl ist die Anlehnung der neoplastizistischen Bildsprache an die Sprache der Ingenieure – die Mathematik – nicht zu übersehen. Mondrians Gitter-Bilder erinnern sowohl an das gerasterte Millimeterpapier, auf dem die Ingenieure ihre Konstruktionen entwerfen, als auch an Eisenbauwerke wie den Eiffelturm. Zudem weisen die horizontalen und vertikalen Linien unmittelbar auf einen den Bild-Raum umgebenden architektonischen Raum. Auf die Analogie der Formsprachen kam schon Max Bill in seinem Aufsatz „Die mathematische Denkweise in der Kunst unserer Zeit" (1949) zu sprechen:

> Schließlich hat Mondrian den weitesten Schritt von dem weg gewagt, was vorher unter Kunst verstanden wurde. Seine Rhythmen, die noch Assoziationen zu tektonisch-baulichem Gestalten geben könnten, sind ohne diese Absicht entstanden. Nicht umsonst heißen seine letzten Gemälde „Broadway Boogie-Woogie" und „Victory Boogie-Woogie", als Analogie zu den Rhythmen des Jazz. Der horizontal-vertikale Aufbau seiner Werke ist rein gefühlsmäßig, bei aller Strenge der angewandten Gestaltungsprinzipien.[133]

Auch wenn Mondrians neoplastizistische Gemälde an die Bauten der Ingenieure und Architekten denken lassen, so sind sie allerdings im Gegensatz zu diesen nicht das Resultat logischer Denkvorgänge, sondern Ergebnis intuitiver Gestaltung.[134] Sein ästhetisches Äquilibrium ist nicht nur eines, in dem die Spannungen nivelliert sind, es ist auch eines, das sich aus Konstruktion und Intuition zusammensetzt, wobei letztere den Gestaltungsprozess dominiert. Die klare, rationale, reduzierte Bildsprache kann letztlich nicht darüber hinwegtäuschen, dass die Mondrian'schen Konstruktionen das Produkt eines vom Gefühl bestimmten Gestaltungsprozesses sind.

Verfolgt man Bills Ausführungen zur mathematischen Denkweise in der Kunst weiter, fällt bei aller Kritik Bills an Mondrian die Ähnlichkeit ihrer Ansichten auf, denn was der Schweizer Künstler über das mathematische Denken schreibt, könnte ebenso gut aus der Feder Mondrians stammen:

> Die mathematische Denkweise in der heutigen Kunst ist nicht die Mathematik selbst, ja sie bedient sich vielleicht kaum dessen, was man unter exakter Mathematik versteht. Sie ist vielmehr eine Gestaltung von Rhythmen und Beziehungen, von Gesetzen, die individuellen Ursprung haben, genau so, wie andererseits auch die Mathematik ihren Ursprung hat im individuellen Denken der bahnbrechenden Mathematiker [...]. Und je exakter der Gedankengang sich fügt, je einheitlicher die Grundidee ist, desto näher findet sich der Gedanke im Einklang mit der Methode des mathematischen Denkens; desto näher kommen wir dem Ur-Gefüge, und desto universeller wird die Kunst werden. Universeller darin, daß sie ohne Umschweife direkt sich ausdrückt. Daß sie direkt, ohne Umschweife empfunden werden kann [...]; die Kunst hat Gebiete erfaßt, die ihr früher verschlossen waren. Eines dieser Gebiete bedient sich einer mathematischen Denkweise, die trotz ihrer rationalen Elemente viele weltanschauliche Komponenten enthält, die bis an die Grenzen des Unabgeklärten führen.[135]

Vor diesem Hintergrund nun kann konstatiert werden, dass der Mondrian'schen Ästhetik eine mathematische Denkweise zugrunde liegt. Es sind nicht die mathematischen Formeln der mechanischen Statik, mit welchen die Ingenieure ihre Bauwerke berechnen, sondern es ist Mondrians Erkenntnis, „daß die Existenz aller Dinge für uns ästhetisch durch Gleichgewichtsbeziehungen bestimmt wird"[136], die den Gestaltungsprozess leitet. Nicht die Mathematik, sondern seine persönliche

Einsicht in das Wesen der Dinge ist formbildend. Entsprechend betont Bill, dass die mathematische Denkweise strikt von der exakten Mathematik unterschieden werden muss.

Weder der Neoplastizist noch der Vertreter der Konkreten Kunst[137] lösen hochkomplexe Rechenaufgaben, vielmehr geht es beiden Künstlern um die Visualisierung von „Grundkräfte[n], die jeder menschlichen Ordnung zugrunde liegen, die in jeder von uns erkennbaren Ordnung enthalten sind".[138] In ihrer Kunst wird Unsichtbares sichtbar, konkret, anschaulich, empfindungsmäßig, wahrnehmbar.[139] Sowohl für die Kunstwerke Bills als auch für jene Mondrians gilt, dass sie „keine modelle für den physik- oder welchen unterricht immer [sind]. es sind autonome kunstwerke, aber wie alle grosse kunst auch ein reflex auf das, was eine zeit im innersten konstituiert".[140] Ferner steht bei beiden Künstlern eine Vision am Anfang, die sich dann in einer geometrischen Formsprache materialisiert. Kunstwerke wie Geometrie wiederum sind „stets aufs elementare, grundsätzliche, ewig gültige aus".[141]

Mechanik

Neben dem Hang zum Experimentellen und der damit einhergehenden unstrittigen Verbindung zur Empirie bildet der Bereich der Mechanik ein weiteres Bindeglied zwischen dem *Stijl* und der Statik. Die *Stijl*-Ästhetik kann aufgrund von Merkmalen wie Klarheit, Bestimmtheit, Einfachheit oder logische Konstruktion als mechanisch charakterisiert werden.[142]

Auch die Baustatik ist eng an die Mechanik gebunden, denn

> [d]as 16. Jahrhundert interpretierte die Baukörper häufig als in seiner Stabilität bedrohte „Maschine" (machina); dies knüpfte an theoretische Überlegungen der griech. Mechanik an. Ein weiterer obligatorischer Bezugspunkt war Buch 10 der *De Architectura* des röm. Architekten Vitruv (1. Jh. v. Chr., gedruckt 1486), das auch auf der Baustelle eingesetzte Maschinen vom einfachen Hebel bis hin zu großen Kränen behandelte. Die Integration der Tradition des Maschinenbaus in die Architektur erscheint demnach als Voraussetzung dafür, dass die Renaissance Teile eines Gebäudes als Elemente eines „mechanisch" definierten Körpers interpretieren konnte, der letztlich eine Anordnung miteinander verbundener Hebel darstellt. Diese Lesart führte nicht zuletzt eine ältere anatomische Analogie Leon Battista Albertis aus *De re aedificatoria* (1485; „Über die Baukunst") weiter, einer Schrift, die für gut zweihundert Jahre zum unverzichtbaren konzeptionellen Bezugspunkt mechanischer Überlegungen zu Bogenkonstruktion und Gewölbebau wurde. Alberti hatte hier die strukturellen Teile des Bauwerkes zu bestimmten gesucht, die jeweils die Funktion von Knochen, Sehnen und Muskeln repräsentieren.[143]

Dieser Auszug aus dem Eintrag zur Baustatik in der *Enzyklopädie der Neuzeit* verdeutlicht die enge Verbindung von Architektur und Mechanik bzw. Ingenieurwesen. Erst die Einführung neuer mathematischer Methoden, die eine zunehmende Spezialisierung zur Folge hatte, führte schließlich zur vollkommenen Trennung von Architektur und Ingenieurwissenschaft. Bis heute sind diese beiden Kulturen voneinander getrennt.[144]

Im oben zitierten Auszug zur Geschichte der Baustatik heißt es, dass Leon Battista Alberti das Gebäude mit dem menschlichen Körper verglich. In ähnlicher Weise verknüpft van Doesburg die Kunst mit der menschlichen Anatomie, wenn er in seinem Elementarismus-Manifest davon spricht, dass die Symmetrie verworfen werden müsse, da sie an die Struktur des menschlichen Körpers erinnere:

> Hatte der Neo-Plastizismus durch die Überwindung des Mittelpunktes schon neue Wege gebahnt, so erneuert der Elementarismus unsere optischen Eindrücke völlig, schreibt dem Kunstwerk keine linke und keine rechte Hälfte zu und zerstört radikal die klassische, optische Frontalität der Malerei.
>
> Beruhen auch alle unsere physischen Bewegungen auf der Horizontalen und Vertikalen, so ist es doch nur ein Betonen unserer *Körperlichkeit*, der natürlichen Struktur und Funktion des Organismus, wenn das Kunstwerk diese Dualität der Natur – sei es auch in ‚künstlerischer Weise' – in unserem Bewußtsein *bestärkt*.[145]

Der Neoplastizismus ist aus dieser Perspektive betrachtet trotz Verwerfung der symmetrischen Achse und fehlendem Mittelpunkt noch zu naturalistisch, da die rechtwinklig angeordneten Linien an den menschlichen Körperbau erinnern. Dagegen stelle der Elementarismus laut van Doesburg „eine heterogene, kontrastierende, labile Ausdrucksweise" dar und zwar „mittels Neigungsflächen in Bezug auf die statische, perpendikulare Achse der Schwerkraft".[146] Die sich hier ergebende Verbindungslinie zwischen menschlichem Körper, Schwerkraft, Mittelpunkt und Statik liegt bereits im *Grossen vollständigen Universal-Lexicon aller Wissenschafften und Künste* von Johann Heinrich Zedler vor. Dort findet sich folgende Feststellung: Die „Wissenschafft von der Schwere der Cörper", der „Statick" oder „Wage-Kunst" „handelt absonderlich von dem Mittel-Puncte der Schwere, dem Wagerechten Stande der schweren Cörper und den Bewegungen, die von der Schwere herrühren".[147] Präzisiert wird dieser Eintrag, wenn es im Artikel zum „Stillstand der schweren Cörper" heißt:

> Von diesem machen die Gesetze der Statick bekannt, daß in eines Cörpers Schwer-Puncte seine gantze Schwere, das ist, die Krafft, durch welche er gegen den Mittel-Punct der Erde getrieben wird, begriffen sey. Weil sich nun ein Cörper durch den Mittel Punct der Schwere in zwey gleichwichtige Theile theilen lässet; so muß derselbe allerdings stille hangen, wenn man ihn dergestalt anhänget, daß die Linie, nach welcher er aufgehangen ist, durch seinen Schwere Mittel-Punct gehet. Und aus eben dieser Ursache lieget auch ein Cörper stille, wenn er auf etwas spitziges in seinem Schwer-Puncte (centro gravitatis) geleget wird. Denn so lange die Directions-Linie innerhalb seinen Grund fällt, darauf er ruhet, so muß er stille stehen, und kan nicht fallen. Und hierinnen lieget der gantze Grund aller nur mögli-

chen Bewegungen der Menschen, es geschehe solche so wohl im Gehen, Tantzen, Reiten, Fechten, Ringen und Springen, als auch im Liegen oder Stehen und in Stellung des Leibes etwas zu heben oder zu tragen; ja, hirauf gründet sich die Fertigkeit der Seil-Täntzer, Lufft-Springer, Posituren-Macher, und andere dergleichen Personen mehr.[148]

Die Statik ist, das verdeutlicht diese Erläuterung, Grundlage von Bewegung überhaupt, kurz: ohne Statik keine Bewegung. Erst die Gesetze der Statik ermöglichen es dem Menschen, sich zu bewegen.

Da der Elementarismus labile Formen sucht, sprich Strukturen, die den Eindruck erwecken zu kippen, zu rutschen, zu fallen, also jene Elemente integriert, die eben gerade nicht ihren Schwerpunkt gefunden haben, kann van Doesburgs Ästhetikkonzept als dynamisch bezeichnet werden. Dagegen setzt Mondrian auf die Achse der Schwerkraft, wodurch seine Bilder zum Inbegriff des Statischen werden. Selbst dann, wenn Mondrian wie im Falle seiner *Komposition mit zwei Linien* (1931) die Leinwand um 45° dreht, sodass die Kanten der Fläche Diagonalen bilden, während die schwarzen Linien Horizontale und Vertikale markieren, bleibt Mondrians Werk statisch (Abbildung 7). Nicht nur liegen die obere und untere Bildspitze in der Achse der Schwerkraft, auch scheinen die beiden

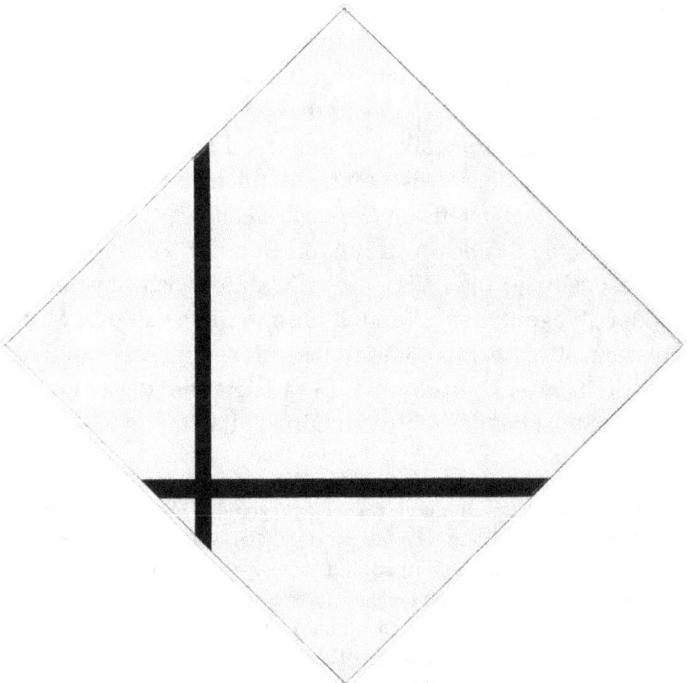

Abbildung 7: Piet Mondrian, Komposition mit zwei Linien (1931).

sich in der unteren linken Bildhälfte kreuzenden schwarzen Linien die hängende Komposition zu stützen, wodurch der Eindruck von Stabilität erzeugt wird.

Zusammenfassend kann festgehalten werden, dass Mondrian im Rahmen seines Neoplastizismus naturwissenschaftlich-technische Denk- und Handlungsweisen bündelt. Theorie und Praxis weisen auf eine enge Beziehung zwischen seiner Ästhetik und den Naturwissenschaften hin, die sich allerdings mal mehr, mal weniger im Ungenauen, Andeutungsweisen verläuft.

Tanz

Mondrians zuletzt entstandene Bilder *Broadway Boogie-Woogie* (1942/43) und *Victory Boogie-Woogie* (1943/44, unvollendet) weisen mit ihren Titeln eindeutig auf den modernen Tanz bzw. auf die moderne Musik hin, ja sie können als ästhetischer Ausdruck seiner Leidenschaft für Tanz und Musik gelesen werden. In beiden Werken behält der Künstler zwar das Raster und die Farben, die für seine neoplastizistischen Bilder charakteristisch waren, bei, doch weicht der vornehmlich statische Eindruck jetzt einem dynamischen Durcheinander, weil das durchgängige Schwarz des Gitters nun von einer farbigen Segmentierung abgelöst wird. Die bunten Linien scheinen zu flimmern, zu vibrieren. Statt geometrisch konstruierter Starrheit dominiert der Eindruck von Unruhe. Die *Boogie-Woogie*-Bilder vereinen also das streng, geradlinig, exakt Aufgebaute seiner früheren Werke und eine ungewohnt dynamische Rhythmisierung der Bildelemente. Sie sind Reminiszenz seiner *Stijl*-Jahre in den Niederlanden und ebenso Zeichen des „allermodernste[n] New Jork".[149] Sie sind Hybride zwischen Statik und Dynamik – und vielleicht ist Mondrian mit diesen Bildern seinem Wunsch nach einem dynamischen Gleichgewicht am nächsten gekommen.

Der Holländer setzt sich jedoch nicht nur künstlerisch mit Musik und Tanz auseinander, auch theoretisch beschäftigt er sich mit diesem Themenbereich. So schreibt er in seinem Aufsatz „Die Neue Gestaltung in der Malerei": „Im *modernen Tanz* (Step, Boston, Tango usw.) finden wir dieselbe Straffung: die runde Linie des alten Tanzes (Walzer usw.) weicht der geraden Linie, während jede Bewegung sofort durch eine Gegenbewegung aufgehoben wird – ein Zeichen für das Verlangen nach Gleichgewicht".[150] Mondrian erkennt also sowohl in der Neuen Gestaltung als auch im modernen Tanz ein Streben nach elementaren Ausdrucksformen, welches wiederum Zeichen der Sehnsucht nach Gleichgewicht ist. Hier wie dort besinnt man sich auf Puristisches.

Auf die Tendenz zu reduzierten Bewegungen, welche Verhaltenheit und Ruhe suggerieren, hebt auch Curt Sachs in seiner *Weltgeschichte des Tanzes* ab:

> Als der Tango 1910 in der Alten Welt erschien, löste er eine Tanzwut, ja fast einen Tanzwahnsinn aus, dem alle Stände und alle Altersstufen in gleicher Widerstandslosigkeit verfielen [...].
> Aber die rasche Umformung, die der Tango und nach ihm alle andern amerikanischen Tänze erlitten haben, der schnelle Verzicht auf die sägenden Armbewegungen und die schütternden Schultern, zeigt besonders deutlich das allgemeine Vergesellschaftungsgesetz: Zivilisation verlangt enge Bewegung. Das eigentlich bleibende Ergebnis der neuen Tanzeinfuhr ist nicht, wie man denken sollte, die Wiedereinführung starker Bewegtheit, sondern im Gegenteil nur die Abstoßung aller Weitbewegung und die Bewahrung nur derjenigen Eigenschaften, die sich in die ständige Richtung auf Enge und Gemessenheit einfügen [...]. Trotz allem Auf und Ab der Entwicklungskurve bleibt vom höfischen Schreitetanz über die *Pas menus* des Menuetts zum Step die Richtung auf Verkleinerung und Beruhigung aller Bewegung fest. Der moderne Ball scheint unüberbietbar in Ruhe und Verhaltenheit.[151]

Nicht nur in der Kunst des *Stijl*, auch im modernen Tanz tritt der Wille zu Ruhe, Gemessenheit und Reduktion deutlich zutage. Während jedoch Sachs diese Tendenz mit dem „Vergesellschaftungsgesetz" erklärt, erkennt Mondrian in ihr das menschliche Verlangen nach Gleichgewicht. Doch so oder so, die beruhigten Ausdrucksformen bilden einen Gegenpol zum hektisch-beweglichen Alltagsleben, einen Pol, der im Zeichen der Statik steht, und zwar nicht zuletzt auch deshalb, weil die Achse der Schwerkraft – bei Mondrian angezeigt durch die vertikalen Linien, im Tanz durch den aufrechten Stand der Tänzerinnen und Tänzer – betont wird.

Urbane Räume

Mondrians *Broadway Boogie-Woogie* (Abbildung 8) legt aufgrund des einschlägigen Titels nicht nur einen Vergleich zum modernen Tanz, zum musikalischen Rhythmus samt korrespondierenden tänzerischen Bewegungen nahe, gleichzeitig ruft das bunte, flimmernde, pulsierende Liniennetz, das durch seine unregelmäßige Segmentierung Unruhe und Dynamik ausstrahlt, Assoziationen mit dem regen Verkehr und dem lebhaften Treiben auf den Straßen einer Metropole wach. Dabei handelt es sich nicht um irgendeine Großstadt, vielmehr verweist der Titel dieses Gemäldes mit seiner konkreten Ortsangabe auf die Stadt New York. Hierhin war der Künstler 1949 von London aus übersiedelt, bezog dort ein Atelier und widmete der Stadt gleich mehrere Bilder, etwa *New York, New York* (1941/42) oder *New York City I* (1942). So liegt es also nahe, Mondrians *Broadway Boogie-Woogie* als ästhetische Umsetzung eines Ausschnittes einer New Yorker Straßenkarte resp. als neoplastizistischen Blick aus der Vogelperspektive auf die amerikanische Großstadt zu lesen.[152] Die weißen Quadrate und Rechtecke entsprechen dann den Gebäude-

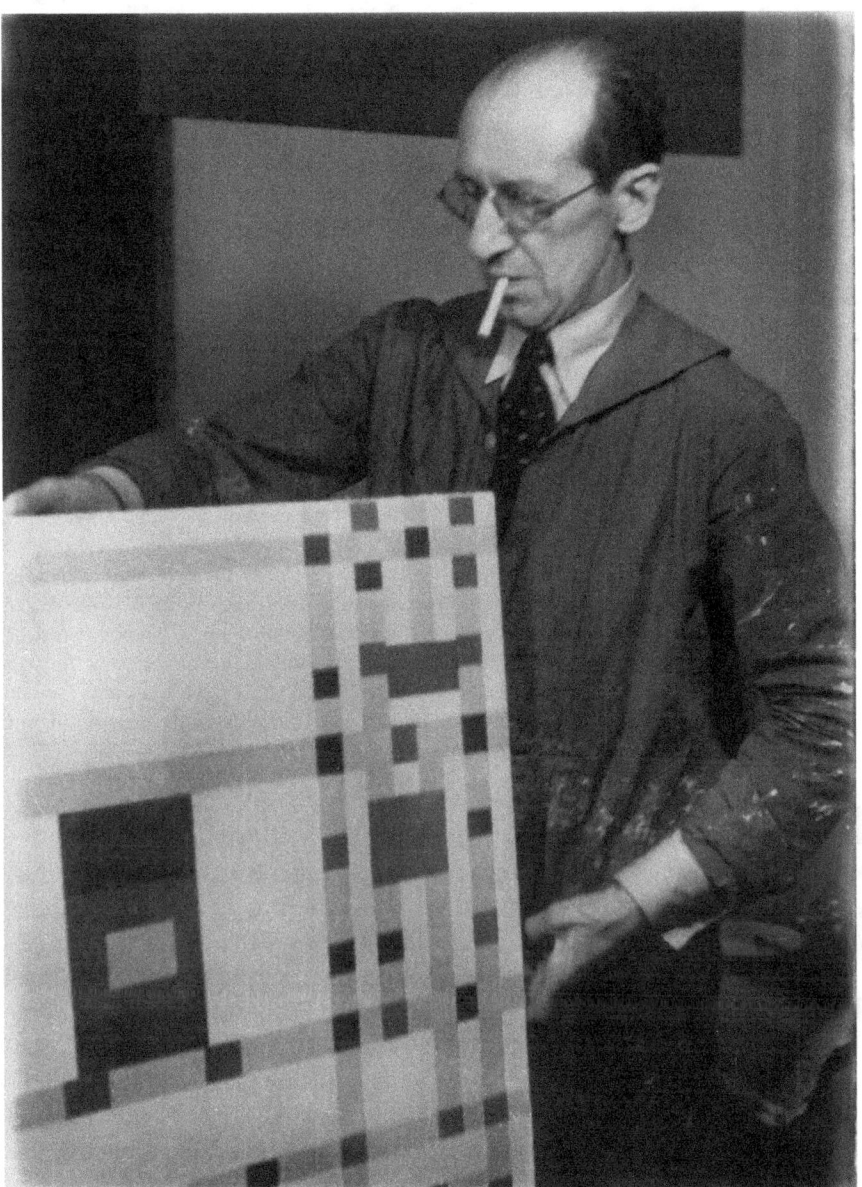

Abbildung 8: Fritz Glarner, Piet Mondrian mit Broadway Boogie-Woogie, Atelier 353 East 56th Street, New York City (Anfang 1943).

blocks, die sich aus Wolkenkratzern, Geschäftsgebäuden und Wohnhäusern zusammensetzen, während das chaotisch-dynamische Liniennetz, welches in den Farben Rot, Gelb, Blau und Weiß gehalten ist, lange Straßenfluchten symbolisiert. Folgt man dieser Lesart, steht der helle Grund für die Statik und Monumentalität der Wolkenkratzer. Die Starrheit des Rasters, die dem schwarzen Gitter früherer Kompositionen zu eigen war, wird nun zugunsten eines dynamischen, farbigen Vibrierens aufgelöst. Jetzt ist es Signum einer von Technik, Fortschritt und Beschleunigung geprägten urbanen Moderne, wie sie Gyorgy Kepes, der damalige Leiter der Abteilung Licht und Farben am New Bauhaus in Chicago, in seinem Buch *Die Sprache des Sehens* skizzierte, das 1944 in der neuen Reihe der von Walter Gropius und László Moholy-Nagy herausgegebenen Bauhausbücher erschien – und damit nur etwa ein Jahr nach der Fertigstellung des Bildes *Broadyway Boogie-Woogie*:

> Die Umwelt des heutigen Menschen ist so komplex wie niemals zuvor. Wolkenkratzer, Straßen mit kaleidoskopartigen Farbvibrationen, Schaufensterauslagen mit zahlreichen Widerspiegelungen, Straßenbahnen und Autos erzeugen eine dynamische Simultaneität des visuellen Eindrucks, die mit den Ausdrucksweisen überkommener visueller Gewohnheiten nicht erfaßt werden kann. In diesem optischen Wirrwarr scheinen die unveränderlichen Gegenstände unzureichend als Maßstab des Geschehens. Das künstliche Licht, das Aufblitzen elektrischer Birnen und das bewegliche Spiel der vielen neuen Lichtquellen bombardieren den Menschen mit einer solchen Fülle kinetischer Farbempfindungen, wie er sie niemals zuvor erfahren hat [...]. Der Film, das Fernsehen und zum großen Teil das Radio erfordern ein neues Denken, das heißt eine Art zu sehen, die Veränderung, gegenseitige Durchdringung und Gleichzeitigkeit berücksichtigen kann.[153]

Die urbane Wahrnehmungssituation, die Kepes hier anschaulich beschreibt, ist gekennzeichnet durch Simultaneität, chaotisches Durcheinander, Durchdringung und Überblendung von visuellen und akustischen Eindrücken, Reizüberflutung, Transparenz, Fragmentarität und Multiperspektivität. Und über allem steht: die Dynamik. Sie bildet gewissenmaßen eine Klammer um den gesamten Wahrnehmungsraum; sie durchdringt sämtliche Lebensbereiche und avanciert zu *dem* Schlüsselbegriff der urbanen Moderne. Dass die „Schnelligkeit [...] das moderne Lebensgesetz" ist, weiß auch der französische Grafiker und Maler Fernand Léger, der in seinem im *Europa Almanach* erschienenen Beitrag „Conférence über die Schau-Bühne" weiter festhält: „Der Lebenslauf ist dermaßen atemlos, daß alles bewegt und beweglich geworden ist. Es herrscht ein so dynamischer Rhythmus, daß das von einer Kaffeehausterrasse erhaschte „Stück Leben" zu einem wahren Schauspiel geworden ist, innerhalb dessen die verschiedensten Bestandteile einander widerstreiten und berühren. Das Spiel der Gegensätze ist so heftig, daß die beobachtete Wirkung jedes Mal ans Hypertrophische grenzt".[154]

Ob in Amerika oder Europa, die literarischen und bildkünstlerischen Werke sowie die programmatischen Schriften und theoretischen Texte der Modernen der ersten Hälfte des 20. Jahrhunderts spiegeln auf unterschiedliche Weise die Omnipräsenz des Dynamismus wider. Mal erscheint er destruktiv, bedrohlich, zermürbend, erschütternd, beängstigend, zersplitternd und zerstörend, mal legt man sämtliche Hoffnungen von Befreiung sowie körperlicher und seelischer Reinigung in ihn, feiert wort- wie bildgewaltig die technischen Errungenschaften in all ihrer Schönheit, preist die durch sie gewonnenen Möglichkeiten und Fortschritte.[155] Eines aber scheint allen klar zu sein: Die dynamisierten Prozesse und die an diese gekoppelte Wahrnehmung erfordern ein neues Sehen, ein Sehen in Bewegung. Das statische Sehen ist demgegenüber nicht mehr zeitgemäß. Der Fokus muss, will man die immer komplexer werdende Realität angemessen erfassen und begreifen, auf der Bewegung liegen.

Auch in Mondrians Bild *Broadway Boogie-Woogie* dominiert der Eindruck von Dynamik, welcher durch die unregelmäßige Fragmentierung der Linien hervorgerufen wird. Dieses bunte, flimmernde Wirrwarr erinnert an aufblitzende Lichtsignale, von denen auch der in Ungarn geborene Kepes in der oben zitierten Textpassage spricht. Allerdings klammert der Holländer das statische Moment nicht vollkommen aus, können die weißen Flächen des Bildes doch als Häuserblocks gelesen werden, die durch ihre homogene Farbgebung und klare Konturiertheit starr wirken und dadurch im Kontrast zum dynamischen Liniennetz stehen, welches das schnelle Hin und Her auf den Straßen, Tempo, technisierten Verkehr und die von Fahrzeugen und Reklame erzeugten Lichtreize symbolisiert. Mondrian, der „Techniker des Neuen"[156], konstruiert seine Stadt-Ansicht, die Über-Sicht über einen Teil des New Yorks der 40er Jahre wie gewohnt exakt. Die Bereiche des Statischen und Dynamischen durchkreuzen sich zwar an einigen Stellen, nämlich dort, wo die größeren, bunten Vierecke abseits des Rasters in die Sphäre des Statischen eindringen, sowie dort, wo sich, gewissermaßen ausgleichend, das dem statischen Raum zugeschriebene Weiß in das den urbanen Dynamismus symbolisierende Gitter einschreibt, doch erscheint dieses gegenseitige, partielle Über- oder Einschreiben als klar strukturiertes Ereignis, weil sich die Farben an keiner Stelle durchmischen und demnach eindeutige Grenzen aufweisen. Die Membran zwischen den beiden Polen offenbart sich insgesamt als durchlässig, jedoch hat diese Permeabilität keinen bedrohlichen Charakter. Auch wenn zunächst das bunt flimmernde Liniennetz alle Aufmerksamkeit auf sich zieht, dem Betrachter gleichsam ins Auge sticht, so können sich die hellen, unifarbenen Blöcke in ihrer Flächigkeit doch im Bildganzen behaupten. Beides, Statik und Dynamik, hat im urbanen Raumgefüge seinen Platz.

Im Folgenden werden dem Gemälde Mondrians weitere New-York- bzw. Amerika-Darstellungen zur Seite gestellt. Es handelt sich um das Schrift-Bild *Grattacieli. Tavola Parolibera Futurista* (1929) des Künstlers Fortunato Depero, um Kafkas Amerika-Roman (1927) sowie um das Buch *Amerika. Bilderbuch eines Architekten* (1926) von Erich Mendelsohn. Damit sind völlig unterschiedliche Ausdrucksformen gewählt, die jedoch aufzeigen, dass sich die Statik in den urbanen Raum einschreibt, ja dass sie für die (Ab-)Bildung des Stadtraumes konstitutiv ist. Zunächst sei allerdings ein Blick nach Europa geworfen, nämlich in Rainer Maria Rilkes ersten und einzigen Roman *Die Aufzeichnungen des Malte Laurids Brigge* (1910), in welchem das Raster analog zu den Bildern Mondrians eine entscheidende Rolle spielt: Hier hat nicht nur die Grenze zwischen städtischer Außenwelt und häuslichem Rückzugsort, sondern auch jene zwischen Objektwelt und subjektiver Innenwelt ihre schützende Funktion eingebüßt, zumindest zeitweilig. Das Bewusstsein des jungen Dichters Malte, der Hauptfigur des Romans, ist angreifbar für die vielfältigen, auf ihn hereinbrechenden Wahrnehmungsreize, die sein Innerstes durchkreuzen:

> Dass ich es nicht lassen kann, bei offenem Fenster zu schlafen. Elektrische Bahnen rasen läutend durch meine Stube. Automobile gehen über mich hin. Eine Tür fällt zu. Irgendwo klirrt eine Scheibe herunter, ich höre ihre großen Scherben lachen, die kleinen Splitter kichern. Dann plötzlich dumpfer, eingeschlossener Lärm von der anderen Seite, innen im Hause. Jemand steigt die Treppe. Kommt, kommt unaufhörlich. Ist da, ist lange da, geht vorbei. Und wieder die Straße. Ein Mädchen kreischt: Ah tais-toi, je ne veux plus. Die Elektrische rennt ganz erregt heran, darüber fort, fort über alles. Jemand ruft. Leute laufen, überholen sich. Ein Hund bellt.[157]

Der städtische Raum wird als destruktives Element in die Handlung integriert. Paris okkupiert das Bewusstsein von Malte und führt die zunehmende Dissoziation des Dichter-Ichs herbei. Die französische Stadt entzieht sich einem überschauenden, objektivierenden Blick und bleibt bis zuletzt für Malte wie auch für den Rezipienten der *Aufzeichnungen* fragmentarisch. Paradigmatisch befindet sich der junge Dichter in der obigen Szene dann auch nicht am geöffneten Fenster, dem *fenestra aperta*, wie dies für eine zentralperspektivische Erfassung und Darstellung der Außenwelt charakteristisch wäre, nein, Malte liegt im Bett, von wo aus er die Umwelt akustisch wahrnimmt. Doch birgt die großstädtische Wahrnehmungssituation nicht nur zerstörende Kräfte, denn Malte lernt erst hier das Sehen, wie er selbst betont:

> Ich lerne sehen. Ich weiß nicht, woran es liegt, es geht alles tiefer in mich ein und bleibt nicht an der Stelle stehen, wo es sonst immer zu Ende war. Ich habe ein Inneres, von dem ich nicht wußte. Alles geht jetzt dorthin. Ich weiß nicht, was dort geschieht.[158]

An dieser Stelle tritt das positive, inspirierende Potential, das der französischen Metropole innewohnt, deutlich zutage. Gleichzeitig offenbart sich die Stadt als Ort der Stockungen, des Stehenbleibens, des Erstarrens, des Feststehens und des Bewegungslosen:

> An den Ecken waren die Menschen festgekeilt, einer in den anderen geschoben, und es war keine Weiterbewegung in ihnen, nur ein leises, weiches Auf und Ab [...]. Aber obwohl

sie standen und ich am Rande der Fahrbahn, wo es Risse im Gedränge gab, hinlief wie ein Rasender, war es in Wahrheit doch so, daß sie sich bewegten und ich mich nicht rührte. Denn es veränderte sich nichts; wenn ich aufsah, gewahrte ich immer noch dieselben Häuser auf der einen Seite und auf der anderen die Schaubuden. Vielleicht auch stand alles fest, und es war nur ein Schwindel in mir und ihnen, der alles zu drehen schien.[159]

Die Hauptstadt Frankreichs erscheint hier, wie auch an unzähligen anderen Stellen im Text, als Labyrinth, in dem keinerlei Orientierungspunkte ausgemacht werden können. Schon die erste Aufzeichnung des Romans weist auf den labyrinthischen Charakter der französischen Metropole hin, denn Malte hat zwar einen Stadtplan in der Hand, doch anstatt sich nach und nach einen Überblick über seine Umgebung zu verschaffen, zählt er jene Gebäude auf, die seine Aufmerksamkeit in besonderem Maße erregen, ohne dabei jedoch genaue Angaben zu machen. So kann der Leser ebenso wenig wie Malte ein strukturiertes und überschaubares Bild von Paris entwickeln, das einen zielsicheren Gang durch die Straßen und Gassen der Großstadt ermöglicht. Der Rezipient müsste selbst zur Straßenkarte greifen, um einen guten Überblick über die Großstadt zu erhalten. Malte gelingt es nicht, die Gitterstruktur des Stadtplans und die darin markierten Fixpunkte in sein Bewusstsein zu übertragen. Seine mentale Karte zeichnet sich dementsprechend durch ein beliebiges Nebeneinander der verschiedenen Orte aus. Somit ist die erste Aufzeichnung ein Zeugnis von Maltes Unvermögen, sich in der französischen Metropole durch das Festlegen verschiedener Markierungspunkte und Verbindungslinien eine klare Orientierung zu verschaffen. Hinzu kommt, dass sich Malte scheinbar überhaupt nicht für die Lage der von ihm aufgeführten Gebäude interessiert. Stattdessen gibt er sich den zahlreichen Eindrücken der Straße hin, die er nicht nur visuell, sondern auch olfaktorisch wahrzunehmen beginnt: „Die Gasse begann von allen Seiten zu riechen. Es roch, soviel sich unterscheiden ließ, nach Jodoform, nach dem Fett von pommes frites, nach Angst".[160] Der Dichterprotagonist konzentriert sich zunächst voll und ganz auf die in ihn strömenden optischen Eindrücke, doch tritt die visuelle Wahrnehmung im Bewusstsein Maltes bald in den Hintergrund. Anstatt die Straßen von Paris mit den Augen zu erfassen, beginnt er nun, seine Umgebung mit dem Geruchssinn wahrzunehmen. Demnach wird das Auge hier nicht als Sinnesorgan vorgestellt, welches über alle anderen Sinne dominiert; vielmehr wird die visuelle Wahrnehmung immer wieder durch andere Sinneseindrücke überblendet – Rilke proklamiert in seinem Roman also weder eine Hierarchie der Sinne, noch ruft er das Sehen zum „mastersense of the modern era"[161] aus. An die Stelle eines zentralperspektivischen Blickes, der die Dinge im Raum strukturiert, objektiviert und instrumentalisiert, wird eine gesamtsinnliche Wahrnehmung gesetzt, durch die der Dichterprotagonist in eine unmittelbare Beziehung zur Außenwelt tritt. Malte erlebt die Großstadt nicht von einem distanzierten Standpunkt aus, sondern begibt sich selbst in das lebhafte Wirrwarr der Metropole. Dort dringen die unterschiedlichsten Eindrücke unaufhörlich in den jungen Dichter und drohen ihn schließlich von innen heraus zu zerstören. Der monokulare und starre Blick der Zentralperspektive kann das dynamisch-chaotische Paris ohnehin nicht fassen und wird deshalb durch ein simultanes Erleben der Erscheinungswelt ersetzt. Nachdem Malte den Geruch der Stadt aufgenommen hat, tritt erneut das visuelle Erfassen der Wirklichkeit in den Mittelpunkt der Aufmerksamkeit des Dichters: „Dann habe ich ein eigentümlich starblindes Haus gesehen, es war im Plan nicht zu finden, aber über der Tür stand noch ziemlich leserlich: Asyle de nuit".[162] Das Haus, das hier personifizierend als starblind bezeichnet wird, ist auf dem Stadtplan nicht verzeichnet, fällt also durch das Raster der Straßenkarte hindurch. War das Gitter zentralperspektivischer Darstellungen noch dazu da, um sich die Außenwelt handhabbar zu machen, indem man das Sichtbare innerhalb der Gitterstruktur genau verortet und malerisch fixiert, so ist die Funktion des Gitters im Falle des Stadtplans zumindest teilweise außer Kraft gesetzt, da der Plan nicht verzeichnet, was tatsächlich vorhanden ist. Maltes Pariser Straßenkarte kann somit keine exakte Orientierung im städtischen Raum gewährleisten.

Damit steht Rilkes Raumentwurf jenem Mondrians diametral gegenüber. Dessen urbaner Raum ist erstens ein rein optischer, wodurch es zu keiner Überblendung verschiedener Sinneseindrücke kommen kann, und zweitens ist das Gitter der bildkünstlerischen „Stadtkarte" präzise, erlaubt somit Orientierung wie Fixierung. Weder kann hier der Topos des Labyrinths aufgerufen werden, der die literarischen wie bildnerischen Stadtentwürfe nach 1900 prägt, noch wird die Wahrnehmung durch Schwindel, Reizüberflutung, divergierende, übereinandergeblendete, widerstreitende Sinneseindrücke, Orientierungslosigkeit oder Ich-Verlust getrübt. Stattdessen ist der Blick *auf* den Stadt-Raum distanziert, souverän und klar.

Eine im Gegensatz zu Mondrians Raumkonzept düster und bedrohlich wirkende Aufteilung des städtischen Raumes in einen statischen und einen dynamischen Bereich findet der italienische Künstler Fortunato Depero in seinem Bild *Grattacieli. Tavola parolibera Futurista* (Abbildung 9). Unverkennbar ist hier die gegenseitige Durchdringung der beiden Pole.

Heinz Brüggemann gibt in seiner Monografie *Architekturen des Augenblicks* eine Übersetzung des italienischen Bild-Textes, beschäftigt sich mit der Schriftinszenierung samt Semantik und widmet sich eingehend der Struktur des Raumes in diesem futuristischen Schrift-Bild. Hinsichtlich der Raumaufteilung fasst der Germanist zusammen:

> Deperos Raum- und Schriftinszenierung der Metropole New York operiert mit der Raumsemantik und mit den topologischen Kontrasten von Höhe/Konstruktion/Eisen, denen die Me-

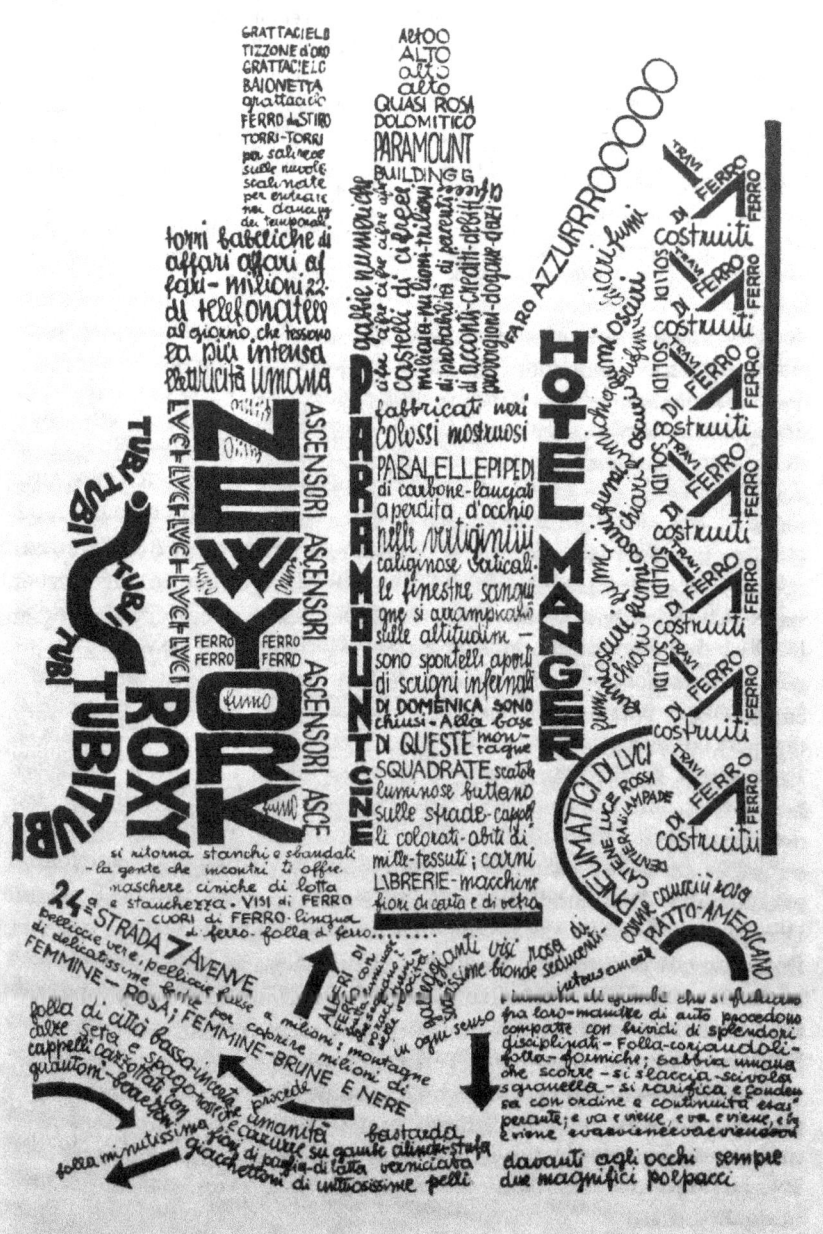

Abbildung 9: Fortunato Depero, Grattacieli. Tavola parolibera Futurista (1929).

dien Kultur, Elektrizität, Telefon, Geld korrelieren und Tiefe/Chaos/organische Natur (Fauna und Flora, zumeist in metaphorischer Überblendung eingeführt), denen die Mengen der Passanten in der unteren Stadt, ihre exzentrische Kleidung, ihre Zusammenballungen, ihr richtungsloses, verwirrtes Kommen und Gehen zugeordnet sind. So prägt sich ein beinahe systemisches, binäres Schema in diesem urbanen Visionsraum der Moderne aus. Hier, in den oberen Sphären, die mediale Konzentration der Herrschaft von Geschäften, Telekommunikation, Geldverkehr, Finanzspekulation [...], und dort, mit fließenden Übergängen, die untere Sphäre der unmittelbaren Bedürfnisse, metonymisch in den Kleidungsstücken oder in der Ameisen/Sand-Metapher für die Menge präsentiert. Das Ganze ist konstituiert durch eine metaphorische Überlagerung von Natur und Kultur [...], die von den Polen Eisen/Konstruktion/Statik und Organisches/Auflösung/labyrinthische Bewegung bestimmt ist.[163]

Im Unterschied zu Mondrians Bildraum sind der statische und dynamische Bereich hier unauflöslich ineinander verwoben. Die Übergänge sind fließend. Eine Grenzziehung ist nur ungenau möglich. Die Wolkenkratzer in Deperos Bild können zwar der Seite zugeordnet werden, die für Eisen, Konstruktion und Statik steht, gleichzeitig aber wohnt ihnen insoweit Dynamik inne als die Schrift, deren blockartiger Satz die Hochhäuser konstruiert, durch den Akt des Lesens, durch das Herabgleiten des Blickes, erfasst werden muss, wobei die Bewegung der Augen aufgrund der besonderen typographischen Anordnung nicht wie gewohnt, sondern diskontinuierlich verläuft: mal von oben nach unten, mal in umgekehrter Richtung, mal folgt der Blick Schlangenlinien, mal wird der Lesefluss durch schnelle Zeilenumbrüche gehemmt, mal liest man diagonal, mal durchkreuzen sich die Zeilen, sodass man nach der Fortsetzung des Satzes suchen muss. Darüber hinaus sind der Welt der Hochhäuser, wie von Brüggemann beschrieben, Kommunikation sowie Zirkulation von Kapital und Waren zugeordnet, Handlungen, Vorgänge, Prozesse, Kreisläufe und Ströme also, die die Sphäre des Statischen durchziehen und sie dynamisch aufladen. Andererseits ist der chaotisch-bewegte Raum des unteren Bilddrittels durchwoben von „Eisen/Konstruktion/Statik"[164], denn der Bild-Text verrät: „wenn die Leute, müde und verstreut zurückkehrend, Dir begegnen, zeigen sie Dir zynische Masken aus Kampf und Müdigkeit. GESICHTER aus EISEN – HERZEN aus EISEN. Sprache aus Eisen – Menge aus Eisen [...] BÄUME AUS EISEN/mit leuchtenden Früchten/die ankündigen/die gefräßigen Donner/der Geschwindigkeiten".[165] Transparenz und Durchlässigkeit kennzeichnen dieses Schrift-Bild, das, wiewohl von einem futuristischen Künstler gestaltet und obwohl dieser sich der typischen Gestaltungsmodi des neuen, bewegten, dynamischen Sehens bedient, nicht an den beglückenden Rausch der Geschwindigkeit, das euphorische Feiern des Fortschritts, den Technik-Fetischismus und die Beschwörung des befreiend-triumphalen Sieges des Dynamismus anderer Futuristen, etwa eines Boccioni oder Marinetti, anschließt, sondern einen tristen, melancholischen Ton anschlägt, der die Großstadt New York als Sumpf aus Hektik, Übermüdung, Kampf, Macht und Geld zeigt. Depero präsentiert ein anderes Gesicht der Moderne, eines aus „Eisen, Exzentrik und Melancholie".[166] In seinem New York-Bild „hat das allen geltende Zusammenhangs- und Partizipationsversprechen der compenetrazione, des universellen Dynamismus keine Stimme mehr".[167] Auch Mondrian gibt sich dem Schnelligkeitsrausch, der so viele Künstler und Literaten seiner Zeit erfasste, nicht gedankenlos hin, auch er stimmt nicht ein in den futuristischen Ruf, der da lautet: „Wir wollen die statischen und nostalgischen Gefühle ersetzen durch die Gefühle der Bewegung und der Geschwindigkeit und des Rausches der Tätigkeit, weil sie allein zu neuen bildnerischen Ideen inspirieren können".[168] Ganz im Gegenteil: Seine Kunst entsteht nicht aus der Unmittelbarkeit heraus, ist vielmehr das Produkt eines langwierigen Abwägens. Die Dynamik wird zwar in Form des rhythmisierten Liniennetzes zur Darstellung gebracht, doch verläuft sie gleichsam in geordneten Bahnen und erscheint so kontrollierbar, keinesfalls jedoch entfesselt und überbordend. Ferner wird der Bereich des Statischen nicht be-schrieben, denn die weißen Flächen bleiben leer, fungieren als tabula rasa und müssen vom Bildbetrachter selbst mit Bedeutung aufgeladen werden. Mondrian wertet nicht: Weder erscheint der dynamische Raum bedrohlich noch wirkt die Sphäre des Statischen erdrückend oder lähmend oder ist, wie bei Depero, mit Geld und Macht verbunden, etwa wenn es heißt: „zahlenmäßige Käfige/Zahlen Zahlen Zahlen Zahlen Zahlen/Burgen aus Zahlen-en-en/ Tausende Millionen Trillionen/ der Wahrscheinlichkeiten von Prozenten/von Anzahlungen – Krediten – Schulden/Provisionen – Zollgebühren".[169] Die gehetzte Menschenmasse im Untergrund, dessen Erscheinungsbild Depero wie folgt beschreibt: „farbige Hüte – Anzüge aus tausend Stoffen – Fleischereien – Buchhandlungen – Automobile – Blumen aus Papier und Glas"[170], wird augenscheinlich niedergedrückt von all den Zahlen, Schulden und der Macht, die von den Wolkenkratzern ausgeht.[171]

Melancholisch ist auch das New York in Franz Kafkas Roman *Der Verschollene*, der 1927 zunächst unter dem Titel „Amerika" erschien.[172] Der siebzehnjährige Karl Roßmann, von seinen Eltern nach Amerika geschickt, weil ein Dienstmädchen ein Kind von ihm bekommen hatte, sucht hier, in dieser allermodernsten, technisierten Welt seinen Weg in ein neues Leben, das voller Möglichkeiten, Gefahren, Risiken und Chancen steckt. Zunächst kommt Karl bei seinem Onkel, einem erfolgreichen Unternehmer, unter. Sein Zimmer befindet sich im sechsten Stockwerk eines Hochhauses und verfügt über einen Balkon, von dem aus der junge Prager eine Straßenflucht überblicken kann:

> Ein schmaler Balkon zog sich vor dem Zimmer seiner ganzen Länge nach hin. Was aber in der Heimatstadt Karls wohl der höchste Aussichtspunkt gewesen wäre, gestattete hier nicht viel mehr als den Überblick über eine Straße, die zwischen zwei Reihen förmlich abgehackter Häuser gerade und darum wie fliehend in die Ferne sich verlief, wo aus vielem Dunst die Formen einer Kathedrale ungeheuer sich erhoben. Und morgen wie abend und in den Träumen

der Nacht vollzog sich auf dieser Straße ein immer drängender Verkehr, der von oben gesehn sich als eine aus immer neuen Anfängen ineinandergestreute Mischung von verzerrten menschlichen Figuren und von Dächern der Fuhrwerke aller Art darstellte, von der aus sich noch eine neue vervielfältigte wildere Mischung von Lärm, Staub und Gerüchen erhob, und alles dieses wurde erfaßt und durchdrungen von einem mächtigen Licht, das immer wieder von der Menge der Gegenstände zerstreut, fortgetragen und wieder eifrig herbeigebracht wurde und das dem betörten Auge so körperlich erschien, als werde über dieser Straße eine alles bedeckende Glasscheibe jeden Augenblick immer wieder mit aller Kraft zerschlagen.[173]

Dynamik, Verzerrung und Fragmentierung des Wahrgenommenen, Durchdringung visueller, akustischer und olfaktorischer Sinneseindrücke, Unschärfe, Konturlosigkeit und Überblendung prägen auch hier das Erscheinungsbild der Metropole. New York zeigt sich als energetische, explosive Stadt, deren Beschreibung nicht zuletzt an Bilder wie *Visioni simultanee* (1911) und *La strada entra nella casa* (1911) des italienischen Futuristen Umberto Boccioni denken lässt. Begibt sich der Mensch in diesen Strudel divergierender, überwältigender Reize, verliert er sich rasend schnell im urbanen Alltag – erst recht als Neuankömmling, der mit dem universellen Dynamismus noch nicht oder kaum konfrontiert wurde, der das neue Sehen noch nicht beherrscht, die Umwelt nicht adäquat zu fassen vermag und deshalb allzu schnell in ihr untergeht. Selbst auf dem Balkon, der nicht nur Distanz zum Geschehen auf der Straße, der Bühne „Großstadt", schafft, sondern aufgrund seiner Höhe auch das Überblicken der Szenerie erlaubt, kann sich die Metropole dem scheinbar schutzlosen Individuum bemächtigen. New York hat also zwei Gesichter: Es erscheint als produktive Stätte, als Ort unzähliger ökonomischer, technischer und kommunikativer Kreisläufe, als Stadt, in der jeder es schaffen kann, der nur hart genug arbeitet und in der jeder seinen Platz in der Gesellschaft finden kann. New York bietet grenzenlose Möglichkeiten und doch wohnt ihr, passt man gerade zu Beginn nicht auf, eine lähmende, verwirrende und zerstörerische Kraft inne. Karls Onkel ist sich dieser Wirkmacht der Stadt bewusst und warnt daher seinen Neffen:

Vorsichtig wie der Onkel in allem war, riet er Karl sich vorläufig ernsthaft nicht auf das Geringste einzulassen. Er sollte wohl alles prüfen und anschauen, aber sich nicht gefangen nehmen lassen. Die ersten Tage eines Europäers in Amerika seien ja einer Geburt vergleichbar und wenn man sich hier auch, damit nur Karl keine unnötige Angst habe, rascher eingewöhne als wenn man vom Jenseits in die menschliche Welt eintrete, so müsse man sich doch vor Auge halten, daß das erste Urteil immer auf schwachen Füßen stehe und daß man sich dadurch nicht vielleicht alle künftigen Urteile, mit deren Hilfe man ja hier sein Leben weiterführen wolle, in Unordnung bringen lassen dürfe. Er selbst habe Neuankömmlinge gekannt, die z. B. statt nach diesen guten Grundsätzen sich zu verhalten, tagelang auf ihrem Balkon gestanden und wie verlorene Schafe auf die Straße heruntergesehen hätten. Das müsse unbedingt verwirren! Diese einsame Untätigkeit, die sich in einen arbeitsreichen Newyorker Tag verschaut, könne einem Vergnügungsreisenden gestattet und vielleicht, wenn auch nicht vorbehaltlos angetreten werden, für einen der hierbleiben wird sei sie ein Verderben.[174]

Die Dynamik der Stadt kann also unversehens in Lähmung, Stillstand und Untätigkeit, sprich in Statik umschlagen.[175]

Von dem Schock, der einen Neuankömmling bei der ersten Konfrontation mit der Stadt New York erfasst, bleibt selbst der vermeintlich Geübte nicht verschont, wie der deutsche Architekt Erich Mendelsohn im Vorwort seines 1926 erschienenen Werkes *Amerika. Bilderbuch eines Architekten*, in dem Fotografien von New York, Chicago, Detroit und Buffalo in für die damalige Zeit teils kühner Perspektivik versammelt sind, bemerkt.[176] Einleitend heißt es:

> Die Tatsache U.S.A. – Vereinigte Staaten von Nordamerika – wird von Europa gern mehr mit bewundernden Augen angesehen, als mit Gewissenhaftigkeit.
> Diese romantische Voreingenommenheit ist der eine Grund für die Unruhe, mit welcher der Neuankommende sich dem breiten Querschnitt dieses Landes nähert.
> Der andere liegt in der physischen Gewalt, mit der über die tagelange Horizontale der Meerfahrt plötzlich Manhattans Türme in den Himmel stoßen. Aber zunächst schlägt Amerika auch den objektiven Beobachter, der die bewegten Bilder auf ihre relative Größe zurückzuführen weiß, kräftig gegen den Schädel.
> Veränderte, gesteigerte Dimensionen der Lebensenergie, der Raumverhältnisse und des Verkehrs.
> Verstörter Beobachter der Straßen, Avenuen wie Hochhaustäler, verstört durch das ungeahnte Ausmaß des kolonialen Eindrucks, dieses ungeordneten wilden Wachstums, in dem die einzelnen Geldmachtwillen ihre 20-50 Stock hohen Individualitäten aufgerichtet haben [...].
> Aber bald legt sich die erste Erregung und der veränderte Maßstab wird zur Gewohnheit. Damit beginnt die Erkenntnis der Ursachen dieser außergewöhnlichen Aktivität.[177]

Genau an diesem Punkt nun aber klingt die Widersprüchlichkeit dieses Buches an, berührt Mendelsohn selbst die Problematik dieser Publikation: Die Gewohnheit schreibt sich unverkennbar in das Bildmaterial ein. Sie überschreibt das energetische Potential dieses Landes und unterwandert den Dynamismus, der aus den Texten des Architekten spricht. Seine Fotografien verraten einen Blick, der sich bereits an das Erscheinungsbild der neuen Welt gewöhnt hat, wohingegen seine kurzen Texte, die er den Aufnahmen gegenüberstellt, oft eine völlig andere Sprache sprechen.[178] Letztlich klafft also das Bild auseinander, das Mendelsohn im Vorwort und auch in den seinen Fotografien zur Seite gestellten Texten zeichnet, nämlich das Bild eines Landes, das voller Energie steckt, die sich in den raumgreifenden, überwältigenden Dimensionen, dem ungezügelten Wachstum und dem rasanten, unaufhaltsamen Fortschritt entlädt, und das Bild, das die Fotografien selbst zeigen, die weit mehr Statisches denn Dynamisches offenbaren. So spricht der Autor beispielsweise vom perspektivischen Rausch, von der betäubenden Energie des

CHICAGO
HOCHBAHN 3

Heute fliegt der Lärm der fahrenden Bahn gegen 25 Stockwerke, prallt zurück auf die andere Straßenseite, fliegt über ihre Baulücken oder knallt gegen die Turmwände, im Echo vervielfacht, bis er sich bricht, nur um der Lärmwelle eines neuen Zuges Platz zu machen.
Der Europäer wird blind vor Lärm, aber der Amerikaner hat seine Nerven angepaßt und hört nichts mehr.

16

Abbildung 10: Erich Mendelsohn, Amerika. Bilderbuch eines Architekten (1926).

Urbane Räume — 67

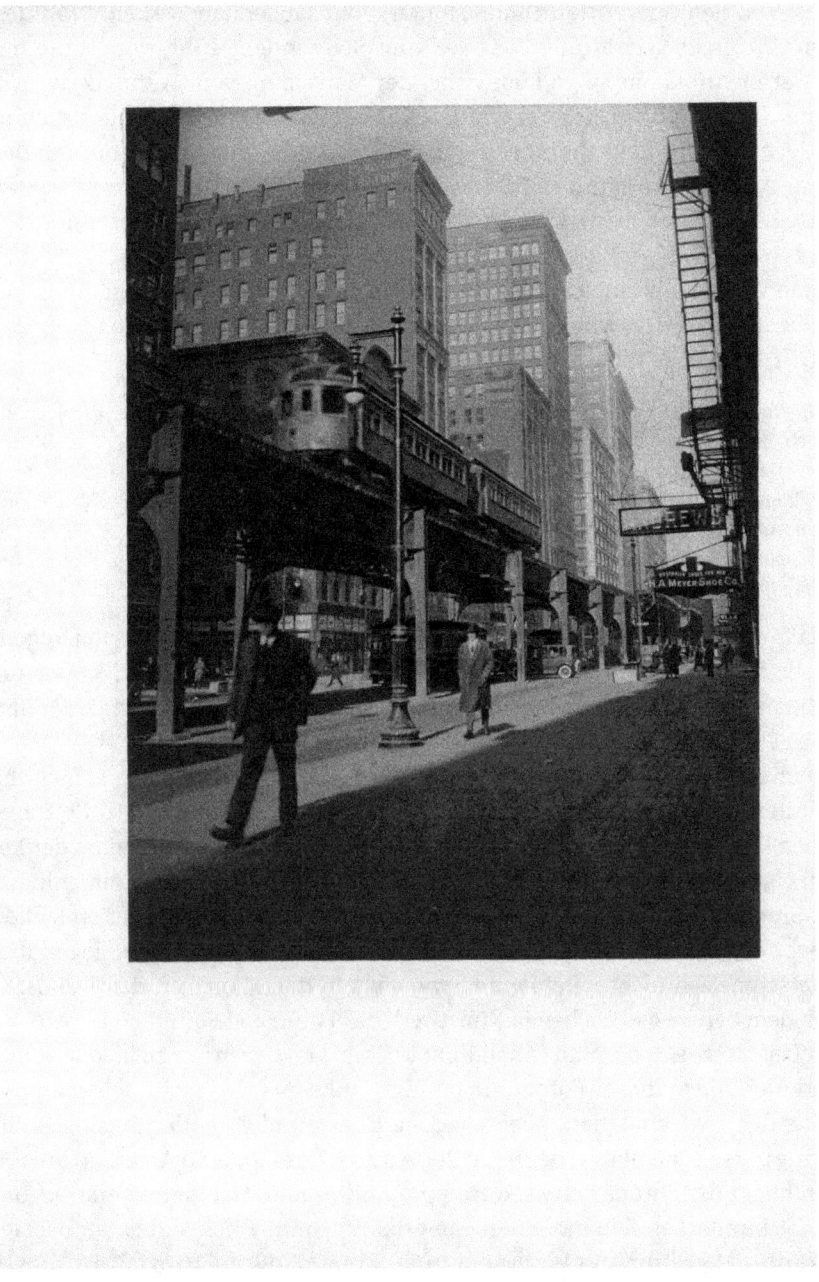

Abbildung 10 (fortgesetzt)

Landes, von den unerhörten Dimensionen, vom sausenden Verkehr, von den wilden Sprüngen der Straßenwände, vom Schwindelgefühl, vom Raketenfeuer der Lichtreklame, vom Lustwirbel der Menschen, vom Webnetz der Autolichter, vom Lichtruf der Geschäftsreklame, vom Lichtzirkus oder davon, dass New York ein Rauschbild sei, doch der Fotograf, der Amerika durch das Kamera-Auge wahrnimmt, rückt unweigerlich in Distanz zu den anvisierten Objekten. Der Kamera-Blick ist ein ruhiger, überlegter, komponierender, der kaum etwas verrät von der sprachlich vermittelten überschäumenden Energie, dem Wahrnehmungsrausch. Dynamik blitzt nur selten auf, am eindringlichsten noch in den Nachtaufnahmen, darunter *New York. Broadway bei Nacht*. Zu diesem Bild hält Mendelsohn fest:

> Unheimlich. Die Konturen der Häuser sind ausgewischt. Aber im Bewußtsein steigen sie noch, laufen einander nach, überrennen sich.
>
> Das ist die Folie für die Flammenschriften, das Raketenfeuer der beweglichen Lichtreklame, auf- und untertauchend, verschwindend und ausbrechend über den Tausenden von Autos und dem Lustwirbel der Menschen.
>
> Noch ungeordnet, weil übersteigert, aber doch schon voll von phantastischer Schönheit, die einmal vollendet sein wird.[179]

Ebenfalls dynamisch wirkt die Fotografie *New York. Times-Square*, die von folgender Notiz begleitet wird: „Nachtbild. Schnittpunkt von Broadway und 5. Avenue. Im Scheinwerferlicht des sausenden Verkehrs, der Reklame, der Leuchtfeuer und der erleuchteten Fensterketten".[180]

Auch die enorme Lärmbelastung sowie die damit einhergehende akustische Überforderung des Wahrnehmungsapparates, die aus den Zeilen Mendelsohns sprechen, können durch die Fotografien nicht transportiert werden, sodass der Rezipient eigenständig Text und Bild zu einem simultanen Ganzen zusammenfügen muss. Sinnbildlich für die Differenz zwischen Text- und Bildinformation stehen sich Schrift und Bild in diesem Buch räumlich voneinander getrennt gegenüber und verschmelzen nicht miteinander, wie etwa in den Montagen der Dadaisten oder in dem bereits besprochenen Kunstwerk des Futuristen Fortunato Depero. So strahlt beispielsweise das Bild (Abbildung 10), ganz im Gegensatz zu Mendelsohns Bemerkung, die er dieser Fotografie beifügt, Ruhe aus und nicht, wie man angesichts des Textes meinen möchte, Lärm, Chaos und Orientierungslosigkeit. Bereits jetzt, so scheint es – denn die Reise durch das moderne Amerika, auf die der Architekt die europäischen Rezipienten mitnimmt, hat gerade erst begonnen[181] –, handelt es sich um einen „amerikanischen" Blick, eine angepasste, abgeklärte, abgestumpfte Wahrnehmung. Kein „Stoß ins Hirn"[182] ist dieses Chicago-Bild, sondern vielmehr ein wohl komponiertes, strukturiertes, mit klaren Linien und eindeutigen Raumbezügen.

Zudem, das fällt beim Durchblättern seines Buches auf, wechselt Mendelsohn insgesamt nur zwischen wenigen Beobachterstandpunkten hin und her. Mal fotografiert er in eine Straßenschlucht hinein, mal wählt er eine extreme Aufsicht, die Froschperspektive, mal lichtet er eine Straßenkreuzung ab, wobei der Vordergrund zumeist im Dunkeln liegt, während die Hochhäuser hell erstrahlen. Selbst der ungeübte, unvorbereitete Betrachter, der noch nie zuvor Lichtbilder dieser Art zu Gesicht bekommen hat, wird sich bald an die ungewohnten Perspektiven gewöhnt haben, genauso, wie sich Mendelsohn vermutlich selbst schnell an die gewaltigen Dimensionen, die ungeahnten Raumbeziehungen, das Tempo des Verkehrs und das Durcheinander von Lärm und Reklame gewöhnt hat. Nichtsdestotrotz war sein Amerika-Buch für den zeitgenössischen Betrachter nichts weniger als eine Schule des Sehens, durch die man, wenn auch vermittelt, einen ersten Eindruck von der neuen Welt erhalten konnte.

In seinem 1926 in der Zeitschrift *Bauindustrie* erschienenen Aufsatz „Das Auge des Architekten" berichtet El Lissitzky von seiner Bilderbuch-Lektüre:

> Dieses eben in Berlin erschienene „Bilderbuch eines Architekten" ist natürlich unvergleichlich interessanter als die Fotografien und Postkarten, die wir bisher von Amerika kennen. Schon ein erstes Durchblättern fesselt uns wie ein dramatischer Film. Vor unseren Augen rollen ganz ungewöhnliche Bilder ab. Das Buch muß man über den Kopf heben und drehen, um einige Fotografien zu verstehen. Der Architekt zeigt uns Amerika nicht aus der Ferne, sondern von innen, er führt uns durch seine Straßenschluchten.[183]

Doch auch Lissitzky muss feststellen, dass das Amerika-Bild, das Mendelsohn mit seinen Fotografien vermittelt, nicht nur einseitig in der Darstellung ist, sondern auch einen (sicherlich ungewollten) musealen Charakter trägt, weil sich der Architekt mit seiner Kamera nicht in das pulsierende Leben auf den Straßen der Großstädte stürzt, sondern den Fokus vornehmlich auf die riesigen Gebäude richtet:

> Eine Eigentümlichkeit überrascht an dem Album; es werden keine Menschen gezeigt. Die Straßen sind fast menschenleer, die Menschenmassen sind verschwunden. Der Architekt ist bestrebt, der Architektur Auge in Auge gegenüberzustehen. Beide bewegen sich nur umeinander, und dadurch wird die lebendige, pulsierende Stadt in ein Museum verwandelt. So stellt man alte Städte in der alten Welt dar, aber hier haben wir doch eine neue Welt vor uns, die noch nicht in die Geschichte eingegangen ist. Der Verkehr großer Menschenmassen zwischen diesen Baumassen ist nicht gezeigt worden, zum Bespiel der Strom der Tausende von Menschen zur Arbeit und zurück an der Brooklyn-Brücke vor dem Hintergrund der Wolkenkratzer. Und doch ist dieses Buch als Ganzes zu begrüßen, zu begrüßen ist das Auge des Architekten, das uns eine Reihe bekannter Dinge so zeigt, daß wir beginnen, tiefer darüber nachzudenken.[184]

Da *Amerika* das Buch eines Architekten ist, ist es letztlich nicht verwunderlich, dass Mendelsohn die Menschenströme mehr oder weniger ausspart und sich

70 —— Signaturen der Statik – Mondrian und die Moderne

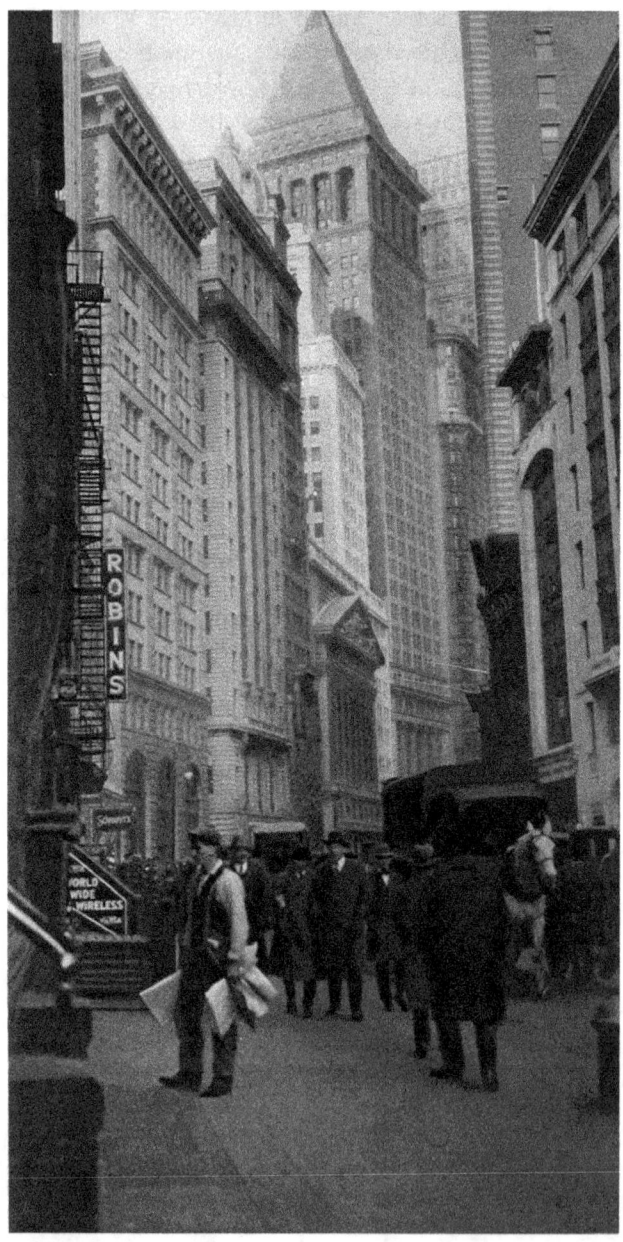

Abbildung 11: Erich Mendelsohn, Amerika. Bilderbuch eines Architekten (1926), S. 30.

NEW YORK
DOWN TOWN BROADSTREET

Parallelstraße zum Broadway – Querstraße der Wallstreet.
Die Citytürme der Banken und Börsen. Saugkanal des Handels. Geldherr
der Welt.

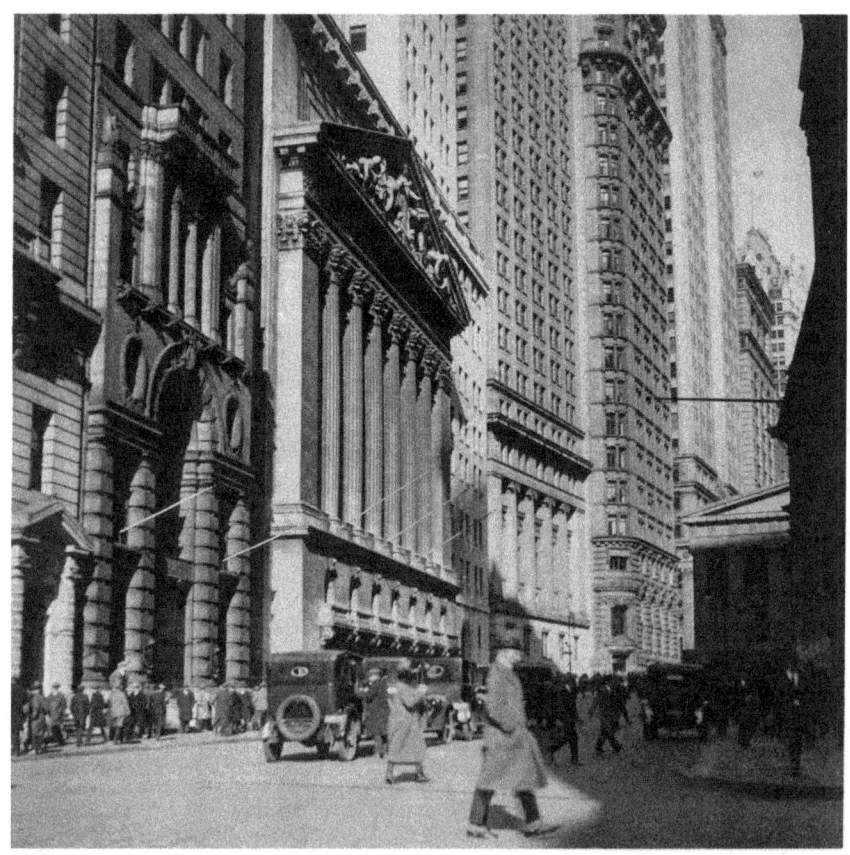

Abbildung 12: Erich Mendelsohn, Amerika. Bilderbuch eines Architekten (1926), S. 31.

NEW YORK
BROADSTREET – NAHAUFNAHME

Die Dimension hat alle gewohnten Vorstellungen der alten Welt gesprengt.
Aber die neue borgt sich ihre Tempelformen, um unmenschliche Geldspeicher
wieder auf menschlichen Maßstab zu bringen.
Sinnbild der unbeschwerten Spannkraft Amerikas, seiner äußeren Macht,
aber seiner geistigen Armut.

stattdessen auf das Dokumentieren der Wolkenkratzer, die ihm Ausdruck von Macht und Kapital sind, konzentriert. Wie Depero, so lädt auch Mendelsohn die Hochhausarchitektur mit menschlichem Machtstreben auf; für beide ist sie Signum unaufhörlicher Kapitalströme und Zeichen des rasanten wirtschaftlichen Wachstums. Gerade Fotografien wie die beiden abgebildeten (Abbildung 11 und 12) erinnern durch ihre Komposition an das Bild *Grattacieli. Tavola parolibera Futurista* des italienischen Künstlers.

Mit Mondrian verbindet Mendelsohn die ästhetische Hervorhebung der Gitterstruktur, die zum Signum moderner Architektur und Stadtplanung geworden ist, wie Le Corbusier und Amédée Ozenfant in ihrem Essay „Formation de l'Optique moderne" festhalten, der im März 1924 in der Zeitschrift *L'Esprit Nouveau* erschien. Die „beständigen Reizungen des Geistes", heißt es in der programmatischen Schrift,

> provoziert durch die Schauspiele, die die Geometrie veranstaltet, sind bestimmt von der Gegenwart *der Stadt* selbst: ihre grundbuchmäßige Straßenführung, ihre Häuser mit dem fast gleichförmigen Gitternetz (quadrillage presque uniforme) der Fenster, ihre glatten Bahnen der Trottoirs, ihre Baumreihen mit den immer gleichen kreisförmigen Schutzgittern, ihre regelmäßige Punktierung mit künstlichem Licht, ihre leuchtenden, wie auf dem Reißbrett gezogenen Linien der Straßenbahnen, ihr makelloses Mosaik der Pflasterungen quartieren uns immer wieder in der Geometrie ein (nous cantonnent encore et toujours dans la géometrie). Selbst wenn wir den Himmel sehen, ausgeschnitten von der Straße, erscheint er uns mit seinem grauen Umriss als eine Nachahmung der urbanen Geometrie, die der Natur selbst auferlegt wird.[185]

Für die beiden Puristen führt die zunehmende Technisierung sowie die damit einhergehende Dynamisierung der Erscheinungswelt also gerade nicht zu einem Objektdynamismus à la Futurismus, zur Zersplitterung der Umgebung, zur Fragmentierung der Wahrnehmung, zu Schwindelgefühl und Reizüberflutung; nein, erstaunlicherweise schälen sich aus der beständig anwachsenden Geschwindigkeit „monumentale[...] urbane[...] Stilleben"[186] heraus.[187] Zwar ist die Stadt ein Raum dynamischer Prozesse, der Ort, von dem die Beschleunigung ausgeht, um sich greift und immer weitere Kreise zieht, doch ist sie in den Augen Ozenfants und Le Corbusiers gleichzeitig das Reich von Ordnung und Exaktheit, mithin der Schönheit technoider Formen. Wo die beiden Puristen auch hinsehen, überall erkennen sie geometrische Formen wie Pyramiden und Kreise. Sie feiern die Präzision industriell gefertigter Produkte und deren Präsentation im Handel.

Vor diesem Hintergrund kann konstatiert werden, dass sich sowohl Mendelsohn als auch Mondrian mit ihrer Ästhetik, die vom Raster bestimmt wird, in die Kunst einer urbanen Moderne einschreiben. In ihren Bildern offenbart sich eine neue Optik, die als geometrisch bezeichnet werden kann. Die beiden Künstler gestalten auf der Höhe der Zeit, weil sie die Wahrnehmungssituation aufnehmen und ihr ein fotografisches bzw. bildkünstlerisches Gesicht geben. Ihre Bilder sind Zeichen einer klaren, strukturierten Epoche, die eben erst begonnen hat. Sie sind Ausdruck des unverkennbaren Willens zur Ordnung, der die Wahrnehmung des modernen Subjekts prägt.

Angesichts des Anblicks eines riesigen Getreidespeichers hält Mendelsohn ganz im Sinne des geometrischen, klaren, ordnenden Wahrnehmens, welches gleichzeitig eine neue Ästhetik begründet, folgendes fest:

> 500 Zellen, 10 Reihen tief, auf einer Grundfläche von 15000 qm. Der rationellste Produktionsgang – vom Einbringen des Getreides zu Wasser und Zulande über die Mühlen und die Reinigungsanlagen, die Elevatoren und Verteiler bis zur Abgabe des Mehls an Bahn und Schiff – wird sichtbar in der Reihung und Gegenbewegung der einzelnen Elemente, wird zusammengefaßt zu vollendeter Klarheit, sichtbarer Ausdruck eines ordnenden Willens, Sinnbild produktiver Tat. Aus nackter Zweckform wird abstrakte Schönheit.[188]

Und auch der französische Maler und Grafiker Fernand Léger, der 1920 zeitweise mit Le Corbusier zusammenarbeitete, hebt in seinem Aufsatz „Sehr aktuell sein", welcher im *Europa Almanach* erschienen ist, auf das strukturierende, exakte, logische Moment der neuen Epoche ab. Euphorisch hält er fest: „Die moderne Industrie zerlegt, analysiert, trägt ein – produziert alle Stoffe, erforscht die tausend unerforschten Falten, verjagt und lehnt alles Unbestimmte und Ungenaue ab. Herrliche – männliche – logische Epoche! Die Werte sind an ihrem Platz: Hierarchie der Werte, Ordnung".[189] Wenn also die beiden Puristen darauf hinweisen, wie sehr geometrische Strukturen und Klarheit die urbane Realität durchdringen, wie sehr der Mensch von der Geometrie profitieren kann, ja dass der Mensch ein „geometrisches Tier"[190] sei, dann tut sich in ihrem Essay eine Wahrnehmungsform und Ästhetik kund, die jener der Futuristen und Dadaisten entgegensteht, die darüber hinaus kein randständiges Phänomen ist, sondern den Zeitgeist nachhaltig prägt. Es ist eine Ästhetik, die sich den gleichen Formen und Idealen verschrieben hat wie das Neue Bauen, die Ingenieurskunst und die Mathematik – ihre Sprache ist klar, logisch und exakt. Sie ist aber, und das ist entscheidend, nicht Ausdruck menschlicher Hybris, wie sie der zentralperspektivische Blick verkörpert, weil sie lediglich auf die veränderten Wahrnehmungsbedingungen in der urbanen Realität reagiert, ohne die Dinge zu unterwerfen. Es ist kein despotisches Ordnen, sondern ein assimiliertes Strukturieren, das die Objekte, Strukturen und Prozesse der modernen Welt registriert, sie sich aneignet und ordnet. Mondrians New York-Bilder stehen ebenso für diese Ästhetik wie Mendelsohns Amerika-Bilderbuch.

Eine neue Ästhetik formuliert auch Fernand Léger. Nicht nur sein Aufsatz „Sehr aktuell sein", sondern auch seine programmatische Schrift „Conférence über die Schau-Bühne", welche ebenfalls im *Europa Almanach* erschienen ist, kündet von einem gesteigerten Ordnungsbedürfnis, welches wiederum an das Favorisieren klarer Formgebung zurückgebunden ist. Der Künstler setzt dem Wirrwarr der Stadt, die „schlecht orchestriert" sei und aufgrund dessen zu nervlicher Überspanntheit führe, ein statisches Raumkonzept entgegen.[191] „Es gilt", schreibt er,

> nicht mehr und nicht weniger als die „polychrome Architektur" zu schaffen, die auch die geläufigsten Erscheinungen der Reklame umfassen soll. Es gilt also die Unordnung abzuschaffen. Wenn auf der Bühne die höchste Intensität herrschen soll, so muß eine Straße, eine Stadt, eine Fabrik nach abgeklärter, augenfälliger Ruhe streben [...]. Alles Dynamische ist zu vermeiden. Alles soll nach einem statischen Rezept aufgebaut werden.[192]

Mit seiner „statischen Ästhetik" will Léger jedoch nicht lediglich Ruhe und Ordnung ins Chaos bringen, vielmehr verbindet er sie mit einer gesellschaftlichen Utopie. Der Künstler imaginiert eine „Gesellschaft ohne überspannten Drang, ruhig und wohlgeordnet, auf ganz natürliche Weise hinlebend im Schönen".[193] Auch er strebt also wie Mondrian einen harmonischen Zustand an. Dass dieser natürlich nicht erreicht werden kann, und wenn, dann nur situativ und nicht andauernd, individuell, aber nicht kollektiv, steht auf einem anderen Blatt.

Es kann also festgehalten werden, dass es bei den Avantgardisten ein gesteigertes Bedürfnis nach Ordnung und exakt-geometrischer Strukturierung gibt. Dabei ist das ordnende Eingreifen, das Strukturieren und Fixieren des Wahrgenommenen direkt zurückgebunden an Industrialisierung, Technisierung und Dynamisierung. Das belegen nicht nur die Schriften und Werke der beiden Puristen Ozenfant und Le Corbusier, sondern auch Légers Konzept einer „polychromen Architektur" und Mendelsohns Amerika-Bilderbuch, nicht zu vergessen Mondrian, der mit seinen neoplastizistischen Gemälden ebenfalls den Idealen von Ordnung und Exaktheit folgt. Allerdings, so muss einschränkend hinzugefügt werden, ist die „statische Ästhetik" nicht völlig frei von Bewegung, wie beispielsweise die Ausführungen zu Mondrians Kunst und Theorie sowie die Bemerkungen zu Mendelsohns *Bilderbuch eines Architekten* ergeben haben. Gleiches gilt auch für die puristische Bildsprache, deren ästhetische Wirkung darin besteht, dass „Elemente [der] künstlichen, standardisierten, geometrisierten, industriell und maschinell homogenisierten Dingwelt [...] in all ihrer mechanischen, mathematisch-kristallinen Exaktheit"[194] integriert werden, womit Charakteristika angesprochen sind, die die „statische Ästhetik" kennzeichnen, gleichzeitig aber werden puristische Kompositionen häufig mit Begriffen des Lebendigen und Organischen beschrieben, wie Heinz Brüggemann bemerkt:

> Die Beschaffenheit der urbanen Umwelten in der technischen Stadt wird notorisch als maschinell oder industriell standardisierte und fabrizierte, als gleichförmig exakte, mathematisch präzis geformte, als mechanische und künstliche, bar jeder lebendigen Anschaulichkeit beschrieben und beschworen. Umso mehr fällt sogleich ins Auge, daß formale Bildräume aus Transparenz und Durchdringung, wenngleich aus an sich starren stereometrischen und

planimetrischen Elementen (Linie, Fläche, Vieleck, Stab etc.) gefügt, in ihrem Ausdruckscharakter zumeist in Kategorien des Lebendigen beschrieben werden. Den artistischen Konstellationen purifizierter Objekte, von Elementen, Volumen und Konturen, wird eine Intensität des Lebendigen zugeschrieben, die im geometrischen Spektakel der modernen visuellen, taktilen Umgebungen schon längst abgestorben, erstarrt scheint.[195]

Der Purismus spannt sich demnach zwischen der ständig gesteigerten Geschwindigkeit der Großstadt auf der einen Seite und dem städtischen Raum als monumentales, urbanes Stillleben auf der anderen Seite auf. Die urbane Objektwelt, die als geometrisch, präzise, geordnet und maschinell beschrieben wird, also in Kategorien des Statischen, wird von den Künstlern ästhetisch übersetzt, sodass sich die Bildsprache als ebenso exakt, technoid und geometrisch erweist wie das Erscheinungsbild des urbanen Raumes. Gleichzeitig aber lassen die puristischen Werke den Betrachter in „Bildräume aus Durchdringung und Transparenz, aus frei komponierten, organisch wirkenden, gleichsam schwebenden Gegenstands-Ordnungen, eintauchen, wo sie einander optisch durchdringen, sich gegeneinander entgrenzen, ohne sich physisch zu zerstören, und ihm jene Erfahrungen eines schönen Wachtraums vermitteln, die den Mangel und die Leere kompensatorisch überspielen".[196]

Auch die „polychrome Architektur" Légers bewegt sich zwischen den Polen Statik und Dynamik. Einserseits gebärdet sie sich dezidiert statisch, da sie alles Dynamische ausschließt und sich stattdessen dem Prinzip der Statik verschreibt, andererseits bildet sie das Grundgerüst einer vitalen, ruhigen, harmonischen, ausgeglichenen, entspannten Gesellschaft im Fluss des Lebens, situiert sich also innerhalb eines dynamischen Systems, in dem die Erhaltung des einmal gefundenen Gleichgewichts oberste Maxime ist.[197]

Auffallend ist zudem, dass Légers Gesellschaftsentwurf nicht ohne Einbeziehung der Metaphysik auskommt. Seine Utopie sei „eine Religion wie jede andere".[198] „Der Zusammenbruch der Religionen", so der Künstler, habe „eine Leere hinterlassen, die nur die Schau-Bühne und eine unmittelbar auf die Sinne wirkende Kunst auszufüllen vermögen".[199] Mit der These, dass die Kunst die Religion ersetzen könne, steht er indes unter den Avantgardisten nicht allein da. Auch Ozenfant und Le Corbusier stellen in ihrem Essay über die „Bestimmungen der Malerei" fest:

> Der moderne Mensch weiß, daß es keine tieferen Wirklichkeiten gibt als die, die uns direkt berühren; er findet Gefallen an den ingeniuesen Errungenschaften der Wissenschaft und der Industrie, aber er hat das Bedürfnis nach jenen idealen Gewißheiten, die ihm sonst die Religion gewährte; *an ihr und an der Metaphysik zweifelnd, ist er auf sich selber verwiesen und die wahre Welt ereignet sich nur noch in seinem inneren Selbst*; diese beängstigende Leere können weder die einsame Tat noch die Freuden des Körpers ausfüllen, nicht einmal die rein theoretische Reflexion, die den Sinnen wenig Nahrung gibt. Es

> liegt bei der Kunst, diesem Bedürfnis, das immer zwingender wird, zu dienen, und ebenso bei der freien Zeit, die die Maschine dem Menschen gibt; entlastet von der abstumpfenden Arbeit, die das Denken beschränkte, und der Religion beraubt, würde ein Zeitalter ohne Kunst beängstigende und schwere Augenblicke durchleben müssen. Der Kunst wird die Aufgabe zufallen, auf glänzende Weise zu zerstreuen und jene hochgestimmte, überschwengliche Befriedigung zu schaffen, ohne die der Seelenfrieden unmöglich ist; sie muß uns schöne Wachträume durchleben lassen.[200]

Die Kunst soll also an die Stelle der Metaphysik treten. Dabei besteht ihr kompensatorisches Potential vor allem darin, für ein Höchstmaß an Befriedigung, oder religiös gesprochen, für Seelenfrieden zu sorgen. Zusammenfassend kann deshalb mit Heinz Brüggemann festgehalten werden, dass die Optique moderne, „weil sie Unbestimmtheit, Verschwommenheit, le flou, zu beseitigen und dem ‚irrenden Wanderer' die endliche Ankunft in einer seiner Sinne wie seinen Verstand befriedigenden Klarheit und Ordnung verspricht, selber der Sinn [ist], der an die Stelle der gestürzten religiösen Weltbilder tritt".[201]

Hinsichtlich des Begriffs der Statik ist besonders bemerkenswert, dass vor allem Künstler, deren Kunst wie Kunsttheorie mit diesem Begriff in Verbindung zu bringen sind, weil sie ihn im Rahmen ihrer theoretischen Reflexionen explizit erwähnen, weil es ihnen um das Gleichgewicht und damit verbunden um einen ruhigen, harmonischen Zustand zu tun ist, oder weil sie sich analog zum Bauingenieur einer rationalen, mathematisch-exakten Sprache bedienen, ihre Kunst metaphysisch unterlegen. Das Verwobensein von „statischer Ästhetik" und Metaphysik ist kein Einzelfall, wie die Ausführungen zu Ozenfant und Le Corbusier, zur Kunstphilosophie Mondrians oder die Bemerkungen zu Léger belegen, denn es wird sich herausstellen, dass auch der Kunst Oskar Schlemmers sowie den Schriften Gottfried Benns ein metaphysischer Impetus innewohnt.

Totalität

Kunst und Theorie der Avantgardisten stehen oft im Zeichen von Dynamik, Fragmentarität, Zerfall und Auflösung.[202] Gleichzeitig aber ist ein Streben nach Totalität erkennbar, das wie das Statische alles andere als modern zu sein scheint. Auch die Programmatik von *De Stijl* ist durchdrungen von der Idee der Totalität.[203] Diese Tendenz zeigt sich nicht nur auf begrifflicher Ebene, sondern ebenso im Architektur- und Kunstverständnis, wie im Folgenden aufgezeigt wird.

In seinem Aufsatz „Von der Neuen Ästhetik zur materiellen Verwirklichung", welcher 1923 in der Zeitschrift *De Stijl* erschienen ist, verschränkt van Doesburg Kunst und Physik. Er macht darauf aufmerksam, dass „[d]ank den Fortschritten in der Physik [...] in unserer Zeit nicht nur der Glaube an die Materie (als einer festen

Körperlichkeit) umgeworfen [wurde], auch auf dem Gebiet der Kunst wird die Materie in ihrem innersten Wesen als *Energiezustand* erkannt".[204] Weiter erklärt der Autor in knappen Worten, dass er die Farbe, mit der er als Künstler hantiere, als Materie begreife, die wiederum „differente Energie"[205] sei. Anschließend vergleicht er die Arbeit des Architekten mit der des Künstlers. Beiden müsse es darum gehen, „kontrastierende, dissonierende oder komplementäre Energien zu eindeutiger Harmonie"[206] zu organisieren. Auffallend ist, dass der *Stijl*-Theoretiker bei seinen Ausführungen immer wieder Begriffe wie Energie, Energiezustand, Energiekraft, Spannung oder Gespanntheit verwendet, also Begrifflichkeiten, die auch für den Ingenieur von großer Bedeutung sind. Allerdings werden die Begriffe in stijltypischer Manier von van Doesburg lediglich gesetzt. Eine differenzierte Auseinandersetzung fehlt, wäre jedoch nicht nur angezeigt, sondern auch naheliegend, da der Künstler selbst auf die Parallelität von Kunst und Physik zu sprechen kommt. Ebenso verhält es sich mit dem Begriff der „Raum-Zeit", die in den „Grundsätze[n] der neuzeitlichen (gestaltenden) Architektur" wie folgt definiert wird: „Rechnete die alte Architektur nur mit dem Raum als Gestaltungsakzent, so rechnet die neue Architektur auch mit dem Zeitmoment. Die gestaltende Einheit von Zeit und Raum wird der architektonischen Gestaltung einen gänzlich neuen und vollkommeneren Ausdruck geben (vierdimensional raum-zeitlicher Gestaltungsaspekt)".[207] Dieser Hinweis auf die Einbeziehung des zeitlichen Aspekts bei der Planung und dem Bau eines Gebäudes mag für den Alltag zwar stimmen und ist durchaus auch sinnvoll, doch in der modernen Physik ist das Verhältnis von Raum und Zeit wesentlich komplexer.[208] Letztlich verbleibt van Doesburg im Pseudowissenschaftlichen.

Die Texte des *Stijl*-Künstlers veranschaulichen paradigmatisch, dass Begriffe nicht genuin einer Disziplin angehören. Sie zeigen auf, dass Begriffe wandern[209], aber auch, dass die Übertragung von Begriffen in einen anderen Wissensbereich nicht unproblematisch ist, weil man sich zwangsläufig die Gefahr begrifflicher Unschärfe einhandelt[210], zumal wenn der Ausgangskontext, wie im Falle der modernen Physik (Teilchenphysik, Quantenmechanik, Relativitätstheorie), hochkomplex ist. Anschaulich tritt genau dieses Problem in einer Schilderung Andor Weiningers (1899–1986) hervor, der am Bauhaus zum *De Stijl*-Kreis um Theo van Doesburg gehörte:

> Doesburgs Ideen beeinflußten mich stark. Ich fing an, mich zu fragen: Was ist eine Oberfläche? Was ist eine Fläche? Ich fing an, über Zweidimensionalität nachzudenken. Monatelang dachte ich darüber nach. Ich versuchte, Doesburgs Lehren zu verstehen. Eine Sache, die ich nicht verstand, war, was er mit dem Element Zeit meinte. Ich glaube, die anderen verstanden es auch nicht, und ich glaube sogar, daß er es selbst nicht verstand. Doesburg sprach über zweidimensional, dreidimensional, und ab und zu wurde er sehr wagemutig und startete einen kunstvollen Vortrag über die vierte Dimension. Es war ein Schritt ins

> Unbekannte. Für Doesburg war die vierte Dimension die Zeit, und Zeit ist Bewegung. Er versuchte für die Zeit eine Funktion zu finden, und das brachte ihn zur Architektur.[211]

Wenn Weininger hier von einem Schritt ins Unbekannte spricht, dann klingt an, dass Begriffstransfers nicht nur die Gefahr von Missverständnissen oder Unverständlichkeit, sondern auch Möglichkeiten mit sich bringen. Im Falle van Doesburgs ermöglicht die (in den 20er Jahren nicht mehr wirklich originelle) Einführung der vierten Dimension, der Zeit, in den Kunstdiskurs überhaupt erst die Begründung des Elementarismus. Nur weil sich der Künstler mit der Relativitätstheorie befasste und in Anlehnung an diese Theorie Raum und Zeit in seinen Schriften dezidiert aufeinander bezieht, kann er seine Raum-Zeitmalerei ins Leben rufen. Die Beschäftigung mit der modernen Physik erscheint so als Bedingung der Möglichkeit, den Raum als Kunstraum zu begreifen, in dem der Mensch nicht länger vor die Malerei, sondern mitten hineingestellt wird. Auch wenn van Doesburg letztlich hinter dem komplexen naturwissenschaftlichen Verständnis der „Raumzeit" zurückbleibt, so wird doch deutlich, dass erst die Übernahme dieses Begriffs und der damit verbundenen (versuchten) Überführung der Logik der Naturwissenschaften in den Bereich der Ästhetik zur Entwicklung eines neuen Kunstverständnisses geführt hat. Einerseits prägt der von van Doesburg in den Kunstdiskurs integrierte physikalische Begriff „Raumzeit" noch die Spur seines Ursprungs, gleichzeitig öffnet er sich einem neuen Bereich: der Ästhetik, wo neue Verbindungen geknüpft und neue Vorstellungswelten bzw. Wissensordnungen aufgebaut werden können. So erweist sich die Arbeit an und mit dem Begriff nicht nur als Versuch des Nachvollzugs der Relativitätstheorie, sie ist gleichzeitig auch ein Akt, der schöpferische Potentiale birgt. Die Komplexität der Begriffsdefinition in den Schriften der Naturwissenschaftler weicht im Kunstdiskurs einem zwar vagen bzw. ‚unreinen' Verständnis, doch eben darin liegt die Möglichkeit kreativer Anschlüsse. Passend spricht Petra Gehring von Begriffen als „Knotenpunkte der Kreativität".[212]

Der in der *Stijl*-Theorie durchscheinende Wille zur Totalität zeichnet sich indes auch im Architekturverständnis ab. Van Doesburg betont, dass Architektur nicht nur der „*Gesamtausdruck aller [...] physisch-geistigen Bedürfnisse; kurz, [...] Gesamtausdruck unseres Lebens*"[213], sondern auch „die Zusammenfassung aller Künste in ihrer elementarsten Erscheinung"[214] sei. Der neue, zukünftige Architekt solle weder rein ästhetisch, noch ausschließlich rational-konstruktiv, sondern schöpferisch-konstruktiv gestalten. Für den *Stijl*-Künstler ist Architektur eine Synthese verschiedener Disziplinen und daher maßgeblich für die Umsetzung und Verwirklichung der *Stijl*-Programmatik. Gleichwohl spricht er der bildenden Kunst die Führungsrolle zu, da sie den Weg zur Neuen Gestaltung weise:

Erst in unserer Zeit ist durch die führende Kunstart: die Malerei, der Weg gewiesen worden, den die Baukunst zu gehen hat, um gleich wie die gestaltende Malerei und Plastik, mechanisch und diszipliniert im *Material* das zu realisieren, was bei den anderen Künsten bereits imaginär (ästhetisch) vorhanden ist.[215]

Ferner fuße die neue Ästhetik auf einem Lebensgefühl, das nach Einheit verlange:

> Es soll niemanden befremden, daß die Kunst, die vom Beginn des 20. Jahrhunderts ab die Führung übernahm, die Malerei, a posteriori eine ideale Ästhetik schuf. Das neue Lebensbewußtsein fordert die Vernichtung des Zweiwelten-Systems, hat dieses Bedürfnis nach Einheit, nach einer *unteilbaren Weltrealität*, und zeigt den Willen, das, was die ideale Ästhetik der ‚freien Künste' erwies, in der Baukunst materiell zu realisieren.[216]

Trotz der scharfen Kritik an der Ästhetik der *Stijl*-Bewegung, die mit dem Tod van Doesburgs ihren wichtigsten Wortführer verlor und sich alsbald auflöste, ist der Einfluss dieser Bewegung auf die moderne Kunst und das Neue Bauen nicht zu unterschätzen. Nicht nur sind die Bilder Mondrians, denen man anfangs mit Unverständnis und Ablehnung begegnete, heute Ikonen der Moderne, auch haben die Ideen zu einer neuen Architektur das Neue Bauen nachhaltig geprägt. Am Ende war De Stijl „aufgegangen in einer Kunstrichtung, die Elemente des Konstruktivismus, der *Bauhaus*-Idee und verschiedener gleichgearteter Aktivitäten in den europäischen Ländern zu einer variantenreichen, aber grundsätzlich einheitlichen Formensprache verband".[217] In seinem Aufsatz zum zehnjährigen *Stijl*-Jubiläum hat van Doesburg selbst festgehalten, dass es vor allem der „allumfassende[...] Charakter"[218] der von ihm mitbegründeten Bewegung sei, der die Neue Gestaltung entscheidende Impulse verdanke. Während sich die Ideen des *Stijl* behaupten konnten, seien andere avantgardistische Strömungen dagegen bereits Geschichte: „Der Futurismus ist tot. Der Expressionismus ist tot. Der Kubismus ist tot. Der Dadaismus ist tot. Tot, tot und nochmals tot sind die vielen Ismen, die seit Anfang des 20. Jahrhunderts, ja sogar zu Beginn des Stijl aufkamen. Was wir aber jetzt als Neue Gestaltung entstehen sehen, gründete sich graduell auf den Stijl als Idee".[219]

Indes ist es nicht nur die Architektur, aus welcher der ganzheitliche Gedanke spricht, denn auch Mondrians Schaffen steht im Zeichen des Universalismus. Der Neoplastizist visualisiert einen harmonisch-äquilibristischen Kosmos und beruft sich auf die Mathematik als universale Sprache. Seine abstrakten Bilder stehen – zumindest postuliert das der Künstler – jenseits der Individualität, zeigen vielmehr Absolutes. In seinem Werk verbinden sich Kunst und ‚volles Leben', Kunst und Architektur, aber auch Kunst und Technik, wie Susanne Deicher herausstellt: „Werke wie *Komposition mit Weiß, Rot und Gelb* von 1938 gewinnen eine neue, filigrane Monumentalität, die immer etwas Technisches hat: Das mechanische Wiederholen schlägt durch und verstärkt den abstrakten Charakter der Bilder".[220] Ferner bemerkt die Autorin, dass sich Mondrian in den

30er und 40er Jahren nicht mehr im schwarzen Anzug neben seinen fertiggestellten Bildern präsentiere, vielmehr zeige er sich nun als „Techniker des Neuen" in Arbeitsmontur vor seinen im Entstehen begriffenen Werken.[221] Aber auch eine Anknüpfung an die Architektur ist unverkennbar, denn die in seinen Bildern so präsenten Horizontalen und Vertikalen sind „auch die Grundlinien der architektonischen Konstruktion", womit „auf einfachste Art und Weise die Verbindung von Malerei und Architektur hergestellt [ist] – in einem über die Kanten des Bildes hinaus in Gedanken fortzusetzenden Kontinuum von weißer Fläche und jenem mathematisch konzeptuellen, unbegrenzten Raum, mit dem die modernen Architekten und alle avantgardistischen Designer rechneten".[222] Darüber hinaus bezieht Mondrian den Atelierraum in seine Kunst ein, indem er die Bildsprache seiner Kunstwerke auf die Wände überträgt, wodurch die Bilder als Teil eines Gesamtkunstwerkes erscheinen. Kunst ist hier Lebensraum – und umgekehrt (Abbildung 13–15).

Während es für Avantgardisten wie Theo van Doesburg, Walter Gropius oder El Lissitzky der Architekt ist, der die Zukunft plant, gestaltet und aufbaut, ist es

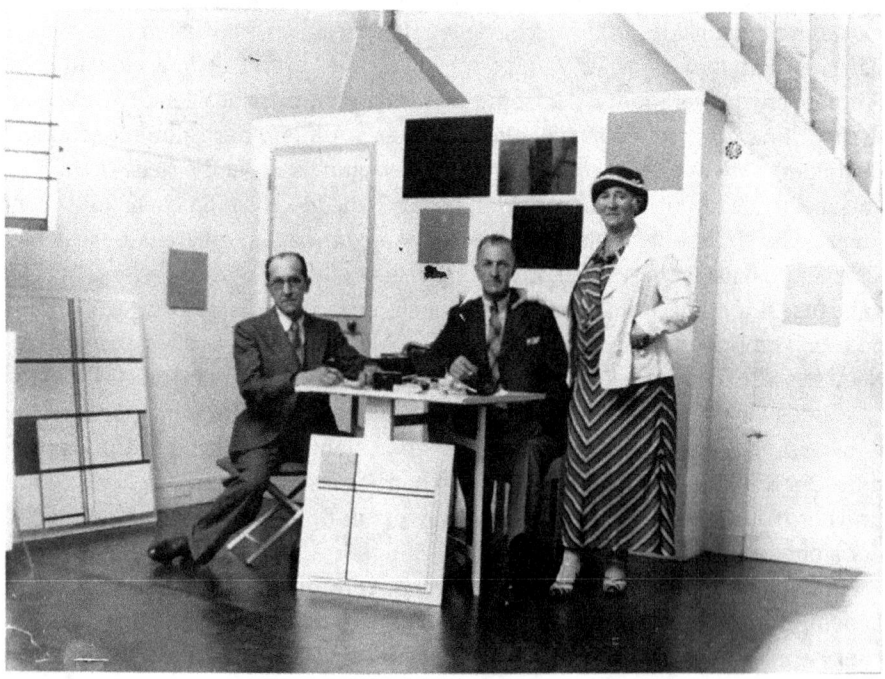

Abbildung 13: Carel und Mary Mondrian zu Besuch bei Piet Mondrian, Atelier 278 Boulevard Raspail, Paris (August 1936).

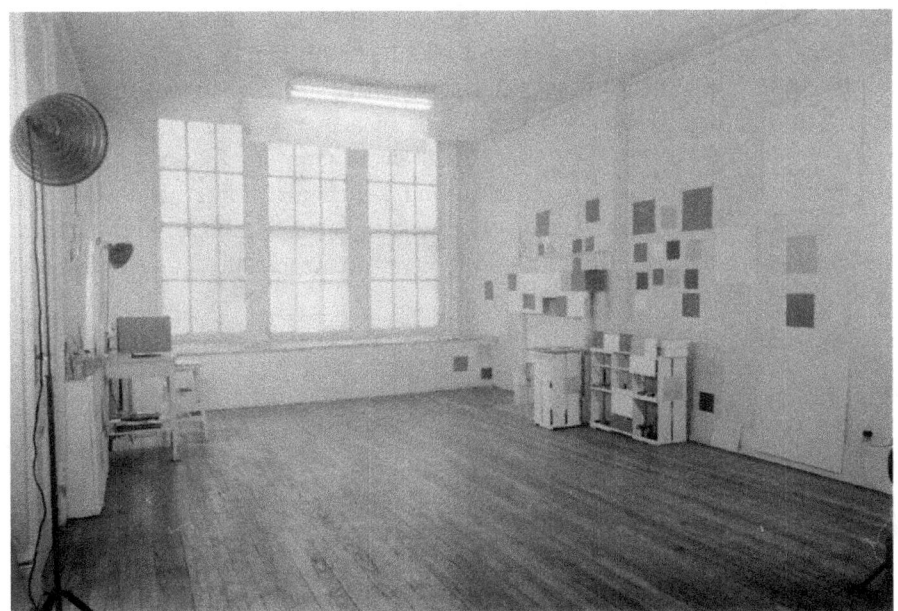

Abbildung 14: Fritz Glarner, Das Atelier Mondrians nach seinem Tod, 15 East 59th Street, New York City (Februar 1944).

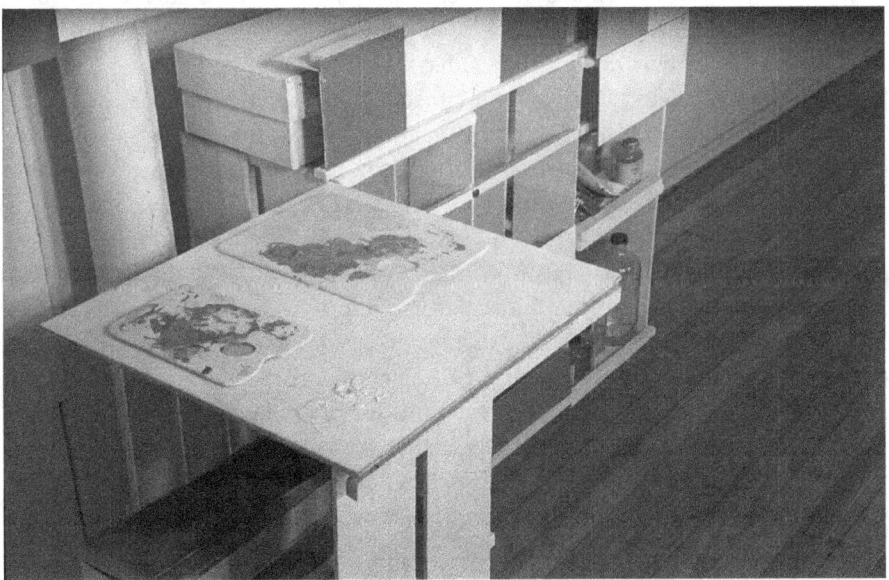

Abbildung 15: Fritz Glarner, Das Atelier Mondrians nach seinem Tod, 15 East 59th Street, New York City (Februar 1944).

für andere der Ingenieur, der für die Architektur der Zukunft steht – man denke in diesem Zusammenhang beispielsweise an Le Corbusiers Bewunderung des Ingenieurs oder Spenglers Aussage, nach der Künstler lieber Ingenieure werden sollen. Und tatsächlich drängt der Ingenieur mit seiner Bau*kunst*, die sich als solche erst etablieren musste, weil sie auf einem neuen Ästhetikverständnis fußt, das sich um 1900 erst langsam herauszuschälen beginnt, immer mehr in den Vordergrund. Um die Konstruktionen der Ingenieure, ihre Eisenarchitektur, das sich langsam verändernde Ästhetikverständnis sowie um Mondrians Gitter-Bilder wird es im folgenden Kapitel gehen.

Eisenarchitektur

„KONSTRUKTION WIRD AUSDRUCK. KONSTRUKTION WIRD GESTALTUNG".[223] Mit diesen beiden Sätzen bringt der Architekturtheoretiker Sigfried Giedion auf den Punkt, was sich seit dem ausgehenden 19. Jahrhundert immer stärker abzeichnete: Es ist ein verändertes Ästhetikverständnis, welches in den Konstruktionen der Ingenieure, allen voran in der Eisenarchitektur, nicht nur reine Zweckmäßigkeit, sondern eine vollkommen neue Form des künstlerischen Ausdrucks erkennt. „Konstruktion ist [demnach] nicht bloß Ratio"[224], vielmehr erscheint sie „über den rationalen Wert hinaus auch ausdrucksgesättigt [...]. Damit wird auch einem alten Vorurteil entgegengearbeitet, das meint, Kunst und Konstruktion könne man dadurch reinlich scheiden, daß man die Kunst als „absichts"- und „zwecklos" und die Konstruktion als allein „zweckbetont" hinstellt".[225] Was Giedion hier konstatiert, gilt, allerdings in umgekehrter Richtung, auch für die Kunst Mondrians, denn während der schweizerische Theoretiker die Ingenieurarchitektur zur Kunst erhebt, sind Mondrians neoplastizistische Werke künstlerische Konstruktionen, also gleichsam Kunst-Konstruktionen, die keinesfalls zwecklos sein wollen, sondern eine gesellschaftsverändernde Wirkung beanspruchen. Gestaltung wird hier zur Konstruktion. Und so liegt es nahe, seine Gitter-Bilder als Ausschnitte aus Konstruktionszeichnungen von Ingenieuren, die jetzt als „Schöpfer neuer Formen"[226] angesehen werden, wie der Titel eines im April des Jahres 1927 erschienenen Beitrags für die Zeitschrift *UHU* verlauten lässt, bzw. als Ausschnitte aus Eisenbauwerken – denn Zeichnung und Bauwerk fallen im Rahmen der Ingenieurarchitektur in eins – zu lesen[227], zumal es der Konstrukteur mit seinen zeichnerischen Fähigkeiten war, der bis ins 20. Jahrhundert hinein als Leitbild der Ingenieurausbildung fungierte (Abbildung 16).[228]

Dass Giedion dezidiert auf den künstlerischen Wert, sprich den Ausdrucksgehalt der Architektur der Ingenieure abhebt, kommt nicht von ungefähr, setzt seine Betonung des ästhetischen Gehalts der Eisenarchitektur doch eine Trennung der beiden Kulturen, die Architektur auf der einen, das Ingenieurwesen

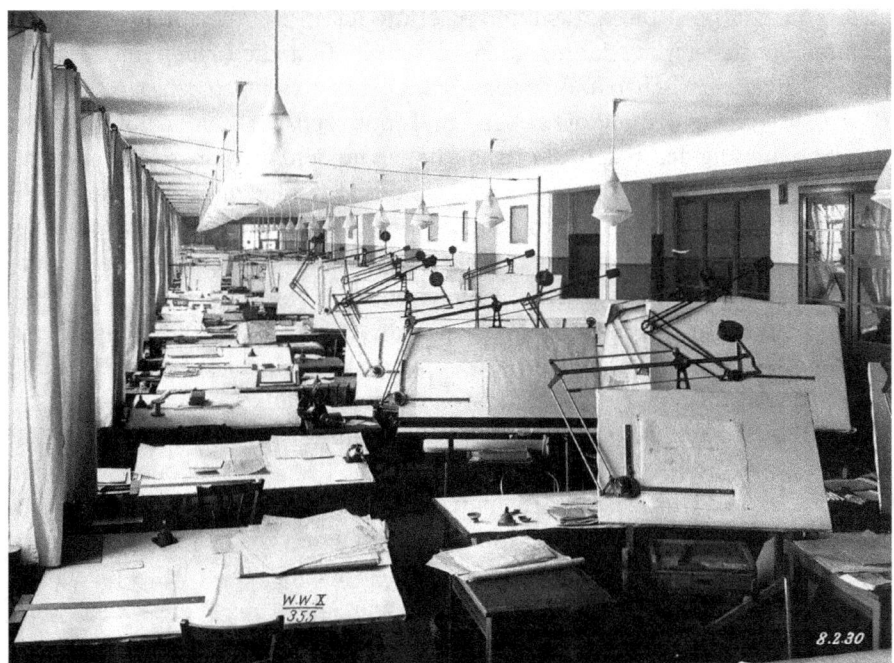

Abbildung 16: Konstruktionsbüro im Wernerwerk-Hochbau in Berlin-Siemensstadt (1930).

auf der anderen Seite, voraus. Im Allgemeinen wird der Architektur der Bereich der Ästhetik zugesprochen, während den Ingenieuren in erster Linie der Bereich der Technik zugeordnet wird. Die einen kümmern sich demnach um die Form, die anderen um die technische und statische Funktion.[229]

Alfred Gotthold Meyer, Professor für die Geschichte des Kunstgewerbes an der Königlichen Technischen Hochschule Charlottenburg, gibt in seinem Buch *Eisenbauten. Ihre Geschichte und Ästhetik*, welches 1907 postum erschien, eine konzise Zusammenfassung dieser auseinanderstrebenden Tendenzen:

> Die Worte: „Konstruktion" und „Architektur", früher sehr dehnbare begriffliche Gattungsnamen, bezeichnen im 19. Jahrhundert zwei getrennte Arbeitsgebiete: von den „Architekten" sonderten sich als eigener Stand die „Bauingenieure".
>
> Das begann am Ende des 18. Jahrhunderts in Frankreich. Damals bürgerte sich dort für die Offiziere der Befestigungs- und Belagerungskunst die Bezeichnung „ingénieur" ein und ward 1791 durch die Brücken- und Straßenbauabteilung der französischen Armee, durch den „corps des ingénieurs des ponts et chaussées", allgemein, freilich auch sehr rasch wieder ins Unbestimmte verallgemeinert.[230]

Die Trennung der beiden Kulturen vollzog sich also nur langsam. Erst mit der Gründung des Bundes Deutscher Architekten (BDA) im Jahr 1903 fand sie einen ersten Abschluss.²³¹ Diese Ausdifferenzierung hat nicht zuletzt mit der zunehmenden Spezialisierung der Ingenieurwissenschaften, die sich mit immer komplexeren mathematischen und physikalischen Fragestellungen befassten, zu tun. Doch trotz der auseinanderstrebenden Tendenzen der beiden Kulturen ist eine Annäherung der Ingenieurwissenschaften an den Arbeitsbereich der Architekten zu verzeichnen, und zwar dort, wo das Eisen Einzug in das Bauwesen hält. Neben die Architektur des Architekten tritt nun die des Ingenieurs. Bei letzterer wird die Baustatik zur Determinante des Entwurfs.²³² Mit der Errichtung skelettartiger Eisenbauwerke etablierten die Ingenieure zudem eine neue, auf Funktionalität und Technik hin orientierte Ästhetik. Grundlegendes Prinzip der Architektur des Ingenieurs, das zum Gestaltungsideal avantgardistischer Architektur avancierte, ist die Einheit von Form und Funktion. Hatte die Baustatik zuvor ein Bauvorhaben lediglich begleitet, um Aussagen über die Stabilität eines Bauwerks treffen zu können, prägen nun die Rechenoperationen selbst den Entwurf. Der auf Grundlage mathematischer Rechenschemata entwickelte Entwurf und die Realisierung des Bauprojektes fallen nun zusammen. „[D]ie heutigen Eisenbauten", betont Meyer, „*sind* doch tatsächlich in erster Reihe Ergebnisse zahlenmäßiger Berechnungen, sie müssen es sein. Ja, sie tragen diese Entstehung sinnfällig zur Schau. Die Eisengerüste, die mit ihren Pfosten, Streben, Trägern so hart und grau aufragen – scheinen sie nicht gleichsam nur die Verkörperung des abstrakt als notwendig Erkannten, ein neues Zwischenreich, das der Mensch zwischen die lebendige Natur, die ihn rings umgibt, und die Gedankenwelt seines Gehirnes stellt"²³³? Damit ist eine Parallele zu Mondrians Bildern angesprochen. Auch seine Werke bewegen sich zwischen Geist und Natur, aber auch, so muss hinzugefügt werden, zwischen Gesetz und Gefühl. Gesetz und Gefühl – das sind nach Meyer wiederum zwei Pole, die sich in der Eisenarchitektur vereinen, weil auch der Ingenieur nicht ohne „statische[s] Gefühl"²³⁴ auskomme, weil „durch Rechnung allein kein Kunstwerk"²³⁵ entstehe, weil es der *„persönlichen* Kraft"²³⁶ des Ingenieurs bedürfe, um Kunst zu schaffen, auch wenn sein Entwurf weit stärker von Maß und Zahl abhinge als die Grund- und Aufrisse des Architekten. Letzterem sei die „Linie [...] nicht ein statisches Maß, sondern eine statische Kraft und ein wirksamer Umriß; die „Zahl" kennt *er* höchstens als Ausdruck bezeichnender und wohlgefälliger Proportionen. *Seine* Arbeit ist stets Raum-*Kunst*".²³⁷ Und auch Giedion bringt Gesetz und Gefühl zusammen, wenn er im Neuen Bauen Bestrebungen zu deren Vereinigung erkennt. „Durchgehend", schreibt er, „wird mit den neuen Baumitteln Eisen, Beton und Glas nach einer neuen Gefühlstatik in der Baukunst gesucht".²³⁸

Manch ein Theoretiker sah in der Architektur der Ingenieure *die* Architektur der Zukunft schlechthin, mithin die einzige erstrebenswerte architektonische Formgebung und sprach damit, zumindest unterschwellig, den Architekten ihre

Existenzberechtigung ab. So lässt etwa Anatole de Baudot, der weniger Architekt als vielmehr eifriger Werber für die Ideale des Neuen Bauens war, folgendes wissen:

> Seit langem verringert sich der Einfluß des Architekten, und der Ingenieur, ‚l'homme moderne par excellence', beginnt ihn zu ersetzen. Wenn der Ingenieur imstande wäre, den Architekten vollständig zu ersetzen, so könnte dieser zweifellos verschwinden, ohne daß damit die Kunst zugleich ausgerottet würde.
>
> Nicht die Formen sind es, die das Fundament der neuen Architektur bilden werden. In der allgemeinen Anlage der Pläne, in der Gestaltung der Konstruktionssysteme, die aus diesen Gegebenheiten hervorgehen, werdet ihr den neuen Ausdruck im Gesamten finden, die Einzelheit wird erst Folge sein.
>
> Aber werdet ihr sagen, was ihr uns vorschlagt, ist ja die Methode des Ingenieurs. Ich bestreite es nicht, denn sie ist die richtige".[239]

Andere dagegen fordern, dass sich „Technik und Rechnung [...] in den Dienst der Kunst zu stellen haben".[240] Doch ob nun der Ästhetik oder der Mathematik die Führungsrolle zugesprochen wird, ist letztlich nicht entscheidend, da das Resultat dasselbe bleibt: Das Zusammenführen von Kunst und Mathematik am Bau führte zur Begründung einer vollkommen neuen Ästhetik, einer „Esthétique des constructions métalliques"[241], in der „das zahlenmäßig und technisch „Rationelle""[242] mit dem „formal günstig Wirkende[n]"[243] glücklich verbunden ist. Die Architektur der Ingenieure wird dann zur Ingenieurskunst, der Ingenieur selbst wird Künstler. Es findet also eine Verschiebung bzw. Erweiterung des Kunstbegriffes statt, eine Veränderung, die Henry van de Velde zur Feststellung brachte, dass es „eine Klasse von Menschen [gibt], denen wir den Künstlertitel nicht länger werden vorenthalten können. Diese ‚Künstler', die Schöpfer der neuen Architektur, sind – die Ingenieure".[244] Gleichwohl setzte sich das neue Ästhetikverständnis nicht schlagartig durch. Es bedurfte vielmehr einer gewissen Zeit der Eingewöhnung. Doch bereits 1910 konstatiert Joseph August Lux in seinem Essay „Heimat-Kunst und Technik", dass sich die Bevölkerung mittlerweile an die Eisenarchitektur gewöhnt habe, sie nicht mehr als hässlich, disharmonisch und störend empfand, weswegen dann auch an einen Protest, wie er gegen den Eiffelturm gerichtet wurde, heute nicht mehr zu denken sei.[245]

Der Eiffelturm (Abbildung 17) wurde zur Pariser Weltausstellung 1889 errichtet. 40 Konstrukteure fertigten insgesamt 3700 Zeichnungen an; jede davon ein Mosaiksteinchen des damals höchsten Bauwerkes der Welt.[246] Mit diesem Projekt wollte Gustave Eiffel die Möglichkeiten des Ingenieurbaus demonstrieren. Doch trotz aller zukunftsweisenden Intentionen – denn der französische Ingenieur sah im Eiffelturm weit mehr als nur ein Schau- oder Prestigeprojekt, wollte er das Bauwerk doch künftig für aerodynamische Messungen, für Materialstudien, für die Erforschung der menschlichen Physiologie, für meteorologische Beobachtungen

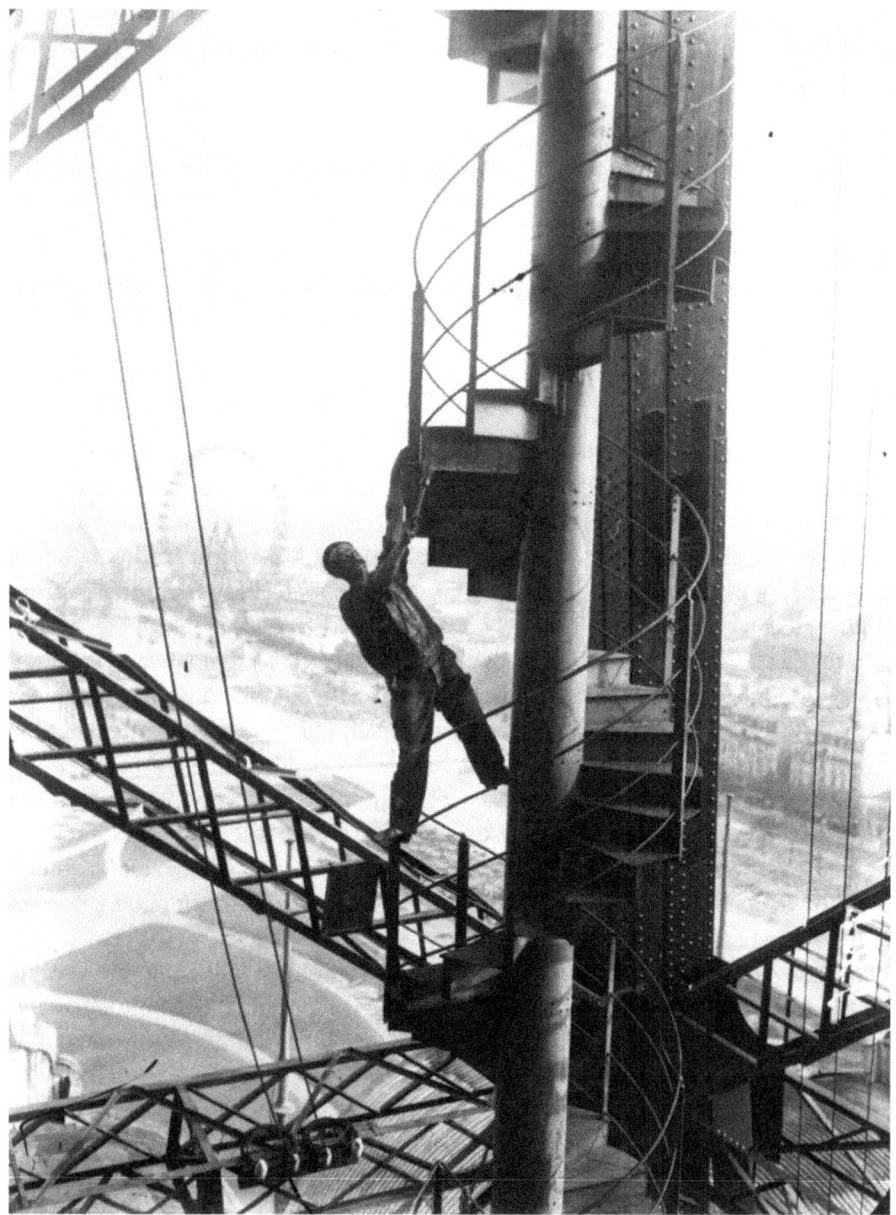

Abbildung 17: Maler im Gleichgewicht auf einer Treppe des Eiffelturms (September 1907).

und Versuche im Bereich der Telekommunikation nutzen – stieß das Vorhaben, einen riesigen Stahlturm in die Stadt zu setzen, auf größte Empörung:

> Wir Schriftsteller, Bildhauer, Architekten und Maler, leidenschaftliche Liebhaber der bisher unversehrten Schönheit von Paris, erheben im Namen des mißachteten französischen Geschmacks, im Namen der bedrohten Kunst und Geschichte Frankreichs mit all unseren Kräften, all unserer Entrüstung Protest gegen die Errichtung des nutzlosen und monströsen Eiffelturms mitten in unserer Hauptstadt. Wird die Stadt Paris noch länger gemeinsame Sache machen mit den barocken und merkantilen Vorstellungen eines Konstrukteurs von Maschinen, um sich unwiderruflich selbst zu entehren und zu entstellen? Denn es gibt keine Zweifel daran, daß der Eiffelturm, den selbst das geschäftstüchtige Amerika nicht haben möchte, die Entehrung von Paris ist. Jedermann spürt es, jedermann sagt es, jedermann ist darüber zutiefst betroffen, und wir sind nur ein schwaches Echo der zurecht beunruhigten allgemeinen öffentlichen Meinung. Wenn die Ausländer unsere Ausstellung besuchen, werden sie verwundert ausrufen: ‚Wie, diese Scheußlichkeit haben die Franzosen gefunden, um uns eine Vorstellung von ihrem gerühmten Geschmack zu vermitteln?' Sie werden sich mit Recht über uns lustig machen, weil das Paris der erhabenen gotischen Bauwerke, das Paris von Puget, von Germain Pilon, von Jean Goujon, von Barye etc… zum Paris des Herrn Eiffel geworden sein wird.[247] *Le Temps*, 14. Februar 1887

Allem Aufschrei zum Trotz wurde der Eiffelturm, der zum Wahrzeichen der Stadt Paris geworden ist, dann doch aufgestellt. Er ist Signatur einer neuen Architektur und sein Konstrukteur Eiffel verkörpert den Übergang vom Architekten zum Ingenieur.[248] Nun dominiert nicht mehr die Steinfassade den optischen Eindruck, sondern das tragende, Stabilität garantierende Gitter – es ist zum konstituierenden, bestimmenden Element des Baus geworden. Zuvor kam „das gleichgewichtige Kräftespiel von Stütze und Last, von Zug und Druck, von Aktion und Reaktion […] niemals rein zur Darstellung, sondern stets umschleiert, von phantastischer Verkleidung umhüllt".[249] Das Gitter, das der Eiffelturm mit seinen unzähligen Streben bildet, steht also sowohl für (Bau-)Statik und damit für allergenaueste Berechnung, für Gleichgewicht und Starrheit als auch für eine neue Ästhetik, die gekennzeichnet ist durch Transparenz, Leichtigkeit und geometrische Strenge. Und tatsächlich erfordert der Anblick des knapp über 300 Meter hohen Stahlbaus ein verändertes ästhetisches Empfinden, wie der französische Strukturalist Roland Barthes bemerkt. Der Turm stelle

> gerade durch sein Wesen selbst der jahrhundertealten Vorstellung von plastischer Schönheit einen neuen Wert gegenüber, der seither die Welt erobert hat, den einer funktionellen Schönheit. Denn wenn der Eiffelturm auch ein „nutzloses" Objekt ist, gewinnt er doch seine Notwendigkeit aus der Technik. Er ist schön, weil er aus der Ordnung des Notwendigen hervorgegangen ist. Das war gewiß eine große Revolution. Die Ausdehnung eines Monumentes in der Vertikalen konnte nicht durch einen Architekten bewerkstelligt werden, sie war Sache eines Technikers. Der Eiffelturm konsekriert also die Macht der reinen Technik über die Objekte (Bauwerke), die bis dahin (zumindest zum Teil) der Kunst unter-

worfen waren. Es war also unvermeidlich, nicht daß die Kunst verschwand (wie es die Unterzeichner des Protests glaubten), aber daß sie sich modifizierte, neue Normen anerkannte oder, wenn man so will, neue Alibis.[250]

Auch Barthes arbeitet also heraus, dass der Eiffelturm Chiffre eines neuen Bewusstseins ist, das Technik, Naturwissenschaft, Mathematik und Ästhetik nicht mehr als grundsätzlich voneinander getrennte Disziplinen begreift, eine Vorstellung, die im Übrigen auch die holländischen *Stijl*-Künstler vertraten.[251]

Ferner vereinen sich im Eiffelturm Statik und Dynamik, wechseln sich ab, tritt mal das statische, mal das dynamische Moment in den Vordergrund, heben sich Stillstand und Bewegung gegenseitig auf, denn der „Aufwärtsbewegung [...] bietet dort der geradlinige, pyramidale Fuß durch seine erdwärts gerichtete Form ein zuverlässiges Gegengewicht, und für den Gesamteindruck treten beide Richtungen doch wieder zusammen, zu einem einheitlichen Organismus: mit einer statischen Energie ohnegleichen setzt dieser Turm seine vier Beine breit auf den Boden auf, als wollte er sich an ihn ankrallen".[252] Auch durch die Bewegung um den Eiffelturm herum, unter ihm hindurch und auf ihn hinauf entsteht der Eindruck von Dynamik: „Seine neuartige Qualität lag darin, daß er ein Raumgefühl antizipierte, das es eigentlich noch gar nicht gab: im Aufstieg auf den Wendeltreppen, in denen der Blick des Betrachters im kaleidoskopischen Wechsel die Welt als eine permanente Überschneidung der (inneren) Konstruktionslinien und der (äußeren) Pariser Umgebung erlebte, war die Durchdringung von Außen und Innen vollkommen".[253] Und doch kann diese Dynamik die Statik des Eisenturmes nicht gänzlich überschreiben, da alle Bewegung doch nicht über dessen Monumentalität, Starrheit und „statische Energie" hinwegtäuschen kann. Letzten Endes treffen Statik und Dynamik im Blick zusammen: Wandert der Blick oder ändert er beständig seine Einstellung von nah zu fern und umgekehrt, so dominiert sicherlich das Transparente, Offen-Bewegte, das Schwebende und Fluide. Gleichzeitig aber besticht das Eisengitter gerade auch durch Monumentalität, Starrheit und Stabilität.

Roland Barthes hat dem Eiffelturm einen ganzen Essay gewidmet, der erstmals 1965 erschien. Seine Betrachtungen beschließt er mit der Einsicht, dass der Stahlturm alles sein könne, was der Mensch in ihn hineinlege. Er sei „das reine Zeichen, offen für alle Zeiten, für alle Bilder und alle Bedeutungen [...]. Durch den Eiffelturm hindurch üben die Menschen jene große Funktion des Imaginären aus, die ihre Freiheit ist".[254] Ebendies lässt sich auch von Mondrians neoplastizistischen Bildern sagen, da sie ebenfalls Ikonen der Moderne sind, offen für verschiedenste Bedeutungszuschreibungen, Imaginationsraum, nutzlos und unersetzbar, unnachahmlich und unablässig reproduziert.[255]

Verfolgt man den Gedankengang Barthes', den er in seinem Essay beschreitet, wird deutlich, dass der Eiffelturm und Mondrians Neoplastizismus noch weit mehr gemeinsam haben, als die Tatsache Symbole der Moderne zu sein. Auffallend ist, dass der französische Strukturalist den Eiffelturm mit dem Eindruck und dem Gefühl von Harmonie in Verbindung bringt, etwas, das zunächst alles andere als naheliegend scheint, steht das Bauwerk doch für ein neues technisches Zeitalter. Es ist Inbegriff von Fortschritt und Beschleunigung und damit weit entfernt von Ruhe und Harmonie. Zudem steht der Turm in *der* europäischen Großstadt schlechthin, denn Paris war um die Jahrhundertwende das urbane Epizentrum für Kunst und Kultur; von überall her schaute man auf diese Stadt. Und dennoch macht der Eiffelturm „infolge seiner Position als besichtigter Aussichtspunkt aus der Stadt eine Art Natur; er konstituiert das Gewimmel der Menschen als Landschaft, er fügt zum urbanen, oft finsteren Mythos der Stadt eine romantische Dimension, eine Harmonie".[256] Die Unruhe und das Chaos der Stadt zu seinen „Füßen" gebärden sich als Natürliches, der menschliche Blick transformiert die urbane Landschaft in eine romantische Naturszenerie. Der Besucher, der sich seinen Weg durch die laute, hektische Stadt mit all ihren simultan auf ihn hereinbrechenden Wahrnehmungsreizen bahnt, um zum Eiffelturm zu gelangen, besteigt den Turm und findet sich in einem Raum jenseits des städtischen Treibens wieder. Hier findet er vor, was er auf ebener Erde (vermutlich zumindest zeitweilig) vermisste: Harmonie. „Unter dem Blick vom Eiffelturm setzt sich Paris zusammen wie ein abstraktes Gemälde, auf dem dunkle Vierecke (die aus einer sehr weit zurückliegenden Vergangenheit stammen) neben den weißen Rechtecken einer modernen Architektur liegen".[257] Der Eiffelturm ist so nicht nur ein verbindendes Glied zwischen Statik und Dynamik, zwischen Natur und Kultur, zwischen Chaos und Harmonie, er lässt darüber hinaus Paris als abstraktes Gemälde erscheinen. Er verknüpft also Kunst und Großstadt, Kunst und Technik. Mehr noch: Paris erscheint aufgrund der weißen und dunklen Rechtecke, die sich dem Blick durch die Vogelperspektive darbieten, als Raster, welches wiederum an die Gitterstruktur neoplastizistischer Bilder denken lässt. Letztlich bildet also nicht nur der Eiffelturm durch seine Transparenz ein Gitter, auch die Stadt Paris offenbart im ordnenden Über-Blick ihre netzartige Struktur, die wiederum an die „Kunst des Gleichgewichts" des holländischen *Stijl* erinnert. Der Begriff der Harmonie war auch für Mondrian von zentraler Bedeutung, denn er wollte mit seiner Kunst vor allem eines: einen harmonischen Eindruck erzeugen. Zudem sind seine Bilder mit der Natur verbunden, da er laut eigener Aussage seine Theorie bzw. Philosophie ausgehend von einem eindringlichen Naturerlebnis aufstellte. Gleichzeitig ist seine puristische Bildsprache angelehnt an Technik, Mathematik und Naturwissenschaft. Beide, der Neoplastizismus und der Eiffelturm, sind demnach Symbole der Technik, Signaturen eines neuen Bewusstseins und einer neuen Ästhetik sowie Zeichen der Beherrschung der Natur, und doch können sie sich nicht gänzlich von der Natur lösen, sind unweigerlich an sie zurückgebunden.

Daneben hebt Roland Barthes auf die religiöse Dimension des Eiffelturms ab, wenn er von dessen Durchbrochenheit spricht:

> Der Eiffelturm ist ein Spitzengewebe aus Eisen, und dieses Thema erinnert an das mühselige Aussparen des Steines, das man von jeher zu einem Merkmal des Gotischen gemacht hat: Auch hier löst der Eiffelturm die Kathedrale ab. Die Durchbrochenheit ist ein kostbares Attribut der Substanz, denn sie zehrt sie aus, ohne sie auszulöschen, sie läßt das Leere sehen und bekundet das Nichts, ohne ihm jedoch seinen ausschließenden Zustand zu nehmen.[258]

Es ist nicht nur die Höhe und Luftigkeit des Eiffelturms, der sich weit in den Himmel erhebt und dessen Spitze sich im Blau des Firmaments verliert, die an ein Gotteshaus erinnern, sondern auch die Gitter-Struktur, welche ein Wechselspiel von Materie und Leere in Gang setzt. Mondrians „Konstruktionen über dem Leeren" spielen dasselbe Spiel. Der Blick des Betrachters changiert zwischen der Materie – dem Gitter – und der Leere resp. dem unendlichen Raum, dem weißen Hintergrund. Seine Bilder sind Meditationstafeln, oder, weltlich gesprochen: sie sind analog zum Eiffelturm Projektionsflächen für die individuellen Vorstellungen und Sehnsüchte der Menschen, oder wie Barthes sagt: offene Zeichen. Weder Eiffelturm noch Mondrians Bilder sind jedoch sakrale Orte im Sinne eines Raumes, in dem eine Glaubensgemeinde zusammenkommt, um einen Gottesdienst abzuhalten, und dennoch sind sie mit der Sphäre des Göttlichen verbunden. Sie schließen „einen Traum des Überschreitens der Materie in Richtung auf unbekannte Zustände hin [ein], ohne diese doch jemals ganz zu erreichen".[259] Die Durchbrochenheit des Eiffelturms suggeriere allerdings, wie Barthes weiter ausführt, zusammen mit dem Hohen, Luftigen und Leichten noch etwas anderes: Bewegung.

> Der Eiffelturm hat von der Pflanze das Wesentliche, nämlich die Bewegung [...]; wenn man sich nähert, erscheint der Eiffelturm nicht mehr wie das kraftvolle Aufstreben einer Pflanze, sondern als ein Aufblühen. Man steigt in ihm empor wie in einer Blume aus Luft und Eisen. In ihm finden sich die Geradlinigkeit der Fasern, die Arabesken der Blütenblätter, das gedrängte Aufbrechen der Knospen, das Sichausbreiten der Blätter und die Bewegung, die diese ganze komplizierte und geordnete Materie nach oben zieht.[260]

Neben dem Geradlinigen und der Ordnung der Materie, auf die Barthes hier zu sprechen kommt, bildet das dem Eiffelturm innewohnende dynamische Moment eine weitere Parallele zwischen dem Pariser Bauwerk und Mondrians Kunst, denn auch Mondrians „statische Kunst" kommt nicht gänzlich ohne Dynamik aus, ja der Künstler selbst betont gerade das Vitale und Bewegte seiner Ästhetik. Das Wechselspiel von Statik und Dynamik, welches sowohl für den Neoplastizismus als auch für den Eiffelturm charakteristisch ist, findet ein treffliches Bild in folgender Bemerkung, mit der Roland Barthes seinen Essay beginnt: „Auch diese ganze Nacht wird [der Eiffelturm] da sein, wird mich über Paris hinweg mit all denen meiner Freunde verbinden, von denen ich weiß, daß sie ihn sehen; mit ihm zusammen bilden wir alle eine bewegliche Figur, deren festes Zentrum er ist: Der Turm ist freundschaftlich".[261] Der Eiffelturm (Abbildung 18) fungiert demnach

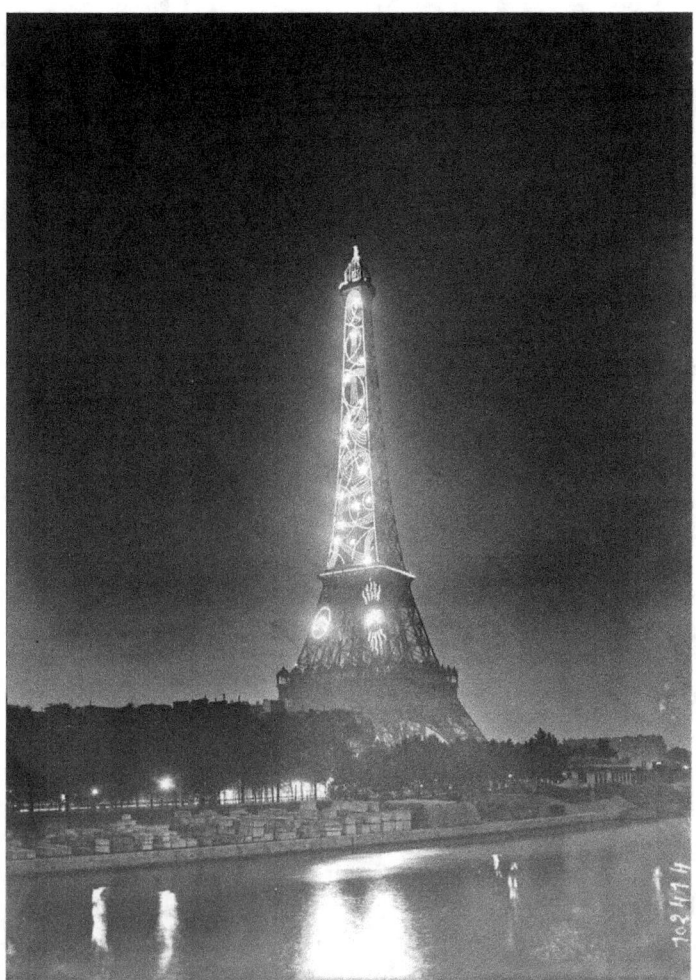

Abbildung 18: Der Eiffelturm bei Nacht (1925).

als Fixpunkt, der es vermag, die Menschen miteinander zu verbinden. Als fester Mittelpunkt ist er aber gleichzeitig auch Bestandteil eines größeren, dynamischen Systems. In diesem ist er Symbol freundschaftlicher Verbindung, Chiffre eines harmonischen Miteinanders, das auch – erinnert man sich an die Ausführungen zum Neoplastizismus – im Zentrum der Theorie Mondrians steht. Seine Bilder sollen letztlich nichts anderes sein als Ausdruck eines harmonischen Kosmos, einer harmonischen Gesellschaft ohne Tragik und Leid.

Abschließend sei an den Anfang dieses Kapitels erinnert, das mit Giedions Postulat „KONSTRUKTION WIRD AUSDRUCK"[262] begann. Wie für Roland Barthes ist auch für den Architekturtheoretiker die netzartige Struktur der Eisenarchitektur nicht bloß Ausdruck purer Statik, sondern gleichfalls Zeichen des Dynamischen. Auch in seinen Ausführungen zum Bauen in Frankreich, in deren Zentrum die neue Ästhetik der Eisenbauwerke steht, tauchen Begriffe auf wie Leichtigkeit, Öffnung, Durchdringung, Transparenz, Luftigkeit oder Schwerelosigkeit – sie sind die Charakteristika der Architektur der Ingenieure, sie bezeichnen dynamische Prozesse, die sich in das statische Raumgefüge der Bauwerke einschreiben und den statischen Eindruck Schritt für Schritt unterwandern. Und so sieht Giedion schließlich in der Eisenarchitektur nicht etwa ein starres Liniengerüst, sondern hebt vielmehr hervor, dass es sich um ein ‚schwebendes Gleichgewicht' handelt.[263] Er erkennt in der Geschichte der Eisenarchitektur „die Umwandlung des alten statischen Gefühls von Stütze und Last in ein neues System von schwebendem Gleichgewicht"[264]:

> An Stelle des starren Gleichgewichts von Stütze und Last verlangt das Material Eisen eine kompliziertere, fließendere Art des Kräfteausgleichs. Durch die Kondensierung der Materie auf wenige Punkte entsteht eine ungekannte Transparenz, schwebende Beziehung zu anderen Objekten, Gestaltung des Luftraums, „des combinaisons aériénnes", wie Octave Mirbeau schon 1889 erkannt hat. Dieses Umspültsein vom Luftraum gab beim Durchschreiten hoher Gerüste (Eiffelturm) den Begriff des Fliegens ehe er verwirklicht wurde und hat die ganze Gestaltung des neuen Bauens befruchtet.[265]

Statt starrem Gleichgewicht also schwebende Balance. Mondrian drückt sich in seiner Theorie ganz ähnlich aus. Sein Neoplastizismus ist ihm Ausdruck eines dynamischen Gleichgewichts. Seine Gitter-Bilder sind mithin ‚schwebende Gleichgewichte'.

Es zeichnet sich ab, dass nicht nur Mondrian die statische Lesart seiner Kunstwerke bricht, indem er immer wieder auf dynamische Aspekte rekurriert, auch Theoretiker wie Barthes, Meyer und Giedion verweisen auf dynamische, vitale Momente und unterwandern auf diese Weise das rein Statische der Eisenarchitektur, in der die statischen Berechnungen der Ingenieure offen zutage treten.

Ulrich

Wie bedeutsam die Vorstellung vom dynamischen Gleichgewicht für die ersten Dezennien des 20. Jahrhunderts ist, verdeutlicht auch ein Blick in das monumentale Romanfragment *Der Mann ohne Eigenschaften* von Robert Musil. Im Kapitel „Auch die Erde, namentlich aber Ulrich, huldigt der Utopie des Essayismus" wird das Bild vom dynamischen Gleichgewicht aufgerufen, und zwar ausgehend von dessen Überlegungen zum Begriff des Essays:

> Ungefähr wie ein Essay in der Folge seiner Abschnitte ein Ding von vielen Seiten nimmt, ohne es ganz zu erfassen, – denn ein ganz erfasstes Ding verliert mit einem Male seinen Umfang und schmilzt zu einem Begriff ein – glaubte er, Welt und eigenes Leben am richtigsten ansehen und behandeln zu können. Der Wert einer Handlung oder einer Eigenschaft, ja sogar deren Wesen und Natur erschienen ihm abhängig von den Umständen, die sie umgeben, von den Zielen, denen sie dienten, mit einem Wort, von dem bald so, bald anders beschaffenen Ganzen, dem sie angehörten.[266]

Es kommt also im Wesentlichen auf die Perspektive an, aus der man einen Gegenstand, egal welcher Natur, betrachtet, und auf die Einsicht, dass sich die Dinge einer vollkommenen Erfassung entziehen. Alles ist in einem unendlichen „System von Zusammenhängen" miteinander verbunden, in dem „das scheinbare Feste [...] zum durchlässigen Vorwand für viele andere Bedeutungen"[267] wird. In Ulrichs Reflexion über den Essay ist angelegt, was in der literarischen Moderne unter dem Begriff der Sprachkrise firmiert. Schriften wie Hugo von Hofmannsthals *Chandos-Brief* (1902) oder Fritz Mauthners *Beiträge zu einer Kritik der Sprache* (1901/02) sind Ausdruck einer radikalen Sprachskepsis, da sie das Bewusstsein über die Unzulänglichkeiten der sprachlichen Möglichkeiten offenlegen. Die Sprache ist Mittel zur Erfassung der Welt, doch, so die Erkenntnis, ist die Vorstellung einer sachlogischen Übereinstimmung von Umwelt, Wahrnehmungssubjekt und darstellender Sprache nicht zwingend. Vielmehr wachsen die Zweifel an der Sprache als erkenntnisstiftendem Instrument sowie an der Möglichkeit, überhaupt definitive Aussagen über die Wahrheit, den Kern, das Wesen der Dinge treffen zu können, denn das

> „Ding an sich" (das würde eben die reine folgenlose Wahrheit sein) ist auch dem Sprachbildner ganz unfasslich und ganz und gar nicht erstrebenswert. Er bezeichnet nur die Relationen der Dinge zu den Menschen und nimmt zu deren Ausdrucke die kühnsten Metaphern zu Hülfe. Ein Nervenreiz zuerst übertragen in ein Bild! erste Metapher. Das Bild wieder nachgeformt in einen Laut! Zweite Metapher. Und jedesmal vollständiges Ueberspringen der Sphäre, mitten hinein in eine ganz andere und neue. [...] Wir glauben etwas von den Dingen selbst zu wissen, wenn wir von Bäumen, Farben, Schnee und Blumen reden und besitzen doch nichts als Metaphern der Dinge, die den ursprünglichen Wesenheiten ganz und gar nicht entsprechen.[268]

Diese sprachskeptische Äußerung Nietzsches verdeutlicht, dass sprachliche Kommunikation niemals „das Ding an sich" erreichen kann.[269] Und dennoch kommuniziert der Mensch beständig, bedient er sich unablässig der Sprache, um sich mitzuteilen. Führt man die Gedanken zur Sprachproblematik weiter, wird schnell klar, dass es keine Abhandlung geben kann, die einen Sachverhalt erschöpfend darlegt – man kann den jeweiligen Gegenstand lediglich gedanklich umkreisen;

jede Äußerung erweist sich als kleiner Teil eines riesigen Sprachnetzes, in dem unendlich viele Verknüpfungen vorgenommen werden können, in dem es ständige Verschiebungen gibt, das also selbst äußerst flexibel ist. Keine Bedeutung kann Endgültigkeit beanspruchen, jede Zuschreibung kann gestrichen, ersetzt oder ergänzt werden. Hier nun wird die Gattung „Essay" bedeutend, da sie von vornherein assoziativen Charakter hat und auf Partialität, Unvollständigkeit und Vorläufigkeit hin angelegt ist. Statt Universalität vorzugeben, wird ausdrücklich auf die Subjektivität und damit auf die Begrenztheit der eigenen Perspektive gesetzt. Die Individualität des Schreibprozesses wird herausgestellt, womit die subjektive Sichtweise zum Movens der gedanklichen Auseinandersetzung wird. Nicht die Suche nach einer absoluten Wahrheit steht im Zentrum des essayistischen Denkens, sondern das Selbst des Autors. Der Essay ist damit nur mehr der Versuch einer Beschreibung, ohne Anspruch auf Allgemeingültigkeit. Für eine komplex, widersprüchlich, unüberschaubar gewordene Welt – und als solche wird sie von den Menschen um 1900 wahrgenommen – ist also das essayistische Denken und Schreiben adäquates Erkenntnismittel.[270] Dementsprechend verwundert es dann auch nicht, dass Lord Chandos aufgrund fehlender Bewältigungsstrategien das Wissen um die Bedingtheit menschlicher Erkenntnis in einen Zustand von Verunsicherung, Verzweiflung und geistiger Lähmung versetzt, während Ulrich, der Mann ohne Eigenschaften, keineswegs beunruhigt oder gar schockiert über die Offenheit und Variabilität des Erkenntnisprozesses ist, da er sein Leben essayistisch zu fassen sucht. Er versucht erst gar nicht, sich auf irgendetwas festlegen zu wollen, und zögert, etwas aus sich zu machen, das Bestand hat. Seine fluide Existenz, seine Unbestimmtheit ist ihm kein Mangel, ja Ulrich kann sich sogar „noch gut erinnern, wie das Unsichere wieder zu Ansehen gekommen war".[271] „Er ahnt: diese Ordnung ist nicht so fest, wie sie sich gibt; kein Ding, kein Ich, keine Form, kein Grundsatz sind sicher, alles ist in einer unsichtbaren, aber niemals ruhenden Wandlung begriffen, im Unfesten liegt mehr von der Zukunft als im Festen, und die Gegenwart ist nichts als eine Hypothese, über die man noch nicht hinausgekommen ist".[272] Doch bewegt sich Ulrich mit seiner gleichsam essayistischen Lebensweise nicht völlig chaotisch hin und her. Vielmehr unterliegt sein Leben wie das Leben im Allgemeinen einem, wenn nicht *dem* Gesetz schlechthin: dem Gesetz des Gleichgewichts. Der Mann ohne Eigenschaften schreitet zwar frei, doch stets „von einem Gleichgewicht zum nächsten und immer vorwärts".[273] Vor dem Hintergrund seiner Überlegungen fühlt sich Ulrich „jeder Tugend und jeder Schlechtigkeit fähig, und daß Tugenden wie Laster in einer ausgeglichenen Gesellschaftsordnung allgemein, wenn auch uneingestanden, als gleich lästig empfunden werden, bewies ihm gerade das, was in der Natur allenthalben geschieht, daß jedes Kräftespiel mit der Zeit einem Mittelwert und Mittelzustand, einem Ausgleich und einer Erstarrung zustrebt".[274] Dieser

Passus lässt sich zum einen auf der Folie des Entropiediskurses lesen[275], ebenso gut kann aber auch die mechanische Statik zur Klärung herangezogen werden, wie im Folgenden aufgezeigt werden soll.

Es wurde bereits darauf hingewiesen, dass die Statik oder „Wage-Kunst"[276] im technischen Sinne die Lehre vom Gleichgewicht der Kräfte meint. Das Gleichgewicht wiederum bezeichnet den Zustand eines Systems oder Körpers, bei dem die auf ihn einwirkenden Kräfte ausgeglichen sind, sodass keine Änderung hervorgerufen wird, d. h., das Objekt oder System befindet sich in der Ruhelage. Da aber im Rahmen der modernen Statik das absolute Gleichgewicht nur als Modellvorstellung existiert, bedeutet das, dass selbst der Zustand der Ruhe dynamisch gedacht werden muss. Entsprechend bemerkt der Technikhistoriker und Historiograph der Statik Karl-Eugen Kurrer, dass immer Bewegung sei. Das heißt also, dass die wirkenden Kräfte beständig gegeneinander ziehen. Immerzu muss austariert werden. Genau in diese Richtung zielt Ulrichs Denken. Seine Erkenntnisse führten ihn dazu, „in der moralischen Norm nicht länger die Ruhe starrer Satzungen zu sehen, sondern ein bewegliches Gleichgewicht, das in jedem Augenblick Leistungen zu seiner Erneuerung fordert".[277] Zwar manifestierten sich gerade um 1900 Zweifel an den epistemischen Möglichkeiten der Sprache, doch entbinden diese nicht von der Verpflichtung, allgemeingültige Gesetze und Normen festzulegen. Diese werden allerdings, folgt man den Reflexionen Ulrichs, nicht wahllos fixiert, vielmehr unterliegt das Aushandeln moralischer Normen dem Gesetz der Statik. Mithin sind die Menschen Statiker, die mit ihren Entscheidungen und Handlungen einen Zustand des Gleichgewichts herbeiführen (wollen). Die Statik ist, so lässt sich konstatieren, Ausweg aus dem ‚modernen' Dilemma absoluter Unbestimmtheit. Sie vermag den Menschen Halt und Orientierung zu geben, weil sie einen Ausgleich der Extreme und damit einhergehend einen stabilen Zustand formuliert. Sie schließt die Möglichkeit ein, Dinge zu fixieren, was in einer beschleunigten und sich weiter beschleunigenden Welt Sicherheit verspricht. Der statische Zustand wird so zum Symbol einer ausgeglichenen Gesellschaft, in der die kulturellen wie natürlichen Prozesse einem bestimmten Ziel, nämlich dem Erreichen eines Äquilibriums, zustreben. Da das Leben jedoch ständigen Veränderungen unterworfen ist, auf die es zu reagieren gilt, oder, um in der Sprache der Naturwissenschaftler zu sprechen, weil sich das Kräfteverhältnis in der Umwelt beständig wandelt und immer wieder aufs Neue austariert werden muss, muss es sich zwangsläufig um ein *dynamisches* Gleichgewicht handeln. Als solches trägt es einerseits der Dynamik des Lebens Rechnung, andererseits verweist der Begriff des Gleichgewichts auf eben jenen Prozess, der im *Mann ohne Eigenschaften* als Streben nach einem Mittelzustand, nach Erstarrung, sprich: nach einem statischen Zustand, bezeichnet wird. Statik und Dynamik geben sich im Bild vom bewegten Gleichgewicht die Hand; feste

Strukturen und fluide Existenz sind hier gleichermaßen angesprochen. Auch für Ulrich erweist sich also das Leben als ständige Suche nach dem Gleichgewicht.

Das im *Mann ohne Eigenschaften* angesprochene natürliche Streben nach einem äquilibristischen Zustand, das sich nicht nur auf die Natur beschränkt, sondern auch in der, im weitesten Sinne, Kultur wirksam ist und auf diese Weise zum grundlegenden Lebensprinzip avanciert, scheint keine völlig abseitige, geschweige denn neue Erkenntnis zu sein, denn neben Robert Musil, der selbst ein Maschinenbaustudium absolvierte[278], also Grenzgänger zwischen Technik auf der einen und Literatur auf der anderen Seite war, macht bereits Georg Biedenkapp in seinem Essay „Der Ingenieur und die Politik" auf die beschriebene Analogie zwischen Natur(-wissenschaft) und Gesellschaft aufmerksam. Dieser Beitrag ist in dem Büchlein *Der Ingenieur. Seine kulturelle, gesellschaftliche und soziale Bedeutung* abgedruckt, das 1910 als Beigabe zu den „Technischen Monatsheften", einer Zeitschrift, die damit warb, die erste allgemeinverständliche technische Zeitschrift zu sein. Die Essaysammlung möchte sowohl den technischen Laien als auch den Ingenieuren selbst die Bedeutung des damals noch recht jungen Berufsstandes[279] näherbringen, indem es u. a. auf die vielfältigen Beziehungen des Ingenieurs etwa zu Gesundheitspflege, zu Politik und Verwaltung oder zu Kunst und Literatur aufmerksam macht. Insofern kann das kleine Buch als Werbung gelesen werden, die den Ingenieur ins Blickfeld einer breiten Öffentlichkeit rückt – etwas, das dringend nötig schien, denn die Ingenieure gehörten zu jener Zeit offensichtlich einer „heimlich-unheimliche[n] Klasse von Menschen" an, „deren Schaffen und Wirken sich dem Auge fast aller entzieht".[280] Ferner sind sie zu jener Zeit, so der Tenor des Buches, nicht besonders beliebt, müssen also, obwohl ihre Leistungen eine eminente Rolle für den gesellschaftlichen Fortschritt spielen, um ihre Anerkennung kämpfen.

Biedenkapp verweist in seinem Aufsatz auf die Erkenntnisse der französischen Mathematikerin Sophie Germain (1776–1831), die auf anschauliche Weise Parallelen zwischen Mechanik und Politik aufgezeigt habe:

> Nach der Ansicht dieses weiblichen Genius weist die rationelle Mechanik mit den politischen Wissenschaften derartige Ähnlichkeiten auf, daß die Lehrsätze der Mechanik mit Bezug auf die Lehrsätze der Politik von unbestreitbarer Wahrheit sind. Im Staate verbinden und widerstreben einander Kräfte. Das Parallelogramm der Kräfte gilt auch für die Rechnung des Staatsmannes. Stabiles Gleichgewicht herrscht in der Mechanik, wenn alle Punkte eines Systems die Lage erreicht haben, die ihrem natürlichen Streben zukommt. Diese Bedingung wird auch hinsichtlich der Glieder der Gesellschaft erfordert, auf daß die Ruhe in ihr dauerhaft sei.[281]

Wenn hier von einem stabilen Gleichgewicht, nach dem alles Natürliche strebe, und von Ruhe gesprochen wird, die es zu erreichen gelte, so entspricht dies den Gedanken Ulrichs, der ebenfalls erkannt hat, dass sowohl in der Natur als auch innerhalb des Gesellschaftssystems alles einem Mittelwert, einem Ausgleich, einer Erstarrung zustrebt. Zwar fällt weder im Aufsatz Biedenkapps noch in Musils *Mann ohne Eigenschaften* der Begriff der Statik, doch öffnet sich in beiden Texten zweifelsohne das entsprechende Begriffsfeld. Letztlich beschreibt Biedenkapp nichts anderes als das, was die Statiker mithilfe ihrer Berechnungen erreichen wollen: ein stabiles Gleichgewicht. Dass jedoch weder Musil noch Biedenkapp trotz der augenfälligen Nähe der Ausführungen zur Begriffsdefinition von Statik den Statikbegriff nicht nennen, liegt wohl vermutlich daran, dass der Begriff „Statik" zunächst mit Starrheit, Festigkeit und Unbeweglichkeit assoziiert wird, was wiederum der Vorstellung des Lebens als Prozess widerspricht. Und dennoch kann das „Prinzip Statik" für gesellschaftliche bzw. ganz allgemein für nicht-technische Prozesse geltend gemacht werden, weil es auch in der mechanischen Statik kein absolut starres Gleichgewicht gibt. Auch in einem mechanischen System ändern sich die Kräfteverhältnisse beständig, muss austariert werden, herrscht Bewegung. Statik schließt Bewegung nicht aus, ist vielmehr prozessual zu verstehen.[282] Wenn an dieser Stelle und im Folgenden vom „Prinzip Statik" gesprochen wird, so wird damit metaphorisches Sprechen angezeigt. Es meint nicht die Statik der Ingenieure, deren Berechnungen die Stabilität von Baukonstruktionen garantieren, es bezeichnet vielmehr die Suche nach dem Gleichgewicht im Fluss des Lebens. Das „Prinzip Statik" trägt zwar die Logik der mechanischen Statik in sich, bezieht sich jedoch explizit auf das Leben in all seiner Vitalität, d. h., es geht um Denkweisen und die an diese geknüpften Handlungen im außertechnischen Bereich, die unmittelbar auf das Erreichen eines Äquilibriums zielen. Bei Mondrian etwa ist dieses Gleichgewicht mit Harmonie assoziiert, ja es erlangt sogar eine kosmische Dimension. Seine Suche nach einem Leben im Gleichgewicht entlädt sich in einer Bildsprache, die sich durch Exaktheit, Klarheit, Einfachheit und Konstruiertheit auszeichnet und damit den Idealen der Ingenieure entspricht. Seine „statische Kunst" zielt auf Universalität und antizipiert eine harmonische Gesellschaft.

Neuer Mensch

Mondrians Ruf nach einem dynamischen Gleichgewicht wiederholt einige Jahre später Sigfried Giedion, einer der Wortführer der internationalen Architekturavantgarde, in seinem umfangreichen Werk *Die Herrschaft der Mechanisierung*, einem „*roman illustré* der Industriekultur"[283], welcher 1948 auf Englisch und erst 1982 in deutscher Übersetzung erschienen ist. Der Maschineningenieur, Kunsthistoriker und Architekturtheoretiker beschäftigte sich nach einem Besuch des Bauhauses in den 20er Jahren zunehmend mit moderner Architektur und trat von dieser Zeit an unermüdlich für die Ideen und Ideale des Neuen Bauens ein – seine

Monografie *Space, Time and Architecture* (1941) zählt bis heute zu den Standardwerken avantgardistischer Architektur.[284] Die Schriften des Schweizers zeichnen sich durch eine Verquickung von Gesellschaft, Technik, Kultur und Kunst aus. Stets geht es ihm um das Extrahieren bestimmter, prägender Tendenzen, die sich im Kulturganzen offenbaren. Die „Aufgabe des Historikers" sei es, aus „dem ungeheuren Komplex einer vergangenen Zeit jene Elemente herauszuschälen, die zum Ausgangspunkt der Zukunft werden".[285] Giedion betont zudem, dass der Historiker nicht etwa ein isoliert arbeitender Wissenschaftler sei, der weltabgewandt und abgeschnitten von gesellschaftlichen Prozessen seine Beobachtungen, Theorien und Erkenntnisse notiere, sondern vielmehr „in der Zeit [stehe], nicht über ihr".[286] Der Theoretiker betrachtet Kunst und Architektur also nicht isoliert, sondern verortet sie im großen Ganzen kultureller Prozesse, stellt Bezüge her zu Industrie, Technik, naturwissenschaftlicher Forschung, Alltagskultur und zeitgenössischem Geschmack. Sein Buch über die Mechanisierung zeigt entsprechend weit mehr auf als nur die Entwicklungslinien des technischen Fortschritts: Es ist nicht lediglich ein Buch über die Moderne, „es ist ein Buch *der* Moderne".[287] Giedion verpasst dem Leser gewissermaßen eine Avantgarde-Brille, durch die der Rezipient die Geschichte der Mechanisierung sowie die aus ihr resultierenden Folgen und Veränderungen wahrnimmt. Die besondere Qualität der Publikation besteht in der außerordentlich großzügigen Präsentation von Bildmaterial: Der Historiker erzählt nicht nur, sondern zeigt auf, veranschaulicht, be- und um*schreibt* das *Bild*material. So finden sich in *Die Herrschaft der Mechanisierung* neben Abbildungen von Kunstwerken und Fotografien von Einrichtungsgegenständen auch Zeichnungen diverser technischer Apparate, um nur einige Beispiele zu nennen. Dies ist hinsichtlich Giedions Überzeugung, dass eine Epoche ein inneres Wesen besitze, welches durch eine eingehende Analyse verschiedenster Dokumente offengelegt werden könne, nur konsequent. Die von ihm ausgewählten und zusammengestellten Materialien zeigen nicht nur die historischen Entwicklungslinien der Mechanisierung verschiedenster Lebensbereiche auf, sondern sie repräsentieren weit Umfassenderes: den jeweiligen Zeitgeist. Der Architekturtheoretiker sieht das Leben als Ganzes. Schon in seinem Foto-Buch *Bauen in Frankreich* lässt er verlauten, dass es „uns heute gar nicht [interessiert], wo etwa die Grenze zwischen dem Isolationsbegriff Kunst und dem Isolationsbegriff Wissenschaft verläuft. Wir werten die Gebiete gar nicht untereinander, sie sind uns gleichberechtigte Ausflüsse eines obersten Impulses: LEBEN! Das Leben als Gesamtkomplex zu erfassen, keine Trennungen zuzulassen, gehört zu den wichtigsten Bemühungen der Zeit".[288] Von dieser Bestrebung, also der Aufhebung von Diskursgrenzen, zeugt auch *Die Herrschaft der Mechanisierung*, denn trotz des riesigen Materialpools, aus dem Giedion schöpft, verliert er nicht das große Ganze aus den Augen, nämlich das Leben als „ein bewegtes, aber unteilbares Ganzes".[289] Vor dem Hintergrund eines solch ganzheitlichen Verständnisses, das er im Übrigen mit den *Stijl*-Künstlern teilt, ist es nicht verwunderlich, dass er, obwohl der Titel *Die Herrschaft der Mechanisierung* zunächst lediglich an technischen Fortschritt denken lässt, der Kunst eine prominente Rolle zuschreibt, indem er sie nämlich nicht im Sinne des l'art pour l'art begreift, sondern ihr eine gesellschaftliche Wirkmacht zuschreibt, denn Kunst, so ist Giedion überzeugt, spüre auf, was die Menschen bewegt, sie decke das „Wesen" einer Epoche auf und könne umgekehrt auf die Gesellschaft einwirken, und zwar indem sie „dank ihrer spontanen Einsicht in die tiefen Schichten des Seins" „einer künftigen Harmonisierung der kulturellen und zivilisatorischen Energien den Weg"[290] weise. Auch diese Auffassung verbindet Giedion mit den Künstlern der Avantgarde, unter denen verschiedenste utopische Entwürfe grassierten. Zudem verbindet ihn mit der Avantgarde die grundlegende These, welche in *Die Herrschaft der Mechanisierung* den Ausgangspunkt seiner Überlegungen darstellt, dass nämlich „[u]nsere Denk- und Anschauungsweise [...] bis in ihre äußersten Verzweigungen von dem Begriff der Bewegung geprägt"[291] ist. Die Bewegung ist Grundlage unterschiedlichster Entwicklungen in Wissenschaft, Gesellschaft, Umwelt und Kultur, ja sie bestimmt das gesamte Leben. Genau davon legen auch Kunst und Literatur jener Jahre ebenso bild- wie wortgewaltig Zeugnis ab. In den unzähligen Programmen und Manifesten der Avantgardisten sowie in den Schriften zeitgenössischer Kritiker und Theoretiker liegt der Fokus vornehmlich auf dem Dynamismus, wobei manchen die Moderne nach 1900 nichts als eine Kakophonie ist, während sie anderen als Symphonie voller neuartiger Klänge erscheint.

Die für Giedions Arbeitsweise typische Verquickung von Kunst, Architektur, Technik, zeitgenössischem Geschmack und Alltagskultur, welche der Architekturtheoretiker wiederum an den Bewegungsgedanken zurückbindet, soll im Folgenden exemplarisch anhand seiner Auseinandersetzung mit der Geschichte des Möbels illustriert werden.

„Beweglichkeit", konstatiert er, „war [...] auch das Schlüsselwort für die Möbel".[292] In der westlichen Kultur habe sich im Laufe der Zeit eine immer differenziertere Kultur des Sitzens entwickelt, wobei der größte Schritt im 19. Jahrhundert gemacht worden sei: Man habe einen Zustand „schwebenden Gleichgewichts"[293] herbeigeführt. Erinnert sei hier an Giedions Formulierung in *Bauen in Frankreich*, wo er hinsichtlich der Eisenarchitektur ebenfalls von einem „schwebenden Gleichgewicht" spricht. Damit bezieht er sich auf nichts anderes als eine neue Optik, die das Baumaterial Eisen fordert. Anstatt den Fokus auf Stütze und Last – auf die Statik – zu richten, geht die Aufmerksamkeit nun hin zu Transparenz, Leichtigkeit und Durchdringung. Die von Giedion beschriebene Perzeption ist eine dynamische, durch die das Eisengerüst und die es umgebenden Objekte in eine schwebende Beziehung zueinander treten. Die Augen bleiben nicht etwa haften, akkommodieren vielmehr beständig, nehmen immer neue Raumbezüge wahr, durchdringen das Eisengewebe und gleiten an den unzähligen Streben entlang. Wie eine Fortsetzung dieser Gedanken mutet es an, wenn Giedion in *Die Herrschaft der Mechanisierung* folgendes festhält: „Die Architekten um 1920 erkannten immer klarer den Zusammenhang, der zwischen den neuen Konstruktionsmethoden (Eisen und Eisenbeton) und neuen Bedürfnissen (Leichtigkeit, Transparenz und räumliche Durchdringung) bestand. Auch die Möbel wurden in diesen Prozeß hineingezogen".[294] An dieser Stelle schlägt der Theoretiker innerhalb weniger Zeilen einen Bogen von der Ingenieurarchitektur und dem Neuen Bauen über neue Bedürfnisse, womit Giedion unzweifelhaft auf die neue Erscheinungsweise des Lebens-Raumes, d. h. eine neue, der technisierten Umwelt angepasste wie angemessene Optik anspielt, bis hin zum Möbeldesign. Neues Bauen, das zum einen auf der Verfügbarkeit neuer Materialien gründet, zum anderen aber auch das Resultat einer neuen, nämlich technoiden Formsprache ist (Reduktion, Exaktheit, Typisierung, Geometrie), sowie das Design von Einrichtungs- und Gebrauchsgegenständen, bei deren Gestaltung dieselben Ideale zum Tragen kommen wie bei der Architektur, sind unmittelbar an die Wahrnehmung gebunden. Diese hat sich auf die veränderten Bedingungen, auf das rasante, pulsierende Leben ein- bzw. umzustellen. Auch für sie müssen neue Modi gefunden werden – es sind die von Giedion immer wieder aufgerufenen Stichwörter „Transparenz", „Durchdringung" und „Leichtigkeit", die moderne Architektur *und* Neues Sehen auszeichnen. Letztere aber haben, und das wird gerne übersehen, die Statik zur Grundlage.

An anderer Stelle befindet sich eine Abbildung des Eiffelturms, der für die Pariser Weltausstellung 1889 errichtet wurde, direkt über der Zeichnung eines Operationsstuhls, welcher 1889 patentiert wurde (Abbildung 19). Damit wählt Giedion zwei Beispiele aus demselben Jahr. Die Gegenüberstellung dieser beiden komplizierten Konstruktionen ist deshalb geschickt gewählt, weil dem Rezipienten auf diese Weise die Parallelen zwischen Eisenarchitektur und medizinischem Möbel direkt ins Auge springen: Das „Stangengewimmel" suggeriert jeweils Chaos. Die Augen wandern über die Gitter, bekommen keinen Halt. Man versucht sich zu orientieren, Fixpunkte auszumachen; man beginnt im Geiste zu ordnen, und das nicht vergebens, denn tatsächlich handelt es sich bei beiden Konstruktionen um höchst komplexe Strukturen, um präzise, genau kalkulierte Objekte. Sowohl der Eiffelturm als auch der Operationsstuhl sind Ausdruck höchster Ingenieurleistung, Signum des technischen Fortschritts und Zeichen von Exaktheit, wie Giedion im beistehenden Text erwähnt. Zudem sind beide Konstruktionen eng mit der Statik verbunden. Zwar ist der Blick auf sie, wie beschrieben, ein dynamisch-changierender, gleichzeitig aber müssen sämtliche Elemente fest fixiert sein, um Stabilität zu gewährleisten.[295] Die Konstruktionen müssen also, auch wenn sie wie im Falle des Operationsstuhls verstellbar ist, statisch sein, andernfalls wären sie nicht zu gebrauchen oder zumin-

Neuer Mensch — 103

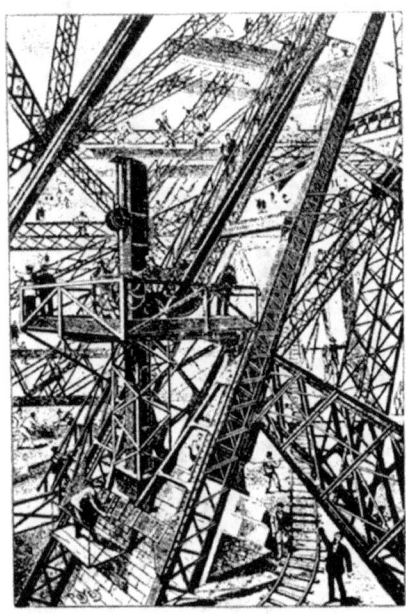

246. Der Eiffelturm. 1889. *In den späten achtziger Jahren, zu der Zeit, als der Eiffelturm gebaut wurde, entwickelte man die Skelettbauweise zu unerreichter Kühnheit und Präzision.* (G. Tissandier, La Tour Eiffel, *Paris*, 1884)

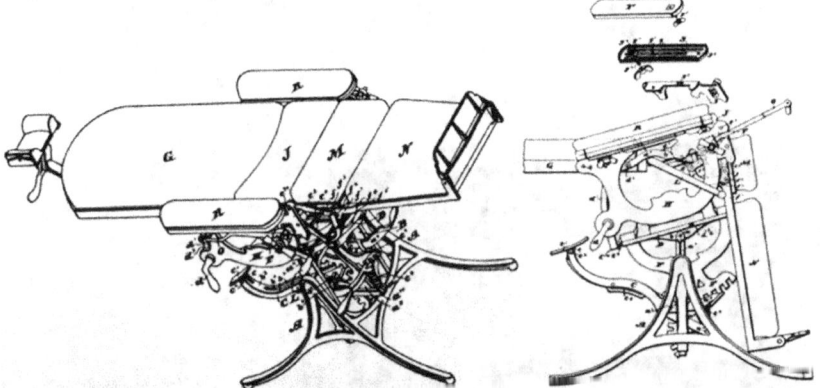

247a. Operationsstuhl. 1889. *Ebenso wie die Chirurgie machte auch das Ingenieurwesen in Präzision und Kunstfertigkeit rasche Fortschritte. Der Operationstisch erreichte einen bis dahin unbekannten Grad der Verstellbarkeit. Die Liegefläche ist hier in sieben Elemente unterteilt, die sich durch Hand- und Fußhebel in jede beliebige Position einstellen lassen. Die Bestandteile des Krankenstuhls von 1838 sind hier in vollkommener Form ausgearbeitet.* (U.S. Patent 397077, 29. Januar 1889)

247b. *»Durch die vertikalen Hebe- und Senkvorrichtungen und durch die Dreh- und Neigemechanismen«* ist eine komplizierte Maschinerie entstanden, die zunächst noch offen bleibt, aber bald mit weißer Emaille verkleidet und hydraulisch angetrieben sein wird.

Abbildung 19: Sigfried Giedion, Die Herrschaft der Mechanisierung (1982).

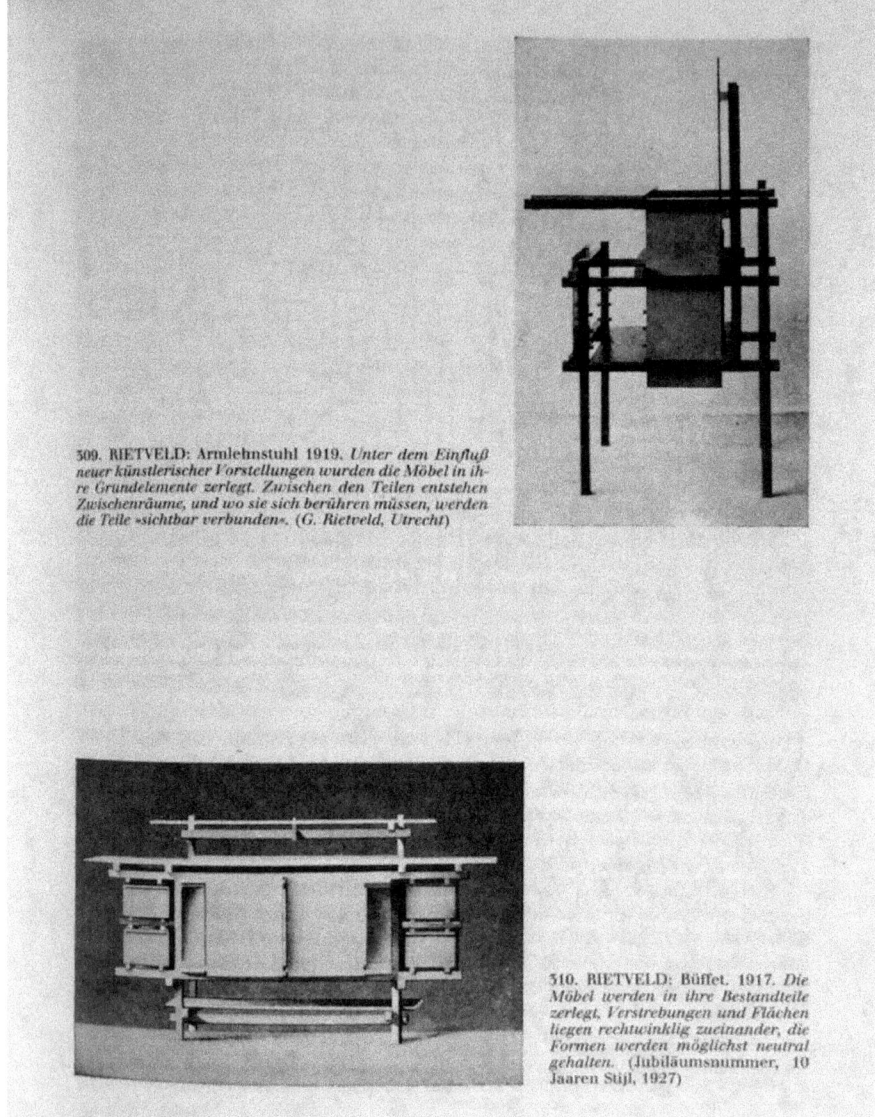

Abbildung 20: Sigfried Giedion, *Die Herrschaft der Mechanisierung* (1982).

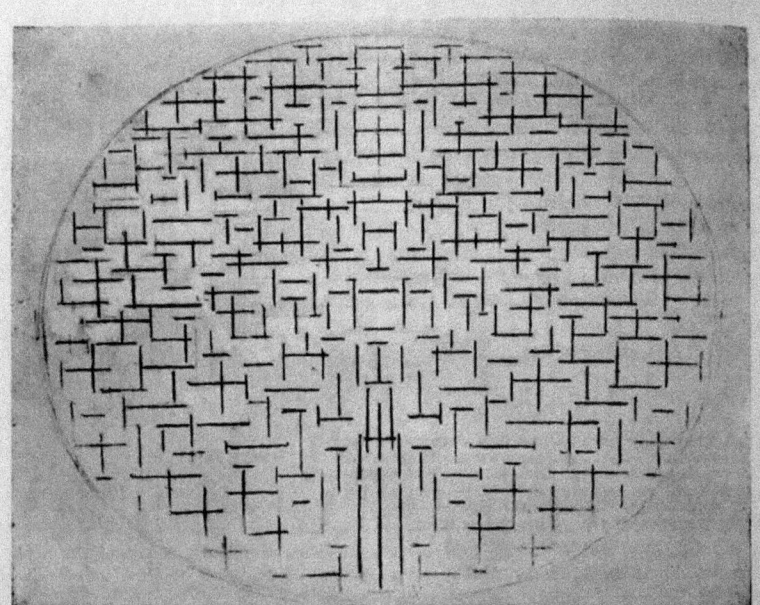

311. PIET MONDRIAN: »Pier und Ozean«. Um 1914. *Der Maler Mondrian arbeitete mit den Architekten und Städtebauern der De Stijl-Gruppe zusammen. Um 1914 wurden die Formen von den natürlichen oder konventionellen Aspekten befreit und in seinen sogenannten »Plus- und Minus« Zeichnungen auf das Wesentliche reduziert. (Sammlung des Museum of Modern Art, New York)*

Dies wird noch deutlicher in Rietvelds Büffet von 1917⁷ (Abb. 310). Hier ist das Möbel aufgelöst in horizontale und vertikale Elemente. Die Platte des Büffets, ein einfaches Brett, ragt freitragend an beiden Enden vor – wie dies in der Folge in der Architektur so oft angewendet wird, um ein Gefühl entmaterialisierter Schwere zu geben. Zwischen allen Teilen ist Luft, selbst zwischen den Schubladen. Die Türen sind verschiebbare Flächen.

Fachleute können ohne weiteres einwenden, daß die einfachen Holzverschraubungen der Stühle sie nicht befriedigen oder daß das Büffet von 1917, das in der Weise, wie es später Ausdrucksformen vorwegnimmt, ein Geniestreich ist, an unzugänglichen Stellen Staub ansammelt. Aber diese Stücke müssen ganz anders bewertet werden. Man kann die Wirkung eines politischen Manifestes nicht genau messen, und trotzdem bilden solche Äußerungen wirkliche Wendepunkte und Leitlinien für die Zukunft. Diese Rietveldschen Stücke sind Manifeste. Sie ge-

---

7 Abgebildet in *10 Jaaren Stijl*, Jubiläumsjahrgang 1927, S. 47.

530

Abbildung 21: Sigfried Giedion, *Die Herrschaft der Mechanisierung* (1982).

dest derart unsicher, dass sich wohl kaum einer auf sie einließe. Jedenfalls würde das Vertrauen in die Technik schnell schwinden, wenn die Ingenieure instabile Konstrukte entwerfen würden.

Und schließlich darf auch eine Engführung von Mobiliar und Kunst nicht fehlen. Diese nimmt Giedion vor, indem er einen Armlehnstuhl von Gerrit Rietveld von 1919 mit Mondrians Plus-Minus-Bildern (Abbildung 20 und 21) vergleicht:

> Das Gestell des Stuhles setzt sich aus quadratischen Leisten zusammen, die miteinander verschraubt werden. Sie kreuzen einander, aber durchdringen einander nicht, und die Selbständigkeit, mit der sie einander überlagern, wird betont. Wie Rietveld sich ausdrückt, sollen die Einzelteile „sichtbar verbunden" sein (Abb. 309). In Piet Mondrians farblosen Bildern und Zeichnungen derselben Periode, den sogenannten Plus-Minus-Bildern, überkreuzen sich die Linien in ähnlicher Weise (Abb. 311). Sitzfläche und Rückenlehne des Stuhls von 1918 bestehen aus falschen, ungebogenen Sperrholzplatten, die bewußt voneinander Abstand halten.
> Es ist leicht zu verstehen, was hier vorgeht: das Möbel wird in seine Elemente zerlegt, in ein Gefüge von Streben und Flächen. Es soll möglichst leicht, möglichst transparent, möglichst schwebend erscheinen, beinahe wie ein Eisengerüst.[296]

Hier wird erneut eine Brücke zwischen Eisenarchitektur und Möbeldesign geschlagen. Doch nicht nur das: Giedion erwähnt ferner die zunehmende Verbreitung dieser neuen, aus elementaren Formen gebildete Ästhetik. Er hält fest, dass „in der Mitte der zwanziger Jahre der Schritt vom Manifest zum Standardstück getan"[297] war. Damit erging es dem Möbel nicht anders als der Eisenarchitektur, deren ungewohnte Optik zunächst für einen Aufschrei sorgte, des ungeachtet aber immer präsenter wurde, bis sich schließlich die Augen an die „Spitzengewebe aus Eisen"[298] gewöhnt hatten und von da an nicht mehr wegzudenken waren. Auch hier wurde das Revolutionäre Standard. Ob *Stijl*-Objekte, Bauhaus-Stücke, L'Esprit Nouveau-Interieur, Gebäude von Rietveld, Gropius und Le Corbusier oder Eisenarchitektur – sie sind heute Symbole der technischen Moderne.

Im Schlussteil von *Die Herrschaft der Mechanisierung*, der mit „Der Mensch im Gleichgewicht" überschrieben ist, diagnostiziert Giedion, dass die Menschen zwar niemals zuvor über so viele Mittel zur Beseitigung von Sklavenarbeit verfügt hätten, die Versprechungen eines besseren Lebens jedoch nicht gehalten wurden. Dagegen sei „[d]as Einzige, was wir bis jetzt vorweisen können [...], eine ziemlich beunruhigende Unfähigkeit, in der Welt oder bei uns selbst Ordnung herzustellen".[299] Der hoffnungsvolle Blick vergangener Zeiten habe sich mittlerweile aufgelöst und sei einem Skeptizismus, ja einer völligen Ablehnung des Fortschrittsgedankens gewichen. Insbesondere der 2. Weltkrieg habe den Glauben an die Möglichkeiten des technischen Fortschritts derart erschüttert, dass dieser nunmehr nicht als Chance, sondern als Bedrohung angesehen werde. Anstatt die technischen Errungenschaften zum Wohle der Menschheit einzusetzen, seien sie missbraucht worden, um Mensch und Umwelt auszubeuten. Jetzt aber sei die Zeit angebrochen für einen „neuen Menschen"[300], für eine Zeit der Menschlichkeit, in der man sich zurückbesinnt auf ein menschliches Maß.[301] Entsprechend entwirft Giedion am Ende seiner Studie ein Lebenskonzept, eine Lebens(re-)form, in deren Zentrum das Erlangen eines Gleichgewichtszustandes steht. Die Mechanisierung interessiert ihn vor allem dahingehend, als sie zu Regeneration, Entspannung und körperlichem Wohlbefinden beitragen kann. Störend trete sie nur dort auf, wo sie das Gleichgewicht des menschlichen Organismus bedroht. Der Mensch der Zukunft müsse lernen, die von der Technik ausgehenden Gefahren zu erkennen, er müsse lernen, sie für seine Belange – in gesundem, menschlichem Maß – zu nutzen und sich nicht umgekehrt von den Maschinen beherrschen zu lassen.[302] Der Neue Mensch ist für Giedion einer, der im Einklang mit sich und seiner Umwelt lebt: Er ist ein Mensch im Gleichgewicht.[303]

Im Folgenden sei zur Veranschaulichung ein längerer Auszug aus dem abschließenden Kapitel von *Die Herrschaft der Mechanisierung*, einem Aufruf zu einem Leben im Gleichgewicht, gegeben:

Dynamisches Gleichgewicht

Zwei anscheinend gegensätzliche Phänomene gehen durch die ganze menschliche Geschichte.

Der menschliche Organismus kann als konstant betrachtet werden. Von Natur aus ist er auf einen schmalen Toleranzbereich begrenzt. Er kann sich an eine Vielzahl von Bedingungen anpassen, und der Körper selbst ist in einem fortwährenden Zustand der Veränderung, aber seine Grundstruktur hat sich kaum geändert, soweit die Wissenschaft dies festzustellen vermag.

Um zu funktionieren, braucht der menschliche Organismus eine bestimmte Temperatur, eine bestimmte Beschaffenheit des Klimas, von Luft, Licht, Feuchtigkeit und Nahrung. Funktionieren heißt in diesem Fall: Erhaltung des körperlichen Gleichgewichts. Unser Organismus braucht Verbindung mit der Erde und den Dingen, die wachsen. Der Körper des Menschen ist den gleichen Gesetzen unterworfen, die das Leben der Tiere bestimmen.

Auf der anderen Seite sind wir einem Zustand unaufhörlicher Veränderung unterworfen; von Generation zu Generation, von Jahr zu Jahr, von Augenblick zu Augenblick ändern sich die Beziehungen zwischen dem Menschen und seiner Umgebung, immer in Gefahr, ihr Gleichgewicht zu verlieren. Es gibt kein statisches Gleichgewicht zwischen dem Menschen und seiner Umgebung, zwischen innerer und äußerer Realität. Wir können nicht unmittelbar beweisen, wie Wirkung und Gegenwirkung in diesen Gebieten vor sich gehen. Wir können sie nicht unmittelbar fassen, wie wir einen Atomkern nicht fassen können. Wir können sie nur erfahren in den verschiedenen Arten, wie sie sich manifestieren. Die verschiedenen Schöpfungen des antiken, des mittelalterlichen oder des Menschen des Barocks sind Zeugen für die ewig wechselnden Beziehungen zwischen innerer und äußerer Realität, zwischen Innen- und Außenwelt.

Keine Grenzen, keine in sich geschlossenen Kreise sind vorhanden, die den Ausgleich zwischen innerer und äußerer Realität festlegen. Die Entwicklung erfolgt in Kurven, die sich wiederholen und nie schließen.

Das Wohlgefühl, das durch den ganz gesunden menschlichen Organismus, der vollkommen funktioniert, hervorgerufen wird, hält nicht lange an. Dieses körperliche Gleichgewicht wiederherzustellen und damit physisches Wohlbefinden zu vermitteln, ist, wie wir schon gesagt haben, der eigentliche Zweck wirklicher Regeneration.

Sobald innere und äußere Wirklichkeit übereinstimmen, finden entsprechende Entwicklungen in der menschlichen Psyche statt. Es gibt niemals einen Stillstand. Alles ist beständig in Fluß.

Der Typ des Menschen, den unsere Zeit braucht, ist ein Mensch, der das verlorene Gleichgewicht zwischen innerer und äußerer Realität wiederfinden kann. Dieses Gleichgewicht kann nie statisch sein. Wie die Realität selbst ist es ununterbrochen Schwankungen unterworfen. Eine Art schwebenden Gleichgewichts ist in dieser Beziehung zu erreichen, etwa wie jenes Seiltänzers, der durch kleine Anpassungen eine Balance zwischen Existenz und Nichts herstellt. Wir brauchen einen Typus Mensch, der seine eigene Existenz durch das Ausgleichen von oft für unvereinbar gehaltenen Kräften lenken kann: einen Menschen im Gleichgewicht.

Wir haben darauf verzichtet, einen festen Standpunkt für oder gegen die Mechanisierung einzunehmen. Wir können sie nicht einfach gutheißen oder ablehnen. Man muß zwischen den für die Mechanisierung geeigneten und ungeeigneten Sphären genau unterscheiden; ähnliche Probleme stellen sich heute fast in jedem Bereich, mit dem wir in Berührung kommen.

Wir müssen ein neues Gleichgewicht herstellen zwischen individueller und kollektiver Sphäre.

Wir müssen unterscheiden zwischen dem, was für das individuelle Leben notwendig ist, und dem, was zur Gestaltung des kollektiven Lebens dienen kann. Wir wollen weder extremen Individualismus noch übermächtigen Kollektivismus: wir müssen unterscheiden zwischen den Rechten des Einzelnen und der Gemeinschaft. Heute ist sowohl das Leben des Einzelnen wie auch das Leben der Gemeinschaft gehemmt, und es fehlt beiden an einer richtigen Form und Struktur.

Wir müssen die Welt, als ein Ganzes betrachtet, organisieren, gleichzeitig aber jeder Region erlauben, ihre eigene Sprache, ihre Gewohnheiten und Gebräuche zu entwickeln.

Wir müssen ein neues Gleichgewicht herstellen zwischen den psychischen Sphären im Individuum.

Die Beziehung zwischen Denk- und Gefühlsweisen ist ernsthaft gestört, sogar unterbrochen. Das Ergebnis ist eine gespaltene Persönlichkeit. Es fehlt das Gleichgewicht zwischen dem Rationalen und dem Irrationalen, zwischen Vergangenheit – Tradition – und Zukunft, der Erforschung des Unbekannten, zwischen Zeitlichem und Ewigem.

Wir müssen ein neues Gleichgewicht herstellen zwischen den Bereichen des Wissens.

Die Vorgehensweise der Spezialisten muß eine universale Blickweise miteinbeziehen. Erfindungen und Entdeckungen müssen mit ihren gesellschaftlichen Folgen in Einklang gebracht werden.

Wir müssen ein neues Gleichgewicht herstellen zwischen dem menschlichen Körper und kosmischen Kräften.

Der menschliche Organismus bedarf eines Gleichgewichts zwischen seiner organischen Umwelt und seiner künstlichen Umgebung. Getrennt von Erde und Wachstum, wird er niemals das für das Leben notwendige Gleichgewicht erlangen.[304]

Die Nähe zu Mondrians Konzept des Neoplastizismus ist evident, denn auch dem Holländer geht es, wie gezeigt wurde, um das Erreichen eines dynamischen Gleichgewichts, um eine harmonische Einheit zwischen Mensch und Kosmos, Körper und Geist, oder allgemeiner: um den Ausgleich entgegengesetzter Kräfte. Und noch mehr verbindet diese beiden Avantgardisten, die für eine neue, klare Ästhetik einstehen: Es ist die Absage an das Ich. In seiner Schrift „Gegen das Ich", die 1918 in der Zeitschrift „Das junge Deutschland" erschienen ist, also nur ein Jahr, nachdem sich in den Niederlanden die *Stijl*-Gruppe formierte, proklamiert der Schweizer folgendes:

> Das ist die Krankheit eines Jahrhunderts gewesen: das Ich!
> Wir stehen dort, wo es zerfällt.
> Wir stehen dort, wo der Wunsch ist, die Gestalt nicht mehr in Falten zersplittert zu sehen, sondern gebunden in die große Kurve. Dort, wo die Gestalt nicht einsam im Raum bleibt, losgelöst und entzweit von allen anderen, sondern die Kurve darüber wegrollt und sie mitreißt in die große Verkettung!
> Wir wollen wieder die einzige Welle![305]

Und weiter:

> Wir erkennen: das, was bindet, wird das Wertvolle! – Aus dem Gewirr sich kreuzender Linien mögen die Parallelen sich heben, die den Blickpunkt im Unendlichen haben. Das ist, was fehlt: der Blickpunkt zum Unendlichen! Wo er nicht ist, ist keine Bescheidenheit, keine wirkliche Gleichrichtung des Geistigen, kein Münster, in dem die Stimmen sich vereinigen! Wo er nicht ist, wird alles endlich, alles zum Ich! –[306]

Wenn Giedion hier von großer Verkettung spricht, von einer einzigen Welle, in der nichts isoliert, einsam und gespalten bleibt, die alles mitreißt, um es zu einem Ganzen zu vereinen, dann spricht daraus seine Sehnsucht nach einer harmonischen Einheit. Damit formuliert der Schweizer schriftlich, was Mondrian zur selben Zeit mit seinen neoplastizistischen Bildern ästhetisch ausdrückt. Wenn Giedion ferner von sich kreuzenden Linien, von Parallelen und einem Blickpunkt im Unendlichen spricht, dann deckt sich das vollends mit der Programmatik des Holländers. Selbst die religiöse Dimension darf beim Architekturtheoretiker nicht fehlen. Bei ihm ist es das „Münster, in dem sich die Stimmen vereinigen".[307]

Der Ruf nach Gleichgewicht und Harmonie ist, das haben die Ausführungen zu Giedions umfassender Monografie *Die Herrschaft der Mechanisierung* gezeigt, auch Mitte des 20. Jahrhunderts nicht verklungen. In einer Zeit, die augenscheinlich geprägt ist von Dynamik und Fortschritt, scheint die Sehnsucht nach deren Gegenteil präsenter denn je. Nach wie vor ist die Forderung nach alternativen Lebenskonzepten virulent, die nicht etwa das allseits hörbare „Höher, schneller, weiter" propagieren, sondern stattdessen Ruhe, Besinnung auf Wesentliches sowie ein Zurück zu Maß, Mitte und Menschlichkeit. Sowohl Mondrians als auch

Giedions Konzept sind Teil einer Strömung, die sich inmitten der Hektik und des Chaos der modernen Welt herauskristallisiert und sich, wie nicht nur Mondrian, sondern auch Giedion weiß, für „eine Zeit [einsteht], die den Weg zum Universalismus findet".[308] Die Statik als (Lebens-)Prinzip und (ordnendes) Verfahren ist aufs Engste mit dieser Gegenbewegung verbunden und auch das Statische, welches als Synonym für Dauerhaftes, Konstantes und Unveränderliches Verwendung findet, ist verknüpft mit den Ideen der beiden Theoretiker, da es auf den Kern oder das Wesen der Dinge sowie die Essenz des menschlichen Seins weist, um die es dem Holländer wie dem Schweizer zu tun ist.

Monumente

Wo es um Überdauerndes geht, da rückt auch der Begriff der Monumentalität in den Blick. Diese scheint zunächst nicht die Sache der Klassischen Moderne zu sein, wie Christoph Asendorf treffend bemerkt:

> Historisch galt Monumentalität in der Architektur schon nach dem Ersten Weltkrieg und den Exzessen des Historismus als obsolet; die Klassische Moderne zentrierte sich um ganz andere Begriffe wie den der Funktion. Monumentalität als Phänomen schien verschwunden, und der Funktionalismus brauchte keine Ikonologie. Nur so exotische Projekte wie das Neu-Delhi von Edwin Lutyens und später die unsäglichen Monumentalbauten der europäischen Diktaturen waren noch monumental. Doch plötzlich wurde an unerwarteter Stelle, nämlich aus dem Zentrum der modernen Bewegung selbst, deren Protagonisten im Lauf der 1930er Jahre aus politischen Gründen vielfach in die USA emigriert waren, und zudem zu einem auf den ersten Blick irritierenden Zeitpunkt die Diskussion neu eröffnet.[309]

Gemeint ist hier das Trio Sigfried Giedion, Fernand Léger und José Luis Sert, die zusammen die „Nine Points on Monumentality" (1943) formulierten. Gleich zu Beginn der Schrift heißt es: *„Monumente bilden Marksteine*, in denen die Menschen Symbole schufen für ihre Ideale, ihre Ziele und ihre Handlungen".[310] Eine solch weit gefasste Definition erlaubt es, auch Mondrians neoplastizistische Werke als Monumente zu begreifen, da sie eine Gesellschaft im Gleichgewicht, mithin eine soziale Utopie symbolisieren. Daneben aber sind monumentale Gestaltungsformen auch für Oskar Schlemmer bedeutsam, denn der Bauhauskünstler meint: „Ordnung und Gesetz, Komposition und Stil: so nur kann das Vokabular der Kunst einer großen Zeit lauten, deren Ausdrucksform sinngemäß das Monumentale ist".[311] Stanislaus von Moos nimmt diesen Gedanken auf, wenn er festhält, dass Willi Baumeister und Oskar Schlemmer darum bemüht gewesen seien, „der menschlichen Figur eine ähnliche Transparenz, eine ähnliche, ins Architektonische und Monumentale gesteigerte Anonymität zu verleihen, wie sie die Puristen den Tellern, Gläsern, Flaschen, Laternen und Gitarren ihrer Stillleben angedeihen ließen".³¹² Darüber hinaus erreiche auch die Malerei Légers „eine ungeahnte Monumentalität".³¹³ Und schließlich hat es Gottfried Benn, der Anti-Synthetiker, „nicht weiter gebracht, etwas anderes zu sein als ein experimenteller Typ, der einzelne Inhalte und Komplexe zu geschlossenen Formgebilden führt [...]: Statue, Vers, hinterlassungsfähiges Gebilde" (SW V, 137). Seine *Statischen Gedichte* (1937–1947) sind nicht zuletzt Zeichen klassischer Materialbeherrschung und Ausdruck einer Besinnung auf Maß und Form. Sie sind im Giedion'schen Sinne Marksteine, in denen er Symbole schuf für seine Ideale. Nicht zu vergessen ist natürlich der Eiffelturm, der durch seine Monumentalität besticht. Insofern also ist die Monumentalität ein Begriff, der eng mit der „statischen Moderne" verbunden ist.

Spannungen

Zu Beginn des Kapitels kam Karl-Eugen Kurrer, Historiograph der Baustatik, zu Wort, der betont, dass es in der Realität kein Gleichgewicht gebe. Vielmehr sei es „eine Modellvorstellung, eine utopische, natürlich", denn „[e]s ist immer eine Bewegung".³¹⁴ Der Zustand des Gleichgewichts impliziert also im Rahmen der Baustatik stets eine gewisse Dynamik, denn die wirkenden Kräfte ziehen beständig gegeneinander. Das Gleichgewicht zu erhalten ist kontinuierliche Arbeit, dauerndes Ringen. Von ebendiesem Ringen erzählt Mondrian, der um die Schwierigkeit der Herstellung des Gleichgewichts weiß:

> Der Rhythmus ist das *Eine*, die unveränderliche Beziehung ist das *Andere*, die veränderliche Beziehung der Maße ist das *Eine*, die unveränderliche Positionsbeziehung ist das *Andere*. Innerhalb der Ausdrucksmittel ist die Farbe das *Eine*, die flächige rechtwinklige Darstellung das *Andere*. Innerhalb der Positionsbeziehung ist wiederum die Horizontale das *Eine* und die Vertikale das *Andere*. Und so fort. Gerade weil diese Dualität unterschieden ist, ist es für den abstrakt-realistischen Maler sehr schwer, das Gleichgewicht der beiden Extreme zu finden. Kaum gelingt es ihm, das *Eine* auszudrücken, schon ist zu beobachten, daß es auf Kosten des *Anderen* geht, und wenn er endlich den rellen Ausdruck des *Anderen* findet, muß wieder das *Eine* darunter leiden.³¹⁵

Sowohl der Baustatiker als auch Mondrian suchen das Gleichgewicht und bedienen sich dabei einer mathematisch-exakten Sprache, doch bei dem Holländer verbindet sich das Austarieren der Gegensätze, verbinden sich die in seiner Kunst angelegten vielfältigen Spannungen zwischen dem *Einen* und dem *Anderen* mit einer Gesellschaftsutopie. Mit seiner äquilibristischen Kunst will er, wie gesagt, absolute Harmonie zur Anschauung bringen. Doch solch ein Analogieschluss, sprich Gleichgewicht als harmonischer Zustand oder umgekehrt: Harmonie als Resultat eines äquilibristischen Verhältnisses, mag wohl für den Bereich der Ästhetik gelten, nicht aber für jenen der Baustatik, weshalb dann auch unbedingt "der äußere Eindruck des Gleichgewichts von dem mechanisch bestehenden unterschieden werden"[316] muss. Letztlich muss deshalb bei Mondrians Neoplastizismus trotz aller Parallelen zu Baukunst und Statik von einer „ästhetischen Statik" gesprochen werden, die, wie Ehrenberg in seiner Abhandlung *Die ästhetische Statik* ausführt, das als schön empfundene Gleichgewicht der Massen meint.[317]

Folgt man Mondrians theoretischen Ausführungen, so sind seine Werke Symbole einer neuen Welt, einer Welt ohne Tragik und Leid, mithin einer Welt ohne Spannungen, was wiederum bedeutet, dass sein ästhetisches Äquilibrium ein *entspanntes* ist und nicht etwa ein spannungsvolles. Seine Suche nach einem adäquaten Ausdruck für die unermessliche Weite führte ihn zur geraden Linie, in welcher er die größtmögliche Spannung entdeckte.[318] Doch die Spannung, welche von der geraden Linie ausgeht, wird nivelliert, indem zur Horizontale die Vertikale tritt. Das Potential der Linie, sich über den Bildraum hinaus fortzubewegen, wird gleichsam ausgebremst und aufgehalten. Das Ergebnis ist demnach Statik im Sinne von Stillstand. Ferner darf es, so kann konstatiert werden, in einem Gemälde, das die Harmonie des Kosmos zum Ausdruck bringen will und das zudem als kathartisches Objekt, als Meditationstafel fungieren soll, nichts geben, das gegeneinander arbeitet bzw. streitet. Farben und Formen müssen innerhalb einer harmonischen Einheit zu einem ebenso harmonischen Miteinander zusammentreten. Statt um das Ausstellen von Gegensätzen muss es um deren Auflösung gehen. Kunst, wie sie Mondrian in seiner Theorie des Neoplastizismus vorstellt, steht jenseits spannungsgeladener Beziehungen. Sie steht für absolute *Ent-Spannung*. Michael Seuphor beschreibt seinen Blick auf ein neoplastizistisches Bild folgendermaßen:

> Wenn ich ein neo-plastizistisches Bild von Mondrian betrachte, hält mein Geist inne, die vielerlei Geschäftigkeiten des Alltags fallen von mir ab wie Schuppen, meine Gedanken treten ruhig in einen neuen Hort ein, wo alles Noblesse, Wahrheit, Klarheit ist. Für jeden betrachtenden Geist ist diese Kunst ein herrliches Königreich der Transzendenz.[319]

Mit seiner Rezeption folgt Seuphor der „Leseanweisung" Mondrians, was allerdings kaum verwundern kann, da sich Seuphor selbst als „ehrfurchtsvollen Jünger"[320] des Künstlers bezeichnet. Doch entführen Mondrians Bilder grundsätzlich ins „Königreich der Transzendenz"[321], wie Seuphor meint? Weyergraf jedenfalls kritisiert diese „Verherrlichung der ästhetischen Empfindung"[322], welche einer Flucht gleiche, die Seuphor vor „der Auseinandersetzung mit den formalen Fakten der Mondrian'schen Malerei"[323] bewahre. Natürlich sind Seuphors Äußerungen kritisch zu hinterfragen. Gleichzeitig aber veranschaulichen die oben zitierten Zeilen, in denen er seine ästhetische Erfahrung kundtut, genau das, was ein Kunstwerk zunächst einmal ist: ein ästhetisch wirkendes Objekt. In Mondrians Fall (wenn man es denn so lesen will): ein Harmonie und Ruhe suggerierendes Tafelbild. Doch sind hier wirklich sämtliche Spannungen nivelliert? Im *Reclam-Buch der Kunst* ist von einer „spannungsvollen Balance"[324] die Rede und im *Brockhaus Moderne Kunst* heißt es: „Mondrians Werk besteht seit 1920 aus Gemälden, deren Spannung auf den Formbeziehungen zwischen rechteckigen, sparsam verteilten Farbflächen in reinen Farben und dem sie überlagernden System horizontaler und vertikaler Linien beruht".[325] Und auch Regine Prange betont das spannungsgeladene Moment der neoplastizistischen Werke. „Die großartige Ruhe, die von diesen Bildern ausgeht", schreibt sie,

> ist aber keineswegs mit Statik oder Stillstand zu verwechseln, sondern das Ergebnis möglichst weitgetriebener Spannung. Die Farbe ist auf den Gegensatz zwischen bunter und unbunter Farbe, die Linie auf den Widerspruch zwischen „freier", sich axial kreuzender (wie in den *plus-minus-Bildern* entwickelt) und flächenbegrenzender Linien konzentriert. Mondrian radikalisiert den der Linie wie der Farbe immanenten Widerspruch.[326]

Ruhe, so lässt sich diesen Zeilen entnehmen, steht für die Kunsthistorikerin nicht etwa für Statik und Stillstand, ist vielmehr das Resultat größter Spannungen. Damit stellt sie sich gegen van Doesburg, der die Bildsprache des Neoplastizismus als statisch bezeichnet und der in den Werken Mondrians außerdem das spannungsvolle Moment vermisst. Statik und Spannung fallen also sowohl bei Prange als auch bei van Doesburg nicht zusammen. Statik, die im bautechnischen Sinne gerade eine stabil ruhende *und* spannungsgeladene Konstruktion meint, wird stattdessen von beiden ausschließlich mit Stillstand bzw. Bewegungslosigkeit in Verbindung gebracht.[327]

Insgesamt zeigt sich, dass die Verwendung der Begriffe „Gleichgewicht", „Statik", „Ruhe" und „Spannung" im Rahmen des Kunstdiskurses äußerst problematisch ist. Das fängt bei der Forderung der *Stijl*-Künstler an, einen Ausgleich von Statik und Dynamik gestalten zu wollen, und reicht bis hin zu produktionsästhetischen, kunstphilosophischen und -theoretischen Überlegungen, in denen die oben genannten Begriffe in verschiedenen Kontexten auftauchen, wodurch die Begriffe nicht nur untereinander in wechselnde Beziehungen treten, sondern auch jeweils mit anderen Bedeutungen aufgeladen werden. Hinzu kommt, dass Kunst subjektiv erfahren wird. Was als gleichgewichtig oder spannungsvoll empfunden wird, liegt im Auge des Betrachters und hängt insbesondere davon ab, wie man an ein Kunstwerk herantritt. Richtet man sein Augenmerk auf die formalen Aspekte, dann können im Laufe der Analyse immer neue Widersprüche aufgedeckt werden. Die ästhetische Konstruktion erscheint dann als Komposition, in der Farben und Formen in einem spannungsreichen Verhältnis zueinander stehen. Nimmt man außerdem die theoretischen Erläuterungen des Künstlers hinzu, so lassen sich zudem Ambivalenzen, sprich Spannungen, zwischen künstlerischem Werk und Theorie aufdecken. Betrachtet man die Kunst jedoch als Weg ins „Königreich der Transzendenz"³²⁸, wie dies Seuphor tut, dann steht sie jenseits aller Ambivalenz und fern von Spannungen.

Warum auch Oskar Schlemmer und Gottfried Benn „ästhetische Statiker" sind und wie es sich in ihren Werken mit Gleichgewicht und Spannung verhält, soll im Folgenden herausgearbeitet werden. Zunächst aber wird der Dadaismus in den Blick genommen.

Anmerkungen

1 Piet Mondrian, „Die Neue Gestaltung in der Malerei", in: Hagen Bächler und Herbert Letsch (Hrsg.), *De Stijl. Schriften und Manifeste zu einem theoretischen Konzept ästhetischer Umweltgestaltung*, Leipzig und Weimar 1984, S. 62–147, hier S. 62.
2 Ebd. S. 62.
3 Ebd. S. 77.
4 Zu den synonym verwendeten Bezeichnungen „Neue Gestaltung" und „Neoplastizismus", die wiederum eine Übersetzung des niederländischen „nieuwe beelding" darstellen: Hans Janssen, „„Die neue Gestaltung" lesen", in: Helmut Friedel und Matthias Mühling (Hrsg.), *Mondrian und De Stijl*, Ostfildern 2011, S. 26–45, hier S. 34 ff; Regine Prange, *Das ikonoklastische Bild. Piet Mondrian und die Selbstkritik der Kunst*, München 2006, S. 76 und 153 ff. Neben einer detaillierten Werkanalyse findet sich in dieser umfassenden Studie eine eingehende Darstellung der bisherigen Mondrian-Forschung (insbesondere S. 175–211). Zum aktuellen Forschungsstand siehe auch: Philipp Heßeler, *Grundlose Gestaltung. Kunstphilosophische Überlegungen zu Schelling und Mondrian*, Paderborn 2017, S. 62–64.
5 Vgl. Piet Mondrian, „Die Neue Gestaltung in der Malerei", S. 66.
6 Ebd. S. 66.
7 Ebd. S. 71.
8 Ebd. S. 74.
9 Hierzu auch: Hans Janssen, „Piet Mondrians „True Vision of Reality"", in: Roman Zieglgänsberger (Hrsg.), *Piet Mondrian. Natur und Konstruktion*, Köln 2018, S. 134–154, hier S. 147.
10 Newman bemerkt: „(Mondrian schafft) eine schematische Welt, die, so rein seine Abstraktion formal auch sein mag, die geometrische Entsprechung der geschauten Landschaft mit den senkrechten Bäumen am Horizont ist, und wir werden in die Welt materieller Reinheit durch eine begriffliche Wiedergabe ihres mathematischen Äquivalents eingeführt. Ein Winkel von 90 Grad ist ein bekanntes Naturbild" (zit. nach Beat Wismer, „Stationen zum Gleichgewicht", in: Tobia Bezzola, Alois Martin Müller, Lars Müller und Beat Wismer (Hrsg.), *Equilibre. Gleichgewicht, Äquivalenz und Harmonie in der Kunst des 20. Jahrhunderts*, Baden 1993, S. 63–239, hier S. 188). Zu Newmans Mondrian-Kritik siehe auch: Regine Prange, *Das ikonoklastische Bild*, S. 199 ff.

In seinen „Lebenserinnerungen" weist Mondrian auf das für die Begründung des Neoplastizismus entscheidende Naturerleben hin. Retrospektiv notiert er: „Durch die ungeheure Größe der Natur beeindruckt, versuchte ich, ihre Ausdehnung, Ruhe und Einheit wiederzugeben. Zu gleicher Zeit war ich mir völlig bewußt, daß die sichtbare Ausdehnung der Natur zugleich auch ihre Begrenzung ist; vertikale und horizontale Linien sind der Ausdruck von zwei gegensätzlichen Kräften, welche überall sind und alles beherrschen. Ihr wechselseitiges Wirken

macht das Leben aus. Ich erkannte, daß das Gleichgewicht jedes besonderen Anblicks der Natur auf der Gleichwertigkeit ihrer Gegensätze ruht" (Piet Mondrian, „Lebenserinnerungen und Gedanken über die „Neue Gestaltung"", in: *Das Kunstwerk. Eine Zeitschrift über alle Gebiete der bildenden Kunst*, begründet von Woldemar Klein, Stuttgart, Berlin, Köln und Mainz 1958, S. 9–12, hier S. 10).
11 Piet Mondrian, „Die Neue Gestaltung in der Malerei", S. 65 f.
12 Regine Prange führt aus, dass Mondrians Denken in der Tradition der klassizistisch-romantischen Kunstreligion steht: „Mondrians Gewährsmann ist nicht Hegel, sondern Schelling, obwohl dessen Name anders als der Hegels in Mondrians Schriften nicht fällt. Nur in der Tradition der Schellingschen Kunstphilosophie und ihrer Nachfolge ist die Konstruktion einer Unmittelbarkeit möglich, die der Kunst einen über alle Zeiten wesensgleichen Ausdruck des Universalen zuweist und das philosophische Wahre mit dem künstlerischen Schönen gleichsetzt [...]. Das ‚Universale' ist zugleich Ziel und Quelle. Die romantische Kunstphilosophie, der Mondrian folgt, strebt danach, die im Akt des Selbstbewusstseins verursachte Dissoziation von Ich und Welt rückgängig zu machen, um die vorausgesetzte ursprüngliche Identität von Subjekt und Objekt wiederherzustellen. Dies ist der Sinn der Genieproduktion, die nach Schellings Auffassung sowohl bewusste als auch unbewusste Produktion ist und in ihrem Resultat, dem Kunstwerk, die Synthese jener sonst unvereinbaren Gegensätze zugänglich macht." (Regine Prange, *Das ikonoklastische Bild*, S. 151 f.).
13 Dass es aufgrund einer Meinungsverschiedenheit hinsichtlich der Frage nach der Verwendung der Diagonale zum Bruch zwischen Mondrian und van Doesburg kam, sei, so Evert van Straaten, unwahrscheinlich. Die Gründe seien eher im privaten Bereich zu suchen (vgl. Evert van Straaten, „Theo van Doesburg – Konstrukteur eines neuen Lebens", in: Jo-Anne Birnie Danzker (Hrsg.), *Theo van Doesburg. Maler – Architekt*, München, London und New York 2000, S. 43–117, hier S. 76–84). Der Bauhauskünstler Werner Graeff (1901–1978) vermutet dagegen, dass es van Doesburgs Faszination für den Dadaismus gewesen sei, die zum Zerwürfnis mit Mondrian geführt habe (vgl. Werner Graeff, „Über die Zeitschrift „G"", in: Ursula Hirsch (Hrsg.), *Werner Graeff. Hürdenlauf durch das 20. Jahrhundert*, Wiesbaden 2010, S. 59). Bemerkenswert ist, dass es zunächst nicht etwa Mondrian war, der die Diagonale ablehnte, sondern dass sich van Doesburg gegen den Einsatz der Diagonale aussprach, weil diese nicht nur das Gleichgewicht stören, sondern auch nicht der horizontal-vertikalen Ausrichtung der Architektur entsprechen würde (vgl. Evert van Straaten, „Theo van Doesburg – Konstrukteur eines neuen Lebens", S. 77). Zu Kunst und Theorie der beiden Künstler siehe auch: Clara Weyergraf, *Piet Mondrian und Theo van Doesburg. Deutung von Werk und Theorie*, München 1979.
14 Oskar Schlemmer, Brief an Otto Meyer-Amden, Weimar, 3. Januar 1926, in: ders., *Idealist der Form. Briefe, Tagebücher, Schriften 1912–1943*, herausgegeben und mit einem Nachwort von Andreas Hüneke, Leipzig 1990, S. 160. Nicht verwunderlich ist, dass Schlemmer hier den Begriff „Bild" in Anführungszeichen setzt, wenn er von Mondrians Kunst spricht, denn die puristische Bildsprache des Holländers entspricht nicht der herkömmlichen Auffassung von Kunst. Sein Neoplastizismus streicht die Individualität der Handschrift des Künstlers, die bis dato eine wesentliche Rolle gespielt hatte, zugunsten einer Ästhetik, die Absolutheit zum Ausdruck bringen möchte. Damit wird die Vorstellung dessen, was Kunst sein darf, sein kann und sein soll gesprengt bzw. erweitert. Mit dem Setzen der Anführungszeichen verdeutlicht Schlemmer einerseits das vollkommen Neue und Ungewohnte, das die Mondrian'schen Bilder verkörpern, andererseits stellen sie implizit die Frage, inwieweit es sich bei einer solch radikalen Abstraktion überhaupt noch um Kunst handelt, ist doch alles Individuelle eliminiert worden. Eines steht si-

cherlich fest: Selbst der innovative, aufgeschlossene und experimentierfreudige Bauhauskünstler Schlemmer erkennt keine Möglichkeit einer Weiterentwicklung.
15 Vgl. Hagen Bächler und Herbert Letsch, „Vorwort", in: dies., *De Stijl. Schriften und Manifeste*, S. 5–45, hier S. 14.
16 Zu Mondrians Blumenbildern und einer im Eingang seines Ateliers aufgestellten Vase mit künstlicher Blume, deren Blätter Mondrian weiß anstrich, siehe: Susanne Deicher, *Piet Mondrian 1872–1944. Konstruktion über dem Leeren*, Köln 2001, S. 57.
17 Vgl. Piet Mondrian, „Lebenserinnerungen", S. 111 und H. L. C. Jaffé, *De Stijl 1917–1931. Der niederländische Beitrag zur modernen Kunst*, Berlin, Frankfurt am Main und Wien 1965, S. 149.
18 Vgl. Piet Mondrian, „Die Verwirklichung der Neuen Gestaltung in weiter Zukunft und in der heutigen Architektur" (1922), in: ders., *Neue Gestaltung, Neoplastizismus, Nieuwe Beelding*, herausgegeben von Hans M. Wingler, neue Bauhausbücher (Nachdruck der Ausgabe von 1925), Mainz und Berlin 1974, S. 54–64, hier S. 55; Georg Poensgen und Leopold Zahn (Hrsg.), *Abstrakte Kunst. Eine Weltsprache, mit einem Beitrag von Werner Hofmann „Quellen zur abstrakten Kunst"*, Baden-Baden 1958, S. 160.
19 Vgl. Peter Ulrich Hein, *Die Brücke ins Geisterreich. Künstlerische Avantgarde zwischen Kulturkritik und Faschismus*, Reinbek bei Hamburg 1992, v. a. S. 166 ff; Hubertus Gaßner, Karlheinz Kopanski und Karin Stengel (Hrsg.), *Die Konstruktion der Utopie. Ästhetische Avantgarde und politische Utopie in den 20er Jahren*, Marburg 1992, hier v. a. Beat Wismer, „Mondrians ästhetische Theorie als Utopie", S. 157–162.
20 Vgl. ebd. z. B. S. 198 f. Auf die mangelnde Wissenschaftlichkeit der Mondrian'schen Argumentation verweist Carsten-Peter Warncke in: *Das Ideal als Kunst. De Stijl 1917 bis 1931*, Köln 1990, S. 73. Ähnlich äußert sich auch Clara Weyergraf (vgl. *Piet Mondrian und Theo van Doesburg*, S. 87). Ferner kritisiert die Autorin den unreflektierten Umgang mit den theoretischen Schriften Mondrians, dessen Äußerungen vorschnell für wahr genommen würden, was nicht nur zu einer Degradierung seiner Kunst zur bloßen Illustration der Theorie geführt habe, sondern gleichermaßen zu einer Verdrängung der formalistischen Realität der Bilder (vgl. ebd. S. 66 f). Die theoretischen Schriften stellen für sie lediglich ein „Instrument der Selbstüberzeugung" (ebd. S. 85) dar, mit welchem Mondrian und van Doesburg dem eigenen Tun Sinn verleihen wollten. Ihr Schreiben sei nichts weiter als ein Schreiben gegen die Sinnlosigkeit des künstlerischen Schaffens. Natürlich trifft Weyergraf mit ihrer Kritik einen wunden Punkt, denn tatsächlich erscheint die theoretische Fundierung der *Stijl*-Ästhetik aufgrund ihrer Vagheit bzw. mangelnden Wissenschaftlichkeit wie ein Spiel mit philosophischem Gedankengut – zumal die Texte an Redundanz und Unklarheit kaum zu überbieten sind. Doch ging es weder Mondrian noch van Doesburg darum, philosophische Abhandlungen zu schreiben, die wissenschaftlichen Standards genügen. Ihre Texte mit philosophischer Fachliteratur zu vergleichen heißt, einen ungeeigneten Maßstab anzulegen. Die theoretischen Schriften der *Stijl*-Künstler müssen vielmehr als Versuch gelesen werden, die Absicht hinter den Kunstwerken darzulegen (hierzu auch Hans Janssen, „Piet Mondrians „True Vision of Reality"", S. 135, 141 und 152 sowie ausführlich ders., „„Die neue Gestaltung" lesen").
21 Vgl. Hagen Bächler und Herbert Letsch, „Vorwort", in: dies., *De Stijl. Schriften und Manifeste*, S. 16.
22 Wie wichtig die Künstlertheorie für das Verständnis von Kunst ist, arbeitet Matthias Bunge in seiner Schrift zum Bildnerischen Denken von Kandinsky, Klee und Beuys heraus. Grundlegend bei der Einschätzung der Künstlertheorien sei, dass diese nicht Theorie im herkömmlichen Sinne darstellten. Theorie meine hier nicht etwa ein streng logisch aufgebautes Erkenntnissystem, sondern vielmehr eine „geistige Schau abstrakter Dinge oder die denkende

Betrachtung der Phänomene". Es handele sich deshalb bei der Künstlertheorie mehr um eine Anschauung. Sie verrate, wie der Künstler auf das eigene Tun und die Sinnhaftigkeit von Kunst schaut. Dabei seien die Übergänge von denkender Betrachtung und Praxis fließend (Matthias Bunge, *Zwischen Intuition und Ratio. Pole des Bildnerischen Denkens bei Kandinsky, Klee und Beuys*, Stuttgart 1996, S. 13).
23 Vgl. H. L. C. Jaffé, *De Stijl 1917–1931*, S. 118. Mondrian spricht, das muss an dieser Stelle betont werden, nicht von Anfang an vom dynamischen Gleichgewicht (vgl. Yves-Alain Bois, „Der Bilderstürmer", in: Angelica Zander Rudenstine (Red.), *Piet Mondrian. 1872–1944*, Bern 1995, S. 313–380, hier S. 316). Gleichwohl taucht der Aspekt des Dynamischen schon früh im Zusammenhang mit dem Gleichgewicht auf, so etwa, wenn der Künstler konstatiert, dass das Glück „durch immerwährende Erneuerung des Veränderlichen" (Piet Mondrian, „Die neue Gestaltung. Das Generalprinzip gleichgewichtiger Gestaltung" (1920), in: ders., *Neue Gestaltung, Neoplastizismus, Nieuwe Beelding*, herausgegeben von Hans M. Wingler, neue Bauhausbücher (Nachdruck der Ausgabe von 1925), Mainz und Berlin 1947, S. 5–28, hier S. 5) entstehe, wobei über allem Glück, wie es dann heißt, das Gleichgewicht stehe, oder wenn er Ruhe als ausgewogene Bewegung definiert (vgl. Piet Mondrian, „Die Neue Gestaltung in der Malerei", S. 100). Auf die Entwicklung des bildkünstlerischen und theoretischen Werkes mitsamt auftretender Brüche, Verschiebungen, Krisen und Widersprüchlichkeiten wird im Rahmen dieser Arbeit nicht bzw. nur am Rande eingegangen (siehe hierzu: Roman Zieglgänsberger (Hrsg.), *Piet Mondrian. Natur und Konstruktion*, Köln 2018; Sebastian Egenhofer, „Der Ort des Bildes im Neoplastizismus", in: ders., *Produktionsästhetik*, Zürich 2010, S. 35–77; Regine Prange, *Das ikonoklastische Bild*; Yves-Alain Bois, „Der Bilderstürmer"). Einen bildreichen Überblick über das Werk Mondrians bietet: Cees W. de Jong, *Piet Mondrian. Leben und Werk*, München, London und New York 2015.
24 Ebd. S. 41 f.
25 Karl Ruhrberg, *Kunst des 20. Jahrhunderts*, herausgegeben von Ingo F. Walther, Teil I Malerei, Köln 2000, S. 168. Ergänzend muss darauf hingewiesen werden, dass es übereilt ist, die Kunst des *Stijl* grundsätzlich als statisch zu bezeichnen, da die um die Zeitschrift De Stijl agierenden Künstler nicht ausschließlich Statisches schufen. Van Doesburg beispielsweise hatte sich mit seinem Elementarismus explizit von dieser Bildsprache distanziert, da er sie als zu statisch empfand (dazu später mehr).
26 Ebd. S. 168.
27 *Der große Duden. Rechtschreibung der deutschen Sprache und der Fremdwörter*, Leipzig 1929, „Statik", S. 526.
28 Folgende Nachschlagewerke wurden zur Klärung des Begriffs „Statik" und des entsprechenden Begriffsfeldes herangezogen: *Enzyklopädie der Neuzeit*, herausgegeben von Friedrich Jaeger im Auftrag des Kulturwissenschaftlichen Instituts (Essen) und in Verbindung mit den Fachherausgebern, 16 Bde., Stuttgart 2005–2012; *Brockhaus. Enzyklopädie in 30 Bänden*, 21., völlig neu bearbeitete Aufl., Leipzig und Mannheim 2005–2006; *Duden. Das Fremdwörterbuch*, 8., neu bearbeitete und erweiterte Aufl., herausgegeben von der Dudenredaktion, Mannheim 2005; *Duden. Das Synonymwörterbuch. Ein Wörterbuch sinnverwandter Wörter*, 3., völlig neu erarbeitete Aufl., herausgegeben von der Dudenredaktion, Mannheim 2004; *Der große Duden. Rechtschreibung der deutschen Sprache und der Fremdwörter*, 10., neubearbeitete und erweiterte Aufl., Leipzig 1929; *Meyers Lexikon*, 7. Aufl., 12 Bde., Leipzig 1924–1930; *Meyers großes Konversations-Lexikon. Ein Nachschlagewerk des allgemeinen Wissens*, 6., gänzlich neubearbeitete und vermehrte Aufl., Leipzig 1909; Konrad Duden, *Orthographisches Wörterbuch der deutschen Sprache*, 7. Aufl., Leipzig und Wien 1903; Rudolf Eisler, *Wörterbuch der Philosophischen Begriffe und Ausdrücke*, Berlin 1899; *Brockhaus. Konversations-Lexikon*, 14., vollständig neube-

arbeitete Aufl., Leipzig 1898; Jacob und Wilhelm Grimm, *Deutsches Wörterbuch*, 16 Bde. in 32 Teilbänden, Leipzig 1854–1961; Johann Christoph Adelung, *Grammatisch-kritisches Wörterbuch der Hochdeutschen Mundart*, 2. Aufl., Leipzig 1793–1801; Johann Heinrich Zedler, *Grosses vollständiges Universal-Lexicon aller Wissenschafften und Künste*, Halle und Leipzig 1731–1754; Johann Theodor Jablonski, *Allgemeines Lexikon der Künste und Wissenschaften oder deutliche Beschreibung des Reichs der Natur, der Himmel und himmlischen Cörper, der Luft, der Erde, sammt den bekannten Gewächsen der Thiere, Steine und Erzte, des Meers und der darinne lebenden Geschöpfe*, Königsberg 1748; Christian von Wolff, *Mathematisches Lexicon Darinnen die in allen Theilen der Mathematik üblichen Kunst-Wörter erkläret, und zur Historie der Mathematischen Wissenschaften dienliche Nachrichten ertheilet, Auch die Schrifften, wo jede Materie ausgefüret zu finden, angefüret werden*, Leipzig 1716.

29 Piet Mondrian, „Die neue Gestaltung. Das Generalprinzip gleichgewichtiger Gestaltung", S. 5.
30 Ebd. S. 5.
31 Piet Mondrian, „Die Neue Gestaltung in der Malerei", S. 77.
32 Mondrian weist selbst auf die enge Verbindung von Kunst und Technik hin: „Kunst und Technik sind untrennbar, und je mehr die Technik sich entwickelt, desto reiner und vollkommener wird die Kunst der neuen Gestaltung werden" (Piet Mondrian, „Die Verwirklichung der Neuen Gestaltung in weiter Zukunft und in der heutigen Architektur", S. 63).
33 *Meyers Lexikon*, 7. Aufl., Bd. 5, Leipzig 1926, „Gleichgewicht", Sp. 284.
34 Ebd. Sp. 284.
35 Piet Mondrian, „Die Neue Gestaltung in der Malerei", S. 108.
36 *Der Brockhaus. Moderne Kunst, vom Impressionismus bis zur Gegenwart*, „Informationstafel: Klein. Monochromes Blau (ohne Titel)", S. 181.
37 Piet Mondrian, „Die Neue Gestaltung in der Malerei", S. 100.
38 *Brockhaus*, 21. Aufl., Bd. 26, „Statik", S. 178.
39 Johann Heinrich Zedler, *Grosses vollständiges Universal-Lexicon aller Wissenschafften und Künste*, Bd. 40, Leipzig 1744, „Stillstand der schweren Cörper", Sp. 107.
40 Jacob und Wilhelm Grimm, *Deutsches Wörterbuch*, Bd. 17, Leipzig 1919, „Statik", Sp. 939.
41 Piet Mondrian, „Der Neoplastizismus", in: Georg Poensgen und Leopold Zahn (Hrsg.), *Abstrakte Kunst*, S. 106–111, hier S. 110.
42 *Brockhaus*, 21. Aufl., Bd. 26, „Statik", S. 178.
43 Johann Christoph Adelung, *Grammatisch-kritisches Wörterbuch der hochdeutschen Mundart*, Bd. 4, Wien 1811, „Wagekunst", Sp. 1334.
44 Piet Mondrian, „Der Neoplastizismus", S. 106 f.
45 Ebd. S. 110.
46 Karl-Eugen Kurrer im Gespräch (29. Januar 2016), „Der wirklich geniale Ingenieur ist poetischer Denker", *momentum Magazin*, online unter: https://momentum-magazin.de/de/der-wirklich-geniale-ingenieur-ist-poetischer-denker/ (zuletzt aufgerufen am 14.07.2021).
47 Piet Mondrian, „Die Neue Gestaltung in der Malerei", S. 143. Mondrian spricht hier explizit vom Rhythmus in der Kunst, nicht von Zeit. Das jedoch verwundert kaum, wenn man bedenkt, dass er die Zeit in der Neuen Gestaltung gerade ausklammern möchte (vgl. Evert van Straaten, „Theo van Doesburg – Konstrukteur eines neuen Lebens", S. 61 ff). Wenn aber der Rhythmus laut Mondrian die künstlerische Darstellung des vollkommenen Gleichgewichts relativiert, so muss damit letztlich doch das zeitliche Moment in der Kunst gemeint sein, denn neben der Individualität, die es im Rahmen seiner Theorie ebenfalls zu verdrängen gilt, kann nur alles Veränderliche und damit der Faktor Zeit das äquilibristische Kunstwerk trüben. Gleichzeitig will Mondrian nicht nur ein dynamisches Gleichgewicht gestalten, er will auch lebendige

Kunst schaffen. Dazu aber ist das Einschalten der Zeit notwendig, denn das Leben kann nur in seiner Veränderlichkeit und Dynamik gefasst und begriffen werden. Das Ausschalten bzw. Verdrängen der Zeit bedeutet letztlich, sich gegen die Vitalität des Lebens zu stellen. Insofern erweist sich Mondrians Theorie als nicht konsistent. Vorweg genommen sei hier, dass Jean Tinguely in seinem Manifest „Für Statik" genau diese Erkenntnis formuliert: Die Absolutheit im Leben kann nur *in* der Zeit begriffen werden. Ende der 30er Jahre aber hat sich Mondrians Rhythmus-Verständnis ganz offensichtlich gewandelt, da er seine Gemälde nun als *Rhythmus von Linien und Farbe* (1937) oder *Rhythmus von geraden Linien und Farbe* (1935–1942) tituliert. Zudem notiert er im März des Jahres 1938: „In der Absicht, den dynamischen Rhythmus [...] auf eine prägnante und eindeutige Art darzustellen, reduziert der „Neoplastizismus" die einzelnen Formen auf die Grundelemente [...]. In der neoplastizistischen Komposition wird durch solche wechselnden Beziehungen der feste Ausdruck der konstanten Beziehungen verneint und das Werk kann dynamisch und wirklich menschlich sein" (zit. nach Max Bill, „Ueber konkrete Kunst", in: *Das Werk. Architektur und Kunst* 25 (1938), S. 250–256, hier S. 251). Damit ist der an die Dynamik gebundene Rhythmus-Begriff positiv konnotiert. Er ist es, der Kunst und Leben verbindet, der aus Kunst lebendige Gestaltung macht. Er ist nicht mehr relativierender Faktor, der die Darstellung trübt, sondern Grundvoraussetzung für eine Kunst des ‚vollen Lebens'. Zur Rhythmus-Diskussion, auf die hier nicht weiter eingegangen werden kann, siehe: Claudia Blümle, „Rhythmus im Bildraum. John Dewey, Henri Maldiney und Gilles Deleuze", in: Marion Lauschke, Johanna Schiffler und Franz Engel (Hrsg.), *Ikonische Formprozesse. Zur Philosophie des Unbestimmten in Bildern*, Berlin und Boston 2018, S. 143–161; Viola Nordsieck, „Rhythmus als Form der Dauer. Zu Form und Formbildung im Denken Henri Bergsons", in: Marion Lauschke, Johanna Schiffler und Franz Engel (Hrsg.), *Ikonische Formprozesse. Zur Philosophie des Unbestimmten in Bildern*, S. 163–184; Christian Grüny und Matteo Nanni, (Hrsg.), *Rhythmus – Balance – Metrum. Formen raumzeitlicher Organisation in den Künsten*, Bielefeld 2014; Patrick Primavesi und Simone Mahrenholz (Hrsg.), *Geteilte Zeit. Zur Kritik des Rhythmus in den Künsten*, Schliengen 2005. Verwiesen sei auch auf das DFG-Schwerpunktprogramm „Ästhetische Eigenzeiten. Bildzeit und Bildrhythmen. Eine kulturwissenschaftliche Denkfigur und ihre rezeptionsästhetischen Implikationen" unter der Leitung von Prof. Dr. Johannes Grave (Bielefeld) und Prof. Dr. Reinhard Wegner (Jena): https://www.aesthetische-eigenzeiten.de/ (zuletzt aufgerufen am 14.07.2021).

48 Beat Wismer bemerkt in seinem Aufsatz „Stationen zum Gleichgewicht", dass die Begriffe „Gleichgewicht" und „Harmonie" so umfassend und unscharf seien, dass ihre Verwendung geradezu beliebig und banal erscheint, sofern man sie nicht näher definiert (vgl. Beat Wismer, „Stationen zum Gleichgewicht", S. 63). Die vorliegende Arbeit grenzt das zunächst recht vage Begriffsverständnis vom Gleichgewicht ein, indem sie ihn in direkte Beziehung zum Begriff „Statik" setzt. Klaus Mainzer wiederum führt in seinem Handbuch *Symmetrien der Natur* Gleichgewicht und Symmetrie eng (Klaus Mainzer, *Symmetrien der Natur. Ein Handbuch zu Natur- und Wissenschaftsphilosophie*, Berlin und New York 1988). Seine abschließenden Bemerkungen gelten der Symmetrie in der Kunst der Moderne und Postmoderne. Er stützt seine Ausführungen auf das der Ausstellung „Symmetrie und Gleichgewicht", welche 1906 im Königlichen Württembergischen Landesgewerbemuseum in Stuttgart stattfand, zugrundeliegende Symmetrieverständnis (vgl. hierzu die Begriffserklärungen im zur Ausstellung erschienenen Katalog: Gustav E. Pazaurek, *Symmetrie und Gleichgewicht*, Stuttgart 1906). Obwohl Mainzer seinen Fokus anders setzt, so sind die Parallelen zur vorliegenden Arbeit doch auffallend: Nicht nur arbeitet er in einem ähnlich gelagerten Begriffsfeld (Gleichgewicht, Harmonie), auch kommen im Handbuch, und das verwundert angesichts der Thematik nicht,

Künstler und Architekten zur Sprache, die in der „statischen Moderne" eine prominente Rolle spielen, so etwa Le Corbusier, van Doesburg, Mondrian, Schlemmer oder Mendelsohn. Dass allerdings die Verknüpfung von Symmetrie und Gleichgewicht nicht unproblematisch ist, wird deutlich, wenn man beispielsweise einen Blick auf die Theorie Theo van Doesburgs wirft. Zwar fordert der Künstler dezidiert die Herstellung eines Gleichgewichtszustandes, doch geht es ihm gleichzeitig um die Abschaffung von Symmetrie (vgl. Theo van Doesburg, „Grundsätze der neuzeitlichen (gestaltenden) Architektur", in: Hagen Bächler und Herbert Letsch (Hrsg.), *De Stijl*, S. 189–201, hier S. 192). Entgegen einer Engführung von Gleichgewicht und Symmetrie birgt jene von Gleichgewicht und Statik den Vorteil, dass allein schon aufgrund des begrifflichen Konnex (Statik als Gleichgewicht der Kräfte bei ruhenden Körpern) der Blick für das Verhältnis von Kunst und Technik, von Kunst und Architektur bzw. für eine technische Ästhetik geschärft wird.

49 Albrecht Koschorke, *Die Geschichte des Horizonts. Grenze und Grenzüberschreitung in literarischen Landschaftsbildern*, Frankfurt am Main 1990, S. 63.

50 Leon Battista Alberti vergleicht in seinem 1435 erschienenen Traktat *De pictura* ein Bild mit einem geöffnetem Fenster: „Vorerst beschreibe ich auf die Bildfläche ein rechtwinkliges Viereck beliebiger Grösse, welches ich mir wie ein geöffnetes Fenster vorstelle, wodurch ich das erblicke, was hier gemalt werden soll" (Leon Battista Alberti, *Kleinere kunsttheoretische Schriften*, im Originaltext herausgegeben, übersetzt, erläutert, mit einer Einleitung und Excursen versehen von Dr. Hubert Janitschek, Osnabrück 1970, S. 78). Das hier vorgestellte Modell des Bildes als *fenestra aperta* avancierte zu einem kunsttheoretischen Topos, welcher zumindest für die abendländische Kunst lange Zeit uneingeschränkt Gültigkeit beanspruchen konnte. Seit der Renaissance gelang es den Künstlern, mithilfe der *costruzione legittima* die Zweidimensionalität der Bildfläche zugunsten einer illusionistischen Tiefenwirkung aufzubrechen. Der Blick des Betrachters bleibt nicht länger an der Flächigkeit des Gemäldes haften, sondern taucht gleichsam in die Tiefe der fiktiven Darstellung ein – so wird der Blick *auf* ein nach zentralperspektivischen Vorgaben konstruiertes Gemälde zu einem Blick *durch* eine scheinbar transparente Fläche, zu einem Blick *durch* ein geöffnetes Fenster. Das Gemälde wird zu einer Schnittstelle zwischen der erlebten Realität des Betrachters und der Raum illusionierenden Bildwelt. Zudem werden die Gesetze der Optik und der menschlichen Wahrnehmung durch die von Alberti eingeführte Metapher des Bildes als geöffnetes Fenster unmittelbar mit den Gesetzen der künstlerischen Darstellung in Verbindung gebracht: Die Welt des Betrachters verschmilzt mit der in den Gemälden abgebildeten Welt, da sowohl für die Bildwelt als auch für die Betrachterwelt die gleichen optischen Gesetze geltend gemacht werden. Es ist somit die Aufgabe des Künstlers, eine Szene malerisch genauso wiederzugeben, wie sie sich dem Auge des Betrachters zeigt. In der Malerei ist die Perspektive also nichts anderes als ein Versuch der Täuschung, der die Bildbetrachter glauben lassen soll, sie würden tatsächlich aus einem Fenster hinaus in die Natur blicken. Erwin Panofsky weist in seiner Arbeit „Die Perspektive als symbolische Form" darauf hin, dass die Zentralperspektive als Abstraktion des menschlichen Sehens zu verstehen ist, da der psycho-physiologische Raum durch die Anwendung zentralperspektivischer Projektionsverfahren in einen mathematischen Raum verwandelt wird: „Die perspektivische Anschauung [...] beruht auf dem Willen, den Bildraum [...] grundsätzlich aus den Elementen und nach dem Schema des empirischen Sehraums aufzubauen: sie mathematisiert diesen Sehraum, aber es ist eben doch der Sehraum, den sie mathematisiert – sie ist eine Ordnung, aber sie ist eine Ordnung der visuellen Erscheinung" (Erwin Panofsky, „Die Perspektive als symbolische Form", in: ders., *Aufsätze zu Grundfragen der Kunstwissenschaft*, herausgegeben von Hariolf Oberer und Egon Verheyen, Berlin 1992, S. 99–167, hier S. 126). Zur Perspektive siehe auch: Kurt Röttgers und Monika Schmitz-Emans (Hrsg.), *Perspektive in Literatur und bildender Kunst*, Essen 1999; Samuel Y. Edgerton, *Die Entdeckung der Perspektive*, aus dem Englischen von Heinz Jatho, München 2002; Mark Wellmann, *Die Entdeckung der Unschärfe in Optik und Malerei. Zum Verhältnis von Kunst und Wissenschaft zwischen dem 15. und dem 19. Jahrhundert*, Frankfurt am Main 2005.

51 Stephan Berg, *Schlimme Zeiten, böse Räume: Zeit- und Raumstrukturen in der phantastischen Literatur des 20. Jahrhunderts*, Stuttgart 1991, S. 72.

52 Ebd. S. 72.

53 Raoul Hausmann, „Die neue Kunst", in: ders., *Texte bis 1933*, Bd. 1, Bilanz der Feierlichkeit, herausgegeben von Michael Erlhoff, München 1982, S. 179–185, hier S. 181 f.

54 In seinem Essay „Wir sind nicht die Photographen" äußert Raoul Hausmann seine Kritik an der Zentralperspektive: „Da wir nicht etwa rein subjektiv, also zugleich mit der größten Objektivität, sondern egozentrisch sehen, so müßte das wirkliche Sehen, das von den Ressentiments befreite Sehen des Schwergefühls und der primitiven euklidischen Grundformen entkleidet werden [...]. In einer Welt, in der wir nicht aus Angst mehr Beherrschende sein müssen, werden wir es nicht wagen, unser kleines leibliches Ego zum optischen Richter über die geistige Realität [...] zu ernennen [...]. Unser durch die Kunst gestaltetes Sehen muß das Dynamische der räumlichen Beziehungen der Körper versinnbildlichen" (Raoul Hausmann, „Wir sind nicht die Photographen", in: ders., *Texte bis 1933*, Bd. 2, Sieg Triumph Tabak mit Bohnen, herausgegeben von Michael Erlhoff, München 1982, S. 37–39, hier S. 37 und 38). Auf die enge Verbindung von Sehen und Herrschen geht auch Oswald Spengler ein, wenn er schreibt: „In dieser Art des Sehens [nämlich der perspektivischen] liegt schon die Idee des Herrschens. Das Weltbild ist die vom Auge beherrschte Umwelt" (Oswald Spengler, *Der Mensch und die Technik. Beitrag zu einer Philosophie des Lebens*, München 1931, S. 19 f).

55 Piet Mondrian, „Die Verwirklichung der Neuen Gestaltung in weiter Zukunft und in der heutigen Architektur", S. 157.

56 Piet Mondrian, „Die neue Gestaltung in der Musik und die futuristischen italienischen Bruitisten", in: ders., *Neue Gestaltung, Neoplastizismus, Nieuwe Beelding*, S. 29–41, hier S. 30.

57 Eine strikte Gegenüberstellung von Statik und Dynamik ist ebenso problematisch wie jene von Konstruktion und Destruktion. Lange arbeitete sich die Forschung an der Opposition destruktiver und konstruktiver Tendenzen ab und festigte dadurch eine Gegenüberstellung, die der Komplexität der Realität nicht gerecht wird. Künstler wie Theo van Doesburg, der nicht nur die Ideale der *Stijl*-Bewegung in die Welt trug, sondern auch die dadaistische Zeitschrift „Mécano" herausgab, oder die Dadaisten, die mit ihren Montagen einen neuen Menschen in einem neuen Wahrnehmungsraum konstruierten und gleichzeitig an der Zertrümmerung der Welt arbeiteten, führen vor, dass eine rigide Polarisierung von Destruktivität und Konstruktivität nicht durchzuhalten ist (vgl. Roland Nachtigäller und Hubertus Gassner, „3x1 = 1 Vešč' Objet Gegenstand", in: Il'ja Ėrenburg und Ėl Lisickij (Hrsg.), *Vešč' Objet Gegenstand*, Berlin 1922 (Reprint 1994), S. 7–27, hier S. 24; Hanno Ehrlicher, „Entleerte Innenräume. Avantgarde als Fluchtbewegung", in: Heinz Ludwig Arnold (Hrsg.), *Aufbruch ins 20. Jahrhundert. Über Avantgarden*, München 2001, S. 76–91, hier v. a. S. 83 ff; Martino Stierli, „Mies Montage. Mies van der Rohe, Dada, Film und die Kunstgeschichte", in: *Zeitschrift für Kunstgeschichte*, Bd. 74, Heft 3 (2011), S. 401–436, hier S. 412). In diesem Zusammenhang sei außerdem auf die Bedeutung des Begriffs „Konstruktion" im Rahmen der *Stijl*-Theorie hingewiesen, die sich im Laufe der Jahre wandelte: Während er anfangs fast ausschließlich als Gegenbegriff zur Destruktion verwendet wurde, wobei betont werden muss, dass es den *Stijl*-Künstlern um das Herausstellen der Gleichzeitigkeit von Zerstören und Aufbauen ging (Mondrian betont, dass der Neoplastizismus

gleichermaßen destruktiv und konstruktiv sei. Falsch jedoch sei es, ihn als Konstruktivismus zu bezeichnen (vgl. Hans Janssen, „Piet Mondrians „True Vision of Reality"", S. 151f; Yves-Alain Bois, „Der Bilderstürmer", S. 362)), tritt er später bei van Doesburg in Opposition zum Komponieren. Im „Konstruktivistischen Manifest" (1923), das nie veröffentlicht wurde, meint „Konstruktion", dass jedes Element gesetzmäßig bestimmt ist, und zwar im Hinblick auf das Ganze. Konstruieren bedeutet nicht spontanes, instinktives Ordnen, sondern abwägendes Zusammenfassen (hierzu ausführlich: Evert van Straaten, „Theo van Doesburg – Konstrukteur eines neuen Lebens", S. 71ff).

58 Susanne Deicher, *Piet Mondrian*, S. 7.

59 Zur Flächigkeit moderner Kunst siehe: Clement Greenberg, „Modernist Painting" (1960), in: ders., *The Collected Essays and Criticism*, herausgegeben von John O'Brian, Bd. 4, Chicago und London 1993, S. 85–93, hier S. 87; Clara Weyergraf, *Piet Mondrian und Theo van Doesburg*, S. 21 (Die Autorin zitiert hier El Lissitzky, der in einer Anmerkung zu seinem Aufsatz „K. und Pangeometrie" folgendes bemerkt: „Mondrian bringt die Fläche zu dem Urzustand, zu nur Ebene, es ist kein Hinein und kein Hinaus aus der Fläche mehr. Es ist die letzte Konsequenz jeder Abschließung nach außen").

60 Zur Raster-Debatte in der Kunst: Rosalind E. Krauss, *Die Originalität der Avantgarde und andere Mythen der Moderne*, aus dem Amerikanischen von Jörg Heininger, herausgegeben und mit einem Vorwort von Herta Wolf, Amsterdam und Dresden 2000, hier v. a. S. 60 f.

61 El Lissitzky, „K. und Pangeometrie", in: Carl Einstein und Paul Westheim (Hrsg.), *Europa Almanach*, S. 110.

62 Hierzu auch: Michael Diener, *Das Ambivalente in der Kunst Leonardos, Monets und Mondrians*, St. Ingbert 2002, v. a. S. 332–353.

63 Hans Belting, „Vorwort. Zu einer Anthropologie des Bildes", in: Hans Belting und Dietmar Kamper (Hrsg.), *Der zweite Blick. Bildgeschichte und Bildreflexion*, München 2000, S. 7–10, hier S. 7.

64 Ebd. S. 7.

65 Vgl. ebd. S. 10.

66 Michael Bockemühl, „Die Wirklichkeit des Bildes. Bildrezeption als Bildproduktion. Rothko, Newman, Rembrandt, Raphael", in: ders., *Bildrezeption als Bildproduktion. Ausgewählte Schriften zu Bildtheorie, Kunstwahrnehmung und Wirtschaftskultur*, herausgegeben von Karen van den Berg und Claus Volkenandt, Bielefeld 2016, S. 35–140, hier S. 77. Weiterführend: Matthias Bunge, „„Die Wirklichkeit des Bildes". Eine kritische Auseinandersetzung mit Michael Bockemühls These von der „Bildrezeption als Bildproduktion"", in: *Zeitschrift für Ästhetik und allgemeine Kunstwissenschaft*, Bd. 35, 1990, S. 131–189.

67 Ein Beispiel für ein „dynamisches Raster" – zumindest im Rahmen der Möglichkeiten einer Fotografie – gibt László Moholy-Nagy in seiner Monografie *Sehen in Bewegung*. Dort findet sich das Bild eines mit Wasser gefüllten, gefliesten Schwimmbeckens. Die Fugen zwischen den Fliesen bilden ein regelmäßiges Raster, das durch die Wellenbewegungen des Wassers verzerrt erscheint. Die Unruhe des Wassers überträgt sich auf das starre Raster des Beckenbodens, das nun scheinbar selbst in Bewegung gerät (László Moholy-Nagy, *sehen in bewegung*, übersetzt nach der 1947 bei Paul Theobald, Chicago, erschienenen Originalausgabe, Leipzig 2014, Abb. 153). Zum Gesamtkonzept resp. der Bestimmung von „vision in motion" siehe: Klaus Herding, „Motion und Emotion. Zur Balance der Antriebskräfte bei Moholy-Nagy", in: *Thesis. Wissenschaftliche Zeitschrift der Bauhaus-Universität Weimar* 3 (2003), S. 151–167. Verwunderlich ist, dass der Autor Oskar Schlemmer völlig unerwähnt lässt. Diesem ging es wie Moholy-Nagy um die „balanced performance of intellect and feeling" (László Moholy-Nagy, *vi-*

sion in motion, zit. nach Klaus Herding, „Motion und Emotion", S. 151), worauf noch ausführlich eingegangen wird. Darüber hinaus denken beide Künstler ganzheitlich. Wenn Moholy-Nagy schreibt, dass „man is the sum total of his psychophysical, intellectual, and emotional potentialities" (ebd. S. 151), dann klingt dies ganz nach Schlemmer, der eben nicht „bauhaustypisch" (vgl. hierzu ebd. S. 151) das Rationale über das Gefühl, das Apollinische über das Dionysische, das Technoide über die Emotionalität und die Form über die Idee gestellt hat, sondern alles in einem Akt des Ausgleichens zusammenbringen wollte. Balance war seine Maxime – und das zu einer Zeit, in der Maß, Mitte und Gleichgewicht nicht gerade populär waren.

Der amerikanische Künstler Alexander Calder (1898–1976) besuchte 1930 Mondrian in seinem Atelier in Paris und äußerte daraufhin den Wunsch „bewegte Mondrians" gestalten zu wollen. Mit seinen *Mobiles* hat er sich nicht nur von der zweidimensionalen, starren Bildfläche gelöst, sondern das Mondrian'sche Gleichgewicht tatsächlich in Bewegung versetzt. Seine labilen Gleichgewichte verändern sich beständig, können aber ebenso in der Ruhelage verharren, jedoch nur vorübergehend, da sie auf den kleinsten Luftzug reagieren. Calders schwerelos wirkenden Konstruktionen sind ausgewogen und gleichzeitig bewegt und damit gelungene Umsetzung eines dynamischen Gleichgewichts (vgl. Beat Wismer, „Stationen zum Gleichgewicht", S. 171f; Sigfried Giedion, *Die Herrschaft der Mechanisierung. Ein Beitrag zur anonymen Geschichte*, mit einem Nachwort von Stanislaus von Moos, herausgegeben von Henning Ritter, Frankfurt am Main 1987, S. 518ff).

68 Michael Bockemühl, „Das Transzendente als das Sichtbare. Zur Wirkungsform von Werken Konkreter Kunst: Kandinsky, Mondrian, Newman", in: ders., *Bildrezeption als Bildproduktion*, S. 157–194, hier S. 172f.

69 Ebd. S. 174.

70 Zit. nach H. L. C. Jaffé, *De Stijl 1917–1931*, S. 113f.

71 Vgl. Evert van Straaten, „Theo van Doesburg – Konstrukteur eines neuen Lebens", S. 89.

72 Theo van Doesburg, „Malerei und Plastik", in: Hagen Bächler und Herbert Letsch (Hrsg.), *Der Stijl. Schriften und Manifeste*, S. 202–207, hier S. 202.

73 Theo van Doesburg, „10 Jahre ‚Stijl'", in: Hagen Bächler und Herbert Letsch (Hrsg.), *De Stijl. Schriften und Manifeste*, S. 208–215, hier S. 209.

74 Theo van Doesburg, „Malerei und Plastik", S. 203.

75 Ebd. S. 206.

76 Ebd. S. 202.

77 Ebd. S. 202.

78 Ebd. S. 204.

79 Vgl. hierzu: Evert van Straaten, „Theo van Doesburg – Konstrukteur eines neuen Lebens", S. 56ff.

80 Theo van Doesburg, „Über das Verhältnis von malerischer und architektonischer Gestaltung (Mit einer Einführung zur Stijlbewegung, Holland)", in: *Der Cicerone*, 19 (1927), S. 564–570, hier S. 569f. In dem kurzen programmatischen Text „Die monumentale Kunst", der 1922 in der Zeitschrift *Vešč* erschien, drückt sich van Doesburg ähnlich aus; darin formuliert er, was er im *Cicerone* als Raum-Zeitmalerei bezeichnet. Der letzte Absatz über die moderne monumentale Kunst lautet wie folgt: „Die Architektur vereinigt, verbindet; die Malerei trennt, bindet los. Die harmonische Übereinstimmung wird nicht aus der Gleichheit von Charakteren geboren, sondern aus der Gegenüberstellung, in diesem Komplementärverhältnis, der Architektur zur Bildhauerei, der plastischen Formen zu den Flächen. Die reine monumentale Kunst findet ihre Grundlage nicht nur, weil die Malerei das konstruktiv Geschlossene dem Beweglichen und Offenen beziehungsweise die Einschränkung der Erweiterung gegenüberstellt, sondern weil sie die organisch geschlossene Plastik von ihrem starren Charakter befreit, indem sie der Statik die Bewegung gegenüberstellt. Diese Bewegung ist sicherlich nicht visuell noch materiell, sondern ästhetisch, und muss deshalb, weil sie in der Malerei durch Farbverhältnisse ausgedrückt wird, durch eine Gegenbewegung ausgeglichen werden. Der neutrale Charakter der architektonischen Plastik begünstigt dies. Durch die fortlaufende Entwicklung dieser Zusammenarbeit von Malerei und Architektur kann das Ziel der monumentalen Kunst auf einer völlig neuen Basis erreicht werden: den Menschen in die plastische Kunst zu stellen (und nicht vor sie) und ihn gerade dadurch zu veranlassen, an dieser Kunst teilzuhaben" (Theo van Doesburg, „Die monumentale Kunst", in: Il'ja Ėrenburg und Ėl Lisickij (Hrsg.), *Veščʼ Objet Gegenstand*, S. 141–142, hier S. 142). Auffallend ist, dass der *Stijl*-Künstler hier den Begriff der Monumentalität ins Spiel bringt; auffallend deshalb, weil er geradezu anti-modern ist (vgl. hierzu das Kapitel „Monumente").

81 Vgl. hierzu: Matthias Noell, „Konkrete Gesellschaft. Zum Verhältnis von Mensch, Raum und Architektur bei Theo van Doesburg, Franz Wilhelm Seiwert und Max Bill" in: Julia Friedrich, Nina Gülicher und Lynette Roth (Hrsg.), *Form und Gesellschaft. Symposium zur Ausstellung „Köln progressiv 1920–33"*, Köln 2008, S. 31–42, Abb. S. 86–87.

82 Brockhaus, 21. Aufl., Bd. 26, „Statik", S. 178.

83 Theo van Doeburg, „Malerei und Plastik", S. 204.

84 Zit. nach H. L. C. Jaffé, *De Stijl 1917–1931*, S. 118.

85 Vgl. ebd. S. 65–74.

86 Umberto Eco, *Das offenen Kunstwerk*, übersetzt von Günter Mennert, 1. Aufl., Frankfurt am Main 1977, S. 46. Eco definiert das ‚offene Kunstwerk' wie folgt: „Die Poetik des „offenen" Kunstwerks strebt [...] danach, im Interpreten „Akte bewußter Freiheit" hervorzurufen, ihn zum aktiven Zentrum eines Netzwerkes von unausschöpfbaren Beziehungen zu machen, unter denen er seine Form herstellt, ohne von einer *Notwendigkeit* bestimmt zu sein, die ihm die definitiven Modi der Organisation des interpretierten Kunstwerks vorschriebe" (ebd. S. 31). Die ersten, die sich bewusst zu einer solchen Poetik entschieden, seien, so Eco weiter, die Symbolisten in der zweiten Hälfte des 19. Jahrhunderts gewesen. Danach folgten Autoren wie Franz Kafka und James Joyce. Die Idee des homogenen Raumes werde in ihren Werken zugunsten einer Unbestimmtheit des räumlichen Gefüges aufgelöst. Aber auch die Generierung von Bedeutung im Allgemeinen sei unbestimmt. Sie unterliege einem ständigen Wandel, müsse immer wieder überprüft und angeglichen werden und trüge letztlich zur Verunsicherung des Lesenden bei. Offene Kunstwerke entzögen sich damit einer letztgültigen Definition. Sie seien stets offen für neue Interpretationen (vgl. hierzu insbesondere das Kapitel „Die Poetik des offenen Kunstwerks", S. 27–59).

87 Ebd. S. 48.

88 Ebd. S. 48 f.

89 Ebd. S. 49. Hier zitiert Eco aus: Niels Bohr, „Erkenntnistheoretische Probleme in der Atomphysik", in: *Albert Einstein als Philosoph und Naturforscher*, Stuttgart 1958. Das „physikalische [...] Prinzip der *Komplementarität*", von dem Eco spricht, meint, dass „es unmöglich ist, gleichzeitig verschiedene Verhaltensweisen eines Elementarteilchens anzugeben, und es zur Beschreibung dieser Verhaltensweisen verschiedener *Modelle* bedarf" (S. 49).

90 Lorraine Daston und Peter Galison, *Objektivität*, aus dem Amerikanischen von Christa Krüger, Frankfurt am Main 2007, S. 45.

91 Ebd. S. 45.

92 Ebd. S. 227.

93 Ebd. S. 406.

94 Ebd. S. 394.
95 Ebd. S. 402.
96 Vgl. ebd. S. 403.
97 Ebd. S. 406.
98 Ebd. S. 406.
99 Ebd. S. 45.
100 Piet Mondrian, „Die Neue Gestaltung in der Malerei", S. 88.
101 Ebd. S. 80.
102 Ebd. S. 90.
103 Vgl. ebd. S. 69.
104 Ebd. S. 89.
105 Die im rechten Winkel angeordneten Geraden drücken laut Mondrian die in der Natur vorzufindende Urbeziehung, nämlich die Beziehung des extremen Einen zum extremen Anderen aus. „Diese Positionsbeziehung", schreibt der Künstler, „ist die ausgewogenste, weil dann die Beziehung des extremen Einen zum extremen Anderen in vollkommener Harmonie ausgedrückt wird und alle anderen Beziehungen umfaßt" (Piet Mondrian, „Die Neue Gestaltung in der Malerei", S. 66). Hinsichtlich der Einschränkung der Farben bemerkt Mondrian, dass Primärfarben, Schwarz, Weiß und Grau von individueller Emotion befreit seien. Sie stellten nicht mehr das Natürliche dar, blieben aber real (vgl. ebd. S. 77 ff).
106 Entsprechend bemerkt Beat Wismer, „dass Mondrian intuitiv vorgeht: Seine Ikonen des Gleichgewichts sind intuitive Setzungen und nicht das Resultat von Berechnungen" (Beat Wismer, „Stationen zum Gleichgewicht", S. 104). Eine technologische Untersuchung der Werke Mondrians, bei welcher Materialität und Maltechnik in den Fokus rückten, konnte nicht nur offenlegen, dass es sich bei der Kompositionsfindung um einen komplexen Prozess handelt, sie lässt den Künstler zudem als einen erscheinen, der sich weniger vom Kalkül als vielmehr vom Gefühl leiten ließ. Entsprechend heißt es im Ausstellungskatalog *Kandinsky Malewitsch Mondrian – Der weiße Abgrund Unendlichkeit*: „Dank der vorliegenden technologischen Ergebnisse gewinnt man eine ganz andere Sicht auf diesen Künstler, der vielen als ein konzeptueller Maler gilt, der nach einem exakten Plan vorging und diesen ohne Änderungen umsetzte. Die Untersuchungsdaten lassen vermuten, dass das Gegenteil der Fall ist: sich die künstlerische Praxis eben nicht der Theorie unterordnet" (Jessica Lunk, Nina Quabeck, Anne Skaliks, „Vom Material zum Meisterwerk: Kunsttechnologische Besonderheiten im Werkprozess bei Kandinsky, Malewitsch und Mondrian", in: Kunstsammlung Nordrhein-Westfalen (Hrsg.), *Kandinsky Malewitsch Mondrian – Der weiße Abgrund Unendlichkeit*, Köln 2014, S. 189–199, hier S. 196).
107 Hierzu: Ludwik Fleck, *Entstehung und Entwicklung einer wissenschaftlichen Tatsache. Einführung in die Lehre vom Denkstil und Denkkollektiv*, mit einer Einleitung herausgegeben von Lothar Schäfer und Thomas Schnelle, Frankfurt am Main 1980. Fleck weist nach, dass es ein voraussetzungsloses Beobachten nicht gibt, da der Wissenschaftler nicht etwa ein isoliertes Individuum ist, das frei und unbeeinflusst von seiner Umgebung forscht, sondern geprägt ist von der Gemeinschaft der Wissenschaftler des entsprechenden Faches sowie den dort üblichen Denkmustern. Fleck führt hierfür die Begriffe „Denkkollektiv" und „Denkstil" ein. Seinen Ausführungen liegt die These zugrunde, dass es *die* Wahrheit, eine absolute Wirklichkeit nicht gibt. Das, was jeweils als Wirklichkeit definiert wird, unterliegt einem ständigen Wandel, formt sich immerfort um, und zwar in dem Maße, wie sich Erkennen und Erkenntnis entwickeln. Zum Experiment und zum Experimentieren siehe: Karin D. Knorr, „Die Fabrikation von Wissen. Versuch zu einem gesellschaftlich relativierten Wissensbegriff", in: *Kölner Zeitschrift für Soziologie und Sozialpsychologie*, Sonderheft 22 (1980), S. 226–245; Gunhild Berg, „Experi-

mentieren", in: *Über die Praxis des kulturwissenschaftlichen Arbeitens. Ein Handwörterbuch*, herausgegeben von Ute Frietsch und Jörg Rogge, Bielefeld 2013, S. 138–144; Friedrich Steinle, „Experiment", in: *Enzyklopädie der Neuzeit*, Bd. 3, Sp. 722–728.

108 Vgl. Piet Mondrian, „Die Neue Gestaltung in der Malerei", S. 108 und das Kapitel „Äquilibrium" in dieser Arbeit. Siehe außerdem: Peter Ulrich Hein, *Die Brücke ins Geisterreich*, S. 166 ff.

109 Antonio Becchi, „Baustatik", Sp. 1097.

110 Wolfgang König, „Vom Staatsdiener zum Industrieangestellten: Die Ingenieure in Frankreich und Deutschland 1750–1945", in: Walter Kaiser und Wolfgang König (Hrsg.), *Geschichte des Ingenieurs. Ein Beruf in sechs Jahrtausenden*, München und Wien 2006, S. 179–232, hier S. 203. Das Buch *Geschichte des Ingenieurs* bietet einen umfassenden Überblick über die wechselvolle, diffuse und facettenreiche Geschichte des Ingenieurberufs. Lange Zeit war der Ingenieur in erster Linie Bau- und Kriegsingenieur. Mit der industriellen Entwicklung differenzierte sich das Berufsfeld, das zunächst ganzheitlich organisiert war, dann aber zunehmend aus. Die fortschreitende Spezialisierung hatte insbesondere auch Einfluss auf die Bedeutung und Gewichtung von Theorie und Praxis. So wurde der „Einstieg in den Ingenieurberuf über ein technisches Studium [...] im späten 19. Jahrhundert zur Regel. Vor 1870 besaß die Mehrheit der Industrieingenieure keine an technischen Schulen erworbene Qualifikation. Um die Jahrhundertwende bilden solche „Praktiker" oder „Empiriker" unter den Ingenieuren nur noch eine Minderheit [...]. Unternehmer sangen noch lange das Hohelied des Praktikers und Autodidakten – doch sah die Einstellungspraxis der Firmen anders aus" (ebd. S. 200). Erst in den 70er Jahren des 20. Jahrhunderts wurde mit den bundesdeutschen Ingenieurgesetzen festgeschrieben, wer sich als Ingenieur bezeichnen durfte. Insgesamt ist die Berufsgruppe äußerst heterogen, wie die zahlreichen Vereine zeigen, in welchen die Institutionalisierung der verschiedenen Interessen stattfindet.

111 Kees Gispen, „Der gefesselte Prometheus: Die Ingenieure in Großbritannien und in den Vereinigten Staaten 1750–1945", in: Walter Kaiser und Wolfgang König (Hrsg.), *Geschichte des Ingenieurs*, S. 127–177, hier S. 143.

112 Vgl. ebd. S. 143.

113 Zit. nach Karl-Eugen Kurrer, *Geschichte der Baustatik*, S. 20. Kurrer macht in seiner *Geschichte der Baustatik* darauf aufmerksam, dass es Unterschiede bei der Realisierung von Brückenbauten gibt, und zwar je nachdem, ob sie in staatlicher oder privater Hand liegt, denn „[w]ährend die Anwendung baustatischer Theorien beim Brückenbau in Staatsregie schon in den 1850er-Jahren Bestandteil des Entwurfsprozesses war, war der Brückenbau in privatkapitalistischer Regie auf Versuche angewiesen; die Wissenschaften verhalten sich dort kommentierend und auswertend und nicht eingreifend" (ebd. S. 91).

114 Zit. nach ebd. S. 178.

115 Zu Definition und Begriffsnachweis siehe: Katja Schwiglewski, *Erzählte Technik*, S. 38 f.

116 Auf seiner Homepage listet Bernd Nebel Literatur über Brücken, Brückenbau und Brückenbauingenieure auf. Neben Kurrers *Geschichte der Baustatik* finden sich dort beispielsweise folgende Titel: Klaus Stiglat, *Bücher sind Brücken. Ein Streifzug durch 300 Jahre Bauingenieurliteratur*, Berlin 2017; Richard J. Dietrich, *Faszination Brücken. Baukunst, Technik, Geschichte*, Berlin 2017; Manfred Gregor, *Die Brücke*, München 2005; Robert Palm, *Die Brücke von Remagen. Der Kampf um den letzten Rheinübergang*, Bern und München 1985 (siehe: www.berndnebel.de (zuletzt aufgerufen am 14.07.2021)).

117 Vgl. ebd. S. 108.

118 Besondere Glaubwürdigkeit erlangt seine Erzählung von der Ennobrücke nicht nur, weil Max Eyth selbst Ingenieur ist, also gewissermaßen aus dem „Nähkästchen" plaudern kann, sondern auch, weil er ein differenziertes Ingenieurbild zeichnet und sich kritisch mit seinem Berufsstand auseinandersetzt. So legt Eyth der Hauptfigur Harold Stoß folgendes in den Mund: „Unser Beruf verlangt oft genug rasche, entschlossene Entscheidungen, und wir sind nicht immer sicher, das Richtige getroffen zu haben. Dann kann die Zukunft schwarze Schatten in den hellsten Tag von heute werfen" (Max Eyth, *Die Brücke über die Ennobucht*, Hamburg 2012, S. 116). Auch Details wie die von Culmann angesprochene Kritik an den englischen Ingenieuren findet Eingang in die Erzählung. Der Ich-Erzähler Eyth weiß folgendes zu berichten: „Scott Russel arbeitete seine Pläne aus; Harcort in Düsseldorf wurde mit der Ausführung beauftragt. Die deutschen Ingenieure fingen an zu rechnen und bewiesen, daß die bloße geradlinige Eierschale unmöglich stehen könne. Es gab furchtbare Diskussionen. Die Deutschen warfen dem Engländer mit Erfolg meterlange Formeln an den Kopf" (ebd. S. 41). Eyth gelingt es, mit Hilfe seiner Erzählung den Ingenieur aus seiner "heimlich-unheimliche[n]" (ohne Verfasser, „Einleitung", in: Friedrich Kahl und Adolf Reitz (Hrsg.), *Der Ingenieur*, S. 5) Ecke herauszuholen und ihn als sympathischen Menschen, der wie alle anderen Menschen Schwächen und Fehler hat, darzustellen. Für seine literarischen Leistungen, die zu einer gesellschaftlichen Aufwertung des Ingenieurberufs beitrugen, bekam Eyth im Übrigen das Ehrendoktor-Diplom der TH Stuttgart (vgl. hierzu Richard Hennig, „Max von Eyth. Der Dichteringenieur (1836–1906)", in: ders., *Buch berühmter Ingenieure. Große Männer der Technik, ihr Lebensgang und ihr Lebenswerk*, Leipzig 1911, S. 272–294, hier S. 292).
119 Max Eyth, *Die Brücke über die Ennobucht*, S. 11.
120 Ebd. S. 106.
121 Ebd. S. 50 f.
122 Ebd. S. 45 f.
123 Vgl. Katja Schwiglewski, *Erzählte Technik*, S. 116 f.
124 Max Eyth, *Die Brücke über die Ennobucht*, S. 46.
125 Alfred Gotthold Meyer, *Eisenbauten*, S. 48.
126 Ebd. S. 48.
127 Piet Mondrian, „Die Neue Gestaltung in der Malerei", S. 76 f. Zur Bedeutung der Mathematik für De Stijl siehe: H. L. C. Jaffé, *De Stijl 1917–1931*, v. a. S. 66 ff, 83 f, 112 und 203.
128 Treffend hält Marlene Lauter fest, dass Mathematik „weniger als Gleichung denn als Gleichnis eine Rolle auf dem Weg zu einer eigenständigen, vom Abbild unabhängigen Kunst" spiele. „Für die zwischen Rationalität und künstlerischer Intuition agierenden Künstler [werde] die Mathematik zur Metapher" (Marlene Lauter, „Mathematik als Metapher – Betrachtungen einiger konstruktiv-konkreter Bildwerke. Piet Mondrian – Georges Vantongerloo – El Lissitzky – Friedrich Vordemberge-Gildewart – Jean Gorin – André Heurtaux – Paul Klee", in: Museum im Kulturspeicher Würzburg, Marlene Lauter und Institut für Mathematik der Universität Würzburg, Hans-Georg Weigand (Hrsg.), *Ausgerechnet ... Mathematik und Konkrete Kunst*, Baunach 2007, S. 10–13, hier S. 13).
129 El Lissitzky, „K. und Pangeometrie", S. 108.
130 Ebd. S. 108.
131 Ebd. S. 108.
132 Ebd. S. 110.
133 Max Bill, „Die mathematische Denkweise in der Kunst unserer Zeit", in: *Das Werk. Architektur und Kunst 36 (1949)*, S. 86–91, hier S. 86. Siehe auch: Gregor Nickel und Michael Rott-

mann, „Mathematische Kunst: Max Bill in Stuttgart", in: *DMV-Mitteilungen* 14–3 (2006), S. 150–159.
134 Hierzu auch: Hans Janssen, „Piet Mondrians „True Vision of Reality""", v. a. S. 135 und 150 ff.
135 Max Bill, „Die mathematische Denkweise in der Kunst unserer Zeit", S. 90.
136 Piet Mondrian, „Die Neue Gestaltung in der Malerei", S. 66.
137 Die Bezeichnung „Konkrete Kunst" geht auf Theo van Doesburg zurück. Er führte diesen Begriff Mitte der 20er Jahre ein, um seine Kunst von der subjektiv-emotionalen abstrakten Kunst abzugrenzen (vgl. Susanna Partsch und Hubert van den Berg, „Konstruktivismus", in: Hubert van den Berg und Walter Fähnders (Hrsg.), *Metzler Lexikon Avantgarde*, Stuttgart 2009, S. 172–174, hier S. 174). 1930 gründete er die Gruppe „Art Concret". Weitere Künstlervereinigungen dieser Kunstrichtung sind die „Züricher Konkreten" um Max Bill sowie die 1931 in Paris gegründete Gruppe „Abstraction – Création", der sich zahlreiche Künstler anschlossen. Kunstwerke der Konkreten Kunst entstehen nicht durch einen Akt der Abstraktion, vielmehr werden künstlerische Mittel wie Farbe und Linie als autonome bildnerische Elemente eingesetzt. Welche Rolle die Statik in der Konkreten Kunst, die wesentliche Impulse von *De Stijl* und dem Bauhaus erhalten hat, spielt, ist eine Frage, der an dieser Stelle nicht weiter nachgegangen wird. Dies ist ein Thema für eine weiterführende Arbeit.
138 Max Bill, „Die mathematische Denkweise in der Kunst unserer Zeit", S. 90.
139 Vgl. ebd. S. 90. In diesem Zusammenhang ist bemerkenswert, dass einem Aufsatz Bills über die Konkrete Kunst u. a. ein Werk von Mondrian zur Seite gestellt ist (siehe: Max Bill, „Ueber konkrete Kunst", in: *Das Werk. Architektur und Kunst* 25 (1938), S. 250–256, hier S. 251). Geht man von der Konkreten Kunst noch einen Schritt weiter zur Computerkunst der 60er Jahre, so kann nicht nur eine eklatante Übereinstimmung der Bildsprache Mondrians und jener computergenerierter Kunst festgestellt werden, wie eine Gegenüberstellung von A. Michael Nolls *Composition with Lines* (1965) und Mondrians *Composition avec lines* (1917) erweist, es muss auch die Bedeutung der Künstlerpersönlichkeit für die Entstehung und Rezeption von Kunst neu bewertet werden, hat doch die Auswertung eines Experiments, im Rahmen dessen Probanden Reproduktionen der beiden genannten Linienkompositionen von Mondrian und Noll vorgelegt bekamen und anschließend entscheiden sollten, bei welchem der beiden Bilder es sich um computergenerierte Kunst handelt, ergeben, dass nur wenige Teilnehmer eine richtige Zuordnung trafen, d. h. dass die allermeisten die Computerkunst nicht richtig identifizierten. Zudem fand die Mehrheit einen größeren Gefallen an der Computergrafik (vgl. Hans-Christian von Herrmann, „Künstliche Kunst. Abstraktion als Mimesis", in: Robert Suter und Thorsten Bothe (Hrsg.), *Prekäre Bilder*, München und Paderborn 2010, S. 225–246). Mittlerweile kann jeder seinen ‚eigenen Mondrian' erstellen, und zwar hier: https://mathematikalpha.de/mondrian-bilder (zuletzt aufgerufen am 14.07.2021). „Die entstehenden Bilder", heißt es dort, „haben natürlich nicht die Qualität von Mondrian-Werken. Sie sind aber dennoch geometrisch interessant und einigermaßen schön" (ebd.).
140 Karl Gerstner, „Das Ästhetische aus dem Geist der Geometrie", in: Thomas Buchsteiner und Otto Letze (Hrsg.), *Max Bill. Maler, Bildhauer, Architekt, Designer*, Ostfildern-Ruit 2005, S. 124–127, hier S. 127.
141 Ebd. S. 124.
142 Zu den Kennzeichen des neuen Kunstwollens siehe: Theo van Doesburg, „Der Wille zum Stil", in: Hagen Bächler und Herbert Letsch (Hrsg.), *De Stijl. Schriften und Manifeste*, S. 163–179, hier insbesondere S. 173. Zum *Stijl* als ‚mechanische Ästhetik' siehe auch: H. L. C. Jaffé, *De Stijl 1917–1931*, S. 164 f.

143 Antonio Becchi, „Baustatik", Sp. 1094 f.
144 Eine Vorreiterrolle bei der Trennung von Architektur und Ingenieurwesen spielt Frankreich, da dort die Institutionalisierung der Ausbildung weit früher begann als in Deutschland. Resümierend heißt es in der *Enzyklopädie der Neuzeit*: „An der 1747 in Paris gegründeten *École des ponts et chaussées* (↗technische Ausbildung) verstärkte sich der Impuls zur Spezialisierung von Ingenieuren und Architekten: Themen der B[austatik] wurden Gegenstand detaillierter Diskussionen unter Mathematikern und Ingenieuren, den Architekten verblieb die Anwendung empirischer Regeln oder elementarer geometrischer Modelle (↗Geometrie). Damit verschärfte sich der Unterschied zwischen den Fachleuten, die sich mit dem „Entwurf" der Konstruktion im traditionellen Sinn beschäftigten, und den Spezialisten, die ihre Stabilität zu überprüfen und zu garantieren hatten. Diese Trennung ist an den einschlägigen Artikeln der *Encyclopédie* (1751–1780) von Denis Diderot und Jean Le Rond D'Alembert ebenso abzulesen wie in Jean Rondelets *Traité théorique et pratique et l'art de bâtir* (1802–1817; „theoretisch-praktische Anleitung zur Kunst des Bauens"), der sich speziell an die in der Baupraxis Tätigen wandte: Seine Synthese bautechnische Wissens belegt die nun grundsätzliche Trennung der Kompetenzen" (Antonio Becchi, „Baustatik", Sp. 1098). Zum Verhältnis von Ingenieuren und Architekten siehe auch: Heinz Duddeck, „Wie Wissenschaft die Baukunst in Technik und Kunst entzweite", in: *Gegenworte* 23 (2010), S. 42–45.
145 Theo van Doesburg, „Malerei und Plastik", S. 202 f.
146 Ebd. S. 202.
147 Johann Heinrich Zedler, *Grosses vollständiges Universal-Lexicon aller Wissenschafften und Künste*, Bd. 39, Leipzig 1744, „Statick, Wage-Kunst, Static", Sp. 1276.
148 Johann Heinrich Zedler, *Grosses vollständiges Universal-Lexicon aller Wissenschafften und Künste*, Bd. 40, Leipzig 1744, „Stillstand der schweren Cörper", Sp. 107.
149 So nennt Franz Kafka die amerikanische Metropole in einem Brief an seinen Verleger Kurt Wolff (Franz Kafka an Kurt Wolff, 25. Mai 1913, in: Franz Kafka, *Briefe 1913-März 1914*, herausgegeben von Hans-Gerd Koch, Frankfurt am Main 1999, S. 196).
150 Piet Mondrian, „Die Neue Gestaltung in der Malerei", S. 94.
151 Curt Sachs, *Eine Weltgeschichte des Tanzes*, Hildesheim, Zürich und New-York 1992, S. 300.
152 An dieser Stelle muss betont werden, dass die Großstadt für die *Stijl*-Künstler eine wichtige Inspirationsquelle darstellte, doch wäre es, wie Jaffé bemerkt, „ein Irrtum, anzunehmen, sie sei mehr als das gewesen. Trotz ihrer Titel erhalten Mondrians Bilder durch den Gegenstand lediglich die Inspiration, sie stellen ihn nicht dar. Die Großstadt ist das Modell oder das Motiv in der ursprünglichen Bedeutung des Wortes; ein äußeres Phänomen, das dem Maler Antrieb zur Arbeit gibt" (H. L. C. Jaffé, *De Stijl 1917–1931*, S. 83). Wenn also im Folgenden das Bild *Broadway Boogie-Woogie* als bildkünstlerische Straßenkarte gelesen wird, so geschieht das vor dem Hintergrund eines Kunstverständnisses, das ein Gemälde als offenes Zeichen betrachtet, das es (interpretierend) zu füllen gilt.
153 Gyorgy Kepes, *Sprache des Sehens*, Mainz und Berlin 1970, S. 147.
154 Fernand Léger, „Conférence über die Schau-Bühne", S. 119.
155 Hierzu auch: Harro Segeberg, „Literaturwissenschaft und interdisziplinäre Technikforschung", in: ders., *Technik in der Literatur*, S. 9–29.
156 Susanne Deicher, *Piet Mondrian*, S. 89.
157 Rainer Maria Rilke, *Die Aufzeichnungen des Malte Laurids Brigge*, herausgegeben und kommentiert von Manfred Engel, Stuttgart 1997, S. 7 f.
158 Rainer Maria Rilke, *Die Aufzeichnungen des Malte Laurids Brigge*, S. 8. Eine umfangreiche Studie zum neuen Sehen bietet In-Ok Paek, *Rilkes Poetik des ‚neuen' Sehens in den Aufzeich-*

nungen des Malte Laurids Brigge und den Neuen Gedichten, Konstanz 1996. Einen zentralen Aufsatz zum neuen Sehen bietet auch: Judith Ryan, „‚Hypothetisches Erzählen': Zur Funktion von Phantasie und Einbildung in Rilkes „Malte Laurids Brigge"", in: Hartmut Engelhart (Hrsg.), *Materialien zu Rainer Maria Rilke „Die Aufzeichnungen des Malte Laurids Brigge"*, Frankfurt am Main 1974, S. 244–279. Steffen Arndal schlägt demgegenüber einen anderen Ansatz vor, denn in seiner Arbeit vergleicht er das Sehenlernen Maltes mit der Theorie John Ruskins, dem es um eine Reaktivierung des kindlichen, also ursprünglichen Sehens geht: Steffen Arndal, „Sehenlernen und Pseudoskopie, zur visuellen Verarbeitung des Pariserlebnisses in R. M. Rilkes *Die Aufzeichnungen des Malte Laurids Brigge*", in: *Orbis Litterarum*, 62 (2007), S. 210–229. Es lernt jedoch nicht nur Malte in den *Aufzeichnungen* sehen, sondern auch Rilke selbst, der in einem Brief an Lou Andreas-Salomé erwähnt: „Ich fange an, Neues zu sehen" (Rainer Maria Rilke an Lou Andreas-Salomé, 8. August 1903, in: ders., *Briefe aus den Jahren 1902 bis 1906*, herausgegeben von Ruth Sieber-Rilke und Carl Sieber, Leipzig 1929, S. 110–117, hier S. 116). Auch in einem Brief an seine Frau Clara berichtet er von einem neuen, dynamischen Sehen, das eine Anlehnung des Schreibaktes an die visuelle Wahrnehmung herbeiführen soll: „Sammle nur noch viel Eindrücke; denk nicht an Briefe, die berichten und sich verständlich machen müssen; nimm mit raschen Fangbewegungen noch das und jenes herein: rasch Vorübergehendes, Einblicke, kurze aufblitzende Aufschlüsse, die eine Sekunde in Dir andauern, unter dem Einfluß irgendeiner Begebenheit; all das Unwichtige, das oft bedeutsam wird durch eine vorübergehende Intensität unseres Sehens oder weil es an einer Stelle vor sich geht, wo es vollkommen wird in all seiner Nebensächlichkeit […]. Sieh, sieh, sieh … " (Rainer Maria Rilke an Clara Rilke, 8. März 1907, in: ders., *Briefe aus den Jahren 1904 bis 1907*, herausgegeben von Ruth Sieber-Rilke und Carl Sieber, Leipzig 1939, S. 278–281, hier S. 279 und 281). Zum Verhältnis von Rilke und Malte siehe: Judith Ryan, „Rainer Maria Rilke: Die Aufzeichnungen des Malte Laurids Brigge (1910)", in: Paul Michael Lützeler (Hrsg.), *Deutsche Romane des 20. Jahrhunderts: neue Interpretationen*, Königstein 1983, S. 63–77.
159 Ebd. S. 44.
160 Ebd. S. 7.
161 Heinz Brüggemann, *Architekturen des Augenblicks. Raum-Bilder und Bild-Räume einer urbanen Moderne in Literatur, Kunst und Architektur des 20. Jahrhunderts*, Hannover 2002, S. 93.
162 Rainer Maria Rilke, *Die Aufzeichnungen des Malte Laurids Brigge*, S. 7.
163 Heinz Brüggemann, *Architekturen des Augenblicks*, S. 189.
164 Ebd. S. 189.
165 Ebd. S. 186.
166 Ebd. S. 190.
167 Ebd. S. 190.
168 Zit. nach ebd. S. 129 f.
169 Ebd. S. 188.
170 Ebd. S. 188.
171 Zum Themenkomplex „Architektur – Text – Bild" siehe auch: Klaus Peter Dencker, *Optische Poesie. Von den prähistorischen Schriftzeichen bis zu den digitalen Experimenten der Gegenwart*, Berlin und New York 2011, v. a. S. 632–642.
172 Kafka selbst war nie in Amerika, weshalb es „zuallererst ein imaginiertes" ist (Manfred Engel, „Der Verschollene", in: Manfred Engel und Bernd Auerochs (Hrsg.), *Kafka-Handbuch. Leben – Werk – Wirkung*, Stuttgart und Weimar 2010, S. 175–191, hier S. 177). Zur kritischen Darstellung Amerikas/New Yorks in *Der Verschollene* siehe: Manfred Engel, „Kafka und die moderne Welt", in: Manfred Engel und Bernd Auerochs (Hrsg.), *Kafka-Handbuch*, S. 498–515.

173 Franz Kafka, *Der Verschollene*, in der Fassung der Handschrift, Frankfurt am Main 2008, S. 45 f.
174 Ebd. S. 46 f.
175 Zur „Balkonszene" siehe auch: Christine Ivanovic, „Amerika, Kafkas verstoßener Sohn. Deterritorialisierung und ‚topographic turn' in *Der Verschollene*, in: Jochen Vogt und Alexander Stephan (Hrsg.), *Das Amerika der Autoren. Von Kafka bis 09/11*, München 2006, S. 45–65, hier S. 60 f. Dass die Großstadt nicht nur für die menschliche Psyche eine Gefahr darstellt, sondern auch Leib und Leben bedrohen kann, führt beispielsweise das Eingangskapitel von Robert Musils Roman *Der Mann ohne Eigenschaften* vor. Zur Darstellung des Stadt-Raums in diesem Werk siehe: Heinz Brüggemann, *Architekturen des Augenblicks*, S. 490–564.
176 Zum Neuen Sehen in der Fotografie siehe: Bernd Stiegler, *Theoriegeschichte der Photographie*, München 2010, S. 185–312; Birgit Jooss, „Das „Neue Sehen". Extreme Perspektiven in der Photographie", in: Brigitte Salmen (Hrsg.), *Perspektiven: Blicke, Durchblicke, Ausblicke in Natur und Leben, in Kunst und Volkskunst*, Murnau 2000, S. 84–90.
177 Erich Mendelsohn, *Amerika. Bilderbuch eines Architekten*, mit 77 photographischen Aufnahmen des Verfassers, Berlin 1926, S. VI.
178 Einschränkend sei bemerkt, dass nicht alle Aufnahmen von Mendelsohn selbst sind, so etwa die Nachtaufnahme *New York. Broadway bei Nacht* (hierzu: Roland Jaeger, „Bilderbücher eines Architekten. Erich Mendelsohn im Rudolf Mosse Buchverlag, Berlin", in: Manfred Heiting und Roland Jaeger (Hrsg.), *Autopsie. Deutschsprachige Fotobücher 1918 bis 1945*, Bd. 1, Göttingen 2012, S. 174–187; Rolf Sachsse, „Medienbauten Medienbilder – Erich Mendelsohn und die Fotografie", in: Regina Stephan (Hrsg.), *Erich Mendelsohn. Wesen Werk Wirkung*, Ostfildern 2006, S. 81–88).
179 Erich Mendelsohn, *Amerika*, S. 44.
180 Ebd. S. 5.
181 Zwar wählt Mendelsohn eine thematische Gruppierung des Bildmaterials, wodurch die Reihenfolge der Bilder nicht der Reiseroute des Architekten entspricht – es handelt sich schließlich nicht um ein bebildertes Reisetagebuch, sondern um die visuelle Vermittlung der amerikanischen Architektur aus einer subjektiven Perspektive heraus –, und dennoch gleicht das Durchblättern des Bilderbuches einer Reise durch das ferne Land. In der Forschungsliteratur wird hervorgehoben, dass nicht die statischen Einzelbilder im Vordergrund stünden, sondern die „filmisch inspirierte Abfolge zur Vermittlung eines Raum-Zeit-Erlebens" (Roland Jaeger, „Bilderbücher eines Architekten", S. 178; vgl. auch Rolf Sachsse, „Medienbauten Medienbilder – Erich Mendelsohn und die Fotografie", S. 84 sowie ders., *Bild und Bau. Zur Nutzung technischer Medien beim Entwerfen von Architektur*, Braunschweig und Wiesbaden 1997, hier S. 129). Natürlich muss das Buch, durch dessen Lektüre/Betrachten im Bewusstsein des Rezipienten sukzessive ein Amerika-Bild entsteht, ein Bild, das sich von Buchseite zu Buchseite entwickelt und erweitert, als Ganzes genommen und verstanden werden, doch gleichzeitig darf die Wirkung der Einzelbilder, zumal bei dem gewählten Layout, nicht unterschätzt werden. Entgegen der dynamisch-expressiven Texte suggeriert ein Großteil der Bilder, so die hier verfolgte These, Statik. Dieser Eindruck wiederum bleibt trotz der Anlehnung an filmisches Erzählen bestehen.
182 Erich Mendelsohn, *Amerika*, S. 48.
183 El Lissitzky, „Das Auge des Architekten. Erich Mendelsohn. Amerika. Bilderbuch eines Architekten", in: ders., *Proun und Wolkenbügel. Schriften, Briefe, Dokumente*, Dresden 1977, S. 64–69, hier S. 64. Wie Lissitzky, so lobt auch Rodtschenko die Aufnahmen Mendelsohns, die von einem „ganz und gar echte[n] Blickpunkt", (Alexander Rodtschenko, „Wege der zeitgenös-

sischen Fotografie" (1928), in: ders., *Alles ist Experiment*, S. 77–82, hier S. 82) aus gemacht seien.

184 Ebd. S. 68 f. Was Lissitzky hier über Mendelsohns Architekturfotografien sagt, dass sie nämlich häufig menschenleer seien, gilt ebenso für die Fotografien des Neuen Bauens. Auch hier stehen die Texte der Architekten offensichtlich im Widerspruch zu den hygienisch-leergefegten Gebäudeaufnahmen, wie Michael Erlhoff treffend bemerkt: „Im zweiten Rückblick fällt angesichts der zahlreich überlieferten Abbildungen des modernen Bauens deutlich auf, dass im Widerspruch zu ihren Legenden und Bildtiteln – die fortwährend vom Menschen und seinen Lebensbedingungen reden – diese Fotos den Menschen nur äußerst selten zeigen" (Michael Erlhoff, „Putzige Gewalten – drei denkbare Rückblicke auf eine verräumlichte Moderne", in: Jeannine Fiedler und Peter Feierabend (Hrsg.), *Bauhaus*, Potsdam 2016, S. 584–591, hier S. 588). Allerdings sind die Gründe für die Menschenleere jeweils woanders zu suchen: Während es Mendelsohn um das Dokumentieren der „neuen Welt", insbesondere um das Einfangen der imposanten amerikanischen Architektur und das Festhalten der gerade für das europäische Auge ungewohnten Raumbezüge und Perspektiven ging, zeigen die Aufnahmen des Neuen Bauens wohl vor allem gerade deshalb keine Menschen, weil es in den theoretischen Texten der Architekten nicht um Subjekte mit individuellen (Wohn-)Bedürfnissen geht, sondern um den „Neuen Menschen", einem idealen Bewohner, hygienisch und normiert. Die neuen Bauten „existierten mithin nicht für empirische Menschen, sondern vielmehr für ideale Wesen" (ebd. S. 588). Ferner präsentieren die Fotografien neue (Aus-)Sichten auf die Formen moderner Architektur. Und davon soll nichts ablenken.

185 Zit. nach Heinz Brüggemann, *Architekturen des Augenblicks*, S. 263.

186 Zit. nach ebd. S. 263.

187 Es ist jedoch nicht nur die Stadt, die wie ein Stillleben erscheint, denn auch die puristischen Innenräume Le Corbusiers können, so Arthur Rüegg, als *„räumliche Stillleben* [bezeichnet werden], die durch den Gebrauch der Objekte und durch die Bewegung des Benutzers im Raum sich ständig verändern. Damit war trotz – oder gerade wegen – des heterogenen Aufbaues der Einrichtung eine *neuartige Einheit* erzielt, eine Einheit, welche die Problematik der zeitgenössischen Kunst ebenso beinhaltete wie diejenige der Industrialisierung und der modernen Produktgestaltung. Auf diese Weise entstand eine Art *„puristisches Gesamtkunstwerk""* (Arthur Rüegg, „Das Haus als Stillleben: Le Corbusiers Innenräume um 1925", in: *Zeitschrift für schweizerische Archäologie und Kunstgeschichte* 45 (1988), S. 27–32, hier S. 32.

188 Erich Mendelsohn, *Amerika*, S. 40.

189 Fernand Léger, „Sehr aktuell sein", S. 16.

190 Le Corbusier und Amédée Ozenfant, „Formation de l'Optique moderne", zit. nach Heinz Brüggemann, *Architekturen des Augenblicks*, S. 265.

191 Theo van Doesburg charakterisiert das Erscheinungsbild des Heute und die Auswirkungen des optischen Durcheinanders auf die Menschen mit ähnlichen Worten: „Sehen wir das Gesamtbild unseres heutigen Lebens nur mit unseren *Augen* an, so können wir die Folgerung ziehen, daß dieses Gebilde einen chaotischen Charakter trägt, und es kann uns nicht wundern, daß diejenigen, welche sich in diesem scheinbaren Chaos unwohl fühlen, der Welt entfliehen oder sich in geistigen Abstraktionen verlieren wollen" (Theo van Doesburg, „Der Wille zum Stil", S. 163). Als Vorreiterin müsse die Kunst gegen dieses Chaos ankämpfen, und zwar indem sie Extreme ausgleicht: „Die Aufhebung dieses Kampfes, der Ausgleich dieser Extreme, die Aufhebung der Polarität ist Inhalt des Lebens, ist elementarer Gegenstand der Kunst. In diesem Ausgleich, welcher sich in der Kunst als Harmonie oder vitale Ruhe kundgibt, liegt das Kriterium für die wesentliche Bedeutung jedes Kunstwerks. Nicht zwar für das Kunstwerk als Sonderausdruck, sondern für die Kunst als Gesamtausdruck eines Volkes, für einen Stil" (ebd. S. 164). Damit skizziert auch van Doesburg eine „statische Ästhetik", die im Zeichen von Vitalität, Ruhe und Harmonie steht.

192 Fernand Léger, „Conférence über die Schau-Bühne", S. 131f.
193 Ebd. S. 132.
194 Heinz Brüggemann, *Architekturen des Augenblicks*, S. 270.
195 Ebd. S. 273.
196 Ebd. S. 272. Hinsichtlich des Wechselspiels von Statik und Dynamik sei bemerkt, dass andersherum auch die Dynamik nicht ohne Statik zu denken ist. „ [E]in Cörper", heißt es schon in Zedlers Universallexikon, „lieget [...] stille, wenn er auf etwas spitziges in seinem Schwer-Puncte [...] geleget wird. Denn so lange die Directions-Linie innerhalb seinen Grund fällt, darauf er ruhet, so muß er stille stehen, und kan nicht fallen. Und hierinnen lieget der gantze Grund aller nur möglichen Bewegungen der Menschen, es geschehe solche so wohl im Gehen, Tanzen, Reiten, Fechten, Ringen und Springen, als auch im Liegen oder Stehen und in Stellung des Leibes etwas zu heben oder zu tragen; ja, hierauf gründet sich die Fertigkeit der Seil-Tänzer, Lufft-Springer, Posituren-Macher, und andere dergleichen Personen mehr" (Johann Heinrich Zedler, *Grosses vollständiges Universal-Lexicon aller Wissenschafften und Künste*, „Stillstand der schweren Cörper", Bd. 40, Sp. 107). Bewegung ist demnach überhaupt nur möglich, weil es die Gesetze der Statik gibt. Sie sind die Grundvoraussetzung für jeglichen dynamischen Prozess. Führt man diesen Gedanken weiter und überträgt ihn auf den Bereich der Künste, bedeutet das, dass der Effekt des Dynamischen nur vor dem Hintergrund statischer Flächen oder stillgestellter Momente wahrnehmbar ist.
197 Zwischen Statik und Dynamik bewegt sich auch das bildkünstlerische Werk Légers, wie Carl Einstein in *Die Kunst des 20. Jahrhunderts* (erstmals erschienen 1926) bemerkt. Bereits die dem Text über das Werk Fernand Légers vorangestellte Zeittafel, in der die Schaffenszeit des französischen Künstlers in verschiedene Perioden unterteilt wird, verrät, dass es neben dynamischen auch statische Phasen gab, nämlich von 1921 bis 1924, da in diesen Jahren „große statische Figuren" (Carl Einstein, *Die Kunst des 20. Jahrhunderts*, Leipzig 1988, S. 145) entstanden, und von 1926 bis 1928, Jahre, die Einstein als „statische Periode" (ebd. S. 145) bezeichnet. Légers Kunst sei, so Einstein, nicht nur mit aktueller Technik verbunden, sondern versuche eine Synthese des heutigen Daseins. Es dominierten die Geometrie und das Typische, wodurch seine Bilder in die Nähe moderner Architektur rückten. Den Menschen reduziere er in seinen Werken so weit, bis nur mehr das Typische übrig bliebe – etwas, das ihn mit Oskar Schlemmer, auf dessen Schaffen noch zurückzukommen sein wird, verbindet, denn auch diesem geht es um das Typenhafte, Entindividualisierte, weswegen seine Figuren nicht selten mit Marionetten verglichen werden –, wodurch der Mensch in Konkurrenz zur präzisen, unpersönlichen Maschinen trete. Statt dem Individuellen herrsche deshalb Konstruktion vor, statt Subjektivismus und Gefühl fände man Norm, Standard, Serielles und Anonymität. Léger sei Maler und als solcher Präziseur, Standardeur, Architekt, Typusbildner sowie Organisator (vgl. hierzu ebd. S. 145–158). Weil also für Légers Werk das Geometrische, Typische, Formelhafte charakteristisch ist, gilt: „Léger gelangte von einer komplizierenden Sehweise, in der subjektive Dynamik und Motivisches gegeneinander kämpften, zu einer Primitive. Der dynamische Charakter der subjektiven Einstellung, die vor allem das Tun und Sichbewegen wertet, wird, um das Gleiten einzugrenzen und zu stoppen, zu elementaren statischen Typen verfestet" (ebd. S. 153).
198 Fernand Léger, „Conférence über die Schau-Bühne", S. 132.
199 Ebd. S. 130. Zur Kunst als „innerweltliche Erlösung" (Max Weber) siehe auch: Wolfgang J. Mommsen, „Kultur und Wissenschaft im kulturellen System des Wilhelminismus. Die Entzau-

berung der Welt durch Wissenschaft und ihre Verzauberung durch Kunst und Literatur", in: Gangolf Hübinger, Rüdiger vom Bruch und Friedrich Wilhelm Graf (Hrsg.), *Kultur und Kulturwissenschaft um 1900, 2. Idealismus und Positivismus*, Stuttgart 1997, S. 24–40.

200 Zit. nach Heinz Brüggemann, *Architekturen des Augenblicks*, S. 267.

201 Ebd. S. 275. Stanislaus von Moos hält im Rahmen seiner Ausführungen zur Malerei Le Corbusiers fest, dass der Purismus eine „Verherrlichung von Logik und Kalkül" sei und „die unveränderlichen Gesetze des Kosmos zur Anschauung bringen" wolle. Er sei ein „Aufbruch zu einer neunen, auf kartesianischer Logik beruhenden Paradiesmalerei" (Stanislaus von Moos, „Der Purismus und die Malerei Le Corbusiers", in: *Das Werk: Architektur und Kunst* 53 (1966), S. 413–420, hier S. 414). Wie Mondrian und seinen *Stijl*-Kollegen geht es also auch den Puristen um die Veranschaulichung kosmischer Harmonie, doch verzichten Ozenfant und Le Corbusier im Gegensatz zu den Neoplastizisten nicht auf die Dingwelt: Die Gegenstände des Alltags sind integraler Bestandteil der puristischen Ästhetik (vgl. ebd. S. 414 und 417).

202 Vgl. hierzu: Jürgen Söring, „„Das angefertigte Werk ist eine Absage gegen Zerfall und Untergang". Plädoyer für ästhetische Ganzheit", in: Reto Sorg und Stefan Bodo Würffel (Hrsg.), *Totalität und Zerfall im Kunstwerk der Moderne*, München 2006, S. 33–47. Dieser Aufsatz ist nicht lediglich ein Plädoyer für ästhetische Ganzheit, sondern, liest man ihn vor dem Hintergrund dieser Arbeit, auch für „ästhetische Statik". Es werden nicht nur einige Aspekte genannt, die für die „statische Moderne" zentral sind, auch Gottfried Benn, einer ihrer Vertreter, kommt zur Sprache, wie schon der Titel des Aufsatzes verrät. Dem ‚ewigen' Expressionisten kann, so wird zu zeigen sein, trotz seines Bekenntnisses zum Perspektivismus ein Wille zur Totalität attestiert werden. Und so lässt sich sein Werk der von Hebekus und Stöckmann konstatierten „zweiten Erzählung" der Klassischen Moderne zuordnen. Deren Pointe sei, „daß sie das enttotalisierte moderne „Leben" zur *Ermöglichungsbedingung* einer Totalität des ästhetischen Artefakts erklärt. Denn erst diese Enttotalisierung ist es, die das Ästhetische in eine Autonomie entläßt, in der es sich seiner Konstruktivität und Konstrukthaftigkeit voll und ganz, vor allem aber rückhaltlos überlassen kann" (Uwe Hebekus und Ingo Stöckmann, „Einleitung", in: dies. (Hrsg.), *Die Souveränität der Literatur. Zum Totalitären der Klassischen Moderne 1900–1933*, München 2008, S. 7–17, hier S. 7). Es wäre jedoch verfehlt, die „statische Moderne" grundsätzlich als „totalitäre Strömung" zu charakterisieren. Zwar ist hier das Streben nach Ganzheitlichkeit virulent, doch kann es sicherlich nicht per se geltend gemacht werden. Die statische Lyrik Dadas etwa steht jenseits des Totalitätsanspruches. Mit ihr verfolgten die Dadaisten ganz andere Ziele.

203 Gerade avantgardistische Strömungen, die sich der Suche nach Ganzheitlichkeit und der Abschaffung des Individuellen verschrieben haben, rücken in die Nähe faschistischen Denkens. Sie sind, kurz gesagt, totalitarismusverdächtig. So warf man der Avantgarde vor, dass sie Schuld oder zumindest Mitschuld trage an der Etablierung totalitärer Regime. „Denn die angeblich von ihr beabsichtigte Totalgestaltung einer kollekiv vereinheitlichten Lebensweise habe die Gleichschaltung der Individuen in den Diktaturen der 30er Jahre geistig und lebenspraktisch vorbereitet" (Hubertus Gaßner, Karlheinz Kopanski und Karin Stengel, „Die Konstruktion des Unkonstruierbaren", in: dies. (Hrsg), *Die Konstruktion der Utopie*, S. 7–11, hier S. 7). Zu den Verstrickungen von Avantgarde und Faschismus siehe auch: Peter Ulrich Hein, *Die Brücke ins Geisterreich*.

204 Theo van Doesburg, „Von der Neuen Ästhetik zur materiellen Verwirklichung", in: Hagen Bächler und Herbert Letsch (Hrsg.), *De Stijl. Schriften und Manifeste*, S. 180–184, hier S. 182. Zum Begriff der Energie: Ernst Müller, „Energie", in: *Archiv für Begriffsgeschichte*, Sonderheft 11 (2015), S. 127–143.

205   Ebd. S. 182. In seinem Aufsatz „Farben in Raum und Zeit" (1928) plädiert Doesburg für die Wiedereinführung der Farbe in die Architektur, denn für ihn ist Farbe ein „Verstärkungselement der architektonischen Raumgestaltung" (Theo van Doesburg, „Farben in Raum und Zeit", in: Hagen Bächler und Herbert Letsch (Hrsg.), *De Stijl. Schriften und Manifeste*, S. 216–221, hier S. 219). Der Mensch lebe „nicht in der Konstruktion, sondern in der *Atmosphäre*, welche durch die *Oberfläche* hervorgerufen wird" (ebd. S. 221). Deshalb fordert er eine Zusammenführung von Malerei und Architektur. Architektur allein konstruiere lediglich eine „gestaltlose und blinde Leere" (ebd. S. 221). Bezüglich der Farben bemerkt van Doesburg, dass Blau und Gelb „zwei vollständig entgegengesetzte Energien" (ebd. S. 217) seien, wobei er diesen Gegensatz wiederum als Spannung bezeichnet. Diese gleichsam ästhetische Spannung ist nicht zu vergleichen mit der physikalischen. Zu letzterer heißt es im *Deutschen Wörterbuch* von Jacob und Wilhelm Grimm: „*in neuerer wissenschaftlicher sprache zustand eines elastischen körpers, dessen kleinste theilchen aus der gleichgewichtslage gebracht sind und vermöge ihrer elasticität nun dahin zurückzukehren suchen*: spannung einer feder; *dann auch* elektrische spannung. spannung der dämpfe im dampfkessel: der dampf in dem cylinder nimmt ... eine höhere spannung an, welche zuletzt der spannung im kessel gleich wird" (Jacob und Wilhelm Grimm, *Deutsches Wörterbuch*, Bd. 16, Sp. 1915). Siehe außerdem: Alfred Warner, *Historisches Wörterbuch der Elektrotechnik, Informationstechnik und Elektrophysik. Zur Herkunft ihrer Begriffe, Benennungen und Zeichen*, Frankfurt am Main 2007, S. 336 ff.
206   Ebd. S. 182.
207   Theo van Doesburg, „Grundsätze der neuzeitlichen (gestaltenden) Architektur", S. 191. Zu Zeit, Raum und Bewegung bei van Doesburg siehe auch: Evert van Straaten, „Theo van Doesburg – Konstrukteur eines neuen Lebens", S. 94–96. Zur „vierten Dimension" in der avantgardistischen Kunst(theorie): Klaus von Beyme, *Das Zeitalter der Avantgarden. Kunst und Gesellschaft 1905–1955*, München 2005, S. 277 ff.
208   Vgl. Klaus Mainzer, „Naturwissenschaften", in: Stephan Günzel (Hrsg.), *Raum. Ein interdisziplinäres Handbuch*, Stuttgart und Weimar 2010, S. 1–23, hier S. 13–20. Zur Problematik der Parallelisierung von Kunst und Naturwissenschaften siehe auch: Sokratis Georgiadis, „Von der Malerei zur Architektur. Sigfried Giedions „Raum-Zeit-Konzeption"", in: Verena Rentsch (Hrsg.), *Sigfried Giedion 1888–1968. Der Entwurf einer modernen Tradition*, Zürich 1989, S. 105–117.
209   Vgl. Ernst Müller und Falko Schmieder, *Begriffsgeschichte und historische Semantik*, S. 829.
210   Vgl. ebd. S. 609 ff.
211   Andor Weininger, „Weininger spricht über das Bauhaus, bearbeitet von Katherine Jánszky Michaelsen, mit Anmerkungen von Stefan Kraus", in: Jiří Švestka (Hrsg.), *Andor Weininger. Vom Bauhaus zur Konzeptuellen Kunst*, Düsseldorf 1990, S. 25–51, hier S. 32.
212   Petra Gehring, „Vom Begriff zur Metapher: Elemente einer Methode der historischen Metaphernforschung", in: Günter Abel (Hrsg.), *Kreativität. 20. Deutscher Kongress für Philosophie, 26.-30. September 2005 an der technischen Universität Berlin*, Hamburg 2006, S. 800–815. Einen Überblick über die Metaphernforschung bieten Ernst Müller und Falko Schmieder in *Begriffsgeschichte und historische Semantik*, v. a. S. 609–614 und S. 764–783.
213   Theo van Doesburg, „Die Neue Architektur und ihre Folgen", in: Hagen Bächler und Herbert Letsch (Hrsg.), *De Stijl. Schriften und Manifeste*, S. 185–188, hier S. 186.
214   Theo van Doesburg, „Grundsätze der neuzeitlichen (gestaltenden) Architektur", S. 193.
215   Theo van Doesburg, „Von der Neuen Ästhetik zur materiellen Verwirklichung", S. 181.

216 Ebd. S. 181. Vergleicht man van Doesburgs Theorie mit jener von Sigfried Giedion, so lassen sich signifikante Parallelen erkennen. Erstens ist auch für Giedion die bildende Kunst unumgehbar. „Es kann heute", schreibt er, „keinen schöpferischen Architekten geben, der nicht durch das Nadelöhr der modernen Kunst gegangen ist" (Sigfried Giedion, „Malerei und Architektur", in: *Das Werk: Architektur und Kunst* 36 (1949), S. 36–42, hier S. 36). Zweitens vermisst auch Giedion aktuell das Äquilibrium: „Das menschliche Gleichgewicht wurde gestört; Wissenschaft, Produktion und Industrie entwickelten sich fast ungehemmt. Aber die Sphären des Gefühls, losgelöst vom wirklichen Leben der Zeit, schwankten vom einen Extrem zum anderen, ohne je sich selbst wirklich zu finden" (ebd. S. 37). Nun aber sei die Zeit angebrochen für das Vereinen von Gefühl und Ratio: „Kunst, Architektur und Technik sind, wie Industrie und Wissenschaft, von Menschen geformt, die der *gleichen* Zeit angehören. Es ist heute unsere Aufgabe, den gefühlsmäßigen Hintergrund zu finden, der diese verschiedenen Sphären zusammenbindet" (ebd. S. 37). Und weiter: „Wir haben wieder die Beziehung zwischen den verschiedenen Gebieten der Wissenschaft und Kunst herzustellen, d. h. wir haben gefühlsmäßig die Resultate der Wissenschaft zu absorbieren [...]. Die Parallelität von Denken und Gefühl ist das Zeichen für eine universale Auffassung der Welt" (ebd. S. 38 f). Es geht Giedion also um nichts weniger als die Herstellung einer neuen Totalität. Wenn er allerdings zwischen den verschiedenen Wissensbereichen lediglich eine „geheime Einheit" bzw. einen „unbewußten Gleichklang" erkennt, so übersieht er, dass sich einige Künstler sehr wohl mit zeitgenössischen wissenschaftlichen und pseudowissenschaftlichen Theorien auseinandersetzten. Natürlich ist Kunst kein Mathematikunterricht, vielmehr lässt die Kunst offenbar werden, dass die Künstler, wie Giedion es ja auch forderte, die wissenschaftlichen Resultate gefühlsmäßig absorbierten (vgl. hierzu auch das Kapitel „Mathematik").
217 Carsten-Peter Warncke, *Das Ideal als Kunst*, S. 195.
218 Theo van Doeburg, „10 Jahre ‚Stijl'", S. 215.
219 Ebd. S. 215.
220 Susanne Deicher, *Piet Mondrian*, S. 84.
221 Vgl. ebd. S. 84.
222 Ebd. S. 72.
223 Sigfried Giedion, *Bauen in Frankreich*, S. 58.
224 Ebd. S. 3.
225 Ebd. S. 3. Es muss hinzugefügt werden, dass Giedion hier keinesfalls einen psychologisierenden Ausdrucksgehalt meint, wie er etwa in der Kunst der Expressionisten oder auch bei Klee und Kandinsky zu finden ist. Vielmehr bindet er den künstlerischen Ausdruck der Eisenarchitektur an die Gesetze der Statik zurück. Sie reguliert den Entwurf, schränkt die schöpferische Freiheit, das künstlerische Schaffen, die Phantasie ein. Diese Auffassung verbindet ihn mit Mondrian, denn für beide ist Konstruktion Kunst, Kunst allerdings, in der kein Platz ist für psychische Emanationen, für individuelles Seelenerleben, Kunst, die stattdessen auf die Sprache der Mathematik setzt. Gleichzeitig sind die Konstruktionen, Mondrians Bilder ebenso wie die Bauwerke aus Eisen, gesellschaftlich verankert, indem sie nämlich für ein neues Weltbild stehen. Bei Mondrian ist es ein ersehnter harmonischer Kosmos, bei Giedion ist es eine Welt, die im Zeichen der Technik sowie neuer Wahrnehmungsformen steht.
226 Werner Lindner, „Der Ingenieur als Schöpfer neuer Formen. Architektur der Technik", in: *UHU*, Heft 7, 3. Jg., Berlin 1927, S. 28–40, hier S. 28.
227 Vgl. Roman Zieglgänsberger, „Von der Mühle zum Modul. Piet Mondrians Suche nach einer Matrix der Natur", in: ders. (Hrsg.), *Piet Mondrian. Natur und Konstruktion*, Köln 2018, S. 22–49, hier S. 40 f.

228 Vgl. Wolfgang König, „Vom Staatsdiener zum Industrieangestellten: Die Ingenieure in Frankreich und Deutschland 1750–1945", S. 204.

229 An der Nivellierung des Unterschiedes zwischen „schöner" Architektur und „nützlichen" Ingenieurbauten arbeitete bereits Hermann Muthesius. In seinem 1913 im *Jahrbuch des deutschen Werkbundes* erschienenen Aufsatz „Das Formproblem im Ingenieurbau" (https://www.cloud-cuckoo.net/openarchive/Autoren/Muthesius/ Muthesius1913.htm, zuletzt aufgerufen am 14.07.2021) betont er, dass es überhaupt „nur ein menschliches Gestalten" (ebd. o.S.) gebe, denn egal, ob es sich um das Herstellen von Kleidung, Bauwerken oder Werkzeug handle, immer lägen dieselben Gestaltungsprinzipien zugrunde: „gute Proportionierung, Abstimmung der Farben, wirkungsvollen Aufbau, Rhythmus, ausdrucksvolle Form" (ebd.). Indem nun aber der Architekt und Mitbegründer des Werkbundes in jeglicher vom Menschen geschaffenen Form eine, um mit Giedion zu sprechen, ausdrucksgesättigte erkennt, weicht er den Ästhetikbegriff derart auf, dass er beliebig wird. Die Forderung nach ästhetisch guter Wirkung wird, das stellt Muthesius selbst heraus, „zur blanken Selbstverständlichkeit" (ebd.). Was die Statik anbelangt, hält Muthesius folgendes fest: „Der Ingenieur alten Schlages pflegte einzuwenden, daß für ihn die Statik allein maßgebend sei und er sich als wissenschaftlich und ökonomisch denkender Mensch keineswegs durch irgendwelche anderen Rücksichten von der mathematisch gegebenen Konstruktion, die zugleich beim sparsamsten Materialverbrauch den größten Nutzeffekt darstelle, abbringen lassen könne. Dieser Einwand ist hinfällig, so einleuchtend er von dem stets überzeugungsfähigen, kraß utilitaristischen Standpunkte aus erscheinen mag. Denn die Verhältnisse liegen meist so, daß es gleichzeitig mehrere mathematisch richtige Lösungen gibt, unter denen er wählen kann. Auch für den Ingenieur führen viele Wege nach Rom; die Richtungen, in denen er auch rein mathematisch eine Aufgabe verfolgt, können von Anfang an ganz verschiedene und sehr mannigfaltige sein. Es liegt nahe, diejenige zu wählen, die außer der Statik auch dem Auge gerecht wird" (ebd.). Auch für den Ingenieurbau ist das Formproblem demnach entscheidend. Das Streben nach „guter Form" solle jedoch in Zukunft nicht lediglich unterbewusst wirken, sondern gerade auch „auf dem weiten Gebiete des Ingenieurbaus als Selbstverständlichkeit angesehen und als unerläßliches Attribut einer veredelten, der Höhe unserer Zeit entsprechenden Gestaltungsarbeit betrachtet werden" (ebd.).

230 Alfred Gotthold Meyer, *Eisenbauten*, S. 2f.

231 Vgl. hierzu Wolfgang König, „Vom Staatsdiener zum Industrieangestellten: Die Ingenieure in Frankreich und Deutschland 1750–1945", S. 185 und 210.

232 Vgl. hierzu: Antonio Becchi, „Baustatik", Sp. 1099.

233 Alfred Gotthold Meyer, *Eisenbauten*, S. 5.

234 Ebd. S. 48.

235 Ebd. S. 49. Dass Berechnungen allein aus einem Bauwerk ein Kunst-Stück machen, bestreitet auch Walter Gropius. „Statt der äußerlichen Formulierung", heißt es in seinem 1913 im *Jahrbuch des deutschen Werkbundes* erschienenen Aufsatz „Die Entwicklung moderner Industriebaukunst", „ist ein inneres Erfassen des neuen baukünstlerischen Problems vonnöten: Geist an Stelle der Formel, ein künstlerisches Durchdenken der Grundform von vornherein, kein nachträgliches Schmücken" (https://www.cloud-cuckoo.net/openarchive/ Autoren/Gropius/ Gropius1913.htm, zuletzt aufgerufen am 14.07.2021). Die Frage nach der Ästhetik sei nicht länger eine nach Ornament, schmückender Verkleidung und überlieferten Stilformen, sondern eine nach „der geschickten Anordnung des Grundrisses" sowie „der Proportionierung der Baumassen" (ebd.), denn die neue Zeit fordere einen neuen Stil, welcher sich analog zur „knappen Straffheit unseres technischen und wirtschaftlichen Lebens" (ebd.) durch Reduktion, Exaktheit, Klarheit und Ordnung der Formen auszeichnet. Damit ist bereits in diesem Aufsatz angelegt, was sich später zur oft aufgerufenen Parole „Kunst und Technik – eine neue Einheit" verdichtet. Gropius erkennt im Industriebau einen neuen Quell der Inspiration. Er fungiert gewissermaßen als tabula rasa, auf welcher der Künstler völlig frei eine neue, originelle, der Zeit angemessene Formsprache entwickeln kann. Gleichzeitig aber formuliert er neue „Richtlinien" (ebd.), welche von Technik bzw. Industrie diktiert werden, die den Künstler letztlich erneut binden. Zu Gropius progressivem Architekturverständnis siehe auch: Herlind Reiß, „Walter Gropius über Industriebau", in: *Wissenschaftliche Zeitschrift der Hochschule für Architektur und Bauwesen Weimar* 29 (1983), S. 425–428.

236 Ebd. S. 49.
237 Ebd. S. 48.
238 Sigfried Giedion, „Bauhaus und Bauhauswoche zu Weimar", in: Paul Hofer und Ulrich Stucky (Hrsg.), *Hommage à Giedion. Profile seiner Persönlichkeit*, Basel und Stuttgart 1971, S. 14–19, hier S. 18. In dieselbe Richtung zielt auch van Doesburg: „Die Eisenbrücken z. B. haben durch rhythmische Gliederung ihrer Teile ornamentale Wirkung. Nicht nur peinlich genaue Berechnung brachte sie hervor, sondern auch das Gefühl für harmonische Verhältnisse" (Theo van Doesburg, „Der Wille zum Stil", S. 174).
239 Zit. nach Sigfried Giedion, *Bauen in Frankreich*, S. 11 f. Das Vordrängen der Ingenieure in den Bereich der Architektur thematisiert auch Paul Scheerbart in seiner *Glasarchitektur*, die 1914 im Verlag „Der Sturm" erschienen ist. Er hält fest, dass der „Ingenieur [...] zeitweilig ein zu großes Übergewicht gehabt [hat] – dem Architekten gegenüber. Das war natürlich, denn der Ingenieur war notwendiger". „Heute" aber, fährt der Schriftsteller fort, „hat der Ingenieur nicht mehr die Neigung, den ganzen Verdienst allein in die Tasche zu stecken; er gönnt schon gern die Hälfte dem Architekten. Das wird man bald im Brückenbau gewahr werden. Dort existieren bereits große künstlerische Absichten" (Paul Scheerbart, *Glasarchitektur und Glashausbriefe*, München 1986, S. 108). Aus Scheerbarts Zeilen spricht der Glaube an die baldige Verwirklichung einer glücklichen Verbindung von Ästhetik und der von Rechenoperationen bestimmten Architektur der Ingenieure. Zur *Glasarchitektur* von Scheerbart siehe auch: Ralph Musielski, *Bau-Gespräche. Architekturvisionen von Paul Scheerbart, Bruno Taut und der „Gläsernen Kette"*, Berlin 2003, S. 80 ff.
240 Alfred Gotthold Meyer, *Eisenbauten*, S. 4.
241 Ebd. S. 3.
242 Ebd. S. 47.
243 Ebd. S. 47.
244 Zit. nach ebd. S. 4.
245 Vgl. Joseph August Lux, „Heimatkunst und Technik", S. 45.
246 Vgl. Wolfgang König, „Vom Staatsdiener zum Industrieangestellten: Die Ingenieure in Frankreich und Deutschland 1750–1945", S. 216.
247 Auszug aus der „Protesterklärung der Künstler", unterzeichnet unter anderem von Ernest Meissonier, Charles Gounod, Charles Garnier, William Bouguereau, Alexandre Dumas fils, François Coppée, Leconte de Lisle, Sully Prudhomme und Guy de Maupassant (zit. nach Roland Barthes, *Der Eiffelturm*, mit zeitgenössischen Abbildungen, aus dem Französischen von Helmut Scheffel, Berlin 2015, S. 6 f).
248 Vgl. ebd. S. 38.
249 J. J. P. Oud, „Über die zukünftige Baukunst und ihre architektonischen Möglichkeiten", in: Hagen Bächler und Herbert Letsch (Hrsg.), *De Stijl. Schriften und Manifeste*, S. 237–251, hier S. 238.
250 Roland Barthes, *Der Eiffelturm*, S. 44 f.

251 Der *Stijl*-Architekt Cornelis van Eesteren macht in seinem Aufsatz „Zehn Jahre ‚Stijl'. Kunst, Technik und Städtebau" (1927) darauf aufmerksam, dass Künstler und Ingenieure am gleichen Problem arbeiten: „Obwohl der moderne Künstler und der Ingenieur sich gegenseitig nicht kannten, hatten sie doch viel miteinander gemein. Die Künstler begannen, die Materie mit anderen Augen zu sehen; sie begannen, in ihren Material-Kompositionen die Materie zu entnaturalisieren (Kubisten, Dadaisten). Der Ingenieur tat dasselbe in seinen Konstruktionen. Das Eisen, in früheren Zeiten ein Material, das man in mehr oder weniger verspielte Formen schmiedete und walzte, wurde ihm zu einem neuen Material. Er entdeckte den Stahl, erprobte seine Spannungen und begann, sobald er sich Sicherheit verschafft hatte, damit zu konstruieren. Er entwarf Konstruktionen, in denen Zug- und Druckkräfte sich gegenseitig aufhoben – er konstruierte ein Gleichgewicht aus Spannungen [...]. Auch der Ingenieur entnaturalisierte die Materie. Der Geist konstruiert. Das Material dient dazu, ein Ziel zu erreichen" (Cornelis van Eesteren, „Zehn Jahre ‚Stijl'. Kunst, Technik und Städtebau", in: Hagen Bächler und Herbert Letsch (Hrsg.), *De Stijl. Schriften und Manifeste*, S. 225–227, hier S. 226).

252 Alfred Gotthold Meyer, *Eisenbauten*, S. 87 f.

253 Stephan Berg, *Schlimme Zeiten, böse Räume*, S. 90.

254 Roland Barthes, *Der Eiffelturm*, S. 63.

255 Vgl. ebd. S. 63.

256 Ebd. S. 19.

257 Ebd. S. 27.

258 Ebd. S. 57.

259 Ebd. S. 60.

260 Ebd. S. 59.

261 Ebd. S. 10.

262 Sigfried Giedion, *Bauen in Frankreich*, S. 58.

263 Bosman weist auf die bereits von Nicolaus Pevsner postulierte enge Verbindung zwischen *Bauen in Frankreich* und Meyers *Eisenbauten* hin, von dem sich ein Exemplar in Giedions Bibliothek befindet (vgl. Jos Bosman, „Der Ingenieur, der „Stütze und Last" bekämpft", in: Verena Rentsch (Hrsg.), *Sigfried Giedion 1888–1968*, S. 55–70, hier S. 64 f). Bosman hebt, wie dies nicht zuletzt für den avantgardistischen Architekturdiskurs üblich ist, die dynamische Sicht Meyers auf die Eisenkonstruktionen hervor, so etwa, wenn er von „einer kinetischen Betrachtungsweise" (ebd. S. 65) spricht.

264 Sigfried Giedion, *Bauen in Frankreich*, S. 36 f.

265 Ebd. S. 18. Nicht zur Sprache kam bislang, dass es sich bei Giedions Buch *Bauen in Frankreich* um ein sogenanntes „Fotobuch" handelt (vgl. hierzu: Roland Jaeger, „Die Fülle der neuen Bilderbücher. Eine begriffsgeschichtliche Skizze zum ‚Fotobuch'", in: Manfred Heiting und Roland Jaeger (Hrsg.), *Autopsie. Deutschsprachige Fotobücher 1918–1945*, Bd. 1, Göttingen 2012, S. 24–29; Werner Oechslin und Gregor Harbusch (Hrsg.), *Sigfried Giedion und die Fotografie. Bildinszinierungen der Moderne*, Zürich 2010; Sokratis Georgiadis, „Übungen im „neuen Sehen". Ein Kunsthistoriker als Architekturfotograf", in: *Kunst + Architektur in der Schweiz* 51 (2000), S. 15–21).

266 Robert Musil, *Der Mann ohne Eigenschaften*, S. 250.

267 Ebd. S. 251.

268 Friedrich Nietzsche, *Sämtliche Werke. Kritische Studienausgabe in 15 Bänden*, herausgegeben von Giorgio Colli und Mazzino Montinari, München 1980, hier Bd. 1, S. 879. Ausführlich zur Sprachkrise: Helmuth Kiesel, *Geschichte der literarischen Moderne*, S. 177 ff.

269 Zweifel an der Sprache äußerten, das sei zumindest am Rande erwähnt, nicht nur Schriftsteller und Philosophen, auch Naturwissenschaftler erkannten, dass die Sprache nichts Feststehendes, Unverrückbares, gleichsam Naturgegebenes ist, sondern auf Konventionen beruht. Diese Erkenntnis ist direkt gekoppelt an die Erschütterungen der theoretischen Physik zu Beginn des 20. Jahrhunderts. Die Krise der Physik beschränkte sich nicht nur auf die Theorie, sondern erfasste auch die sprachliche Ebene. Den Naturwissenschaftlern war bewusst, dass einige Begriffe angesichts der Umbrüche (Relativitätstheorie, Quantenmechanik) überdacht werden müssen. Werner Heisenberg etwa zählt u. a. „Raum", „Zeit" und „Geschwindigkeit" zu den revisionsbedürftigen Begriffen (hierzu ausführlich: Ernst Müller und Falko Schmieder, *Begriffsgeschichte und historische Semantik*, S. 512–518).
270 Vgl. Birgit Nübel, *Robert Musil – Essayismus als Selbstreflexion der Moderne*, Berlin 2006 sowie dies., „Möglichkeitssinn und Essayismus", in: Birgit Nübel und Norbert Christian Wolf (Hrsg.), *Robert-Musil-Handbuch*, Berlin und Boston 2016, S. 719–725.
271 Robert Musil, *Der Mann ohne Eigenschaften*, S. 249.
272 Ebd. S. 250.
273 Ebd. S. 250.
274 Ebd. S. 251.
275 Vgl. Christian Kassung, *EntropieGeschichten. Robert Musils „Der Mann ohne Eigenschaften" im Diskurs der modernen Physik*, München 2001; Ernst Müller, „Energie", S. 130 ff.
276 Johann Heinrich Zedler, *Grosses vollständiges Universal-Lexicon aller Wissenschafften und Künste*, Bd. 39, Leipzig 1744, „Statick, Wage-Kunst, Static", Sp. 1276. Der Begriff des Wägens ist ein weiterer Konnex zwischen „Statik" und „Essay" (vgl. Brockhaus, „Statik", 21. Aufl., Bd. 26, S. 178 und Birgit Nübel, *Robert Musil – Essayismus als Selbstreflexion der Moderne*, S. 14 f).
277 Robert Musil, *Der Mann ohne Eigenschaften*, S. 252.
278 Hierzu sowie zum naturwissenschaftlich-technischen Diskurs: Michael Gamper, „Naturwissenschaft, Technik/Ingenieurwissenschaften" (S. 504–509), Andrea Albrecht und Franziska Bomski, „Mathematik, Logik, Geometrie, Wahrscheinlichkeitstheorie" (S. 510–516), beides in: Birgit Nübel und Norbert Christian Wolf (Hrsg.), *Robert-Musil-Handbuch*.
279 „Der Ingenieurstand", schreibt Biedenkapp, „ist noch jung, der jüngsten einer" (Georg Biedenkapp, „Der Ingenieur und die Politik", S. 35). Angesichts der traditionsreichen Geschichte des Ingenieurberufes scheint diese Aussage merkwürdig, ja falsch zu sein, reichen seine Anfänge doch sechs Jahrtausende zurück (vgl. hierzu: Walter Kaiser und Wolfgang König (Hrsg.), *Geschichte des Ingenieurs*). Was also veranlasst Biedenkapp dazu, vom Beruf des Ingenieurs als einem äußerst jungen zu sprechen, der sich erst kürzlich herausgebildet und formiert hat? Fest steht jedenfalls, dass seine Geschichte überaus diffus und vielstimmig ist. War der Ingenieur lange Zeit insbesondere Bau- und Kriegsingenieur – noch im Grimmschen Wörterbuch findet sich die Notiz, dass der Ingenieur ein heute eingebürgertes Fremdwort für Kriegsbaumeister oder Feldmesser ist (vgl. Jacob und Wilhelm Grimm, *Deutsches Wörterbuch*, Bd. 10, Sp. 2115) –, so differenzierte sich das Berufsfeld im Zuge der industriellen Revolution aus, was eine zunehmende Spezialisierung nach sich zog. Seit dem späten 19. Jahrhundert wurde der Einstieg in den Ingenieurberuf über ein technisches Studium zur Regel. Erst jetzt war der Übergang vom „Praktiker" zum studierten Ingenieur vollzogen (vgl. Wolfgang König, „Vom Staatsdiener zum Industrieangestellten: Die Ingenieure in Frankreich und Deutschland 1750–1945", S. 200). Durch die Gründung von technischen Hochschulen und den jeweiligen Curricula war es aufgrund nun festgelegter, definierter Inhalte zudem möglich, eine Grenzziehung zu anderen Berufsgruppen vorzunehmen. Lange prangerte der Ingenieur an, nur mehr

als Handlanger des Architekten zu gelten (vgl. Karl-Eugen Kurrer, *Geschichte der Baustatik*, S. 929). Erst mit der Gründung des Bundes Deutscher Architekten (BDA) im Jahr 1903 fand die sich im Laufe der Zeit verschärfende Trennung von Architekten und Bauingenieuren einen gewissen Abschluss (vgl. Wolfgang König, „Vom Staatsdiener zum Industrieangestellten: Die Ingenieure in Frankreich und Deutschland 1750–1945", S. 210). Insgesamt zeigt sich, dass sich die Berufsgruppe der Ingenieure erst im Laufe des 19. Jahrhunderts durch Festlegung von Studieninhalten und Gründung fachspezifischer Vereine sowie durch Abgrenzung zu Architekten oder mehr handwerklich orientierten Berufsgruppen formierte und festigte. Biedenkapps Äußerung muss vor diesem Hintergrund gelesen werden.

280 Ohne Verfasser, „Einleitung", in: Friedrich Kahl und Adolf Reitz (Hrsg.), *Der Ingenieur*, S. 5.

281 Georg Biedenkapp, „Der Ingenieur und die Politik", S. 35.

282 Man mag einwenden, dass Ulrichs essayistische Lebensweise samt seiner Erkenntnis, dass jedes Kräftespiel einen Zustand des Gleichgewichts anstrebt, viel eher mit der Kybernetik, die als wissenschaftlicher Forschungsbereich in den 40er Jahren des 20. Jahrhunderts entstand (vgl. Frederic Vester, *Neuland des Denkens. Vom technokratischen zum kybernetischen Zeitalter*, München 1984, S. 57f), und damit erst nach dem Erscheinen des Romans, denn mit der Statik zu beschreiben sind, zumal kybernetische Modelle weit mehr als die Statik dem Aspekt des Dynamischen gerecht werden. So betont etwa der Biochemiker Frederic Vester das vitale Moment der Kybernetik: „Dort, wo also Kybernetik seit eh und je funktioniert, in der vier Milliarden Jahre alten lebendigen Welt des biologischen Geschehens, bedeutet sie keineswegs detaillierte Vorprogrammierung oder zentrale Steuerung, sondern lediglich Impulsvorgabe zur Selbstregulation, Antippen von Wechselwirkungen zwischen Individuum und Umwelt, Stabilisierung von Systemen und Organismen durch Flexibilität, Nutzung vorhandener Kräfte und Energien und ständiges Wechselspiel mit ihnen. Durch Fluktuation, nicht durch Starrheit wurde dieses Vorgehen zum Garant des Lebens, gewann die Natur ihre nie erlahmende Stabilität und Stärke" (ebd. S. 54). Die Kybernetik beschreibt den Prozess der Herstellung bzw. Aufrechterhaltung eines Gleichgewichtszustandes, d. h. das Gleichgewicht wird auch hier dynamisch begriffen. Gleichwohl ist es legitim, Ulrichs Reflexionen an den Begriff der Statik zu binden, weil seine Überlegungen auf dem Begriffsfeld „Statik" fußen („Kräftespiel", „Mittelwert", „Mittelzustand", „Ausgleich", „Gleichgewicht", „Erstarrung"). Zudem kann konstatiert werden, dass sich der Mann ohne Eigenschaften in einer Gesellschaftsordnung bewegt, die, um mit Vester zu sprechen, auf „statischen Normen" gründet, wobei es gerade Ulrich ist, der „die Ruhe starrer Satzungen" verabschiedet und sie durch „ein bewegliches Gleichgewicht" ersetzt, „das in jedem Augenblick Leistungen zu seiner Erneuerung fordert" (Robert Musil, *Der Mann ohne Eigenschaften*, S. 252). Das hier evozierte Bild vom sich ständig erneuernden Gleichgewicht lässt, wie beschrieben, an die mechanische Statik denken, da auch sie permanentes Austarieren der Kräfte beschreibt. Aber es erinnert auch an die Kybernetik. Gerade ein Blick in Vesters *Neuland des Denkens*, genauer: in das Kapitel „Statische und dynamische Normen" offenbart, dass Ulrich ein „kybernetischer Denker" ist. Vester schreibt: „Wo die Festlegung auf eine starre Regel auch beginnt, sie mag zunächst noch so zeitnah sein, im nächsten Moment stimmt sie mit der neuen Wirklichkeit einer inzwischen schon wieder veränderten Umwelt nicht mehr überein [...]. Viele statische Normen sind also in unserer Zeit sicher schon im Moment ihrer Aufstellung wieder falsch und daher als Norm nicht zu gebrauchen [...]. Wenn nun aber statische Normen nicht zu gebrauchen sind, an was soll man sich halten? Gibt es dann überhaupt noch Richtlinien, auf die man bauen könnte? Ich glaube, daß es durchaus möglich

ist, auch in dieser „Zeit der Übergänge" eine gültige Ordnung zu erreichen; allerdings nur, wenn sich diese nicht an etwas ‚Totes' (Starres), sondern an etwas ‚Lebendiges' (Flexibles) hält, an etwas, das sich selbst mit uns bewegt. Es wäre dies nicht etwa wieder eine entsprechend korrigierte neue Norm, sondern eine völlig neue *Art* von Norm, zu der wir finden müssen. Eine Norm, die nicht mehr feststeht, sondern auf Dynamik basiert und sich dadurch nicht an irgendeinem momentanen Bild der sich ständig verändernden Umwelt verankert. Eine Norm, die nicht die Lage von Punkten angibt, sondern die Richtung von Tendenzen [...]. Was wir zur Bestimmung solcher dynamischer Normen brauchen, ist demnach vor allem eine bessere Kenntnis des realen Systemverhaltens und der ihm zugrunde liegenden Systemgesetzmäßigkeiten, aus denen wir die anzustrebenden (und möglichen!) Entwicklungen abzulesen vermögen" (Frederic Vester, *Neuland des Denkens*, S. 464 f). Damit hat Musil in seinem Roman die Kybernetik bzw. die Idee dynamischer Normen vorweggenommen. Zur kybernetischen Lesart des *Mann ohne Eigenschaften* siehe auch: Guntram Vogt, „Robert Musils „dichterische Erkenntnis". Vom mechanistischen zum kybernetischen Denken", in: Hanno Möbius und Jörg Jochen Berns (Hrsg.), *Die Mechanik in den Künsten. Studien zur ästhetischen Bedeutung von Naturwissenschaft und Technologie*, Marburg 1990, S. 267–280.
283 Stanislaus von Moos, „Nachwort", in: Sigfried Giedion, *Die Herrschaft der Mechanisierung*, S. 779–816, hier S. 803.
284 Gregor Harbusch bemerkt, dass *Space, Time and Architecture* „Architekturgeschichtsschreibung und zugleich Manifest der Moderne" sei (Gregor Harbusch, „Arbeiten an Wort, Bild und Buch. Das Beispiel *Space, Time and Architecture*", in: Werner Oechslin und Gregor Harbusch (Hrsg.), *Sigfried Giedion und die Fotografie*, S. 126–141, hier S. 126). Es „behandelt die Moderne nicht nur, sondern ist als ein Text „operativer Architekturkritik" des Enthusiasmus und der Affirmation des Gegenstandes Teil des betrachteten Gegenstandes" (ebd. S. 126).
285 Sigfried Giedion, *Bauen in Frankreich*, S. 1. Siehe hierzu auch: Olivier Lugon, „Neues Sehen, neue Geschichte. László Moholy-Nagy, Sigfried Giedion und die Ausstellung *Film und Foto*", in: Werner Oechslin und Gregor Harbusch (Hrsg.), *Sigfried Giedion und die Fotografie*, S. 88–105, hier S. 101 ff.
286 Ebd. S. 1.
287 Stanislaus von Moos, „Nachwort", S. 782.
288 Sigfried Giedion, *Bauen in Frankreich*, S. 3.
289 Ebd. S. 3.
290 Stanislaus von Moos, „Nachwort", S. 813.
291 Sigfried Giedion, *Die Herrschaft der Mechanisierung*, S. 33.
292 Ebd. S. 438.
293 Ebd. S. 523.
294 Ebd. S. 523.
295 Vgl. ebd. S. 451.
296 Ebd. S. 528.
297 Ebd. S. 531.
298 Alfred Gotthold Meyer, *Eisenbauten*, S. 89.
299 Sigfried Giedion, *Die Herrschaft der Mechanisierung*, S. 770.
300 Ebd. S. 777.
301 Hierzu auch: Sokratis Georgiadis, „Der angegriffene Körper. Sigfried Giedion und die Mechanisierung", in: *Georges-Bloch-Jahrbuch des kunsthistorischen Instituts der Universität Zürich* 5 (1998), S. 157–169, hier S. 168.

302 Hans Magnus Enzensberger kritisiert Giedions „neutrale" Sicht auf die Technik. Es sei schlicht naiv zu glauben, alles hinge davon ab, wie man sie gebraucht. Dennoch habe er besser als seine Zeitgenossen „die abgründige Ambivalenz der Mechanisierung begriffen. Er wollte das Dilemma der Industrialisierung nicht verklären, sondern so deutlich wie möglich artikulieren" (Hans Magnus Enzensberger, „Die Herrschaft der Mechanisierung", in: *Der Spiegel*, Heft 6 (1983), S. 196–201, hier S. 200).

303 Die Rede vom „Neuen Menschen" ist in avantgardistischen Kreisen omnipräsent. Der Mensch soll auf die technisierte Welt eingestellt werden (vgl. Bernd Stiegler, *Der montierte Mensch*). Er soll mit anderen Augen sehen. Er soll aus neuen Perspektiven wahrnehmen (z. B. Werner Graeff und Alexander Rodtschenko). Er soll *sehen in bewegung* (László Moholy-Nagy). Er soll mit den Ohren sehen und den Augen hören (Raoul Hausmann). Mal ist er ein Mensch im Gleichgewicht (Piet Mondrian, Oskar Schlemmer, Sigfried Giedion, Fernand Léger), mal einer, der montiert ist (z. B. Dada und Gottfried Benn). Dann steht er wieder im Zeichen des Körperkults (z. B. Oskar Schlemmer). So vielseitig die Avantgarde ist, so vielseitig sind auch die Konzepte des „Neuen Menschen". Grundsätzlich gilt: Wer sich mit den avantgardistischen Strömungen befasst, befasst sich zumeist gleichzeitig mit den Entwürfen eines Neuen Menschen, denn hinter den künstlerischen und literarischen Werken, hinter den Manifesten, Programmen und theoretischen Schriften, in denen neue Formsprachen, Sprechweisen und ein veränderter Umgang mit den Medien gefordert werden, steht doch letztlich immer auch eine bestimmte Vorstellung vom Mensch. Aus der reichhaltigen Literatur zum „Neuen Mensch" seien hier stellvertretend für die breite Diskussion folgende einschlägige Beiträge genannt: Paweł Wałowski (Hrsg.), *Der (neue) Mensch und seine Welten. Deutschsprachige fantastische Literatur und Science-Fiction*, Berlin 2017; Tanja Poppelreuter, *Das Neue Bauen für den Neuen Menschen. Zur Wandlung und Wirkung des Menschenbildes in der Architektur der 1920er Jahre in Deutschland*, Hildesheim, Zürich und New York 2007; Alexandra Gerstner, Barbara Könczöl und Janina Nentwig (Hrsg.), *Der Neue Mensch. Utopien, Leitbilder und Reformkonzepte zwischen den Weltkriegen*, Frankfurt am Main 2006; Bernd Wedemeyer-Kolwe, „*Der neue Mensch". Körperkultur im Kaiserreich und in der Weimarar Republik*, Würzburg 2004; Nicola Lepp, Martin Roth und Klaus Vogel (Hrsg.), *Der Neue Mensch. Obsessionen des 20. Jahrhunderts*, Ostfildern-Ruit 1999.

304 Sigfried Giedion, *Die Herrschaft der Mechanisierung*, S. 774 ff.

305 Sigfried Giedion, „Gegen das Ich", in: Paul Hofer und Ulrich Stucky (Hrsg.), *Hommage à Giedion*, S. 11–12, hier S. 11.

306 Ebd. S. 11.

307 Ebd. S. 11.

308 Sigfried Giedion, *Die Herrschaft der Mechanisierung*, S. 13.

309 Christoph Asendorf, „Sattelzeit und Symbolzerfall. Nach dem Bruch: Wandel und Kontinuität in der Ikonologie der Architektur", in: *Forum interdisziplinäre Begriffsgeschichte* 1 (2018), S. 72–78, hier S. 72.

310 Zit. nach ebd. S. 72. Erinnert sei an dieser Stelle auch an Theo van Doesburgs Beitrag „Die monumentale Kunst", welcher 1922 in der Zeitschrift *Vešč'* erschien (siehe hierzu: Kapitel „Elementarismus").

311 Zit. nach Birgit Sonna, „Der Neue Mensch – Utopie und Ideologie. Facetten der Körperkultur im Werk von Oskar Schlemmer", in: Staatsgalerie Stuttgart und Ina Conzen (Hrsg.), *Oskar Schlemmer. Visionen einer neuen Welt*, München 2014, S. 247–255, hier S. 247.

312 Stanislaus von Moos, „Der Purismus und die Malerei Le Corbusiers", S. 417 f.

313 Ebd. S. 418.

314 Karl-Eugen Kurrer, „Der wirklich geniale Ingenieur ist poetischer Denker", o.S.
315 Zit. nach Michael Seuphor, *Piet Mondrian. Leben und Werk*, Köln 1957, S. 318 f.
316 A. Ehrenberg, *Die ästhetische Statik. Ein Beitrag zur Lösung des Formproblems in der bildenden Kunst nebst einer Begriffsbestimmung des Naturalismus*, Berlin 1914, S. 21.
317 Vgl. ebd. S. 13 f.
318 Vgl. Linda Dalrymple Henderson, „Abstraktion, der Äther und die vierte Dimension: Kandinsky, Mondrian und Malewitsch im Kontext", in: Kunstsammlung Nordrhein-Westfalen (Hrsg.), *Kandinsky Malewitsch Mondrian – Der weiße Abgrund Unendlichkeit*, Köln 2014, S. 37–55, hier S. 49.
319 Michael Seuphor, *Piet Mondrian*, S. 144. Lediglich verwiesen sei an dieser Stelle auf die Emotionsdebatte, in deren Rahmen u. a. nach der emotionalen Wirksamkeit von Bildern, mithin nach dem Verhältnis von Form und Emotion, gefragt wird (vgl. Gottfried Boehm, „Der Haushalt der Gefühle. Form und Emotion" (S. 63–84) und Kerstin Thomas, „Das Bestimmte Unbestimmte. Formen der Emotion im Bild" (S. 85–100), beide Beiträge in: Marion Lauschke, Johanna Schiffler und Franz Engel (Hrsg.), *Ikonische Formprozesse. Zur Philosophie des Unbestimmten in Bildern*, Berlin und Boston 2018.
320 Ebd. S. 42.
321 Ebd. S. 144.
322 Clara Weyergraf, *Piet Mondrians und Theo van Doesburg*, S. 66.
323 Ebd. S. 66.
324 Christoph Wetzel, *Das Reclam-Buch der Kunst*, Stuttgart 2001, S. 449.
325 *Der Brockhaus. Moderne Kunst*, „Mondrian", S. 240.
326 Regine Prange, „Horizontal-Vertikal. Beobachtungen zur Entwicklung des Neoplastizismus", in: *Kunstchronik* 49 (1996), S. 74–85, hier S. 81.
327 Vgl. hierzu auch die Kapitel „Elementarismus" und „Totalität".
328 Michael Seuphor, *Piet Mondrian*, S. 144.

Intermezzo

Dadas statische Lyrik

Der Dadaismus, entstanden während des ersten Weltkrieges, stellte sich provokativ und radikal gegen die fragwürdig gewordene bürgerliche Gesellschaft. Am 5. Februar 1916 eröffnete Hugo Ball in der Spiegelgasse 1 in Zürich das Cabaret Voltaire, einen Treffpunkt pazifistischer Künstler, die hier auftreten und ausstellen konnten. Legendär sind die Soireen, in deren Rahmen bruitistische Geräuschmusik, simultane Gedichtrezitationen, kubistische Tänze, Zufallstexte, Nonsens-Gedichte und Montagen präsentiert wurden. Von hier aus wurde der anti-bürgerliche, paradoxe Dada-Geist in die Welt hinausgetragen. So bildeten sich in Köln, Hannover und New York Dada-Gruppen. Nicht zu vergessen ist auch Berlin, wo sich ab 1918 eine dadaistische Gruppe formierte, darunter die Künstler Richard Huelsenbeck, Johannes Baader, John Heartfield, Hans Richter und Hannah Höch. Die Berliner Dadaisten, die sich vor allem durch ihre zeitkritischen Schrift- und Fotomontagen hervortaten[1], prangerten mit ihren Werken insbesondere die gesellschaftliche Situation im Nachkriegsdeutschland an und warteten mit einer Flut von Publikationen auf, in denen sie nicht selten zu einem Umsturz der gesellschaftlichen Verhältnisse aufriefen.[2]

Im „Dadaistischen Manifest", welches 1918 von Richard Huelsenbeck verfasst wurde und das, nebenbei bemerkt, zahlreiche Unterzeichner fand, so zum Beispiel George Grosz, Hugo Ball, Hans Arp, Tristan Tzara und Marcel Janco, gibt sich Dada gewohnt angriffslustig. So wird zunächst der Expressionismus scharf attackiert, weil seine Vertreter nur mehr „sehnsüchtig ihre literatur- und kunsthistorische Würdigung"[3] erwarteten, weil ihr Schaffen schon längst nichts mehr mit dem Lärm der Straße zu tun habe und weil ihre pathetischen Gesten „ein inhaltloses, bequemes und unbewegtes Leben zur Voraussetzung"[4] habe. Auch grenzt der Verfasser den Dadaismus dezidiert von allen bisherigen Kunstströmungen, insbesondere vom Futurismus, ab, den „kürzlich Schwachköpfe als eine neue Auflage impressionistischer Realisierung aufgefaßt haben".[5] Dagegen symbolisiere Dada „das primitivste Verhältnis zur umgebenden Wirklichkeit [...]. Das Leben erscheint als ein simultanes Gewirr von Geräuschen, Farben und geistigen Rhythmen, das in die dadaistische Kunst unbeirrt mit allen sensationellen Schreien und Fiebern seiner verwegenen Alltagspsyche und in seiner gesamten brutalen Realität übernommen wird".[6] Damit fungiert der dadaistische Künstler als Seismograph, der die geistigen, kulturellen, emotionalen, ökonomischen, ethischen und sozialen Tendenzen seiner Zeit aufspürt und ihn ästhetisch „verwertet", wobei angemerkt werden muss, dass sich Dada ursprünglich gegen den bürgerlichen Kunstbegriff stellte, nicht Kunst im herkömmlichen Sinne, nicht Kunst für Museen schaffen wollte, dann aber durch Veranstaltungen wie die *Erste Internationale Dada-Messe* in Berlin oder durch Herausgabe von Zeitschriften wie *Der Dada* letztlich doch institutionalisiert wurde – dies nur eine der vielen Dada-Widersprüchlichkeiten. Dessen ungeachtet schöpft Dada aus dem Vollen, gibt das vitale, schöpferische, energetische Leben ebenso wie Destruktives, Zerstörendes. Dada steht dem Leben nicht ästhetisch gegenüber, ist vielmehr das Leben selbst: explosiv, pulsierend, beschwingt, verrückt, extrem, schockierend, gewaltsam, zerschlagend, paradox, herausfordernd, aufrüttelnd, intensiv. Dadaist sein heißt deshalb, „sich von den Dingen werfen zu lassen"[7], sich mit Leib und Seele in den Strudel der Zeit zu begeben, nicht zur Ruhe kommen zu wollen, in ständiger Bewegung und dauerndem Aufruhr zu sein, sich vom Geschwindigkeitsfieber der Zeit anstecken zu lassen und sich vom „gewaltige[n] Hokuspokus des Daseins"[8] bezaubern zu lassen. Dadaisten sind „nur zufällig Künstler"[9], „die stündlich die Fetzen ihres Leibes aus dem Wirrsal der Lebenskatarakte zusammenreißen, verbissen in den Intellekt der Zeit, blutend an Händen und Herzen".[10] Bei all dem energisch Aufgeladenen, Überschäumenden, Nervenaufreibenden, das aus den Zeilen des „Dadaistischen Manifests" spricht, bei all der dynamischen Attitüde, ist es zunächst erstaunlich, dass Dada nicht nur bruitistisch und simultan, sondern auch statisch dichten will. Andererseits ist Dada keine Ästhetik, sondern, wie gesagt, das Leben selbst und muss deshalb, um mit den Worten Theo van Doesburgs zu sprechen, nicht nur Dynamisches, sondern auch Statisches beinhalten. Und so führt Huelsenbeck dann neben zwei dynamischen Gedichtformen explizit auch das STATISCHE Gedicht an:

> Das   BRUITISTISCHE Gedicht
> schildert eine Trambahn wie sie ist, die Essenz der Trambahn mit dem Gähnen des Rentiers Schulze und dem Schrei der Bremsen.
>   Das   SIMULTANISTISCHE Gedicht
> lehrt den Sinn des Durcheinanderjagens aller Dinge, während Herr Schulze liest, fährt der Balkanzug über die Brücke bei Nisch, ein Schwein jammert
> im Keller des Schlächters Nuttke.
>   Das   STATISCHE Gedicht
> macht die Worte zu Individuen, aus den drei Buchstaben Wald, tritt der Wald mit seinen Baumkronen, Försterlivreen und Wildsauen, vielleicht tritt auch eine Pension heraus, vielleicht Bellevue oder Bella vista.[11]

Liest man die drei Zeilen, in denen das, was ein statisches Gedicht auszeichnet, beschrieben wird, so fällt zunächst das irritierende Moment auf. Der Lesefluss stockt. Der Rezipient des Manifests fängt an zu grübeln. Welche drei Buchstaben meint Huelsenbeck, wenn er schreibt, dass „aus den drei Buchstaben Wald" der

Wald tritt? Durch die Verwendung des bestimmten Artikels erwartet der Leser die Nennung dreier Buchstaben, die jedoch ausbleibt. Stattdessen folgt das Wort „Wald", welches sich jedoch aus vier Lettern zusammensetzt. Warum heißt es nicht „vier Buchstaben" oder „aus den Buchstaben WALD"? Lange aber hält man sich nicht an dieser Textstelle auf, denn erstens lässt sich das Problem der sprachlichen Verweisung, welches hier von Huelsenbeck dezidiert ausgestellt wird, ohnehin nicht auflösen. Zweitens ist trotz der Irritation klar, worum es geht: um Optische Poesie und damit verbunden um das Verhältnis von Schrift und Bild. Und drittens handelt es sich um den Text eines Dadaisten. Für die Dadaisten ist Verrätselung und Irritation Programm, denn zum dadaistischen Spiel gehört auch und gerade das Spiel mit dem Rezipienten. Die „Anti-Kunst"[12] Dadas widersetzt sich nicht nur den gewohnten Wahrnehmungs- und Lesegewohnheiten, sie lässt sich nicht einfach konsumieren, sie befreit sich zugleich von ihrer Gebundenheit an den Künstler und macht damit den Rezipienten zum Produzenten einer von Konventionen und Traditionen losgelösten, lebensnahen Kunst-Welt, was nicht zuletzt eine Polemik gegen den Kunstmarkt sowie das etablierte Bild des Künstlers als genialer Schöpfer darstellt.[13] Kunst soll, das fordern die Dadaisten immer wieder, kein abgezirkelter, elitärer, autonomer Bereich sein, sondern in der Lebenspraxis aufgehen. Gleichzeitig soll, ja muss sie Autonomie erlangen, und zwar im Bewusstsein des Rezipienten. Das gelingt zum einen durch eine bewusst angelegte Offenheit des Kunstwerks, zum anderen durch Verrätselung, wie Peter Bürger in seiner *Theorie der Avantgarde* festhält:

> Was bleibt, ist die Rätselhaftigkeit der Gebilde, ihre Resistenz gegen den Versuch, ihnen Sinn abzugewinnen. Will der Rezipient nicht einfach resignieren bzw. sich mit beliebigen, nur an einem Einzelteil des Werks festgemachten Sinnsetzungen zufriedengeben, so muß er versuchen, gerade die Rätselhaftigkeit des avantgardistischen Werks zu verstehen. Damit begibt er sich auf eine andere Ebene der Deutung. Statt weiter nach dem Prinzip des hermeneutischen Zirkels aus dem Zusammenhang von Werkganzem und Teilen einen Sinn erfassen zu wollen, wird er die Sinnsuche suspendieren und seine Aufmerksamkeit auf die die Werkkonstitution bestimmenden Konstruktionsprinzipien richten, um in ihnen einen Schlüssel zu finden für die Rätselhaftigkeit des Gebildes.[14]

Und dennoch wird die Hermeneutik nicht gänzlich suspendiert, denn „[a]uch das avantgardistische Werk ist noch hermeneutisch (d. h. als Sinnganzes) zu verstehen, nur hat die Einheit den Widerspruch in sich aufgenommen. Nicht mehr die Harmonie der Einzelteile konstituiert das Werkganze, sondern die widerspruchsvolle Beziehung heterogener Teile".[15]

Auffallend ist, dass Huelsenbeck just an der Stelle im Manifest, an der es vornehmlich um das visuelle Potential von Sprache bzw. um die Fähigkeit des Lesers geht, abstrakte Zeichen in imaginäre Bilder zu übersetzen, kurz: wo es um die ‚Lust am Bild' geht, eine „Stolperstelle" einbaut. Gerade dort also, wo der be-schreibende Text ins Visuelle gleitet, wo die von der Worthülse ausgehenden Assoziationen aufgeführt werden, bleibt der Leser „hängen". Wie passend dann auch, dass Huelsenbeck hier von „treten" spricht, das sich nun nicht nur auf das Los-treten einer Assoziationskette bezieht, sondern zugleich auf das Über-treten vom Medium der Schrift in das des Bildes bzw. vom Ein-treten in die subjektive Welt endogener Bildräume.[16] Die im „Dadaistischen Manifest" vorgestellte Definition statischer Lyrik ist damit nicht einfach spröde Theorie, vielmehr führt Huelsenbeck auf sprachlicher Ebene vor, worauf es beim statischen Gedicht ankommt: Ausgehend von einem Wort, ja man kann zugespitzt sagen, ausgehend von einem einzigen (sprachlichen) Zeichen steigen im Geiste des Lesers endogene Bilder empor. Den starren, unbewegten Lettern wird durch den Akt der Wahrnehmung resp. durch die Lektüre Leben eingehaucht. Hier steht die Aktivität des Rezipienten im Zentrum[17], der nun selbst zum kreativen Schöpfer wird, und zwar, indem er im Geiste eine neue, ureigene Realität prozesshaft entfaltet. Das Zeichenmaterial, das die imaginäre Bildkaskade in Gang setzt, erlangt folglich im rezipierenden Bewusstsein eine autonome Existenz, mit Huelsenbeck gesprochen: Die Worte werden zu Individuen. Insgesamt aber zeigt sich, dass seine Definition statischer Lyrik äußerst vage bleibt, zielt sie doch in erster Linie auf die der Sprache innewohnende Kraft, im Rezipienten bestimmte Bilder wachzurufen, also auf eine Qualität, die Sprache per se ausmacht. Je offener die vom Verfasser statischer Lyrik gewählten Zeichen sind, je Unkonkreteres sie bezeichnen und je loser ihr Zusammenhang untereinander, desto variabler gestalten sich die an das Ausgangsmaterial geknüpften Vorstellungen.[18]

Wie indes ein statisches Gedicht *aussehen kann*, führt Raoul Hausmann, Lautpoet, Maler, Fotograf, Schriftsteller, Monteur und selbsternannter Dadasoph, mit seinem Gedicht „grün" (1918) vor, dessen eigentlicher Titel vermutlich „Wald" lautet (Abbildung 22).[19] Da es sich auf der Rückseite des „Dadaistischen Manifests" befindet, welches im Rahmen der ersten Dada-Soirée im „Club Dada" von Huelsenbeck vorgetragen und als Faltblatt verteilt wurde, liegt es nahe, es als direkte Umsetzung der von Huelsenbeck vorgestellten „statischen Lyrik" zu lesen. Mit seinem Gedicht zeigt der Dadasoph, dass es beim statischen Dichten nicht darum geht, etwas naturgetreu zu beschreiben, sondern um die Aktivierung des Lesers, der nun nicht mehr einen bestimmten, vom Autor intendierten Sinn zu entschlüsseln hat, also nicht länger auf dem Pfad des hermeneutischen Zirkels wandeln muss, sondern eigenständig eine individuelle Bild-Welt aufbauen darf. Er soll das Dargebotene selbstständig weiterdenken. Der Dichter ist deshalb nur mehr Impulsgeber. Er tritt völlig hinter dem Werk zurück. Ein statisches Gedicht ist nicht mimetisches Gebilde oder Ort, an dem ein lyrisches Ich seine Stimmung kundtut. Es wird nichts verkündet. Lyrik wird stattdessen zum anarchischen Raum, in dem alles möglich ist.

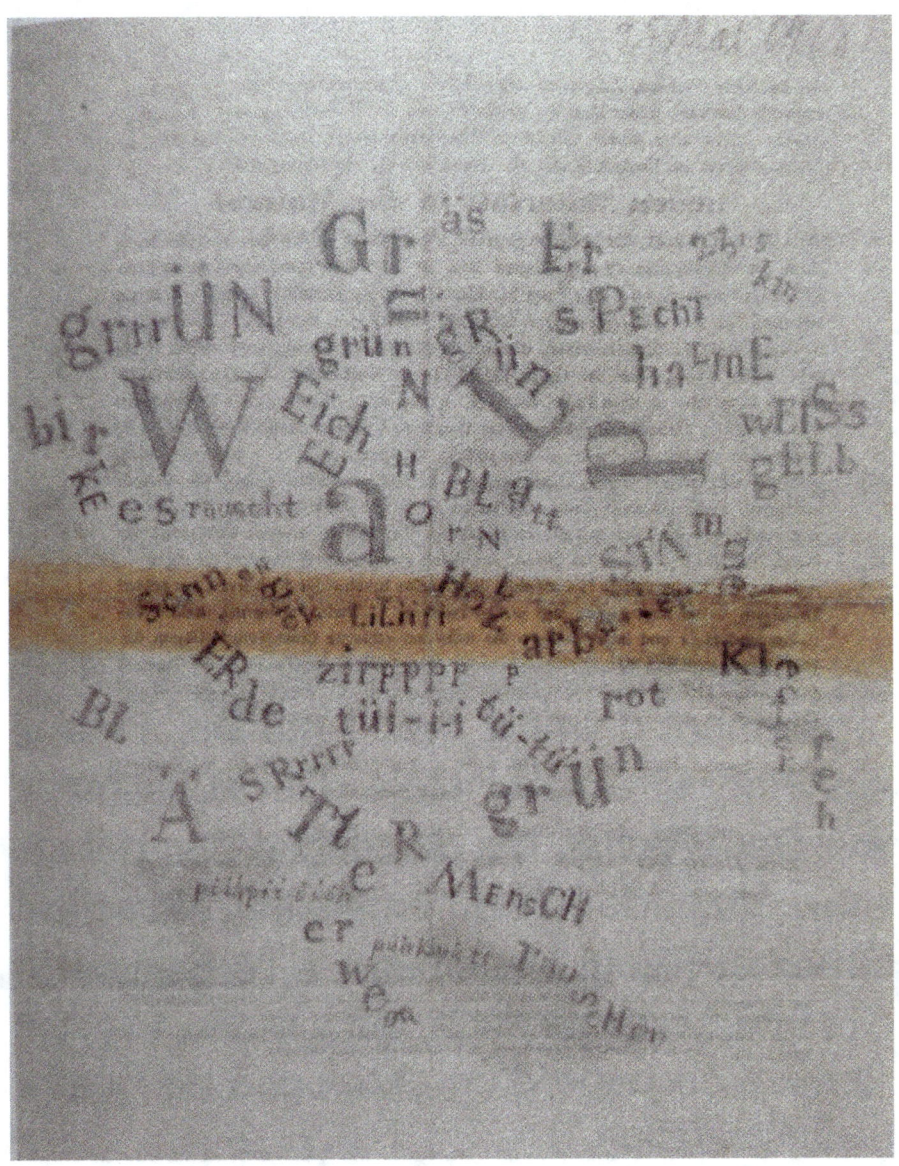

Abbildung 22: Raoul Hausmann, „grün" (1918).

In Hausmanns Gedicht steht, das ist kaum zu übersehen, der typographische Aspekt im Vordergrund. Trotz der chaotisch wirkenden Ansammlung der Lettern lassen sich alsbald Wörter und Lautmalereien erkennen, die allesamt mit dem Begriff „Wald" assoziiert werden können. Die einzelnen Wörter sind sowohl aus ihrer linearen Anordnung als auch aus der Syntax und damit aus einer konkreten Sinnkonstellation gelöst, führen also gewissermaßen ein „Eigenleben". Der vielseitige Dada-Künstler entpuppt sich hier weniger als Dichtersubjekt denn als Schrift-Setzer, der die Lettern arrangiert. Hausmann selbst betont in einem Brief an Hannah Höch, dass die Typographie aufgrund ihres maschinellen Charakters adäquates künstlerisches Mittel sei, wohingegen der expressionistische Holzschnitt in der von Technik dominierten Umwelt schlicht unzeitgemäß wirke:

> So wird z. B. der expressionistische Künstler ein Gedicht, wie der Wald in Holz schneiden wollen. Der Dadaist kann das garnicht [sic] wollen; er wird nicht etwas, was heute rein maschinellen Charakter hat, wie Typographie, in ein anderes Material übersetzen. Gerade das Maschinelle daran soll differenziert werden.[20]

Insofern kann das Gedicht „grün" als typographische Dichtung gelten. Doch nicht nur das, denn neben Wörtern wie „Eiche", „Blatt", „Birke", „Kiefer", „Reh", „Weg", „Mensch", „Erde", „Stämme", „Holz", „Specht", „Halme", „Ahorn", „weiss", „gelb", „rot", „grün" und, natürlich nicht zu vergessen, „Wald", finden sich auch onomatopoetische Buchstabenfolgen, die unmittelbar darauf verweisen, dass das Schrift-Bild nicht etwa für sich steht, sondern zugleich mit der akustischen Dimension von Sprache verbunden ist.[21] „Grün" ist demnach auch ein Lautgedicht.[22]

Dass Lautgedicht und Typographie-Gedicht zusammenfallen können, bemerkt auch Klaus Peter Dencker, Autor visueller Lyrik, in seiner umfassenden Monografie über Optische Poesie. Akustische Dichtung gliedere sich, heißt es dort, in drei Gruppen:

1. die gedruckte Poesie, die sich in der visuellen Rezeption als Akustische Poesie entdecken lässt,
2. die auf Tonträger eingespielte, oder mit dem Tonträger direkt erzeugte Poesie, die sich nur akustisch erschließt,
3. die Poesie-Performance (live oder aufgezeichnet), die visuell oder akustisch (über Körpersprache und Stimme) wahrnehmbar ist.[23]

Mit der Integration von Lautmalereien wie „Zirpppp" geht Hausmann über die Huelsenbeck'sche Definition statischer Lyrik hinaus, die sich ausschließlich auf die visuelle Komponente von Sprache, d. h. erstens auf die sichtbaren sprachlichen Zeichen (Drucktypen) und zweitens auf die von diesen ausgelösten endogenen Bildern, bezieht. Auf die Akustik hebt Huelsenbeck nicht explizit ab.

Dencker führt Hausmanns Gedicht unter der Rubrik „Frühformen Konkreter Poesie" auf, verbleibt also bei seiner gattungstheoretischen Einordnung des Gedichts nicht beim Dadaismus und den anderen Ismen jener Jahre, sondern spannt den Bogen bis zur Mitte des 20. Jahrhunderts, bis zur Konkreten Poesie.[24] Im Rahmen seiner Ausführungen verweist Dencker u. a. auf Heinz Gappmayrs Beitrag „Was ist konkrete Poesie?" Dieser gehe ein auf

> die Diskrepanz zwischen der konkreten Wirklichkeit und dem Begriff von Wirklichkeit, von dem konkreten Haus, in dem ich wohne und dem Begriff (Wort) „Haus", der in seiner konkreten Eigenschaft als Wort mit vier Buchstaben nur sich selber, also die Wortfigur meint und eindeutig ist, im Gegensatz zum „Inhalt" des Begriffs, der unbegrenzt alle Vorstellungsmöglichkeiten von „Haus" umfassen kann. Und betrachtet man die Wörter „Haus", „maison" und „casa", dann handelt es sich nur scheinbar um den selben Begriff, denn die unterschiedliche konkrete Wortfigur (vielleicht noch unterstützt von formalen, typografischen Elementen) beeinflusst wiederum die Begriffsbildung, die Ideenwelt der von Sprache ausgelösten Vorstellung.[25]

Auf eben dies zielt vermutlich auch Huelsenbeck, wenn er im Rahmen seiner Beschreibung statischer Lyrik schreibt, dass aus dem Wald vielleicht „Bellevue oder Bella Vista" tritt. Die statische Lyrik weist, so kann zusammenfassend festgehalten werden, nicht nur dem Kunstschaffenden wie dem Rezipienten eine neue Rolle zu, sie ist nicht nur ein Appell an die geistige Beweglichkeit des Lesers, der nun nicht einfach dem Autor zu folgen hat, sondern eigene (Wald-)Wege beschreiten soll, in ihr beginnt sich auch die Grenze zwischen bildender Kunst und Literatur aufzulösen und sie sensibilisiert für die Offenheit und Arbitrarität sprachlicher Zeichen. Denn wer was mit Signifikanten wie beispielsweise „Wald" und „schöne Aussicht" verbindet, ist jeweils eine höchst persönliche Angelegenheit. Statische Lyrik gibt nicht wieder, auch gibt sie nur minimal vor. Sie öffnet sich einem multiperspektivischen Bewusstseinsraum, in dem grundsätzlich alles möglich ist und der zugleich alles andere ist als statisch. Sie spielt Schrift nicht gegen Bild aus, weil in ihr beides zum Tragen kommt: Der optische Reiz, die (Wahrnehmung der) Typographie ist Voraussetzung der inneren Bildwelt.[26] Und schließlich ist sie Optische Dichtung, denn sie „ist eine Poesie, die etwas sichtbar macht im doppelten Sinne: eine Poesie, die nicht nur zu lesen, sondern auch zu sehen ist, zugleich aber auch eine Poesie, die etwas sichtbar, einsichtig, auf etwas aufmerksam macht".[27]

Anmerkungen

1 Vgl. Hanne Bergius, *Montage und Metamechanik. Dada Berlin – Artistik von Polaritäten*, Berlin 2000; Martino Stierli, „Mies Montage. Mies van der Rohe, Dada, Film und die Kunstgeschichte", S. 409 ff.

2 Vgl. Martin Mittelmeier, *Dada. Eine Jahrhundertgeschichte*, München 2016; Karl Riha, *Dada total. Manifeste, Aktionen, Texte, Bilder*, Stuttgart 2015.
3 Richard Huelsenbeck, „Dadaistisches Manifest", in: Moritz Baßler (Hrsg.), *Literarische Moderne. Das große Lesebuch*, Frankfurt am Main 2010, S. 554–557, hier S. 554.
4 Ebd. S. 554.
5 Ebd. S. 555.
6 Ebd. S. 555.
7 Ebd. S. 557.
8 Ebd. S. 557.
9 Ebd. S. 557.
10 Ebd. S. 554.
11 Ebd. S. 556.
12 Zu Dada als Anti-Kunst: Christoph Wetzel, *Das Reclam-Buch der Kunst*, S. 442–443; Hans Richter, *Dada, Kunst und Antikunst. Der Beitrag Dadas zur Kunst des 20. Jahrhunderts*, Köln 1978.
13 Vgl. Peter Bürger, *Theorie der Avantgarde*, Frankfurt am Main 1974, S. 72. Zur Rezeption der Theorie siehe: Regine Prange, *Das ikonoklastische Bild*, S. 285–300.
14 Ebd. S. 109.
15 Ebd. S. 110.
16 Das Verhältnis von Schrift und Bild wird seit den 1990er Jahren im Zuge einer neuen Bild-Aufmerksamkeit, welche Gottfried Boehm als *iconic turn* titulierte, in der Forschung verstärkt in den Blick genommen. Das verstärkte Interesse der Forschung am Bild dokumentieren u. a. folgende Publikationen: Jonathan Crary, *Aufmerksamkeit. Wahrnehmung und moderne Kultur*, Frankfurt am Main 2002; W. J. T. Mitchell, *Bildtheorie*, herausgegeben und mit einem Nachwort von Gustav Frank, Frankfurt am Main 2008; W. J. T. Mitchell, *Das Leben der Bilder. Eine Theorie der visuellen Kultur*, München 2008; Jörg Probst und Jost Philipp Klenner (Hrsg.), *Ideengeschichte der Bildwissenschaft. 17 Porträts*, Frankfurt am Main 2009; Klaus Sachs-Hombach (Hrsg.), *Bildtheorien. Anthropologische und kulturelle Grundlagen des Visualistic Turn*, Frankfurt am Main 2009; Doris Bachmann-Medick, *Cultural Turns. Neuorientierungen in den Kulturwissenschaften*, Hamburg 2009, S. 329–380; Olaf Breidbach, *Bilder des Wissens. Zur Kulturgeschichte der wissenschaftlichen Wahrnehmung*, Paderborn 2012; Marius Rimmele, Klaus Sachs-Hombach, Bernd Stiegler (Hrsg.), *Bildwissenschaft und Visual Culture*, Bielefeld 2014; Claudia Benthien und Brigitte Weingart (Hrsg.), *Handbuch Literatur und visuelle Kultur*, Berlin 2014.
17 Um die Betonung der Rolle des Lesers auf der Textebene geht es auch im rezeptionsästhetischen Ansatz, wie er von Wolfgang Iser (*Der Akt des Lesens. Theorie ästhetischer Wirkung*, München 1976) und Hans Robert Jauß (*Ästhetische Erfahrungen und literarische Hermeneutik*, Frankfurt am Main 1977) vertreten wird. Ein Text ist nach diesem Literaturverständnis kein autonomes, vollendetes ästhetisches Gebilde, dessen Sinn ein für alle Mal feststeht, sondern entfaltet sich erst im Leseprozess, in den der Rezipient seinen Wissenshorizont hineinträgt. Dem Leser obliegt es nicht nur, die Leerstellen im Text zu füllen, denn er muss ebenso die gegebenen Informationen beständig mit seinen Erwartungen, Erfahrungen sowie Hypothesen abgleichen und diese, wenn nötig, während des Lesens korrigieren. So gestaltet sich der Akt des Lesens als Wechselspiel zwischen Text und Leser als prozessualer, historisch verwurzelter Verstehensvorgang. Weiterführend: Bernd Stiegler und Dorothee Kimmich (Hrsg.), *Zur Rezeption der Rezeptionstheorie*, Berlin 2003.
18 An dieser Stelle sei an Mondrians Gitter-Bilder erinnert, die aufgrund ihrer reduziert-abstrakten Bildsprache ebenfalls als offene Zeichen gelesen werden können. Jeder Betrachter

muss die Gemälde eigenständig mit Sinn füllen. Jeder kann in sie etwas anderes hineinlesen. Zudem ist sowohl Mondrians Kunst als auch die statische Lyrik unbewegliche Kunst auf einer zweidimensionalen Fläche. Vitalität erlangen beide ästhetischen Ausdrucksformen erst im Geiste des Rezipienten. Der äußeren Statik steht in beiden Fällen der dynamische Bewusstseinsraum entgegen. Ferner will Mondrian wie die Dadaisten lebensnahe Kunst schaffen. Auch er fordert eine Einheit von Kunst und Leben.

19 Das Gedicht datiert vom 25. Mai 1918. Nur wenige Tage später erwähnt Hausmann in einem Brief an Hannah Höch ein Gedicht mit dem Titel „Wald" (Raoul Hausmann, Brief vom 5.6.1918 an Hannah Höch, in: Hannah Höch, *Eine Lebenscollage*, Bd. 1, Berlin 1989, S. 394). Wahrscheinlich meint der Dada-Künstler hier das Gedicht, das bisher unter dem Titel „grün" vorgestellt wurde (vgl. Corinna Hübner, *Raoul Hausmann. Grenzgänger zwischen den Künsten*, Bielefeld 2003, S. 99).

20 Raoul Hausmann, Brief vom 5.6.1918 an Hannah Höch.

21 Schon die Futuristen, die mit ihrer Programmatik den Expressionismus, den Surrealismus und vor allem den Dadaismus beeinflussten, befreiten das Wort, indem sie gegen die überkommene Syntax rebellierten, für die Zerstörung des ‚Ichs' in der Literatur eintraten und die Abschaffung der Adjektive, Adverbien sowie der Zeichensetzung forderten, aber auch, indem sie bei der Textgestaltung neue Wege einschlugen (vgl. Lothar Lang, *Konstruktivismus und Buchkunst*, Leipzig 1990, S. 9). So wollte Tommaso Marinetti beispielsweise den Kursivdruck für rasche Empfindungen und den Fettdruck für heftige Klangmalereien verwenden (vgl. ebd. S. 9). Dass die Typographie nicht ausschließlich den Sehsinn anspricht, sondern auch die anderen Sinne berührt, bemerkt auch El Lissitzky in *Typographische Tatsachen* (1925): „Die Sprache ist mehr als nur eine akustische Wellenbewegung und bloß Mittel der Gedankenübergabe. So ist auch die Typographie mehr als nur eine optische Wellenbewegung für denselben Zweck. Von dem passiven, zusammengegossenen unartikulierten Schriftgebilde geht man zum aktiven, artikulierten über. Die Geste der lebendigen Sprache wird notiert" (zit. nach ebd. S. 180).

22 Hierzu siehe auch: Laurent Le Bon, *Dada*, Paris 2005, S. 476–477; Corinna Hübner, *Raoul Hausmann*, v. a. S. 68 ff. Hier ist, nebenbei bemerkt, das vorgezeichnet, was der Dadasoph später als Optophonetik bezeichnet (Raoul Hausmann, „Optophonetik", in: ders., *Texte bis 1933*, Bd. 2, Sieg Triumph Tabak mit Bohnen, herausgegeben von Michael Erlhoff, München 1982, S. 51–57; Bernd Stiegler, „Raoul Hausmanns Theorie der Optophonetik und die Erneuerung der menschlichen Wahrnehmung durch die Kunst", in: *Hofmannsthal-Jahrbuch. Zur europäischen Moderne* 10 (2002), S. 327–356).

23 Klaus Peter Dencker, *Optische Poesie. Von den prähistorischen Schriftzeichen bis zu den digitalen Experimenten der Gegenwart*, Berlin und New York 2011, S. 45.

24 Vgl. ebd. S. 312–452. Die Konkrete Poesie steht in direkter Verbindung zur Konkreten Kunst (vgl. *Der Literatur Brockhaus*, Bd. 5, „konkrete Poesie", S. 32 f).

25 Zit. nach ebd. S. 436.

26 Deshalb gilt, was Hanno Ehrlicher betont, dass nämlich „das Material der Sprache auch und gerade für die Avantgardeliteraten anderes und mehr darstellte als nur eine materielle Bedingung der Möglichkeit für Information: Schauwert und Quelle der Einbildungskraft" (Hanno Ehrlicher, „Das Alphabet in Bewegung. Buchstabenexperimente der ‚historischen' Avantgarden", in: *Poetica* 43, Nr. 1/2 (2011), S. 127–151, hier S. 128).

27 Klaus Peter Dencker, „Optische Poesie", in: Klaus Schenk, Anne Hultsen und Alice Stašková (Hrsg.), *Experimentelle Poesie in Mitteleuropa. Texte – Kontexte – Material – Raum*, Göttingen 2016, S. 17–37, hier S. 21.

Immerzu austarieren! Oskar Schlemmer sucht Maß und Mitte

> Wirken wir denn wirklich das Gleichgewicht, die Ruhe in allen Werken, von denen wir hoffen, daß sie gelungen sind? Wirken wir nicht vielmehr die Unruhe, und ist das Gleichgewicht der Bildkomposition nicht nur ein äußeres Gefäß, in dem die Unruhe kocht?
>
> Lothar Schreyer

Mitte

Oskar Schlemmers Werk ist vielgestaltig, seine schöpferische Vielfalt groß, denn er trat nicht nur als Maler, Zeichner, Graphiker, Plastiker, Bühnenbildner und Wandgestalter hervor, sondern auch als Lehrer, Theoretiker, Choreograph und Tänzer. Überblickt man sein Schaffen, so fällt auf, dass der schwäbische Künstler zwischen bildender Kunst und Bühne, zwischen Abstraktion und Naturalismus, zwischen apollinischer Strenge und dionysischer Überschwänglichkeit, zwischen Individualismus und Kollektivismus, zwischen Subjektivität und Objektivität, zwischen Tradition und Moderne, zwischen Mystik und Mathematik, zwischen Messung und Gesetz auf der einen, Natur und Gefühl auf der anderen Seite pendelt. Müsste man Schlemmers Werk auf einen Nenner bringen, müsste man sein Schaffen mit nur wenigen Sätzen charakterisieren, so am besten mit den Worten, die er selbst in einem Artikel für die *Deutsche Allgemeine Zeitung* fand:

> Ordnung und Gesetz, Komposition und Stil: so nur kann das Vokabular der Kunst einer großen Zeit lauten, deren Ausdrucksform sinngemäß das Monumentale ist und das Erhaben-Pathetische. Es ist auch in der Tat das ‚Stählern-Romantische, das Typenschaffende, das Unsentimentale und Harte, Scharfe, Klare' und es ist notwendigerweise auch das Abstrahierende als das vom Einzelreiz weit absehende Unnaturalistische und Ueberpersönliche.[1]

Monumentalität, Typisierung, Abstraktion und Gesetz – das sind die Stichworte, die im Zentrum von Schlemmers Wirken und Werk stehen. Mit seiner Bildsprache, die zeitgemäß und doch überzeitlich ist, beschreitet er allein und eigenbrötlerisch einen Mittelweg. Er hat eine ganz eigene ästhetische Sprache gefunden. Gleichzeitig aber scheinen hier und da Parallelen zum Schaffen anderer moderner Künstler auf.[2] Seine in sich ruhenden Kunstfiguren stehen für Typenhaftigkeit, für Körperkult und Schönheit, doch „schuf [er] keineswegs nur rigide, in sich verharrende Kunstschönheiten mit dem Anspruch universaler Gültigkeit", denn „Schlemmers ausdrückliches Anliegen [war es auch], seinem stereometrisch verknappten Formenkanon […] die Verbindlichkeit gegenständlicher Erscheinung zu verleihen, um so weltanschauliche, ideelle Aussagen in einer allgemeingültigen symbolischen

Sprache treffen zu können".³ Wie Mondrian, so ist auch Schlemmer der Meinung, dass Kunst keinesfalls bloße Dekoration sein dürfe. Sie habe eine Leitbildfunktion und müsse im Leben verwurzelt sein, was angesichts der voranschreitenden Technisierung bedeute, dass sie sich den Neuerungen zu stellen habe, sprich, dass sie sich dem Fortschritt nicht verweigern dürfe, ihn vielmehr produktiv nutzen müsse, dabei aber die materielle Ebene des Mechanischen samt ihren Möglichkeiten überschreiten könne.

„Ich kann nicht wollen, was die Industrie besser schon tut, und nichts, was die Ingenieure besser tun"⁴ notiert Schlemmer Mitte November 1922 in sein Tagebuch. Ein Künstler, lässt sich daraus schließen, darf sich nicht damit begnügen, den Ingenieuren nachzueifern. Es muss um mehr gehen als nur darum, die Sprache der Ingenieure in den Bereich der Ästhetik zu überführen und die neuen technischen Möglichkeiten sowie Materialien zu nutzen. Es obliegt dem Künstler, Originelles zu schaffen. Doch das gelingt nur, wenn er das, was ist, aufspürt, aufnimmt und ihm ein Mehr hinzufügt. Für Schlemmer beginnt hier das Metaphysische. „Es bleibt", konstatiert er, „das Metaphysische: die Kunst".⁵ Doch damit befindet er sich am Bauhaus, an dem er mehrere Jahre arbeitete und lehrte, jenseits der aktuellen „Kunststimmung", jenseits von „Dadaismus, Zirkus, Varieté, Jazzband, Tempo, Kino, Amerika, Flugzeug, Auto".⁶ Hier, so meint er, sei er ein Abtrünniger, vielleicht sogar einer von Vorgestern.⁷ Jedenfalls ist es bei all den verschiedenen Polen, zwischen denen Schlemmer beständig schwankt, nicht leicht, seinen Platz, die Mitte gar, zu finden. „*Dazwischen* – verderbliche Mitte!"⁸ schreibt der Künstler einmal über „die Holzpuppen Lenzens"⁹, die sich zwischen Abstraktion und Natur befinden, und verortet sich und seine Kunst damit gleichzeitig selbst.

Um das Ausgleichen der Gegensätze, das Finden der Mitte, das Erreichen eines gleichgewichtigen Zustandes im Leben wie in der Kunst, darum drehen sich die folgenden Ausführungen.

Überblickt man Schlemmers künstlerisches Werk und zieht zudem seine theoretischen Schriften und privaten Aufzeichnungen heran, wird schnell klar, dass der Künstler vor allem eines ist: ein *Mann der Mitte*.¹⁰ Diese Mitte aber ist keine, die selbstverständlich gegeben ist. Vielmehr muss sie immer von Neuem aufgespürt und verteidigt werden. Der *Mann der Mitte* ist ein Mann, der das Gleichgewicht sucht, ein Gleichgewicht zwischen den Extremen, ein Gleichgewicht, das Ruhe bringt und Ordnung ins Chaos – im Übrigen etwas typisch Deutsches, wie Schlemmer in einer seiner Tagebuchnotizen meint.¹¹ Der *Mann der Mitte* findet schließlich auch im Menschen Maß und Mitte seiner Darstellungen¹² – vielleicht ein Ruf nach mehr Menschlichkeit? – und zwar nicht lediglich als Reaktion auf die beiden zeitgenössischen Kunstströmungen Verismus und Konstruktivismus, sondern wohl insbesondere aus einer tiefen Ahnung heraus, die nach der „Bindung des Metaphysischen"[13] verlangt. Und so verwundert es dann auch nicht, dass sich Schlemmer im Dazwischen, dem Verismus auf der einen, dem Konstruktivismus auf der anderen Seite, verortet, wenn er die „gegenwärtige Kunst" skizziert. Während der Konstruktivismus völlig vom Gegenstand befreit „das Tafelbild ad absurdum"[14] führe und Form und Farbe als elementare Gestaltungsmittel feiere, die „nur zufälligerweise ethischer Wirkung"[15] seien, stehe die Kunst der Veristen für ein Zurück-zur-Natur, mit dem sie zwar „die Ehre der Malerei gerettet" hätten, „die glanzvolle, die könnerhafte peinture"[16], doch werde diese rückwärtsgewandte Bildsprache am Ende „in die alten Geleise zurückkehren".[17] Es müsse jedoch um nichts weniger als die Synthese dieser beiden konträren Strömungen, um die „Vermählung von Form und Inhalt"[18] gehen. Mit der menschlichen Figur hat der Künstler ein Sujet gefunden, das es ihm ganz im Gegensatz zu den anderen avantgardistischen Künstlern erlaubt, ein Gleichgewicht zwischen Form und Inhalt herzustellen. Bereits 1917 formuliert er in einem Brief an Wolfgang Pfleiderer seine Kritik an den zeitgenössischen Kunsttendenzen, die durch ein Übergewicht des Formalen gekennzeichnet seien: „Ich glaube, daß die Modernen ein Übermaß an Form haben und daß das Gleichgewicht gestört wird, weil die Idee nicht Schritt hält mit eben der Form".[19]

Der Begriff der Idee, der hier fällt, wird von Schlemmer an zentraler Stelle erneut aufgerufen, dann nämlich, wenn er sein Schaubild zum Unterricht „der mensch" als *Ideenkreis* (1928) bezeichnet (Abbildung 23). Eine Idee ist ein das Denken und Handeln bestimmender Gedanke, ein Leitbild. Insofern ist Schlemmers *Ideenkreis* nicht nur eine Abbreviatur seiner Auseinandersetzung mit dem Menschen, nicht nur komprimierte Skizze seiner intensiven Studien, in deren Rahmen er den Menschen ganzheitlich zu fassen sucht, vielmehr steht er hinter seinem künstlerischen Œuvre, ist er die Quintessenz von Theorie und Praxis. Sein Bemühen um ein globales Verstehen des Menschen, mithin um ein möglichst allgemeingültiges Menschenbild, steht dabei im Kontrast zu einer Entwicklung, die man als „Pluralisierung des Menschenbildes"[20] bezeichnen kann. Letztere ergibt sich aus dem „Zusammenwirken des Makrotrends Säkularisierung einschließlich der damit einhergehenden Problematisierung des Verhältnisses von Natur und Kultur mit der Wissensproduktion im wissenschaftlichen Bereich und den gesellschaftlichen Veränderungen".[21] Insofern kann Schlemmers formalisierte Zeichnung als Reaktion auf den Zerfall eines einheitlichen, allumfassenden Menschenbildes gelesen werden.

Der menschliche Körper, welcher im Zentrum des *Ideenkreises* steht, wird von einer vertikalen Linie „durchschnitten", die den „Schwere Mittel-Punct"[22] anzeigt, wodurch sich die mechanische Statik unmittelbar in die Zeichnung einschreibt. Letztere ist nicht nur, wie es schon in Zedlers Enzyklopädie heißt,

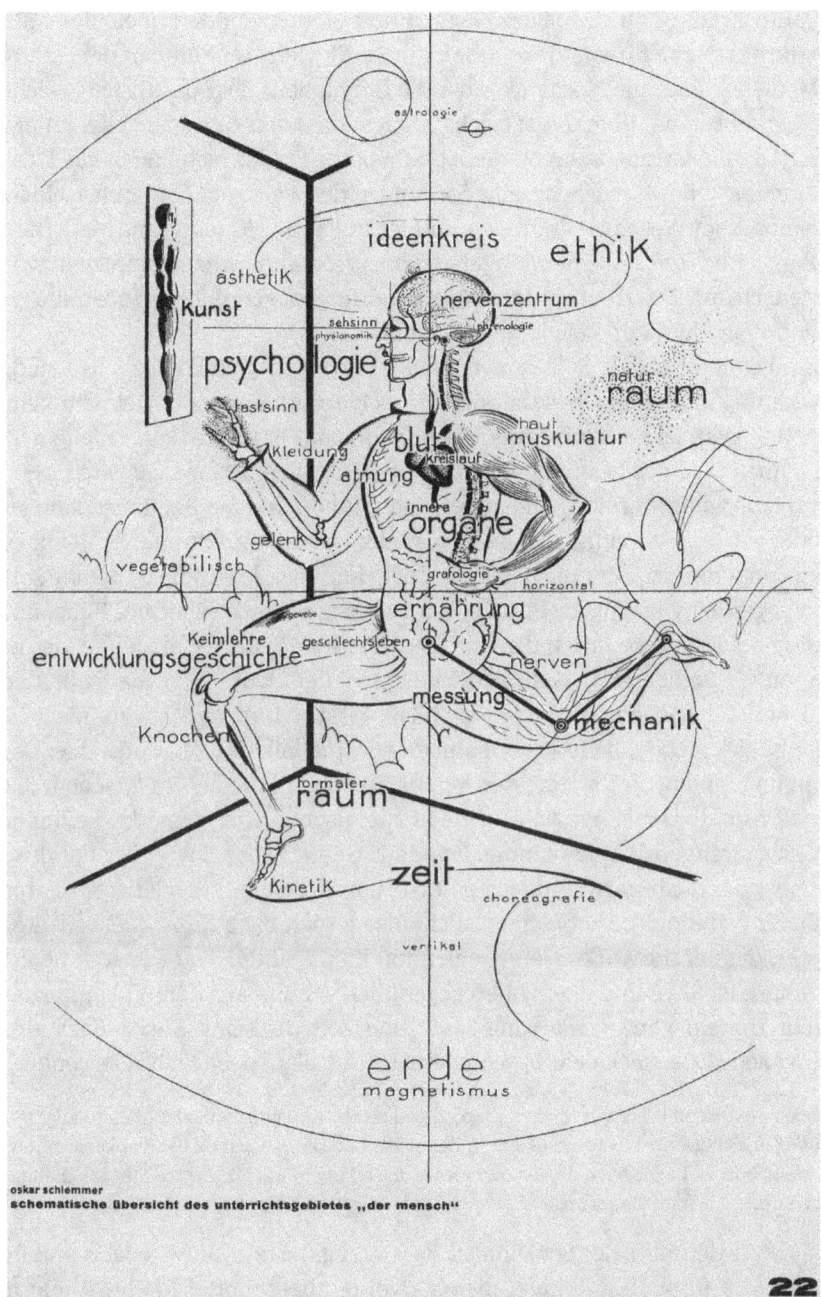

Abbildung 23: Oskar Schlemmer, Der Mensch im Ideenkreis (1928), Bauhaus-Archiv Berlin © abgelaufen.

Grundvoraussetzung für das Sitzen, Liegen und Stehen, sondern gleichfalls für allerlei akrobatische Kunststücke. Doch die Statik weist im Rahmen der „statischen Moderne" über die Mechanik, über die Gravitation, über das Gleichgewicht der Kräfte im Bestand, über die Tatsache hinaus, dass von Natur aus alles einem Mittelwert, der Erstarrung zustrebt, denn „ästhetische Statik" meint auch, die Existenzbedingungen des Menschen, seine Stellung in der Welt, sein Eingebettetsein in den Kosmos, sein Wesen zu erkunden und auszuloten. Die „statische Moderne" bietet Raum und Zeit für einen eingehenden Auseinandersetzungsprozess zwischen Mensch und Welt. Hier wird geistig durchdrungen, geordnet und abstrahiert. Und hier treffen Physik und Meta-Physik aufeinander.[23]

Aus all dem folgt, dass Schlemmers Werke keine eruptiven Emanationen sind, keine Veräußerlichungen eines Gefühls, die sich abrupt entladen, vielmehr geht seiner Ästhetik ein langer Prozess der Einkehr voraus.[24] Er wollte Gesetze, alte und neue, sammeln, um das Beste von ihnen zu etwas Eigenem zu amalgamieren. „Für diese Aufgabe wünschte sich Schlemmer einen Ruhepunkt am Bauhaus; denn so notwendig geistige Bewegtheit ist, so notwendig ist auch Besinnung. Schlemmer verkannte andererseits nicht die Bedeutung der Unruhe [...]. Unruhe und Ruhe sollten sich gegenseitig bedingen: Unruhe, um vor Erstarrung zu schützen, Ruhe, um die geistigen Fakten, die durch die Unruhe aufgedeckt wurden, ausreifen lassen zu können".[25] Schlemmer, das wird immer wieder deutlich, widersteht der Schnelligkeit der Gegenwart. Er lässt sich Zeit, lässt sich nicht drängen, nicht in eine Richtung schieben, nicht vereinnahmen von Technik und omnipräsenter Beschleunigung, nimmt sich stattdessen heraus, um nach Gesetzen zu forschen, die er für sich fruchtbar machen will, keine akademischen wohlgemerkt, keine im Sinne eines strengen Formenkanons, sondern Gesetze als „objektiver Fundus, der Konnex, der die unterschiedlichsten Erscheinungsbilder künstlerischer Form miteinander verbindet".[26] Schlemmer sucht also gezielt nach Ruhe. Das bedeutet aber nicht, dass er die Außenwelt ausblendet. Im Gegenteil: Der Künstler beobachtet scharf, ist allen und allem offen gegenüber, schöpft aus dem Vollen, registriert sein Umfeld ganz genau und lässt sich Zeit für seine Suche nach der ausgewogenen Mitte, nach dem Typenhaften, Universalen, nach Ewigkeitswerten:

> alle tiefergehenden leistungen stehen proportional zu einer – geheimen oder offenkundigen – zeit des in-sich-gehens, der versenkung in das selbst und die zeitspanne von der befruchtung bis zur geburt ist in geistigen dingen oft eine ungleich längere als im körperlichen geschehen. noch immer, auch im tempo unserer zeit, will „gut ding weile haben".[27]

So gilt also für den Künstler Schlemmer, dass er, egal wie zurückgezogen und in sich versunken er auch arbeitete, niemals völlig abgeschottet bleibt, sondern stets auf unterschiedliche Weise die Umwelt in seine Kunst „hineinlässt". Hier greift dann auch Schlemmers Bild vom Künstler als Seismographen: „Ich glaube auch nicht, in dem Maß Eigenbrötler oder so unintelligent zu sein, daß ich mir den Vorwurf machen müßte, die Zeichen der Zeit nicht zu verstehen. Hierin ist der Künstler Seismograph, selbst wider Willen".[28] Das künstlerische Schaffen speist sich vor diesem Hintergrund immer aus zwei Quellen: erstens aus der Innerlichkeit, Einkehr, Ruhe, Abgeschiedenheit und Individualität der Künstlerpersönlichkeit, zweitens aus einem Impuls von außen, wie beispielsweise der aktuellen politischen oder sozialen Situation, der Auseinandersetzung mit Alten Meistern oder Künstlerkollegen, deren Formsprachen und (Kunst-)Philosophien. Dass sich Schlemmer Zeit lässt, dass er in Ruhe und Abgeschiedenheit arbeitet und dabei dennoch wahrnimmt, was um ihn herum geschieht, es aufnimmt und verarbeitet, schlägt sich nicht zuletzt in seiner Bildsprache nieder. Mit seiner Kunst stößt er in eine Lücke vor, die er selbst, und damit gleichzeitig die zeitgenössische Kunst scharf kritisierend, wie folgt definiert: „Es fehlt: die Intimität, das Unzeitgemäße, dennoch Verhüllte, Zarte, Modernität enthaltend, jedoch unaufdringlich, ohne Plakatwirkungen. Die wirklichen Werte, die Persönlichkeiten, die Originale".[29]

Bereits im Oktober 1919 notiert Schlemmer in sein Tagebuch: „Jeder Mensch und wieviel mehr jeder Künstler trägt ein bestimmtes, nur ihm eigenes Formgefühl in sich, das ihn instand setzt, zur Außenwelt ein Verhältnis zu gewinnen und nicht dem Chaos (der Wirklichkeit) zu unterliegen".[30] Diese Bemerkung zeigt zum einen auf, dass die einem Künstler eigene Formsprache voraussetzungslos gegeben und somit intuitiv ist. Zum anderen erscheint die Form hier als Bollwerk gegen das weltliche Chaos, als Zeichen der Ordnung und Scharnier zur Außenwelt, denn während das Gefühl etwas rein Innerliches ist, das stets im absolut Subjektiven verbleibt, vermag die Form, die Außenwelt zu strukturieren, zu objektivieren. Mit seiner Bildsprache versucht der Künstler Ordnung ins Chaos zu bringen, eine Ordnung jedoch, die für Schlemmer niemals absolut und überindividuell sein kann, weil sie immer an die sie evozierte Individualität des Künstlers gebunden bleibt, dessen Gefühl überhaupt erst den entscheidenden Impuls für das ordnende Eingreifen gibt. Die Ordnung stiftende Macht der Form erlaubt es dem Künstler schließlich selbst, durch das Erzeugen einer Struktur Position zu beziehen und damit nicht unterzugehen. Zudem werden in obiger Tagebuchnotiz, die Schlemmer so auch am Ende seines Lebens formuliert haben könnte, verschiedene Gegensätze angesprochen, nämlich jener von Innen und Außen, jener von Ordnung und Chaos sowie jener von Form (Gesetz) und Gefühl, einem Gegensatz, der im Begriff „Formgefühl" synthetisiert wird.

Wie eng bei Schlemmer Gesetz und Gefühl zusammenspielen, verdeutlicht ein Brief an Konrad K. Düssel, in dem er sein Schaffen (und das Willi Baumeisters) von jenem Adolf Hölzels abgrenzt:

> Hölzel beginnt damit, seine Leinwand mit einem Netz von Linien zu überziehen, um den Aufbau des Bildes zu sichern, zerstört das reizvolle Gewebe jedoch wieder, „um zu verschleiern", und endigt zumeist in Chaos und Zufallseffekten, die er so sehr verehrt. Er geht von einem Berechenbaren aus, um sich in die Mystik des Unberechenbaren zu verlieren [...]. Bei uns [gemeint sind Willi Baumeister und Oskar Schlemmer] ist der Weg direkt entgegengesetzt; am Anfang sei das Gefühl und die Empfindung über alles gestellt, – die Form entsteht aus den Bedingungen des Materiellen, und das Resultat ist das Gesetz.[31]

Als „Idealist der Form"[32] war Schlemmer von Beginn an um Struktur, Ordnung und Gesetz bemüht, um Verdrängung des Überschwänglich-Dionysischen zugunsten des Apollinischen, um die Bannung alles Ausschweifenden, Überbordenden zugunsten formaler Strenge.[33] In einem Brief an Fritz Nemitz aus dem Jahr 1937 formuliert er schließlich *sein* Gesetz, ohne allerdings sicher zu sein, ob diese Formel wirklich ein Alleinstellungsmerkmal ist, ob sie also tatsächlich so individuell und besonders ist, dass er sie nur für sich beanspruchen kann, oder ob sie nicht vielleicht zu allgemein ausgedrückt ist, um ausschließlich sein Schaffen zu charakterisieren. Jedenfalls schreibt er: „Ich bin mir dabei der Formel (meiner Formel?) Abstraktion – Synthese – Naturalismus wohl bewußt, wie ich auch in der Praxis die Balance zu halten und alle drei „Möglichkeiten" in Einklang zu bringen suche".[34] Diese Formel wiederum, das legt die Verwendung des Balance-Begriffs an dieser Stelle nahe, kennzeichnet seine Kunst als Kunst des Gleichgewichts.

An anderer Stelle bezeichnet Schlemmer seine Bilder als Gesetzestafeln:

> Zu meinen Bildern: „Bilder", die sie eben nicht mehr sind im bekannten Sinn, Leinwände, auf denen ein Stück Natur, Welt, mit allen Illusionen des Raums und Lichts eingefangen ist, um, in Goldrahmen gepreßt, ihr Sonderdasein in den Salons und Museen zu führen; es sind vielmehr Tafeln, die den Rahmen sprengen, um sich der Wand zu verbinden und ein Teil der größeren Fläche, des größeren Raums als sie selbst, zu werden, solcherart Teil einer gedachten, erwünschten Architektur ist in ihnen komprimiert, auf ein Kleines zusammengepreßt, was Form und Gesetz ihrer Umgebung wäre.
> In diesem Sinn: Gesetzestafeln.[35]

Der Raum des Betrachters, der ästhetisch konstruierte Bildraum und, so muss hinzugefügt werden, der kosmische Raum treten in seinen Kunstwerken zusammen. Es ist dies ein gesetzerfüllter Raum, der jedoch nicht dogmatisch-starr, sondern magisch-vital wirkt, wie Walter Gropius einmal treffend bemerkte:

> In Oskar Schlemmers Malerei lebt eine neue Raumenergie, die mich immer magisch angezogen hat. Diese Art der architektonischen Interpretation innerhalb des gemalten Raums, die nur ihm eigen ist, muß aus einer tiefen Erfahrung des Phänomens Raum hervorgegangen sein. Sie erweckt im Geist des Betrachters die Ahnung einer künftigen Kultur der Ganzheit, einer Kultur, die alle Künste wieder vereinen wird.[36]

Diese „Kultur der Ganzheit" ist es, die Schlemmers Werk auszeichnet, welches sich zwischen diversen Polen aufspannt, genauer: zwischen Himmel und Erde, zwischen Wissen und Glaube, zwischen Physik und Metaphysik, zwischen Statik und Dynamik, zwischen Herz und Kopf, zwischen Trieb und Ratio, zwischen Naturraum und Kunstraum. In ihrer Mitte: der Mensch.

Wie sehr sich Oskar Schlemmer im Übrigen selbst als *Mann der Mitte* wahrnahm, zeigt ein Brief an Otto Meyer-Amden, in dem er auf den „Zweikampf Itten – Gropius"[37] eingeht:

> Einerseits der Einbruch der östlichen Kultur, Indienkult, auch das Zurück zur Natur der Wandervogelbewegung und anderem, Siedlung, Vegetarismus, Tolstoiismus, Reaktion auf den Krieg – andererseits Amerikanismus, Fortschritt, Wunder der Technik und Erfindung, Großstadt. Gropius und Itten sind die fast typischen Vertreter, und ich muß sagen, ich finde mich wieder einmal glücklich-unglücklich in der Mitten. Ich bejahe beides oder wünsche doch die Durchdringung des Einen durch das Andere. Oder sind Fortschritt (Erweiterung) und Selbstverwirklichung (Vertiefung) wirklich zwei verschiedene Richtungen, die sich praktisch ausschließen, also nicht gleichzeitig möglich?[38]

Nicht verwunderlich ist daher sein Ruf nach Stärkung der Mitte, den er in einem Brief an Gunta Stölzl, einer Weberin und Textildesignerin, die u. a. als Meisterin der Webereiwerkstatt am Bauhaus in Dessau arbeitete, laut werden lässt: „Gropius hat mich geärgert, Hannes hat mich geärgert, mit beiden bin ich gut Freund, Partei der Mitte. Stärkt mir die Mitte!"[39] Auch hier also: die Mitte. Die Betonung der Mitte verbindet ihn noch enger mit der „statischen Moderne", denn die Statik ist die „Wissenschafft von der Schwere der Cörper. Sie handelt absonderlich von dem Mittel-Puncte der Schwere".[40] Die „Gesetze der Statick" machen bekannt, dass „in eines Cörpers Schwer-Puncte seine gantze Schwere, das ist, die Krafft, durch welche er gegen den Mittel-Punct der Erde getrieben wird, begriffen sey".[41] In der Mitte eines Körpers sammeln sich demnach die auf ihn einwirkenden Kräfte, deren Gleichgewicht schließlich Ruhe und Stabilität gewährleisten. Eben das gilt im übertragenen Sinne auch für Schlemmer: Er ist verschiedensten Spannungen, unterschiedlichen Ansichten und Meinungskämpfen ausgesetzt und muss sich selbst zwischen all den divergierenden Tendenzen verorten, um seinen Platz schließlich in der Mitte zu finden. Seine beständige Suche nach dem Gleichgewicht lässt sich dabei sowohl anhand seiner Tagebucheinträge und Briefe ablesen als auch anhand seines künstlerischen Œuvres. Sein Werk steht in der Mitte, ist Ausdruck von Ruhe, die den anderen Künstlern ganz offensichtlich zu fehlen scheint. Entsprechend hält Schlemmer in einem Brief an Otto Meyer-Amden, den er am 14. Dezember 1932 verfasste, fest: „Dieses gegenwärtig an guter Stelle hier Ausgestellte wird gelobt, beinah im Sinn des ruhenden Pols in der Flucht der Erscheinungen der anderen oder in deren Mitte stehend".[42] Otto Meyer-Amden wiederum bringt die zentralen Aspekte der Ästhetik seines Freundes auf den Punkt, wenn er sie wie folgt skizziert:

> Figuren und Raum.
> Figuren im Raum
> Geometrisch konstruierte Figuren im geometrisch konstruierten Raum.
> Des Raumes Linke, Rechte, Oben, Unten, Ecken und Mitte.
> Das Vorne, das Hinten und wieder ihre Mitte. Das Außerhalb. Ebenso die Figuren, nach den gleichen Richtungen gewechselt und geordnet. Darin die klaren Horizontalen, Vertikalen, Diagonalen, rund und viereckig geschlossene Formen, Kurven und ihre Volumen. Die Farbe räumliche und figürliche Funktion...
> Das Gleichgewicht.
> Dichter Bezug aller dieser Elemente untereinander. (Multiplikation, nicht Addition)...
> Das Sinnhafte: Diese Elemente, ein Gleichnis zum natürlichen Menschen im natürlichen Raum.[43]

Dass Schlemmer immer wieder die Mitte sucht und auch findet, zeigt nicht zuletzt sein *Selbstbildnis mit erhobener Hand* von 1931/32 (Abbildung 24). Das Aquarell zeigt ihn als ernsthaften, nachdenklichen Mann, der mit seiner Hand besonnen die Mittellinie andeutet. Nase und senkrechte Stirnfalten bilden nach oben hin die Fortsetzung der von der Handkante angezeigten Gravitationslinie.[44]

Zusammenfassend kann festgehalten werden, dass Oskar Schlemmer jemand war, der das Gleichgewicht suchte und die Mitte fand – nicht nur in seinen Augen, sondern auch in den Augen anderer. Als Mensch wie als Künstler war er verschiedenen Spannungen ausgesetzt, die es auszutarieren galt. „Die Suche nach der ausgewogenen Mitte, die einem ständigen Balanceakt glich", hält Karin von Maur entsprechend in ihrer Schlemmer-Monografie fest, „erwuchs ja aus der ihm nur allzu gegenwärtigen Spannung zwischen dem Unbewußten und Bewußten, dem, was er mit Nietzsche das Dionysische und Apollinische nannte [...]. Denn die maßgebende Überzeugung, auf der seine Kunst beruhte, bestand in der Bewältigung des Dionysisch-Unbewußten und -Ungestalten durch die apollinische Klärung und Gestaltprägung".[45] Er folgte dem „Prinzip Statik", indem er einen Ausgleich polarer Kräfte zu schaffen suchte. Er war ein „Bilderbauer"[46], nicht aber ein Ingenieur. Doch, und das ist im Kontext dieser Arbeit zentral, bediente er sich der *Sprache* der Ingenieure.

Zum einen entlädt sich sein Ringen um einen äquilibristischen Zustand in einer Bildsprache, die der durch Klarheit und Präzision bestechenden Eisenarchitektur der ebenfalls nach Gleichgewicht suchenden Ingenieure ähnelt. Horizontale, vertikale und diagonale Linien fügen sich in zahlreichen seiner Werke zu einem gerüstartigen Netz zusammen. Zudem zeichnen sich seine Werke durch eine konsequent durchgeführte Elementarisierung, welche das Resultat der Geometrisierung der Bildelemente ist, aus. Damit sind Schlemmers Bild-Konstruktionen Ausdruck von Maß, Zahl und Gesetz. Letztere wiederum sind Schlemmer „*Wappnung* und *Rüstzeug*, um nicht vom *Chaos* verschlungen zu werden".[47]

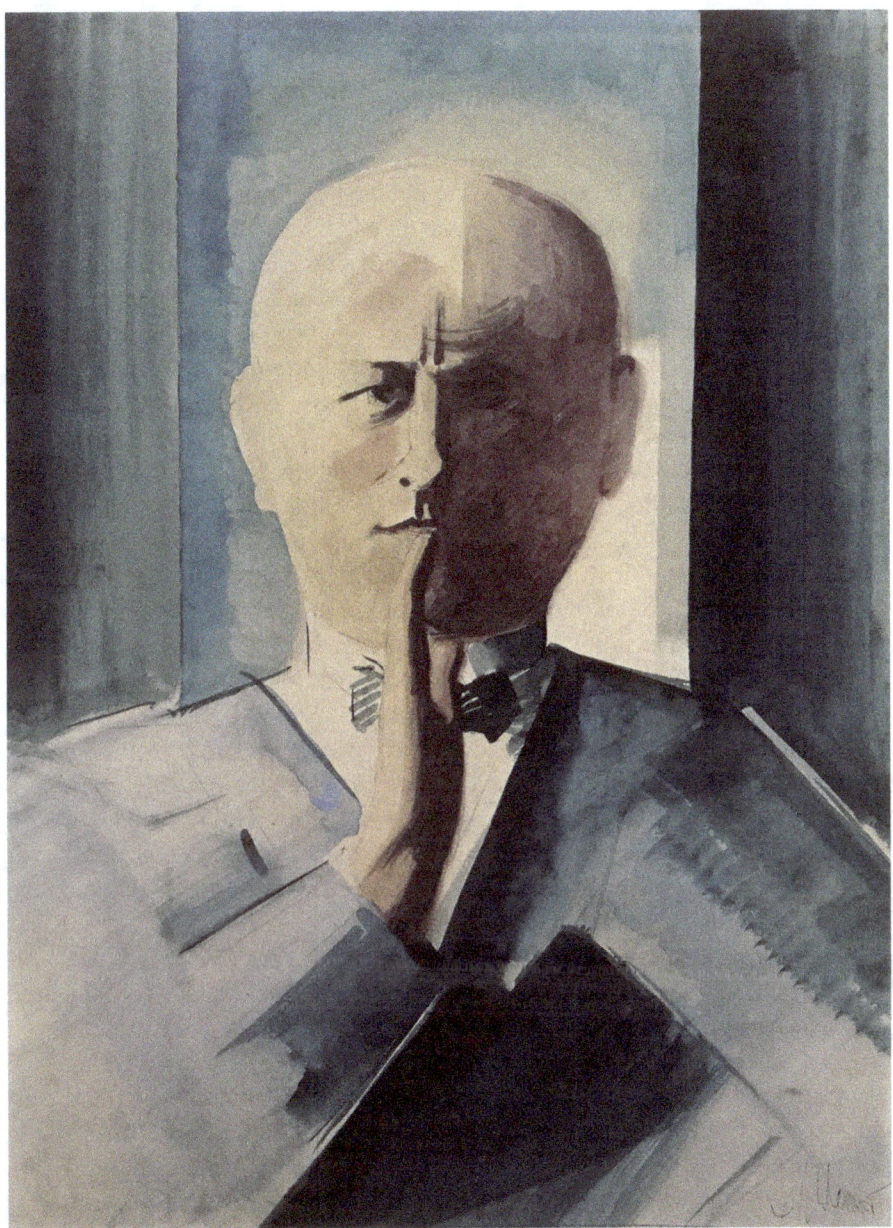

Abbildung 24: Oskar Schlemmer, Selbstbildnis mit erhobener Hand (1931/32).

Zum anderen spricht Schlemmer die Sprache der Ingenieure, weil er in seinen theoretischen Schriften, Tagebuchaufzeichnungen und Briefen immer wieder Begriffe wie Gleichgewicht, Ruhe, Maß, Zahl, Gesetz, Exaktheit und Konstruktion aufruft, womit er sich im selben Begriffsfeld bewegt wie die Ingenieure. Während jedoch den Ingenieuren die Statik lediglich Mittel zum Zweck ist, geht es ihnen doch in erster Linie darum, ein stabiles, funktionelles, möglichst ressourcen- und kostensparendes Bauwerk zu errichten, ist die Statik, sind die statischen Bildelemente bei Schlemmer weit mehr als nur Handwerkszeug zur Errichtung seiner Konstruktionen, wie Karin von Maur betont: „[S]o künden doch die lange durchgehaltene Verdinglichung der Gestalten, die bannende Fixierung ihrer Konturen, das betonte Achsialgerüst, die Stützen- und Geländermotive von einem profunden Sicherheitsbedürfnis".[48] Seine beständige Suche nach dem Gleichgewicht manifestiert sich in einer Bildsprache, die aufs Engste mit der Statik verwoben ist, wiewohl der Künstler keine komplexen Rechenaufgaben löst. Die Statik wird bei ihm zum Symbol für die Sehnsucht nach Stabilität, ist Zeichen der Rettung vor dem Chaos und der „Einordnung in eine höhere Gesetzlichkeit".[49] Dies gilt, zumal für Schlemmer die Kunst immer Ausdruck des Selbst ist: „das werk aber, um die grundursache aller künstlerischen betätigung kurz zu rekapitulieren, ist selbstdarstellung, das mittel, in sichtbarer form sich seines selbst zu entäußern und die stadien einer entwicklung, zunächst für sich selbst, mittelbar dann auch für andere, anschaubar zu fixieren".[50]

Gerade Werke, die mehrere Figuren zeigen, wie *Konzentrische Gruppe* (1925), *Gegeneinander im Raum* (1928), *Bekleidete und Unbekleidete in Architektur* (1929), *Szene am Geländer* (1931) oder *Frauengruppe* (1931) erinnern in ihrer klaren Linienführung, Tektonik, Geometrisierung und Gerüsthaftigkeit an die Architektur der Ingenieure. Insbesondere aber lässt das Bild *Fünfzehnergruppe* (1929) an die netzartige Eisenarchitektur denken (Abbildung 25).

Allerdings sind diese Bilder keine „Spitzengewebe aus Eisen"[51], sondern Architekturen aus oder doch zumindest mit Menschen. Horizontale, Vertikale und Diagonale treten in den Werken jeweils deutlich sichtbar zutage. Sie dominieren das Bildganze und avancieren auf diese Weise zum Träger der Darstellungen. Was dem Ingenieur die Streben des Eisengerüstes sind, sind Schlemmer die architektonischen Elemente wie Wände, Geländer, Fenster oder Türen sowie der menschliche Körper. Sein Rumpf, sein Kopf, seine Arme und Beine dienen ihm als mechanische wie organische Elemente eines vitalen Gerüstes. Vor allem dort, wo der Künstler den nackten Menschenkörper darstellt, steht er in seiner Gespanntheit und Muskulosität für die Spannung innerhalb des ästhetischen „Kraftsystems". In diesem Zusammenhang ist erwähnenswert, dass Schlemmer den „Akt [...] als gewissermaßen höchste Natur, feinste Gliederung und Organisation, als Gebäude von Fleisch, Muskeln, Knochen"[52] auffasst.

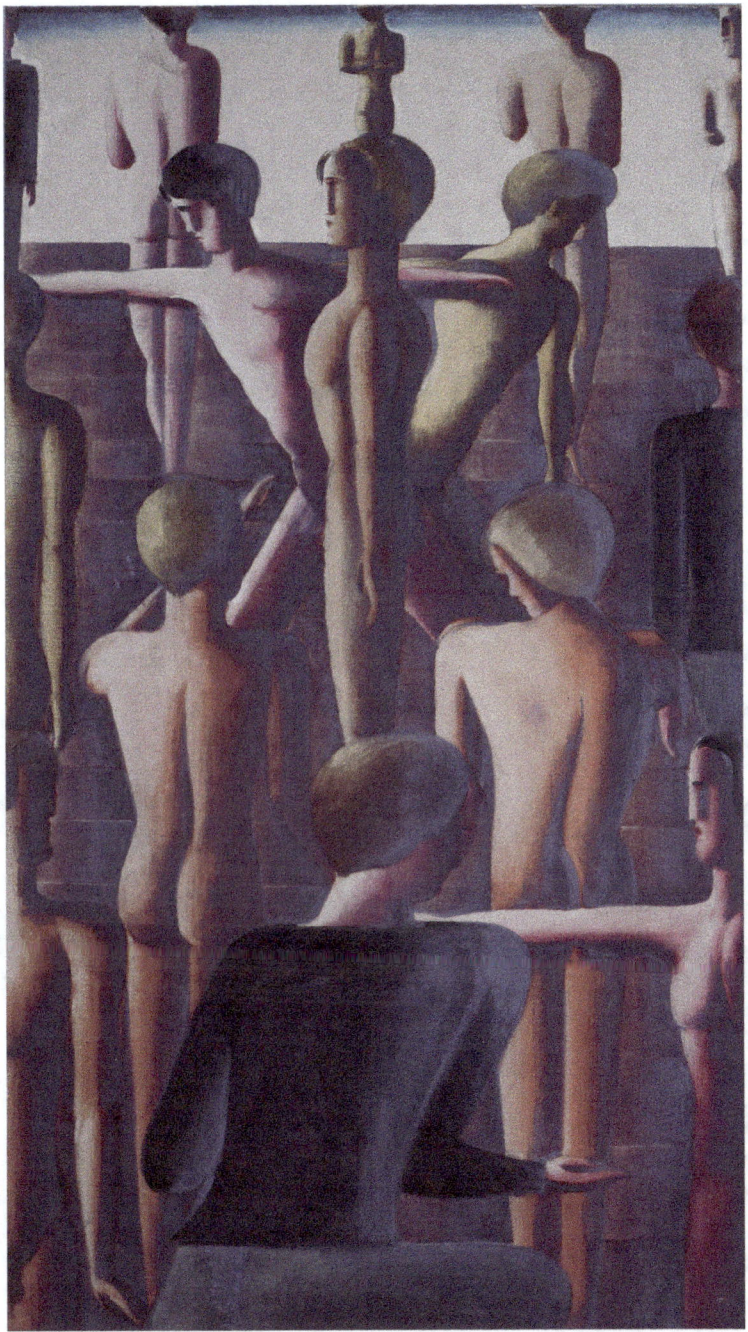

Abbildung 25: Oskar Schlemmer, Fünfzehnergruppe (1929).

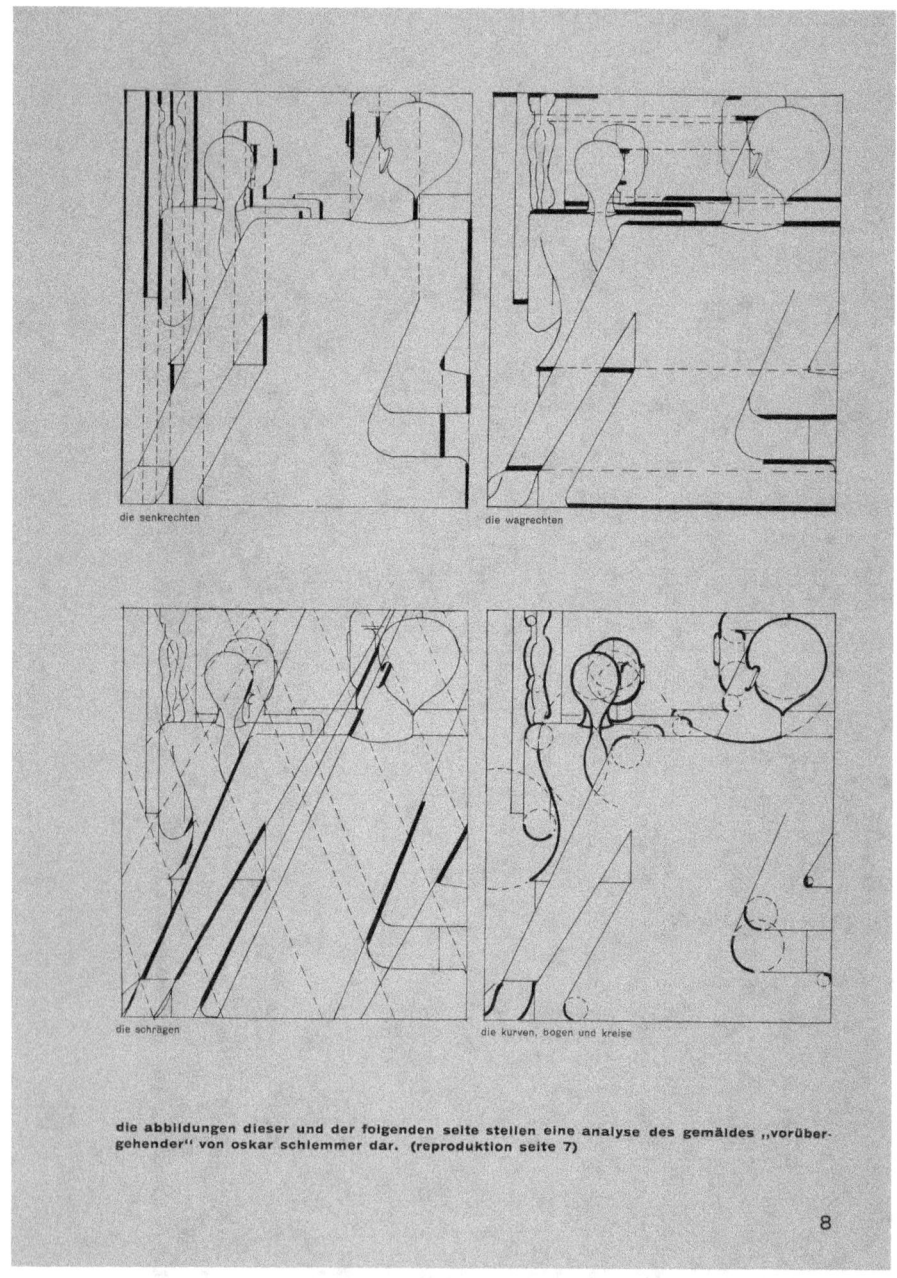

Abbildung 26: Oskar Schlemmer, „analyse eines bildes und anderer dinge" (1929).

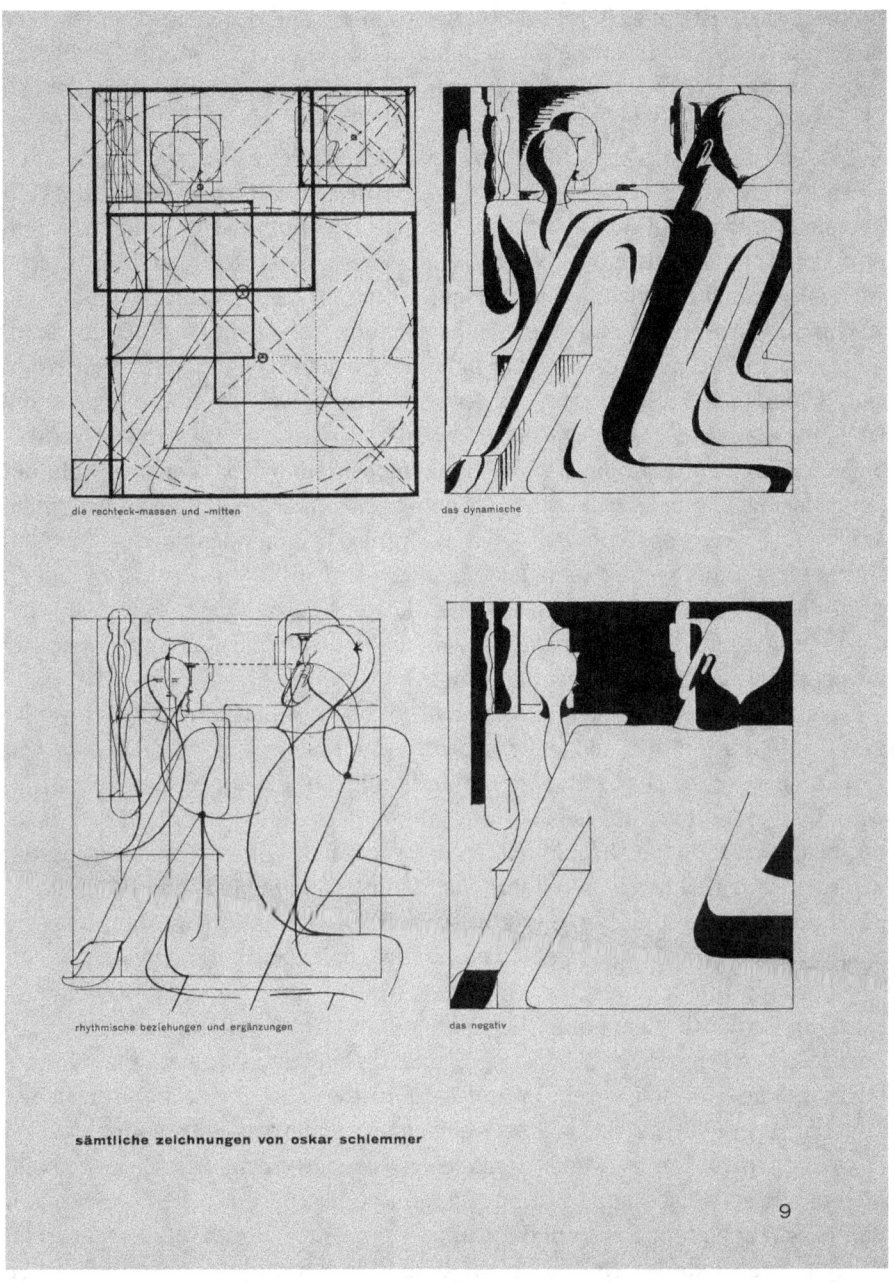

Abbildung 27: Oskar Schlemmer, „analyse eines bildes und anderer dinge" (1929).

Diesbezüglich trifft er sich mit Leon Battista Alberti, der in seiner Schrift *Über die Baukunst* (1485) das Bauwerk mit dem menschlichen Körper verglich, indem er den einzelnen strukturellen Teilen jeweils die Funktionen von Knochen, Sehnen oder Muskeln zuschrieb.

Jedoch zeichnet sich Schlemmers „Menschenarchitektur" nicht nur durch einen spannungsvollen Moment aus, denn gleichzeitig wirken seine Figuren vollkommen ruhig und in sich gekehrt. So changiert der Eindruck zwischen Anspannung, die vor allem die trainierten Körper der Akte ausstrahlen, und Ruhe, welche von den stoischen, in sich ruhenden Figuren ausgeht. Beides aber, Spannung, die gleichsam gebannte Bewegung ist, der also immer auch eine gewisse Dynamik innewohnt, und Ruhe, ist unmittelbar mit der (Bau-)Statik verbunden. Gleichwohl sind Schlemmers Liniennetze nicht deshalb statisch, weil sie durch Anwendung konkreter Gesetze der Statik entstanden, sondern weil es sich um starre Konstruktionslinien handelt, über die sich die Bildkompositionen „spannen". Obwohl der Bauhauskünstler immer wieder betont, dass er sich in erster Linie vom Gefühl leiten lasse, sich die Konstruiertheit seiner Bilder also erst im Nachhinein durch Analyse herausschäle, so sind seine Liniengefüge nicht völlig gesetzesbefreit, bilden doch die Proportionen des menschlichen Körpers sowie dessen Bewegungsgesetze[53], mit denen sich Schlemmer eingehend befasste, neben architektonischen Elementen die Grundlage seiner Bildgerüste.

Weil also der Mensch in Schlemmers Werken eine herausragende Rolle spielt, weil der Mensch und seine Anatomie die Kompositionen prägen, wohnt den künstlerischen Gerüsten eine Dynamik und Vitalität inne, eine Lebhaftigkeit, die den Bauten aus Eisen fehlen. Schlemmers Gerüste sind zwar statisch, doch ist ihre Statik gleichzeitig an den menschlichen Körper, dessen Proportionen und Beweglichkeit – und damit auch an bestimmte Maß- und Bewegungsgesetze – zurückgebunden. So kann schließlich konstatiert werden, dass sie analog zu Mondrians Rastern ein dynamisches Gleichgewicht darstellen.

Wie sich die Dynamik des Weiteren in die starre Gerüsthaftigkeit einschreibt, verdeutlicht anschaulich Schlemmers nachträgliche Analyse seines Gemäldes *Vorübergehender* (Abbildung 26 und 27). Im Rahmen seiner „analyse eines bildes und anderer dinge" zerlegt er dieses Kunstwerk zeichnerisch. So entstehen insgesamt acht Bilder, in denen jeweils ein anderes Liniengefüge hervortritt. Je nach Fokussierung rücken entweder Senkrechten, Waagrechten, Schrägen, Kurven, Bögen, Kreise, Massen und Mitten, Dynamik oder rhythmische Beziehungen und Ergänzungen ins Zentrum der Aufmerksamkeit.[54] Durch das Herausarbeiten der verschiedenen Netze, welche dem Werk zugrunde liegen, gelingt es Schlemmer aufzuzeigen, dass die Linien des Bildes zu immer neuen Raumgefügen zusammentreten können, dass sich also verschiedene resp. wechselnde Beziehungen innerhalb der Komposition ergeben und dass der Blick letztlich zwischen unterschiedlichen „Gerüsten" changieren kann. Die Starrheit der Liniennetze wird durch die Vitalität des menschlichen Blickes dynamisch aufgeladen, sodass sich der Blick auf Schlemmers Konstruktion, wiewohl man sie aufgrund ihrer Größe mit einem starren Auge erfassen kann, als ebenso dynamisch erweist wie jener auf den Eiffelturm.

Bereits hier zeigt sich, dass auch für Schlemmers Bildsprache gilt, was hinsichtlich der Ästhetik des holländischen *Stijl* herausgearbeitet wurde: Sie zeichnet sich durch ein ambivalentes Verhältnis von Statik und Dynamik aus. Im Folgenden wird ebendieses weiterverfolgt und anhand einiger Beispiele veranschaulicht.

Statik/Dynamik

Das *Relief H bronziert* aus dem Jahr 1919 wird von einer Linie durch die Mitte in zwei gleich große Hälften geteilt (Abbildung 28). Damit erinnert es an den bereits zitierten Eintrag „Stillstand der schweren Cörper" in Zedlers Enzyklopädie.[55] Vor diesem Hintergrund erscheint das Kunstwerk als ästhetische Umsetzung des „Stillstand[es] der schweren Cörper". Es visualisiert die „Gesetze der Statick", nicht nur, weil es still an der Wand hängt, sondern auch, weil die deutlich hervortretende Mittellinie, welche das Relief in „zwey gleichwichtige Theile" gliedert, durch den „Schwere Mittel-Punct gehet". Das Werk ist also unweigerlich mit dem Begriff „Statik" verbunden.

Dagegen ist das Bild *Eingang zum Stadion* (1930–36) allein schon aufgrund seines Titels mit Sport, körperlicher Fitness, Höchstleistungen und Dynamik verbunden (Abbildung 29). Doch durch die Dominanz von Vertikalen und Horizontalen, welche durch aufrechte Körperhaltung, Blickrichtung, Bodengeometrie und architektonische Elemente wie Wände oder Fenster gebildet werden, suggeriert das Bild eher Statik als Dynamik. Zudem wirken die muskulösen, trainierten, gestählten Körper durch ihr bronzenes Schimmern, das durch Übermalen des ursprünglichen Bildes entstand, welches zweifelsohne zu einer Abmilderung der einstigen Energetik führte[56], wie Statuen und nicht wie in Bewegung befindliche Menschen. Ebenso verhält es sich mit den angeschnittenen Figuren an den Rändern des Bildes, die es in einen imaginären Bildraum erweitern: Sie deuten zwar Bewegung an, doch sie vermögen es nicht, dem Kunstwerk seinen vornehmlich statischen Charakter zu nehmen. Letztlich bleibt der Eindruck des Monumentalen haften, nicht des Dynamisch-Energetischen. Doch sollte nicht Seurats stille Monumentalität einmal Schlemmers Leitstern sein?[57] Fehlt nicht der modernen Kunst gerade das Monumentale? Und will der Künstler nicht genau in diese Lücke vorstoßen? Ja, denn

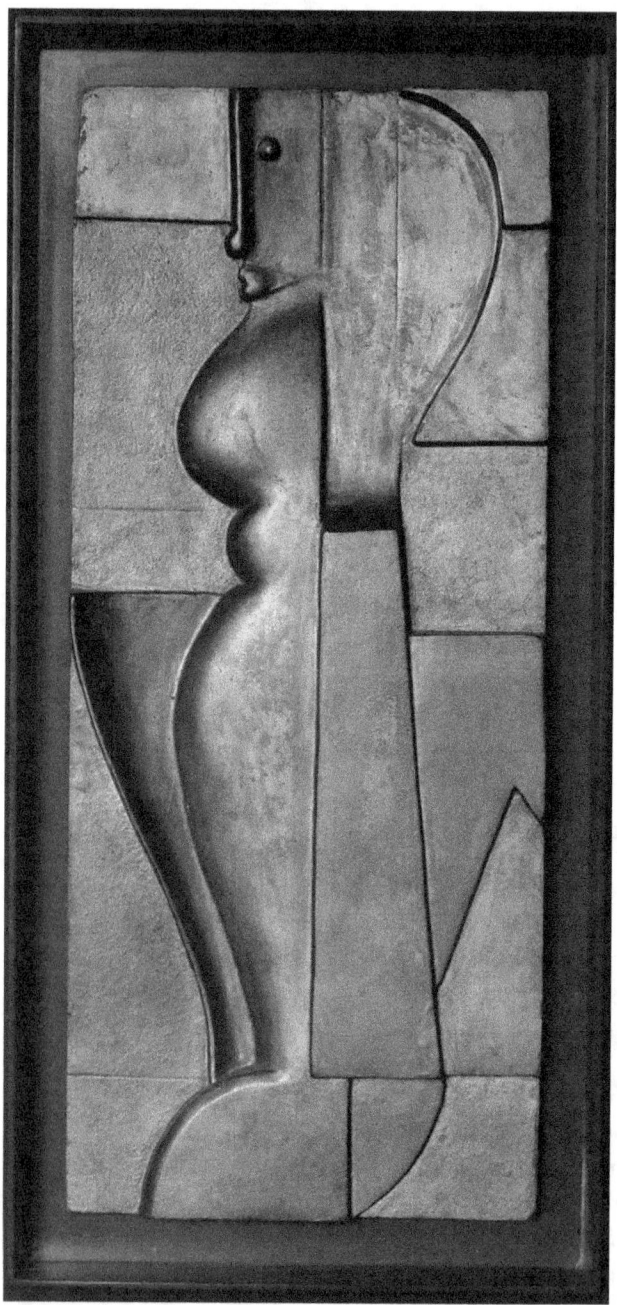

Abbildung 28: Oskar Schlemmer, Relief H bronziert (1919).

Statik/Dynamik — 171

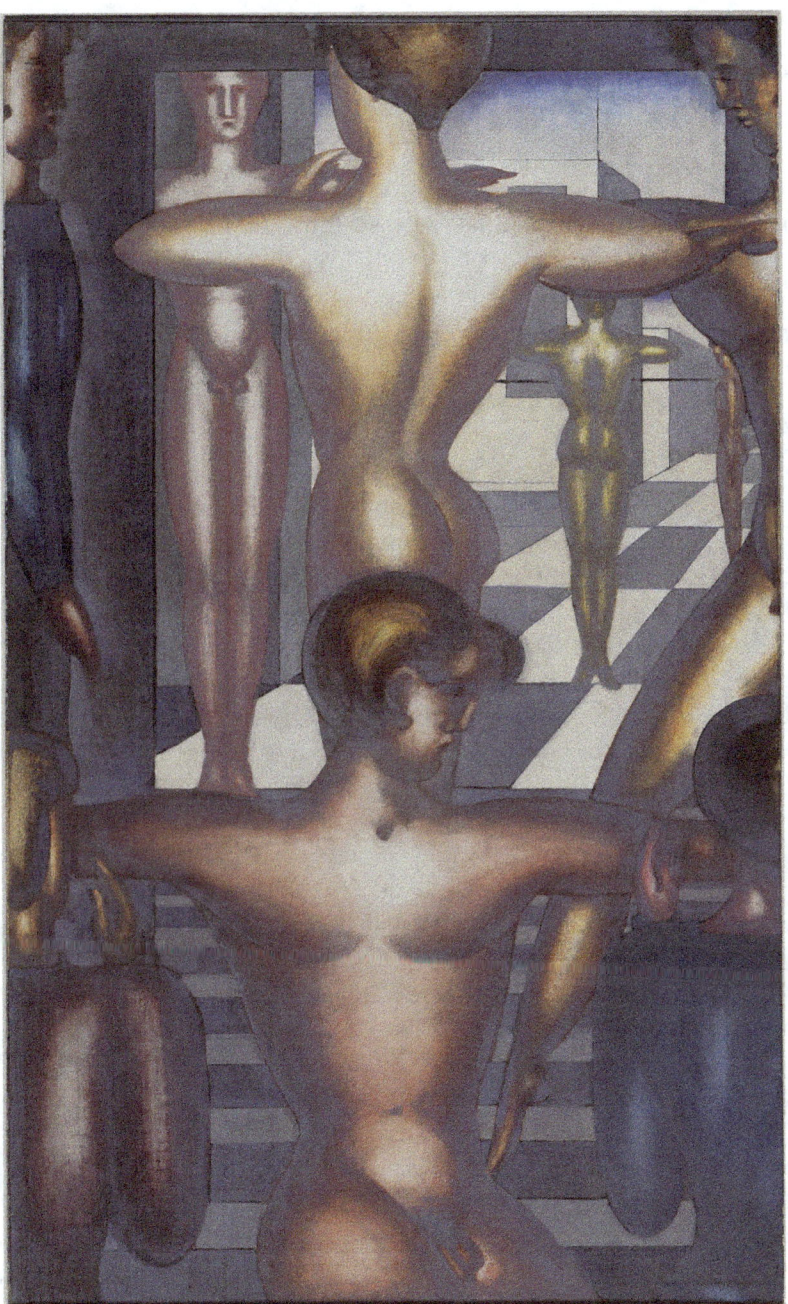

Abbildung 29: Oskar Schlemmer, Eingang zum Stadion (1930–36).

> [z]u jenem (Abstraktion) reizt mich die Phantasie, die Ahnung eines Stils und Ausdruckes, die imstande wären, die eine Lücke unserer heutigen Kunst zu füllen: das *Monumentale*. Es wäre oder müßte sein nach der ganzen Konstellation unseres kulturellen Lebens, dem jene breite, einheitliche Basis aus Volksbewußtsein und Kulturwillen fehlt: primär, primitiv, neu, seltsam. Einziges Argument: das *Gefühl* – die unkontrollierbaren gefühlsmäßigen Ahnungen – die nichtsdestoweniger oder gerade deshalb (Runge!) der Regularität und Mathematik der Form bedürfen. Diese wären auch das Bindeglied zu einer verstandesmäßigen materialistischen Weltauffassung, während jenes andere – die Urgründe des Gefühls – der notwendige Zustrom und das Gegengewicht zu einer solchen herrschenden Weltauffassung wäre.[58]

Solch eine Kunst, so die Befürchtung Schlemmers, werde zwar konventionell erscheinen, weil „sie auf die alten erprobten Grundwahrheiten der Malerei" baue, doch nur eine solche Darstellungsweise vermöge es letztlich, „Tiefstes zu offenbaren".[59]

Hinsichtlich des Verhältnisses von Statik und Dynamik ist das Bild *Bauhaustreppe* (1932), Schlemmers wohl bekanntestes Werk, ausgeglichener.[60] Der Titel verweist nicht nur auf einen konkreten Ort, nämlich das Bauhaus-Gebäude von Walter Gropius in Dessau, sondern auch auf die Treppe als architektonisches Element, die per se statisch ist. Gleichwohl bildet sie zusammen mit dem Treppengeländer die beiden das Bild dominierenden Diagonalen, welche dem Werk einen aufwärtsstrebenden, aktiven Charakter verleihen. Neben den Diagonalen suggerieren auch die Figuren Bewegung. „Es scheint", schreibt Karin von Maur in ihrem Aufsatz „Kunstfiguren steigen in Räume der Zukunft" treffend, „als wären sie durch Zuruf in der Bewegung angehalten, um sich der Kamera zuzuwenden".[61] Das Bild hält demnach Bewegung fest, zeigt fixierte Dynamik. Und schließlich wirkt auch der Einfall des Lichtes vitalisierend. Sowohl die Farbgebung als auch die Körperhaltung der Figuren wirken hier weit weniger massiv, monumental-statisch als im Stadion-Bild. Die Bildkomposition erscheint im Ganzen weniger gedrängt, wodurch der Eindruck einer nur für den Augenblick festgehaltenen, fließenden Bewegung erzeugt wird.[62]

Doch nicht nur hinsichtlich des Gemäldes *Bauhaustreppe* weist Karin von Maur auf das Wechselspiel von Statik und Dynamik hin. So hält sie in ihrer Schlemmer-Monografie im Rahmen der Beschreibung der Plastik *Abstrakte Figur* (Abbildung 30), welche ursprünglich den Titel *Freiplastik G* trug und an welcher Schlemmer wohl schon ab 1921 arbeitete, sie aber erst 1923 vollendete, folgendes fest: „Das zugrunde liegende Achsensystem aus Horizontale und Vertikale verleiht der Plastik stabilisierendes Gleichgewicht".[63] Weiter heißt es:

> Aktionszentrum der Figur ist der wuchtige Torso. In ihm versammelt sich alle Dynamik auf der (vom Betrachter aus) rechten Seite – in der Diagonale, in der zielgerichteten Ausbuchtung der Mitte und in dem abrupten Vorstoß des rechten Armansatzes. Die glatt mo-

dellierte Rundkuppe der linken Schulter veranschaulicht den Gegenpol: das Beharrende, Schützende, Beschirmende. So verdichtet sich in der monumentalen Gestalterfindung spannungsgeladene Energie mit ausgewogenem In-sich-Ruhen, ausgedrückt allein durch die Symbolik elementarer Volumenformen.[64]

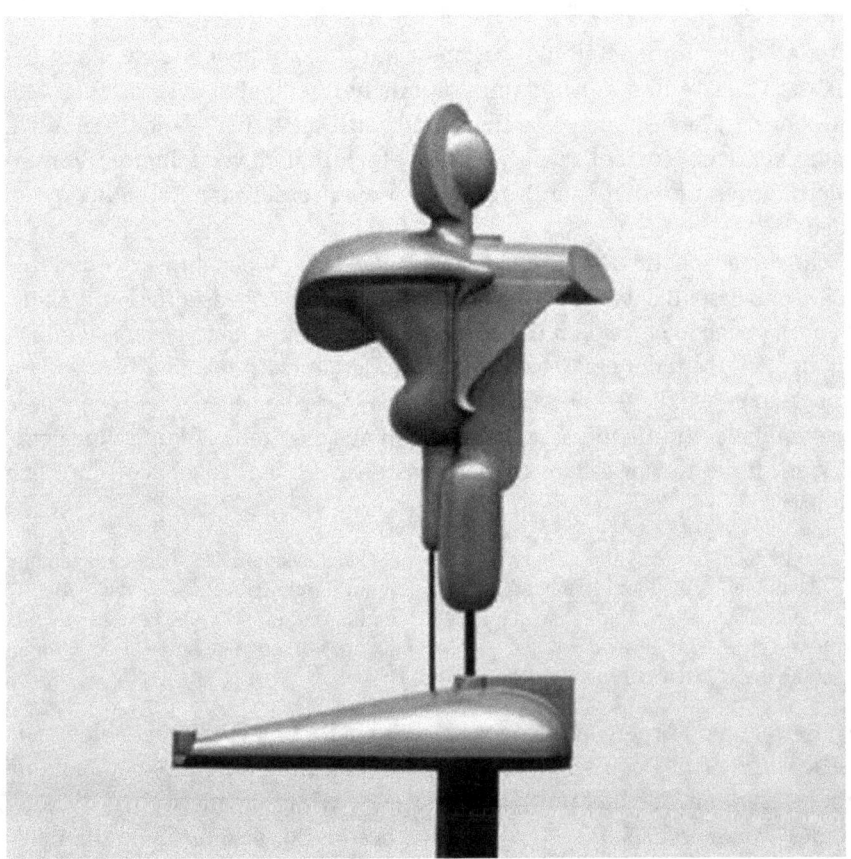

Abbildung 30: Oskar Schlemmer, Abstrakte Figur (1921/23).

In der Plastik vereint sich also spannungsvolle Energie und ausgewogene Ruhe. Damit aber beschreibt die Kunsthistorikerin letztlich nichts anderes als das, was sich hinter dem Begriff „Statik" verbirgt. Die *Abstrakte Figur* ist ästhetische Umsetzung dieses eigentlich mechanischen Begriffes und wird so gleichsam zu einem Symbol der „statischen Moderne". Daneben hält Karin von Maur resümierend fest, dass sich Schlemmers Werk durch eine „bewußt angelegte[...] technologische[...] Optik"[65] auszeichne, wobei aber die Gestalten von den psychischen Stigmata des modernen Lebens gezeichnet [sind], was sich freilich nicht mehr an ‚sprechenden' Gesichtern, Händen oder anderen physiognomischen Details manifestiert sondern an dem modellhaft verdichteten Umriß der Figur und ihren Bezügen zum Ensemble der Komposition: an den spürbaren Spannungsverhältnissen zwischen Figur und Figur, Figur und Raum, Raum und Fläche, Organik und Tektonik, Festigung und Lockerung, Licht und Schatten, Dynamik und Statik.[66]

Charakteristisch für seine Bilder sei nicht nur die „Ambivalenz zwischen der Statik der Objekte und der Dynamik räumlicher Perspektiven, zwischen Momentfixierung, Bewegungsvorstellung und zeitloser Dauer"[67], sondern auch, dass das zeitliche Moment „zwischen dem eigentümlich versteinerten Verharren der Figuren und den zum Durchschreiten auffordernden Raumdirektiven pendelt".[68]

Schlemmer schafft also mitnichten nur Statisches. Vielmehr ist der dynamische Aspekt wesentlicher Bestandteil seiner Kunst- wie Lebensauffassung. Kunst und Leben gehen auch bei ihm Hand in Hand, denn Kunst gibt, davon ist er überzeugt, der Zeit nicht nur ein Gesicht, sie formuliert auch Utopien und antizipiert, was noch zu verwirklichen ist, stößt also in eine Lücke vor, indem sie Lebens- wie Umweltmodelle für eine bessere, harmonisch-ausgewogene Zukunft aufzeigt.[69] Sein Werk führt zudem ästhetisch vor, was er in seinem Tagebuch schriftlich formuliert:

„Der Mensch, das Maß aller Dinge" bietet so viele Möglichkeiten der Abwandlungen und Beziehungen zu Bau und Handwerk, daß es sich nur darum handeln wird, das Wesentliche herauszustellen. Also: Messung, Proportion und Anatomie, Typus, Besonderheiten. Die verschiedenen Ideale der Kunststile. Dynamik des Körpers. Bewegung, Tanz. Körpergefühl. Der Mensch in seinen Beziehungen zur Umwelt.[70]

Tanz, Bewegung, Körpergefühl – sie finden lebhafte Umsetzung in Schlemmers *Triadischem Ballett*. Doch selbst hier, im Bewegungsraum Bühne, hat auch die Statik Platz, denn wie die Kunstfiguren in seinem bildkünstlerischen Werk ist auch der Tänzermensch eine Gestalt, die „beständig, absolut im mathematischen Sinne, ohne Individualität ist".[71] Die Bühne ist ein Ort der Synthese, in dem die Ideale des Tänzers und Malers Schlemmer zusammenfließen[72], und ein Ort der Möglichkeiten, in dem der Künstler das Dionysische zulässt, ohne es aber überhand nehmen zu lassen, was durch Typisierung der menschlichen Gestalt sowie durch maßvolle, eingeschränkte Körperbewegungen der kostümierten Tänzer und eine geometrisch organisierte Choreographie gelingt. So zeigen sich im Bühnenraum die zwei Gesichter des Oskar Schlemmer:

Eigentlich gab es ursprünglich zwei Schlemmer, den dionysischen Tänzer und den apollinischen Bildhauer und Maler. Der Tänzer hatte etwas vom Artisten aus dem grünen Wagen, selbst vom Clown, etwas Schweifendes; sein Element war die Bewegung, das ist die Zeit, das Dynamische, das ewig Wechselnde. Der plastisch-visuelle Künstler dagegen kann seine Figuren nur in der Zeitstarre, augenblicks-gefroren darstellen, das ist statisch.[73]

Trotz aller Dynamik, die sich unverkennbar in sein Œuvre einschreibt, ist Schlemmers Hang zum Statischen evident. „[M]an schafft", hält Schlemmer fest, „doch kein Bild, keine Gestaltung ohne konstruktive Bildbeziehung, Haltung, Stabilität"[74] und benennt damit einen der Kernpunkte der „statischen Ästhetik". Als Vertreter der „statischen Moderne" tendiert er zur Statik, sprich zu Ordnung, Klarheit, Konstruktion, Gleichgewicht, Monumentalität, Stabilität und Ruhe. Diese wiederum sind nur durch Integration von Maß, Zahl und Gesetz zu erreichen, denn eine reine „Gefühlsmalerei" würde den Eindruck von Statik kaum hervorrufen können. Gleichzeitig bezieht sich „Statik" aber nicht nur auf das äußere Erscheinungsbild. Sie ist auch Zeichen des Wesenhaften, Unveränderlichen, Typischen. Im Begriff der Statik treffen demnach Äußeres und Inneres, Form und Gesetz auf der einen, Gefühl und menschliche Urgründe auf der anderen Seite zusammen. Die Statik ist äußeres Gewand oder Gerüst der Ahnung eines Tieferen, Urwüchsigen, Zeichen der „Bindung des Metaphysischen"[75] sowie Chiffre der Suche nach Halt und Ruhe.

Dass man sich nicht nur von Seiten der Ingenieure, sondern auch im Bereich der Ästhetik mit den Problemen der Statik befasst, belegt die 1914 erschienene Arbeit *Die ästhetische Statik* von A. Ehrenberg, in welcher der Autor betont, dass die „ästhetische Statik", womit das „als schön empfundene[...] Gleichgewicht[...] der Körper"[76] gemeint ist, strikt von der mechanischen Statik unterschieden werden müsse. Bei letzterer zählen nicht optischer Eindruck und Schönheit, sondern allein die Erzeugung eines stabilen Gleichgewichts bzw. die richtige Anwendung statischer Gesetze. Analog zu den Bemerkungen zum „Stillstand der schweren Cörper" in Zedlers Enzyklopädie erkennt Ehrenberg in der Statik die Grundlage aller Bewegungen, weswegen sie dem menschlichen Auge so natürlich erscheine:

> Die Empfindung für statische Gesetze ist dem Auge so natürlich, weil es täglich ihre unerschütterliche Geltung bei jedem fallenden Stein, bei jedem Versuch, eine leblose Sache hinzustellen, beobachtet. Es überträgt unwillkürlich diese erkannten Gesetze auch auf lebendige Dinge, in erster Linie also auf den Menschen. Eine stark schräge seitliche Biegung des Oberkörpers bei anderen Personen erregt die Empfindung, daß ein Umfallen bevorstehe, selbst wenn verstandesgemäß die Wahrscheinlichkeit des Feststehens aus der Muskeltätigkeit geschlossen wird. Das Auge verlangt also zu seiner Beruhigung auch bei dem lebenden Menschen, um von seinem festen Stand überzeugt zu sein, möglichste Anpassung an die Statik architektonischer Dinge. Denn es kann die im Geheimen wirkenden, die Statik verbürgenden Muskelkräfte im Augenblick des scheinbaren Gleichgewichtsverlustes äußerlich am Körper nicht ablesen.[77]

Diese Erkenntnis überträgt Ehrenberg im Anschluss auf den Bereich der Kunst. Der Künstler müsse in jedem Fall die statischen Gesetze berücksichtigen, wenn seine Werke beim Betrachter einen befriedigenden Eindruck hinterlassen sollen. Gerade die Meisterwerke der antiken griechischen Plastik seien der Inbegriff „statischer Ästhetik", weil die Bewegungen der Figuren gemessen seien, wodurch der Gleichgewichtseindruck resp. der statische Eindruck nicht gestört werde.[78]

Angesichts der Ausführungen Ehrenbergs zur antiken Plastik erscheinen Schlemmers Plastiken, aber auch seine Gemälde als moderne Umsetzung der „ästhetischen Statik", zumal Schlemmer selbst die Klarheit, Verhaltenheit, Strenge und Härte der antiken Formsprache schätzte und sie in seine Kunst zu integrieren suchte. Wenn Ehrenberg schließlich meint, „daß das Elend des größten Teils der heutigen Malerei und Plastik darauf zurückzuführen ist, daß keine Tradition der wichtigsten Kunstgesetze vorhanden ist und leider auch vielfach nicht gelehrt wird"[79], so trifft diese Kritik nicht auf Schlemmer zu, der sich intensiv mit dem Kunstwissen der Alten Meister befasste und es darüber hinaus in der Lehre vermittelte.

Gleichgewicht

Bereits 1912, also zu Beginn seiner Künstlerlaufbahn, weiß Oskar Schlemmer um die zentrale Bedeutung des Gleichgewichts für den Künstler. In einem Brief an Willi Baumeister schreibt er: „Das ists: der Maler schafft aus Harmonie, aus Gleichgewicht, versöhnt mit der Welt, der Schriftsteller setzt sich mit ihr auseinander!"[80] Schlemmer bindet an dieser Stelle die Schaffenskraft des Künstlers unmittelbar an das Gefühl der Ausgeglichenheit. Er ist der Meinung, dass es das Gleichgewicht sei, welches Kreativität und künstlerische Produktivität gewährleiste. Es sei Movens des Schaffensprozesses und daher für den Künstler unabdingbar. Auffallend ist hier die Nähe zu Wilhelm Worringer, der in seiner Arbeit *Abstraktion und Einfühlung* (1907) bemerkt, dass der „Abstraktionsdrang"[81], der sich beispielsweise bei Naturvölkern und orientalischen Kulturvölkern zeige, „die Folge einer großen inneren Beunruhigung des Menschen durch die Erscheinungen der Außenwelt"[82] sei. In der Kunst fänden diese Völker jedoch eine Möglichkeit, „das einzelne Ding der Außenwelt aus seiner Willkürlichkeit und scheinbaren Zufälligkeit herauszunehmen, es durch Annäherung an abstrakte Formen zu verewigen und auf diese Weise einen Ruhepunkt in der Erscheinungen Flucht zu finden".[83] Das Produzieren von Kunst könne letztlich als quasi religiöser Auseinandersetzungsprozess verstanden werden, durch welchen sich der Mensch in der als überaus chaotisch empfundenen Welt Halt und Sicherheit zu verschaffen suche und an dessen Ende „jener seltene und glückliche Zustand des Gleichgewichts"[84] eintrete. Diese Sichtweise lässt sich auf die Kunst der Moderne übertragen, die häufig metaphysisch unterfüttert wird und der nicht zuletzt die Möglichkeit zugesprochen wird, Surrogat für Religion zu sein.

Denkt man nun außerdem an Schlemmers bereits erwähnte Äußerung zurück, nach welcher der Künstler, versöhnt mit der Welt, aus Harmonie und Gleichgewicht schaffe, wohingegen sich der Schriftsteller mit der Welt auseinandersetze, und vergleicht sie mit Worringers These, wonach Kunst ein Aushandlungsprozess zwischen Mensch und Welt darstellt, so fällt auf, dass bei Schlemmer das Gleichgewicht am Anfang des künstlerischen Schaffensprozesses steht, wogegen es für Worringer das Resultat des künstlerischen Schaffens ist. Ist es bei Worringer das Ruhebedürfnis der Naturvölker, das sie zur Kunst treibt, muss für Schlemmer das Gefühl von Ruhe erreicht sein, *bevor* er künstlerisch tätig wird.[85] So schreibt er beispielsweise an Otto Meyer-Amden:

> Ich bin eben daran, wieder ein Atelier zu beziehen, das mir Ruhe und alle guten Geister bringen soll [...]. Ich fand einen Strudel der Geschehnisse vor, daß ich tagelang brauchte, um nur einigermaßen die Orientierung zu finden. Um es gleich zu sagen: Ich habe sie heute noch nicht, es ist zu viel Widerstrebendes.[86]

Und im darauffolgenden Jahr notiert er in sein Tagebuch: „Warten können, diese universale Ruhe sich bewahren gegenüber dem hastigen Schaffen der anderen, das ist zu erstreben. Gleichmut – nicht Gleichgültigkeit".[87] Die „Ruhe zu eigener Produktion"[88] – das ist es, was Schlemmer anstrebt. Ruhe ist auch ihm ein Grundbedürfnis. Und auch er sucht jenen so seltenen, glücklichen Zustand des Gleichgewichts. Diesem allerdings geht sehr wohl ein Auseinandersetzungsprozess voraus, ein Reflektieren über das eigene Tun, ein Ausloten und Verorten des Selbst und der eigenen Kunstsprache, denn das Gleichgewicht findet nur, wer weiß, zwischen welchen Polen er sich bewegt, wo die Mitte ist und wie man sie erreichen kann. Gleichgewicht, das wird an dieser Stelle deutlich, ist beständige Arbeit, doch ist sie nötig, um Ruhe und Halt zu finden. Ruhe ist bei Schlemmer so einerseits grundlegende Voraussetzung, um überhaupt künstlerisch tätig sein zu können, andererseits zielt er auf den „ruhenden Pol", den zu erreichen allerdings größte Mühe bedeutet, wie folgender Tagebucheintrag veranschaulicht:

> Durch einige Tage stiller Beschaulichkeit, Lektüre, Ruhe, Versenkung, bin ich aus arger Nervosität langsam wieder auf mich selbst zirkuliert. Ich sehe wieder den Himmel offen. Erst war ich zu konventionell, in Vorbildern befangen, jetzt zu eigenwillig, außenseitig. Nun kommt, muß kommen, die Läuterung, die reine Form, die Verbindung beider Teile. Meisterschaft, Klassik, ruhender Pol. Es muß gelingen, wird gelingen, achte ich nur auf die Voraussetzung, lasse mich nicht mehr vom Taumel und Strudel packen, der mich entselbstet. Es gilt das Leben![89]

Schlemmers Ruhebedürfnis, sein Streben nach der reinen Form, nach Klassik, nach Klarheit, sein Bedürfnis, das Dionysische zu bannen, um „Strenge, Härte, Ansichhalten, Verhaltenheit, Verschlossenheit [und] Tiefe"[90] zu erlangen, schlägt sich besonders eindrücklich in Bildern wie *Konzentrische Gruppe* (1925), *Fünf Männer im Raum* (1928) oder *Szene am Geländer* (1931) nieder. Die zurückhaltende, von erdigen Tönen dominierte Farbgebung, die klaren Konturen der Körper und architektonischen Elemente sowie die die Bilder bestimmende Vertikale lösen unweigerlich den Eindruck von Ruhe aus. Höhepunkt der bildkünstlerischen Umsetzung des Ruhebegriffs ist jedoch das Gemälde *Ruheraum* (1925), denn hier suggeriert nicht allein die Bildsprache Ruhe, vielmehr ist der Begriff selbst titelgebend (Abbildung 34).

Die für Schlemmer so bedeutsame Ruhe lässt zudem an die Produktivität freisetzende, innovative Kraft der vitalen Ruhe denken, von der der holländische *Stijl*-Künstler Theo van Doesburg spricht, aber auch an Sigfried Giedions Forderung nach einem Leben im Gleichgewicht, das angesichts einer als chaotisch empfundenen, zunehmend beschleunigten Umwelt umso dringlicher scheint. Was der schweizerische Architekturtheoretiker in seinem 1948 erschienenen Werk *Mechanization Takes Command* theoretisch einfordert, die Lebensphilosophie, die er in seinem Nachwort vorstellt, in deren Mittelpunkt der Mensch im Gleichgewicht steht, wird von Schlemmer vorweggenommen und praktisch vorgeführt. Seine Tagebuchaufzeichnungen und Briefe sind Zeugnis des unaufhörlichen Strebens und der Sehnsucht nach einem ausgeglichenen Leben, nach Halt, Sicherheit und Stabilität. Noch kurz vor seinem Tod schreibt Schlemmer auf einer Karte an Julius Bissier: „Im Atelier versuche ich etwas Atmosphäre zu schaffen. Aufrichtungen ... Anfechtungen. Doch muß das wohl sein, diese Unruhe, um sie, die wahre und erkämpfte Ruhe, zu erzeugen".[91] Das Ausgeglichensein wird so gleichsam zur Lebensaufgabe. Und wenn Giedion fordert, dass es höchste Zeit sei, „daß wir wieder menschlich werden und alle unsere Unternehmungen von einem menschlichen Maßstab leiten lassen"[92], dann könnte dies auch aus der Feder des schwäbischen Künstlers stammen, denn auch für ihn ist „der Mensch [...] das Maß aller Dinge"[93] – er ist *das* „große[...] Thema, uralt, ewig neu".[94] Wie für Giedion soll auch für Schlemmer der Neue Mensch ein Mensch im Gleichgewicht sein. Was der Architekturtheoretiker in seinem umfangreichen Schau-Buch fordert, auch oder obwohl er weiß, dass „[v]ielleicht [...] einige diese Forderungen für vergeblich und für so ungreifbar wie Schall und Rauch"[95] halten, drückt Schlemmer nicht nur in seinen „privaten Aufzeichnungen"[96] aus, sondern auch durch sein künstlerisches Werk, denn „[d]iese Künste – Architektur, Plastik, Malerei – sind unbeweglich; sie sind eine in einem Moment gebannte Bewegung. Ihr Wesen ist die Unveränderlichkeit eines nicht zufälligen, sondern typisierten Zustandes, das Gleichgewicht der Kräfte im Bestand. Es könnte, zumal im Zeitalter der Bewegung, als Manko erscheinen, was höchster Vorzug dieser Künste ist".[97] Die Malerei als statische, weil starre, unbewegliche Kunstform ist, folgt man Schlemmer, gerade in einer von dynamischen Prozessen geprägten Umwelt von größter Bedeutung, weil die Darstellung des Sujets hier nicht dem Zufall überlassen wird, sondern die Auswahl eines bestimmten Moments voraussetzt, bei Oskar Schlemmer sogar noch weiter reicht, nämlich bis zum Auffinden eines *Typus*. „Das Elementare im Figürlichen", schreibt er, „ist der Typus. Seine Schaffung letzte, höchste Aufgabe".[98] Die Malerei ist vor diesem Hintergrund insofern „Gedankenmalerei"[99], als sich der Künstler eingehend mit seinem Thema beschäftigen, es gedanklich durchdringen muss, um letztlich zur Gestaltung des Typus zu gelangen – hier liegt die besondere Qualität dieses Mediums.[100] Wie ernst es Schlemmer um den Typus ist, belegen beispielsweise sein 1925 erschienener Aufsatz „Mensch und Kunstfigur" sowie seine Aufzeichnungen zum Unterricht „Der Mensch" (1928/29), die erstmals 2003 in der Reihe „Neue Bauhausbücher" erschienen sind. Ausführlich äußert sich Schlemmer auch in seinem Aufsatz „Zu meinen Wandbildern für das Museum Folkwang in Essen" zur Bedeutung des Typus.[101]

Dagegen übergeht eine dynamische Gestaltung jenen von Schlemmer angestrebten Typus. Es bedarf eines statischen Mediums, um ihn, den Typus, zu bannen. Man könnte sogar von einem „Typus im Gleichgewicht" sprechen, da er Ausdruck eines *inneren* wie *äußeren* Gleichgewichtes ist. Bilder wie *Geteilte Jünglingsfigur* (1921), *Konzentrische Gruppe* (1925), *Fünfzehnergruppe* (1929), oder *Eingang zum Stadion* (1930–36) führen Schlemmers „Typus im Gleichgewicht" vor und werden so zu Signa der „statischen Moderne", welcher es nicht um das Abbilden von Beschleunigung in all ihren Erscheinungsformen geht, sondern um eine tiefgreifende, hintergründige, eindringliche Beschäftigung mit den Bedingungen menschlicher Existenz. Hier verliert man sich nicht in Oberflächlichkeiten, erforscht vielmehr die „ewigen Jagdgründe[ ]"[102], das allzeit Gültige, Immerwährende. Mit der menschlichen Figur hat Schlemmer ein Sujet gefunden, das es ihm erlaubt, alte Formgesetze und seine Vision vom Neuen Menschen zu amalgamieren. Gerne stellt er seine Modellfiguren, „die an den archaischen Typus des antiken Kouros ebenso wie an Dürers Kanonfigur"[103] erinnern, in lichte, teils mystisch wirkende Räume, in „Räume der Zukunft".[104] Vergangenheit, Gegenwart und Zukunft finden gleichermaßen Eingang in Schlemmers Typus.

Allerdings birgt die Typisierung, die gleichzeitig auch Elementarisierung bzw. Geometrisierung der Formsprache bedeutet, eine Gefahr, jene der Mechanisierung und Funktionalisierung nämlich. So gesehen wären Schlemmers Typenfiguren seelenlose Marionetten, entleerte technoide Wesen, ästhetische Korrelate serieller Produktion und Symbole einer durch den industriellen Fortschritt beförderten Denaturierung des Menschen, der nur mehr roboterhaft in Fabrikhallen schuftet und dort stundenlang immer gleiche Handschläge vollführt. Doch all das sollen sie nicht sein, wie Schlemmer, der um die Risiken der Typisierung wusste, bemerkt:

> so mühe ich mich nun, aus den einfachen mathematischen Körpern und deren Verbindungen den Menschenkörper aufzubauen. Der einfache mathematische Körper ist zugleich Ursprung und Vollendung jeder Körpergestalt. Ich bemühe mich dabei, den immer drohenden Mechanismus, der den Menschen zu einer Maschine machen würde, zu überwinden. [...] Man wendet oft ein, daß meine ‚Menschen' keine ‚Gesichter' haben, höchstens ‚Puppengesichter'. Man versteht leider nicht, daß dies Absicht ist, daß dies nicht anders möglich ist. Ehe wir das ‚Antlitz' malen können, malen dürfen, müssen wir den Typus erkennen, das Unpersönliche. Das ist wirklich keine ‚Vermassung'.[105]

In seinem Aufsatz „analyse eines bildes und anderer dinge" bemerkt Schlemmer, dass er entscheidende Impulse von seinem langjährigen Freund Otto Meyer-Amden erhalten habe, so etwa das „wissen um die geheime kraft des zarten [...], die in einer zeit des l'art pour l'art in eine tiefe wies, die erst von einer nächsten zukunft recht bestätigt wird"[106], sowie „den glauben an die immerwährende mission der kunst, an ihre universalität an ihre entscheidende rolle im geistigen, kulturellen".[107] Hier deutet der Künstler an, dass es ihm bewusst war, dass seine Kunst ‚aus der Zeit fällt', dass seine Kunst eine Kunst nicht nur *für* die Zukunft, sondern eine *der* Zukunft ist, weil sie erst in ihr Bestätigung finden, weil sich erst in der Zukunft die Tiefe seiner Werke offenbaren würde. Und tatsächlich scheint Schlemmer als *Mann der Mitte* mit seiner Kunst der Mitte – gerade auch vor dem Hintergrund der Diagnose Hans Sedlmayrs, der den „Verlust der Mitte"[108] in der modernen Kunst beklagt – nicht recht in die Zeit zu passen. „Die Kunst", hält Sedlmayr resümierend fest, „strebt fort von der Mitte [...]. Der Mensch will fort von der Kunst, die ihrem Wesen nach „Mitte" zwischen dem Geist und den Sinnen ist [...]. Die Kunst strebt fort vom Menschen, vom Menschlichen und vom Maß".[109] Doch ist Schlemmers Kunst genau dies: Kunst der Mitte und Kunst, die sich auf den Menschen als Maß und Mitte konzentriert.[110] „Verstand und Gefühl, Verstand und Triebe, Glauben und Wissen, Herz und Kopf, Leid und Geist, Seele und Geist werden [gerade nicht] auseinandergerissen und zu Widersachern erklärt".[111] Gemessenheit und Vereinigung, oder wenigstens Annäherung von Gegensätzen – das ist Schlemmers Devise, der wusste, dass seine Ästhetik nicht bei allen Zuspruch finden würde, denn der Wunsch, die oben genannten Gegensätze „in Vereinigung zu halten, wird, wie die Mäßigung überhaupt, [von vielen Zeitgenossen] als Lauheit verschrien".[112] Schließlich verwundert es dann auch nicht, dass der stets um die ausgewogene Mitte bemühte Schlemmer in seinen Bildern mit Vorliebe die Mittelachse betont.[113]

Indessen befasst sich am Bauhaus nicht nur Oskar Schlemmer mit dem Ausgleich polarer Kräfte.[114] Vielmehr sind dort sowohl Lernende wie Lehrende auf der Suche nach dem Gleichgewicht. So entstand beispielsweise 1927 im Rahmen des von László Moholy-Nagy geleiteten Vorkurses eine „Gleichgewichtsübung" von Max Bill, die als verschollen gilt. Eine fotografische Aufnahme der Konstruktion, welche im von Fiedler und Feierabend herausgegebenen Buch *Bauhaus* abgebildet ist, zeigt ein Gebilde aus Stahlstange, Drahtspirale, Milchglas und Gummiball. Im beistehenden Text wird darauf hingewiesen, dass das Gleichgewicht nicht wie bei Johannes Itten eine metaphysische Weltharmonie symbolisiere, sondern für die Funktionalität industriell hergestellter Werkstoffe stehe.[115]

Daneben lässt sich auch der Architekt Hannes Meyer, der von 1928 bis 1930 Direktor des Bauhaus Dessau war, zu den „ästhetischen Statikern" zählen. Seine Baulehre kreist um Harmonie und den Ausgleich von Kräften. Hinzu kommt sein offenkundig ausgeprägter Hang zu Formeln, „zu mathematisch ‚errechneten' Entwurfsparametern, und somit zu deren vermeintlich objektivem und unumstößlich wirkendem Wahrheitscharakter; Meyer selbst spricht von ‚wissenschaftlicher denkart'".[116]

Zum Kreis derer, die am Bauhaus auf der Suche nach dem Gleichgewicht sind, zählt auch der Künstler Paul Klee, dessen Werk sich zwischen den Gegensatzpaaren „irdisch/himmlisch, Kosmos/Chaos, Ruhe/Bewegung, statisch/dynamisch, Schwere/Schwung, männlich/weiblich, Subjekt/Objekt"[117] ansiedelt. Er erkundet ebenfalls das Thema „Gleichgewicht", wie die Ausstellung *Im Gleichgewicht – Paul Klee und die Moderne*, welche 1987 in der Kunsthalle zu Kiel zu sehen war, eindrücklich vorführte. Bilder wie *Gewagt wägend* (1930), einem Titel, der unmittelbar auf den Begriff der Statik verweist, ist diese doch die „Kunst des Wägens", oder *Schwankendes Gleichgewicht* (1922) sind Zeugnis für Klees intensive Auseinandersetzung mit der Gleichgewichtsproblematik, die sich wie auch bei Schlemmer in einer konstruktiven Bildsprache entlädt. „Sein Werk ist eben nicht der Traum, sondern die Struktur, die Erfindung, die *Konstruktion des Geheimnisses* in den seltsamen Verwebungen der Welt".[118] Die Kleeschen Bildkonstruktionen visualisieren dabei nicht etwa ein stabiles Gleichgewicht, sondern eines, das stets bedroht ist. Der *Seiltänzer* (1923) steht paradigmatisch für ein solch labiles Gleichgewicht. Dieses Blatt wurde im Übrigen mit Schlemmers Bauhaussignet in Verbindung gebracht: „Über dem Signet balanciert der Seiltänzer. Er symbolisiert das Ideal des Ausgleichs vertikaler und horizontaler Kräfte".[119] Und wenn schließlich Klee in seiner Schrift *exacte versuche im bereich der kunst* (1928) die Intuition starkmacht – denn am Bauhaus betonte man nach der ‚rationalistischen Wende' allzu gerne die konstruktiven Aspekte –, dann liegt Klee damit ganz auf der Linie Schlemmers. „wir konstruieren und konstruieren", mahnt Klee, „und doch ist intuition immer noch eine gute sache. [...] man lernt hinter die fassade sehen, ein ding an der wurzel fassen. Man [...] lernt die vorgeschichte des sichtbaren. Lernt in die tiefe graben, [...] lernt analysieren. [...] die intuition ist trotzdem ganz nicht zu ersetzen".[120]

Die Suche nach dem Gleichgewicht, das sei abschließend bemerkt, treibt nicht nur die Künstler um, sondern ist in jenen Jahren gesellschaftlich virulent, wie der im Mai 1930 in *Scherl's Magazin* erschienene Artikel „Spielerische Gymnastik" zeigt. Kurt Doerry (1874–1947), Leichtathlet, Olympiateilnehmer, Sportjournalist und Verfasser des kurzen Textes, betont, dass die Gymnastik „die Urform jeder körperlichen Bewegung"[121] sei. Sie diene nicht nur der „Stählung des Körpers", sondern auch der „Beherrschung der Gliederführung im Umraum".[122] Während sie „im Sport als Ausgleichsübung und im Tanz als Mittel zur Körperbeherrschung angewandt" werde, lasse die „spielerische Gymnastik", die man überall dort finde, wo junge Menschen im Freien fern jeder Methodik gymnastische bzw. akrobatische Übungen vollführen, der „schöpferischen Phantasie weitesten Spielraum" und schaffe zudem „Möglichkeiten zu interessanten Stellungen und Ausdrucksformen".[123] Die Vielfalt der Übungsformen und der kreative Umgang mit den Möglichkeiten des Körpers veranschaulichen die Doerrys Ausführungen begleitenden Fotografien von Friedrich Seidenstücker (1882–1966).[124] Sie tragen Titel wie „Die Antipoden", „Die Wippe", „Eine, die ihren Schwerpunkt sucht" oder „Gleichgewichts-Übung auf den Knien" (Abbildung 31 und 32).

Die Fotos stehen im Zeichen des Körperkults, welcher sich in den 20er Jahren Bahn brach. Sie zeigen angespannte Körper im Gleichgewicht, sind also auch Sinnbild der „statischen Moderne", deren Vertretern es um das Erlangen eines psychischen wie physischen Gleichgewichts resp. um vitale Ruhe zu tun ist. Der Magazinartikel verdeutlicht, dass Sport nicht zwingend als Wettkampf gedacht werden muss. Vielmehr will der Autor ein breites Publikum dazu anregen, sich spielerisch mit den Möglichkeiten des eigenen Körpers auseinanderzusetzen. Hier steht der vergnügliche Aspekt körperlicher Anstrengung im Vordergrund.

Spielerisch wird das Gleichgewicht auch an der Bauhaus-Bühne, deren Leiter Schlemmer war, umgesetzt.[125] Das belegt eine der Fotografin Irene Bayer zugeschriebene Aufnahme aus dem Jahr 1927, die den Titel „Eqilibristik" trägt (Abbildung 33). Sie zeigt einen Mann, der auf einer gekippten Treppenkonstruktion balanciert. Während er mit einem Fuß auf der Kante einer Stufe steht, streckt er das andere Bein seitlich nach außen. Seine Arme sind ausgebreitet und bilden gewissermaßen Balancierstangen. Durch die Belichtung der Aufnahme wird augenfällig, wie instabil seine Position ist und dass die Aufrechterhaltung des Standes mühevoll ist.

Gleichgewicht — 183

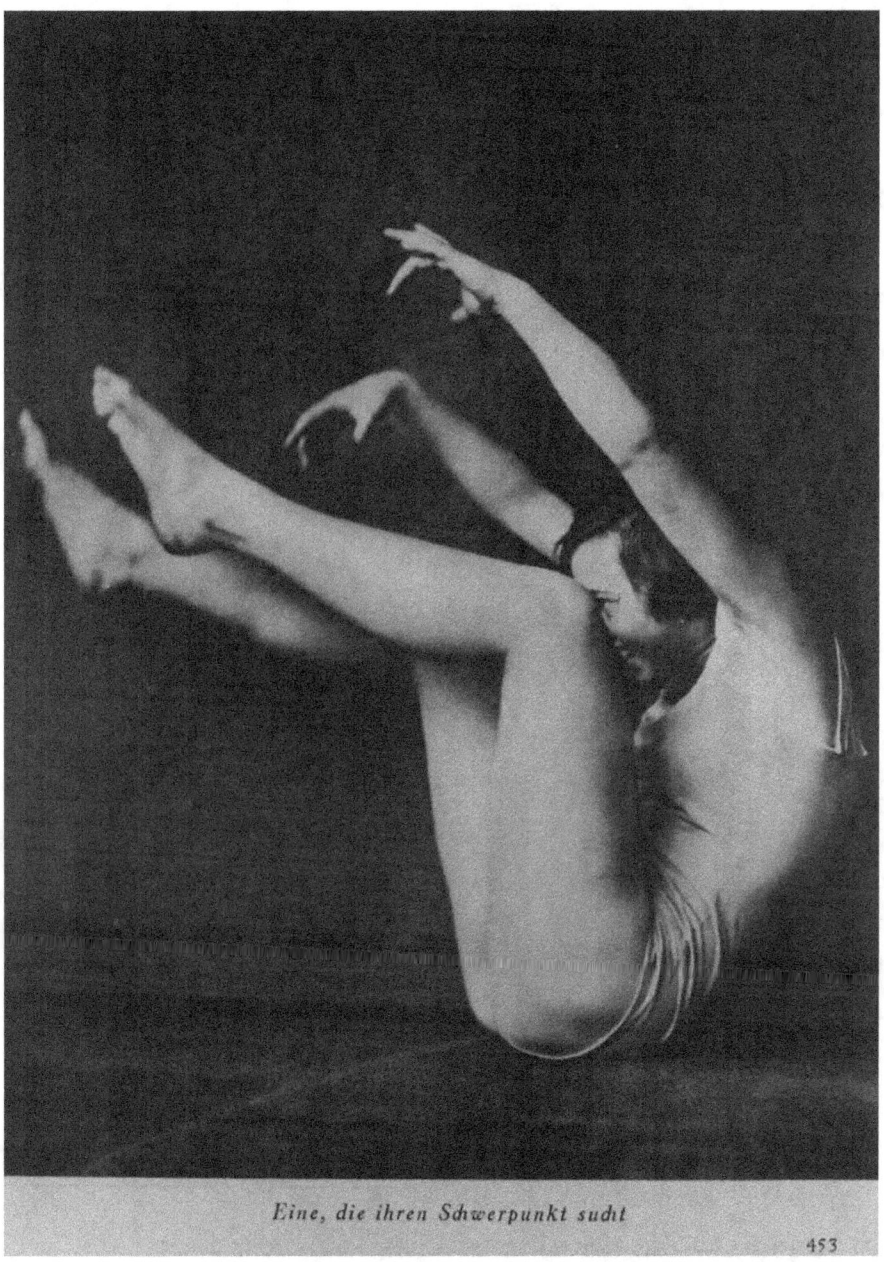

Eine, die ihren Schwerpunkt sucht

Abbildung 31: Kurt Doerry, „Spielerische Gymnastik" (1930).

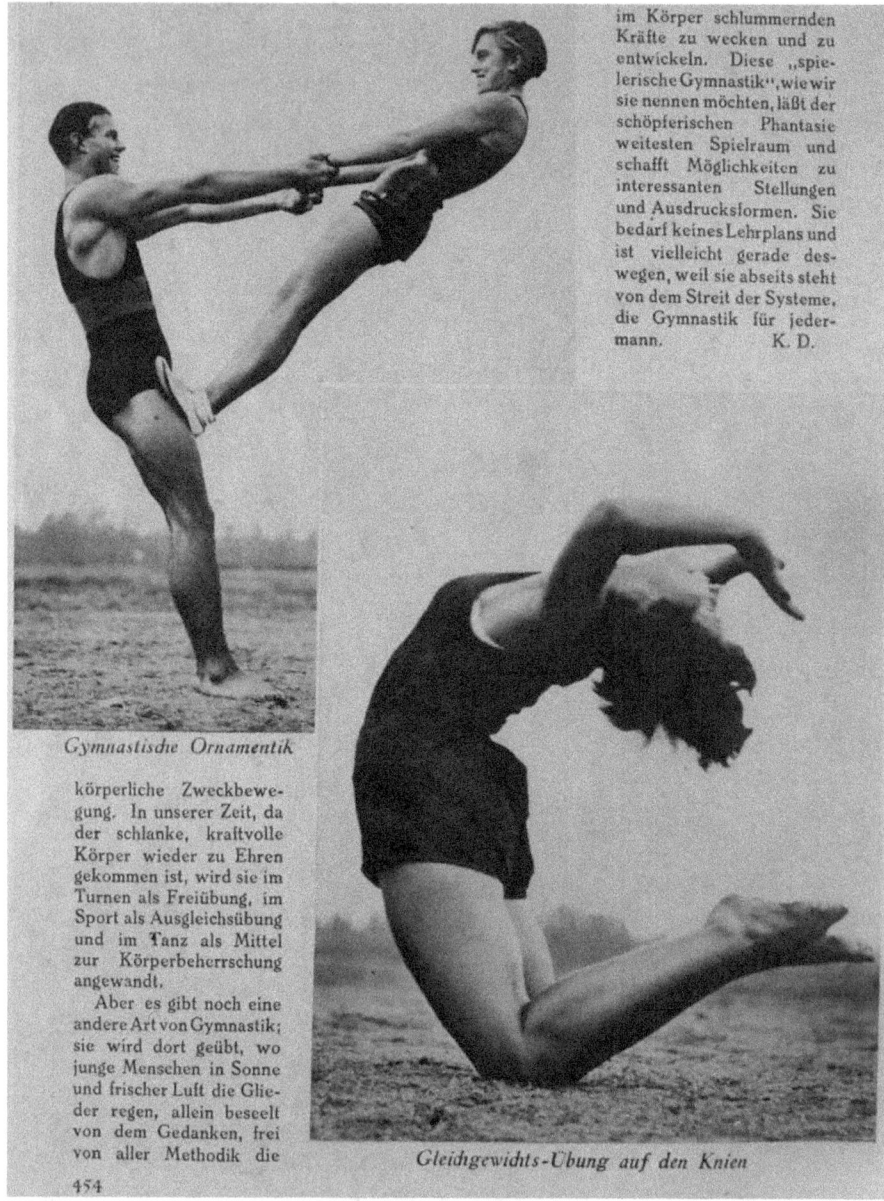

Abbildung 32: Kurt Doerry, „Spielerische Gymnastik" (1930).

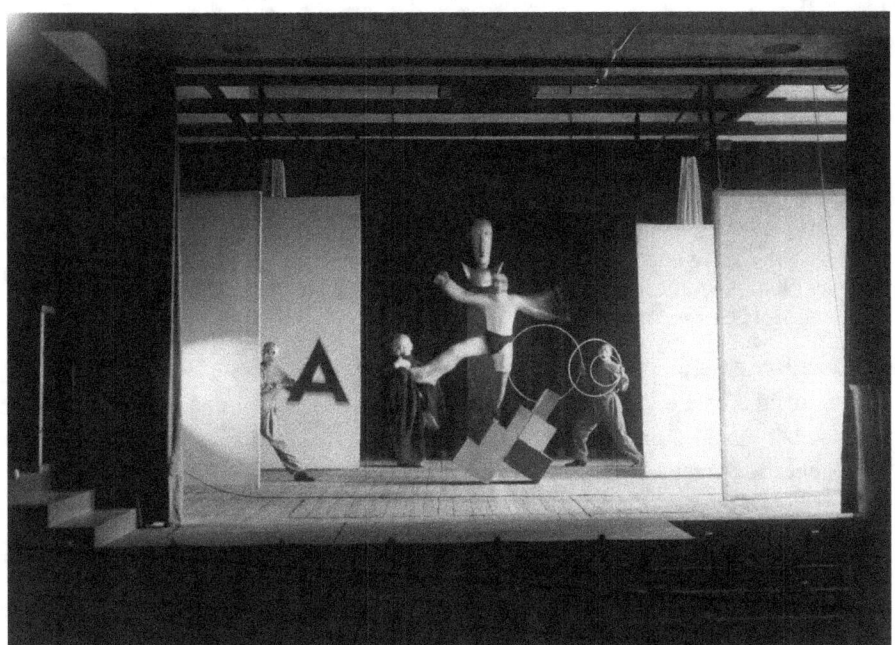

Abbildung 33: Bauhausbühne, Equilibristik (1927), Bauhaus-Archiv Berlin © für Bayer: unbekannt; für Schlemmer: abgelaufen.

Mathematik

„Nicht Jammer über Mechanisierung, sondern Freude über Mathematik".[126] So beginnt Schlemmer seinen Aufsatz „Tänzerische Mathematik" (1926), in dem er sich, wie so oft, klar zu Maß, Zahl und Gesetz bekennt. Doch bei aller Euphorie erkennt der Bauhäusler auch die Gefahren, die von Messung und wissenschaftlicher Exaktheit, von Formel und mathematischem Kalkül ausgehen:

> Meine Erfahrungen ließen mich erkennen, daß Maß und Gesetz in der Kunst etwas sehr Hohes, aber auch etwas sehr Gefährliches bedeuten. Wehe, wenn sie als bequemes Rezept und Dogma angewandt, *vorzeitig*, nämlich *vor* der Konzeption des Bildes zu Hilfe gerufen werden und dann statt zur „Freiheit im Gesetz" zur Fesselung des Besten führen. – *Nein!* Am Anfang steht das *Gefühl*, der Strom des Unbewußten, die freie, ungebundene *Schöpfung*.
>
> Je differenzierter das Gefühl arbeitet, desto weiter wird es in die Exaktheit vorstoßen und ohne Zuhilfenahme von Maß und Messung das Bild bis zur letzten Form verdichten. *Wenn dann* gewissermaßen als Regulativ und Kontrolle des Gefühlsmäßigen Zahl und Maß *dazutreten*, so sollte dies zunächst eine *Bestätigung* des Intuitiv-Geschaffenen bedeuten.[127]

Diese Bemerkung Schlemmers erinnert unweigerlich an eine Aussage Alfred Gotthold Meyers, der in seinem Buch *Eisenbauten* von einem „statischen Gefühl" spricht, welches dem Rechnen vorgängig sei.¹²⁸ Die Rechnung fungiere lediglich als Regulativ:

> In die rechnerisch abwägende Tätigkeit selbst kann eine dem künstlerischen Schaffen näher verwandte persönliche Kraft spontan eingreifen: das „statische Gefühl" des genialen Konstrukteurs, das dem Rechnen *vorauseilt*, das dieses nur in seinen Dienst nimmt. Dann fällt der „Rechnung" nur noch die Rolle eines Regulatives zu: sie hat das gefühlsmäßig erkannte Resultat nachträglich nur zu bestätigen. Wo *diese* Schaffensart herrscht, da ist die innere Vorstellungskraft von vornherein rege. Das „visionäre" Denken des *Genies* ist im wesentlichen immer ein „bildliches". Und dann pflegt es auch als formal glückliche Gestaltungskraft zu wirken.¹²⁹

Das „statische Gefühl", das der Architekturhistoriker an dieser Stelle starkmacht, soll nicht in Abrede gestellt werden, doch spielt es – und das betont Meyer ja auch selbst – beim Konstruieren von Bauwerken, die ein Höchstmaß an Stabilität und Sicherheit erreichen müssen, in der Regel eine untergeordnete Rolle. Die Formen der von Ingenieuren konstruierten Bauten sind unmittelbar zurückgebunden an diverse Rechenoperationen, sprich an das Befolgen mathematischer Gesetze, an die Eigenschaften des verwendeten Materials, an vorherrschende Umweltbedingungen, aber auch an ökonomische Vorgaben. Das „statische Gefühl" des Ingenieurs kann sich nur in einem gewissen Rahmen, nur innerhalb der an das jeweilige Bauprojekt gestellten Anforderungen bewegen. Diesbezüglich bemerkt Franz Czech in seiner Rezension der *Eisenbauten* treffend: „Und nun vollends die Statik zur Grundlage der Ästhetik zu machen; denn was anderes ist das „statische Gefühl" als die verstandesmäßig erfaßte Theorie in Fleisch und Blut übergegangen, aus dem Unbewußten heraus wirkend".¹³⁰ Wenn mathematische Gesetze intensiv und kontinuierlich angewendet werden, lässt sich daraus schließen, werden sie mehr als Eigenes, denn als Angeeignetes erfahren. Wo mühsam Erlerntes nicht mehr als solches wahrgenommen wird, wo es stattdessen als Ureigenes, quasi Naturgegebenes wahrgenommen wird, da vermischen sich objektives Wissen bzw. erlernte Fähigkeiten und subjektives Gefühl bzw. „genialer" Schöpfungsdrang auf eine nicht mehr zu entwirrende Weise. Auf ebendiesen Aspekt kommt Schlemmer in seiner „analyse eines bildes und anderer dinge", die 1929 in der Zeitschrift *bauhaus. zeitschrift für bau und gestaltung* abgedruckt wurde und in deren Rahmen er sein Gemälde *Vorübergehender* ausführlich untersucht, zu sprechen:

> bei der entstehung des bildes [war] nicht die bewußte konstruktion, sondern das unbewußte gefühl am anfang [...]. es soll nicht geleugnet werden, daß die in der analyse zu tage tretenden formalen elemente beteiligt waren, aber im unterbewußtsein. wenn wir schreiben, ist auch nicht mehr der gefühlszustand herrschend, der es beim erlernen der schreibstaben in der abc-schule war. die entfernung vom ehedem systematisch erlernten schriftzeichen bis zur unleserlichkeit des freien, individuellen ausdrucks ist fundgrube für den analysierenden grafologen und bestes beispiel der metamorphose von konstruk-

tion zu gefühl. der einwand, daß es müßig wäre, sich auf den konstruktiven zustand zurückzuschrauben, trifft nicht zu beim kunstwerk, wo auf dem umgekehrten wege die elemente, mittel und gesetze erkannt werden können, die das gefühl regulierten und die form entstehen ließen.[131]

Im Gegensatz zu den Ingenieuren, die die mathematischen Formeln so tief verinnerlichen können, dass sich das objektive Wissen gleichsam in Gefühl verwandelt, bildet bei Schlemmer, sofern man seinen Beteuerungen Glauben schenken mag, das Gefühl den Ausgangspunkt des künstlerischen Schaffensaktes. Erst durch das nachträgliche Analysieren ließen sich, so der Bauhäusler, Gesetzmäßigkeiten herausschälen. Vor diesem Hintergrund wird dann auch klar, warum er sich gegen das Attribut des Konstruierten, mit dem man seine Kunst immer wieder belegte[132], wehrte: „Ich bekenne", schreibt er,

> daß ich so gut wie nie nach vorgefaßten Prinzipien und ausgeklügelten Methoden arbeite, sondern jeweils „aus dem Vollen" einer inneren Vorstellung, „einer Ahnung von und zu etwas Schönem", über deren Herkunft ich nichts auszusagen vermag.
> Von den eigentlichen Konstrukteuren in der Malerei, von den „Konstruktivisten", welche sozusagen die nackten Tatsachen, das entschleierte Maß, demonstrieren, trennt mich heute eine Welt, gegenüber welcher ich als Romantiker erscheinen müßte, sofern Romantik zu verstehen ist als ein freies Schöpfen aus der Phantasie, als die Sichtbarmachung von Ideen mit den Mitteln der Form und der Farbe, angewandt an der menschlichen Gestalt.[133]

Bereits 1918 betont Schlemmer, der sein Vorgehen scharf von jenem seines Lehrers Adolf Hölzel abgrenzt, dass das Gefühl bei ihm am Anfang und über allem stehe, das Resultat dagegen beherrscht sei vom Gesetz.[134] Das Gefühl sei Movens des Schaffensprozesses und leite ihn bis zur Fertigstellung seines Werks. Erst später trete das Gesetz hinzu, und zwar als objektive Unterfütterung und Bestätigung der anfänglichen Intuition. Geometrie, goldener Schnitt und Proportionslehre seien unfruchtbar, „wenn sie nicht erlebt, gefühlt, empfunden"[135] seien. „Wir müssen uns", meint der Künstler, „von dem Wunder der Proportionen, von der Herrlichkeit der Zahlenverhältnisse und Übereinstimmungen überraschen lassen und aus den Resultaten solcherart die Gesetze bilden".[136] Das ist also gemeint, wenn Schlemmer mit Nachdruck versichert, dass seine Werke aus dem Dionysischen heraus entstünden, aber apollinisch in der Form seien.

Da sich nun aber Schlemmer intensiv mit den Maß- und Abbildungsgesetzen des menschlichen Körpers befasste, drängt sich die Annahme auf, dass ihm die Gesetze analog zum Ingenieur, bei dem sich die Gesetze der Statik durch tägliches, routinemäßiges Hantieren in ein „statisches Gefühl" verwandeln können, in Fleisch und Blut übergegangen sind. Wieviel Anteil Phantasie, Intuition und Gefühl beim Entstehungsprozess eines Kunstwerks haben und welchen Anteil demgegenüber das Wissen um Darstellungsgesetze hat, darüber kann letztlich nur spekuliert werden.

Das Gesetz erst im Nachhinein über das fertige Werk zu legen, wie dies Schlemmer in seiner „analyse eines bildes" tut, erinnert an die Anfänge der Baustatik, da die statischen Gesetze erst auf Grundlage bereits vorhandener Bauwerke, deren Konstruktion sich als stabil erwies, entwickelt wurden. Analog zu Schlemmers Vorgehen gilt hier die Reihenfolge: Errichtung des Bauwerkes – Die Praxis erweist: Es steht! – Analyse und Formulierung von Gesetzen. Zudem sei daran erinnert, dass Sigfried Giedion in seinem Buch *Bauen in Frankreich* festhält, dass die Konstruktionen der Ingenieure nicht bloß Ausdruck von Ratio seien. Vielmehr werde Konstruktion Gestaltung.[137] Außerdem sei an Max Eyths Erzählung *Die Brücke über die Ennobucht* erinnert, in welcher der Ingenieur beim Konstruieren von einem „statischen Gefühl" geleitet wird. Gesetz und Gefühl verbinden sich demnach nicht nur in der Kunst, sondern auch im Bereich der Baustatik; und das sichtbare Ergebnis ist: „Konstruktion!"[138]

Eine weitere Parallele zwischen den Konstruktionen der Ingenieure und Schlemmers Kunst ergibt sich hinsichtlich der Verschränkung von Mathematik und Metaphysik, da das „statische Gefühl" des Ingenieurs ebenso in unergründliche Sphären weist wie Schlemmers Schöpfungsdrang. Metaphysische Mathematik stelle sich, so der Bauhauskünstler, dort ein, „wo wie in der Kunst das Gefühl am Anfang steht und sich zur Form verdichtet, wo das Unter- und Unbewußte zur Klarheit des Bewußtseins wird".[139] Hier klingt an, dass es für Schlemmer zwei Varianten der Mathematik gibt: Die eine entspricht der Mathematik, die man in der Schule vermittelt bekommt; es ist eine Mathematik der bloßen, reinen Zahlen, Messungen und Formeln, die er als „auf Eis gekühlt [...]"[140] bezeichnet. Und dann gibt es jene „künstlerische, erwärmte durchblutete oder auch erhitzte ekstatische, bei der es sich dann um zarteste Schwingungen handelt".[141] Als „künstlerische Weisheit"[142] wirke die gefühlte, gespürte Mathematik dem Chaos entgegen und führe den Künstler auf sicheren Grund: „Wenn die Künstler von heute Maschine und Technik lieben und die Organisation: wenn sie das Präzise statt des Vagen wollen, so ist es nur die Rettung vor dem Chaos und die Sehnsucht nach Gestalt".[143] Die Mathematik steht bei ihm für Tradition, die einen sicheren Grund verbürgt, die aber keinesfalls in der Vergangenheit verharren darf, sich vielmehr vermählen muss mit der Moderne, die eine Vielzahl an neuen Erfindungen, Materialien und technischen Möglichkeiten bereitstellt. Es sei notwendig, „daß sich die Kunst einer neuen Zeit selbstverständlich der Technik und der neugeschaffenen Materialien einer neuen Zeit bediene, um sie als Form und Gefäß einem Inhalt dienstbar zu machen, der das Geistige, das Abstrakte, das Metaphysische, letzthin das Religiöse heißt".[144] Kunst muss demnach an den Bereich der Technik zurückgebunden sein, um modern bzw. zukunftsweisend zu sein. Gleichzeitig ist es die Aufgabe des

Künstlers mithilfe seiner Werke die Ebene des rein Materiellen zu verlassen. Er darf nicht einfach nur nachahmen, reproduzieren oder übernehmen, was die Ingenieure bereits vorlegten, sondern er muss die naturwissenschaftlichen Erkenntnisse, die technoiden Formen sowie die technischen Errungenschaften nutzen, um etwas auszusagen, das jenseits des wissenschaftlich Sagbaren liegt.

In seinem Aufsatz „analyse eines bildes" bemerkt der Bauhäusler, dass es von Seiten der Künstler Bemühungen gab, Regeln der Kunst zusammenzutragen, um sie systematisch vermitteln zu können. Dieses Vorgehen verbindet die Künstler mit den Ingenieuren, denn auch diese versuchen ihre Gesetze zu sammeln, zu ordnen und schließlich in Lehrbüchern zu fixieren, sodass jeder Ingenieur auf sie zurückgreifen kann. Auf diese Weise wird das Wissen nicht nur gesichert, kann vielmehr gleichzeitig gezielt weiterentwickelt und erweitert werden. In der Kunst aber geht es um mehr als nur um das rationale Systematisieren des Wissensbestandes, wie folgende Bemerkung Schemmers nahelegt:

> was ist selbst die form- und farblehre eines klee und kandinsky, welche die träume jener wohl am weitesten realisiert haben, indem sie eine wohlgeordnete pädagogik schufen, – was ist sie anderes als der schlüssel zu ihrem eigenen reich und – im pädagogischen sinne – das abc und die ersten hilfeleistungen bei kompositionen der form, der farbe, der fläche? denn jenseits des formgerüstes und der farbtonleiter beginnen die imponderabilien: das unermeßbare, unwägbare, mystische des kunstwerks, das, je originaler es ist, jeweils die frage nach dem gesetz erneuert.[145]

Handelt es sich, muss kritisch eingeworfen werden, vor dem Hintergrund der Betonung des Mystischen und Unermesslichen bei Schlemmers Kunst überhaupt um eine mathematisch begründete Ästhetik? Ist der Zusammenhang von Kunst und Mathematik nicht überaus konstruiert und werden die mathematischen Formeln nicht nur deshalb über die Kunst gestülpt, um sich den Anstrich des Wissenschaftlich-Objektiven zu geben, wie es zu dieser Zeit ganz offensichtlich en vogue war? Die Verknüpfung von (natur-)wissenschaftlichen Erkenntnissen und Ästhetik erscheint jedenfalls äußerst problematisch; eine Verbindung, die auch El Lissitzky in seinem Aufsatz „K. und Pangeometrie" kritisch sieht. Schlemmer selbst spricht in seiner „analyse eines bildes", im Rahmen derer er sein Bild *Vorübergehender* ‚seziert', davon, dass bei der Entstehung des Gemäldes zwar „formale[...] elemente beteiligt waren"[146], jedoch lediglich im Unterbewussten. Seine Bildanalyse veranschauliche die „metamorphose von konstruktion zu gefühl".[147] Letzteres bestimme den Akt der Konstruktion und werde durch „elemente, mittel und gesetze"[148] reguliert. Schlemmer insistiert mit Nachdruck auf die Dominanz des Gefühls. Doch gerade weil er die mathematische Konstruiertheit offenbar erst im Nachhinein feststellt, die Formeln also über das fertige Kunstobjekt legt, scheint die dezidierte Ausstellung der Verbindung von Kunst und Mathematik vor allem auch ein Produkt des Zeitgeistes zu sein, der geprägt ist von Abstraktion und Mechanisierung, wie Schlemmer selbst erkennt:

> Zeichen unserer Zeit ist die *Abstraktion*, die einerseits wirkt als Loslösung der Teile von einem bestehenden Ganzen, um diese für sich ad absurdum zu führen oder aber zu ihrem Höchstmaß zu steigern, die sich andererseits auswirkt in Verallgemeinerung und Zusammenfassung, um in großem Umriß ein neues Ganzes zu bilden.
> Zeichen unserer Zeit ist ferner die *Mechanisierung* [...].
> Und nicht zuletzt sind Zeichen unserer Zeit die neuen Möglichkeiten, gegeben durch Technik und Erfindung, die oft völlig neue Voraussetzungen schaffen und die Verwirklichung der kühnsten Phantasien erlauben und hoffen lassen.[149]

Als „zeitbedingte Kunst"[150] rekurriert das *Triadische Ballett* auf Abstraktion, Mathematik und Mechanik, nimmt sie auf und setzt sie ästhetisch um, wie die einzigartigen farbig-formalen, elementar-mathematischen, raumplastischen Kostüme zeigen.[151]

Bezeichnend ist, dass die aufwändig gestalteten Kostüme den Tänzern nicht etwa möglichst großen Bewegungsspielraum lassen, sondern sie vielmehr einzwängt. Damit steht das *Triadische Ballett* dem Ausdruckstanz à la Mary Wigman diametral gegenüber. Schlemmer selbst bemerkte 1935 retrospektiv, dass die Starrheit der Kostüme durch die Kraft der Tänzer resp. durch die Intensität der Bewegung aufgelöst werden sollte:

> Es war der Versuch gemacht – und hierin liegt die Problematik dieses Balletts –, die Tänzer in mehr oder weniger starre Kostüme zu packen im Glauben, daß die Kraft des Tänzers – die physische freilich ebenso wie die psychische! – ausreiche, die Starre des Kostüms durch die Intensität der Bewegung zu besiegen. Es sei zugegeben, daß dieser Kampf mit der Materie nicht immer mit dem Sieg des Tänzers endete.[152]

Es galt also, die unflexiblen, festen und damit statischen Kostüme dynamisch aufzuladen, wobei die Dynamik letztlich Oberhand gewinnen sollte, was allerdings, wie Schlemmers Äußerung zu entnehmen ist, nicht jedes Mal gelang. Zudem tritt in Schlemmers Bemerkung zutage, was die vorliegende Arbeit aufzeigen möchte, dass nämlich die Statik grundlegender Bestandteil avantgardistischer Ästhetik ist.

Der „*Tänzermensch*"[153] ist für den Bauhäusler sowohl ein „Organismus aus Fleisch und Blut, als auch ein Mechanismus aus Zahl und Maß"[154], der sich im Raum bewegt und den Gesetzen seines Körpers sowie den Gesetzen des Raumes gehorcht:

> Aus der Bodengeometrie, aus der Verfolgung der Geraden, der Diagonalen, des Kreises, der Kurve erwächst beinahe selbsttätig eine Stereometrie des Raumes durch die Vertikale der bewegten tänzerischen Figur [...]. Der Körper selbst kann seine Mathematik demonstrieren durch Entfesselung seiner körperlichen Mechanik, die dann in die Bezirke der Gym-

nastik und Akrobatik weist. Hilfsmittel wie Stangen (die horizontale Balanzierstange) oder Stelzen (vertikales Element) vermögen als die „Verlängerungsstangen der Bewegungswerkzeuge" den Raum in gerüstmäßig-linearer Beziehung, Kugel-Kegel-Röhrenformen vermögen ihn in plastischer Beziehung zu verlebendigen.[155]

Der Aufbau des menschlichen Körpers, seine Bewegungsgesetze, die Bodengeometrie des Bühnenbodens, der die Tänzer folgen und auf diese Weise die Planimetrie des Bodens in eine Stereometrie verwandeln, weisen wie auch die elementar-raumplastischen Kostüme, die eine Zusammenschau geometrischer Formen bieten, zweifelsohne auf die Mathematik – wenn auch auf ganz rudimentäre Weise, weit entfernt von den komplexen Rechenoperationen der Mathematiker, Ingenieure und Physiker. Letztlich also kann der Erfinder des *Triadischen Balletts* – „"Triadisch" (von Trias) genannt wegen der Dreizahl der Tänzer und dem dreiteiligen symphonisch-architektonischen Aufbau des Ganzen und der Einheit von Tanz, Kostüm und Musik"[156] – die Mathematik nur in wenig elaborierter Form für seine Kunst in Anspruch nehmen. Das weiß Schlemmer. Und mehr will er letzten Endes auch gar nicht. Stattdessen erweitert er das Mathematische um das Metaphysische.[157]

Für das *Triadische Ballett* heißt das, dass es sich zwar mathematisch gibt, die äußere Erscheinungsform (Raum und Kostüme) jedoch gemäß der Devise, dass Technik und Material nur Gefäß für einen geistig-abstrakten Inhalt sind, Ausdruck eines ganzheitlichen Denkens ist, eines Denkens, das viel weiter reicht als Maß, Zahl und Gesetz. So ist „[d]as Triadische Ballett, das das eigentlich Mechanische, das eigentlich Groteske und Pathetisch-Heroische vermeidet, indem es eine gewisse harmonische Mitte hält, [...] Teil einer größer gedachten Einheit – einer ‚Metaphysischen Revue'".[158]

Eine solche Verbindung von Geometrie und Metaphysik lässt an Le Corbusier denken, der die Mathematik mit dem Göttlichen verquickt, wenn er über „die geometrie" schreibt:

die geometrie
ist das mittel, das wir selbst uns geschaffen haben, um die umwelt zu erfassen und um uns auszudrücken.
    die geometrie ist die grundlage.
    sie ist zugleich der materielle träger der symbole, die die vollkommenheit, die das göttliche bezeichnen.
    sie schenkt uns die erhabenen befriedigungen der mathematik.
    die maschine geht hervor aus der geometrie. Demnach ist unsere ganze gegenwartsepoche eine ausnehmend geometrische; ihre träume ziehen aus nach den freuden der geometrie. die modernen künste und das moderne denken suchen nach einem jahrhundert der analyse ihr heil jenseits der zufälligen tatsachen, und die geometrie führt sie zu einer mathematischen ordnung, zu einer mehr und mehr verallgemeinerten haltung.[159]

Zusammenfassend kann festgehalten werden, dass Schlemmer die Mathematik in den Dienst der Kunst stellt. Gleichzeitig ist sich Schlemmer darüber im Klaren, dass die Kunst mit den ihr eigenen Mitteln anderes sagen will, sagen kann, sagen muss als die Natur, deren Gesetze der Mensch in mathematischer Sprache formuliert. Aus diesem Grund stellt Schlemmer seine Kunstwahrheit der Naturwahrheit gegenüber. Erstere habe ihre ganz eigene Qualität, da die Kunst Neues zu schaffen vermag. „[D]ie Bild-Gesetze sind *andere* als die Natur-Gesetze!"[160] lässt der Künstler die Studenten in seinem „Perspektive"-Vortrag wissen, weil die Kunst Natürliches nicht einfach abbilde, sondern weil sie es mit ihren Mitteln und Materialien in ein neues Kunst-Ding überführe. Dieses sei unnatürlich aus zwei Gründen: Erstens sei es anders beschaffen als die Objekte in der Natur, etwa wenn ein Mensch aus Stein und Sonne mit Ölfarbe gebildet wird[161], und zweitens gehorche es nicht den Naturgesetzen, sondern einer eigenen Gesetzlichkeit, man denke an die Zentralperspektive. Das Gesetz ist für Schlemmer demnach maßgebend nicht nur in der Natur, sondern auch in der Kunst.

Im Folgenden stehen die an einigen Stellen bereits angedeuteten Verbindungslinien zwischen Schlemmer und anderen avantgardistischen Künstlern im Zentrum. Zunächst werden Parallelen zu Mondrian (*De Stijl*) aufgezeigt. Anschließend rücken Gino Severini (Futurismus), Amédée Ozenfant (Purismus) und El Lissitzky (Konstruktivismus) in den Fokus. Es kann sich dabei jedoch lediglich um „punktuelle Perspektiven" (SW IV, 387) handeln, weil die verschiedenen Kunstströmungen, denen sich die ausgewählten Künstler zuordnen lassen, komplex und in sich teils heterogen sind, worauf hier nicht weiter eingegangen werden kann. Zudem können Theorien und Ästhetik der Künstler nur ausschnitthaft behandelt werden. Nichtsdestotrotz wird deutlich, dass die Kunst der Moderne immer vor dem Hintergrund gegenseitiger Wechselwirkung und Befruchtung gelesen werden muss.[162]

Tanzende Visionäre

Oskar Schlemmer und Piet Mondrian teilen eines: ihre Begeisterung für den Tanz. Während der Holländer eine Vorliebe für den Jazztanz hat und sein Interesse an Rhythmus, Tanz und Musik im Bild *Broadway Boogie-Woogie* zum Ausdruck bringt, tritt Schlemmers Leidenschaft für den Tanz durch seine intensive theoretische wie praktische Bühnenarbeit zutage. Doch vereint beide Künstler mehr als nur dies, wie ein Vergleich von Schlemmers Kunst(-theorie) und Mondrians Neoplastizismus erweist. Zunächst fällt auf, dass die Metaphysik integraler Bestandteil im Denken beider Künstler ist. Der metaphysische Impetus, welcher in ihrer Kunstauffassung angelegt ist, hat zur Folge, dass die Kunst aus ihrer Perspektive weit mehr ist als nur l'art pour l'art und mehr erfüllen muss als reine Abbildfunktion. Abbilden ist in einer Zeit, in der dies von der Fotografie weit präziser und schneller bewerkstelligt werden kann, ohnehin nicht mehr vonnöten. Die Kunst von Schlemmer und Mondrian, beide bekannte Protagonisten der Avantgarde und doch nicht in deren Zentrum agierend, wiewohl zumindest zeitweilig im Bauhaus bzw. in der holländischen *Stijl*-Gruppe verankert, sondern sich außenseitig und eigenbrötlerisch an deren Rändern bewegend, weist über sich hinaus und verbindet sich mit dem Metaphysischen. Mondrian wurde deshalb nicht zu Unrecht als ‚Prophet allgemeiner Glückseligkeit'[163] bezeichnet, dessen dem zukünftigen, Neuen Menschen gewidmete Kunst Ordnung, Ruhe und Harmonie symbolisiert. Seine äquilibristische, aufs Elementarste reduzierte Bildsprache sucht die Aussöhnung von Gegensätzen zu gestalten. Als *Mann der Mitte* läuft Schlemmer in ebendieser Spur, ohne indes das Individuelle, welches für Mondrian Inbegriff des Chaos ist, aus dem künstlerischen Schaffensprozess gänzlich eliminieren zu wollen. Die beiden Künstler übersetzen die „Eigengesetzlichkeit der Natur in die Eigengesetzlichkeit der Kunst".[164] „[D]ieses Tun" wiederum kann „recht eigentlich *abstrakt*"[165] genannt werden, weil es „vom Natürlichen, Natur-gegebenen ein *Etwas* ‚absondert'".[166] Sowohl Schlemmer als auch Mondrian schaffen demnach Abstraktes, weil sie von der Natur ausgehen und sie in eine ästhetische Sprache um- bzw. übersetzen. Zudem sind beide Künstler auf der Suche nach dem Gleichgewicht, die sich in einer „statischen Ästhetik" bzw. in einer „ästhetischen Statik"[167] niederschlägt. Wie Mondrian, so will auch Schlemmer Gegensätzliches vereinen, um zu einer ganzheitlichen Gestaltung zu gelangen, die „harmonische Mitte" sowie „Teil einer größer gedachten Einheit"[168] ist. Beide wollen *alles* gestalten, denn auch Schlemmer weiß: „Der neue Maler will nicht weniger als dahin kommen, *alles ausdrücken zu können*; dazu souverän über die Mittel verfügen, die der Idee und dem Ausdruck dienen [...]. Das Reich der Malerei ist nicht nur von dieser Welt und das Unsichtbare sichtbar zu machen mehr denn je ein Zweck der Kunst".[169] Seine Werke sind analog zu den Gitter-Bildern Mondrians „Visionen einer neuen Welt"[170] sowie Zeichen einer harmonischen Ordnung. Treffend formuliert dies Gottfried Boehm, der folgendes bemerkt: „Die geheime Harmonie der Welt am Körper des Menschen aufscheinen zu lassen, war einer der zentralen Gedanken der klassischen Kunst. Schlemmer gab ihm ein heutiges, den Widersprüchen der Moderne angemessenes Gesicht".[171]

In der Bildsprache der beiden Künstler überwiegt ferner das Ruhig-Verhaltene. Sie baut sich mithilfe von Vertikalen und Horizontalen auf, wobei allerdings Schlemmer, anders als Mondrian, die Mittellinie sucht und hervorhebt, während der Holländer diese gerade vermeiden will.

Eine weitere Parallele ergibt sich hinsichtlich der Suche nach elementaren Gestaltungsmitteln. Schlemmer ist hier jedoch weit weniger radikal als Mondrian, dessen Kunst der Bauhäusler als maniert und formal abkanzelt, ihr aber gleichzeitig eine gewisse Wirkmacht nicht absprechen kann. Für Schlemmer ist und bleibt das Maß aller Dinge: der Mensch. Er avanciert zum zentralen Thema seiner Gestaltungen, ob malerisch, plastisch oder im Rahmen seiner Bühnenarbeit. In kubistischer Manier schält er die Grundformen des menschlichen Körpers heraus und erschafft auf diese Weise eine Kunstfigur, den Typus, der aus Senkrechte und Waagrechte, aus kubischen Formen und deren Abwandlungen wie der Ei-Form des Kopfes, der Keulen-Form von Armen und Beinen oder der Vasen-Form des Leibes gebildet wird.[172] Dieser Typus ist es dann auch, der ins Religiöse, Überzeitliche weist.

Neben der dominanten Orthogonalität und dem Elementaren der Ästhetik zeigen beide Künstler eine starke Affinität zu Technik und neuen Materialien. Die Technik, so die Ansicht Schlemmers, dürfe dem Menschen nur Helferin und Unterstützerin sein, keinesfalls aber eine den Menschen leitende und bestimmende Instanz. Sie solle nur als „Gefäß"[173] dienen, denn nur, wenn die Kunst ihre Selbstständigkeit gegenüber der Technik bewahre, wenn sie sich von der Technik emanzipiere, wenn sie ihr ein Mehr, ein Anderes, ein Neues, ein Tieferes hinzufüge, könne die Kunst eine Leitfunktion innehaben. Sowohl bei Mondrian als auch bei Schlemmer bewahrt sich die Kunst ihre Eigenständigkeit, verbündet sich nicht mit der Technik, wie dies etwa von Gropius mit seinem Wahlspruch „Kunst und Technik – eine neue Einheit!"[174] eingefordert wird. Vielmehr geht es beiden Künstlern darum, den Menschen *in* der von Technik geprägten Umwelt *von* einem Zustand der Ausgeglichenheit zu erzählen.

Schlemmer und Mondrian waren, das zeigt ihre theoretisch begründete Ästhetik, zwei Utopisten, die auf den Zeitgeist reagierten, indem sie ihn aufspürten und ästhetisch formten. Kunst und Leben sind bei beiden Künstlern nicht voneinander zu trennen, weswegen ihre Kunstwerke, um es mit den Worten Umberto Ecos zu formulieren, als epistemologische Metaphern fungieren.

Klarheit

Schlemmers metaphysisch hinterlegte Kunstauffassung, in der Mathematik und Metaphysik enggeführt werden, weist erstaunliche Parallelen zu jener des italienischen Malers Gino Severini auf, der 1910 das „Futuristische Manifest" unterschrieb und an der holländischen Zeitschrift *De Stijl* mitarbeitete.

In seinem „Aesthetischen Résumé" erkennt der Maler in der Proportionalität einen wesentlichen Aspekt künstlerischer Gestaltung. Sie „bedeutet Ordnung, Auswahl und enge Verbindung der Elemente untereinander und jedes einzelnen mit dem Ganzen. Hier beginnen die Begriffe Harmonie, Gleichgewicht, Rhythmus und Maß zu wirken"[175], schreibt der futuristische Künstler. Des Weiteren betont er die Bedeutung des Studiums der Alten Meister:

> Und Studien an den Meistern haben uns eine Unmenge Arten gezeigt, ein Bild harmonisch zu „komponieren". Es gibt gewisse „Mittel", gewisse Zahlenbeziehungen, die man in verschiedenen Epochen benutzt hat und die auch der moderne Maler anwenden kann, ohne seine Originalität zu gefährden. Ich habe diese These verfochten: daß die „Mittel" durch alle Zeiten hindurch sich nicht verändern; nur der äußere Aspekt kann sich wandeln, da mit den Zeiten und den Individuen sich die Art ändert, diese „Mittel" anzuwenden, das heißt: die Technik.[176]

Harmonie, Gleichgewicht, Maß und Zahl, Mathematik und Geometrie, das Zusammenspiel aller Elemente innerhalb eines Kunstwerks, das Studium der Alten Meister, Modernität und Originalität trotz Anwendung traditioneller Darstellungstechniken – all das findet sich auch in Schlemmers Kunsttheorie. Ferner verbindet die beiden Künstler, dass sie der Kunst einen metaphysischen Gehalt zusprechen. Severini verquickt die Kunst über den Begriff der Klarheit mit der Metaphysik. Die „Klarheit", schreibt er in seinem „Résumé", Jacques Maritains *Kunst und Scholastik* zitierend[177], „ist der Reflex ‚eines ganzen menschlichen oder göttlichen Gedankens'".[178] Und weiter heißt es:

> So führen wir die Schönheit auf etwas Transzendentales und Metaphysisches zurück [...]; und wenn – eine unerläßliche Bedingung – der Künstler sich ganz an das Werk gibt, als Mensch und als Arbeiter, mit seiner ganzen Seele und seinem menschlichen Herzen, dann wird diese „dem Werk entsprechende Schönheit" jenen Glanz der Gestaltung und jenes Leuchten der Intelligenz über der Materie gewinnen, durch die eine künstlerische Schöpfung an das Universale herankommt.[179]

Wenn sich also der Künstler, und davon ist bei Schlemmer auszugehen, mit Leib und Seele dem künstlerischen Schaffensprozess widmet, dann enthält das Werk „ein Maximum an Sein".[180] Als existenziell aufgeladenes Objekt reicht es nicht nur an die Universalität heran, sondern ist gewissenmaßen automatisch „schön". Die Schönheit wird hier als Resultat gewisser Seelenregungen verstanden, deren Herkunft unbestimmt ist bzw. einer transzendentalen Sphäre zugeordnet werden muss.

Auch für Schlemmer ist der Urgrund ästhetischer Schönheit rational nicht auszumachen und wird von ihm deshalb analog zu Romantikern wie Novalis oder Runge im Metaphysischen verankert. Schlemmer gibt sich dem kreativen Akt hin und steht am Ende, selbst erstaunt über Schönheit und Klarheit der

Komposition, vor dem fertigen Werk, das gleichsam auf wundersame Weise mathematischen Regeln entspricht, welche bereits von den Alten Meistern entdeckt und angewendet wurden. So gilt letztlich, dass trotz aller Beschäftigung mit diversen Abbildungsregeln, trotz allem Bemühen, die dionysischen Kräfte durch bildnerische Strenge zu binden, trotz allem Reflektieren über Ästhetik, der Gestaltungsprozess und damit das bildkünstlerische Ergebnis nicht kontrollierbar, *nicht berechenbar* ist. „Denn *nichts* bürgt für das Gelingen eines Werkes, zu welchem alles Wissenswerte an Zahl und Maß angehäuft wird, um es zu *garantieren, wenn* es nicht *erfühlt* ist und *erfüllt* von jenem *künstlerischen* Fluidum, das aus bislang unbekannten Quellen stammt".[181] Deshalb macht Schlemmer dann auch die Freiheit des Ausdrucks stark, wenn er an den künstlerischen Nachwuchs appelliert:

> *Während* ich also das Tor der individuellen *Freiheit weit aufreißen* möchte, um PERSPEKTIVEN zu schauen; den *dionysischen* Rausch dem Künstler wünsche, damit er das *Wunder* offenbare, dessen wir stets gewärtig sein müssen – so auch möchte ich ihn sachte *umwenden* und ihn zu *Bindungen* einladen, zur *Wertschätzung* auch jener *anderen* Seite, die nicht minder PERSPEKTIVEN eröffnen kann. Es ist die Welt von *Zahl, Maß* und *Gesetz*.[182]

Das Studium von Anatomie und Perspektive sowie das rationale Ausloten der künstlerischen Mittel und Möglichkeiten sind nicht alles. Wesentlich ist auch und gerade die Freiheit, das ungebundene Entwickeln der eigenen Bildsprache, die Kreativität im Umgang mit alt und neu.

Die Ausführungen der beiden Künstler Severini und Schlemmer zeigen, dass die Konstruiertheit der Bilder unweigerlich mit der Klarheit der ästhetischen Formsprache verbunden ist; beides wiederum erweckt den Eindruck von Schönheit, die ihrerseits mit der Metaphysik eng verwoben ist. Als absolute, universale Gestaltung enthält das Kunstwerk zudem „die unsichtbare Essenz der Dinge", erfasst den „notwendigen Typ"[183], das Elementare also, und stellt somit nicht individuelle Besonderheiten, nicht Zufälliges dar, sondern allzeit Gültiges, Unveränderliches, Konstantes.

Severini entwirft in seinem „Aesthetischen Résumé" insofern eine Ästhetik der Statik, als in ihr erstens Kunst Ausdruck von Universalität ist, die den überzeitlichen, überindividuellen Typus bzw. das Wesen der Dinge festzuhalten sucht, und zweitens, weil die Gestaltung unabdingbar mit mathematischer Konstruktion und aufgrund dessen mit exakter, klarer Bildsprache verbunden ist. Kunst, Mathematik und Metaphysik fließen hier zusammen.

Universalität

Schlemmers ganzheitliches Kunstverständnis, durch das die Kunst nicht zuletzt ihre Leitbildfunktion behaupten kann, die ihr Schlemmer ja mit einem gewissen Vertrauen in ihre Möglichkeiten zuschreibt, liegt ganz auf der Linie des Denkens von Amédée Ozenfant, einem französischen Maler und Mitbegründer des Purismus. In seinem Aufsatz „Kunst, Wissenschaft und die Gesellschaft von morgen" kritisiert Ozenfant zunächst die (Natur-)Wissenschaft und den fast religiösen Glauben an sie, die alles ersetzen soll. Sie habe das Jahrhundert vergiftet und sei Ursache der gegenwärtigen Verwirrung. Ferner bemerkt er:

> Vor dreiviertel Jahrhunderten schrieb Renan nieder, was man damals häufig zu denken anfing und heute fast als Dogma betrachtet wird: *Die große Kunst selbst wird verschwinden. Die Zeit wird kommen, wo die Kunst der Vergangenheit angehören wird ... ein großer Künstler wird eine verbrauchte fast überflüssige Sache sein ... jedoch der Gelehrte wird immer mehr gelten ... Gleichzeitig mit dem Kommen der Wissenschaft wird die Schönheit verschwinden* usw. Und die außergewöhnlichen Fortschritte auf wissenschaftlichem Gebiete (Dampf, Elektrizität, Maschinen der Schnelligkeit, der Verbindungen usw.) schien zu beweisen, daß die Wissenschaft ihre Versprechungen und noch mehr hielt. Jedoch haben wir bisher nur gesehen, daß die Wissenschaft, die alles ersetzen sollte: Religion, Kunst und Philosophie stumm und unfruchtbar ist, wenn sie auf die großen Fragen antworten soll, welche sich der Intelligenz des Menschen stellen, und ihm die Seele belasten; jene tragischen Fragen, über die Welt, unser Ende, den Tod, die Seele usw.[184]

Weil es, so Ozenfant weiter, der Wissenschaft jedoch bisher nicht gelungen sei, „*das Rätsel der Dinge zu lösen*" und „*den Sinn des Weltalls*"[185] zu erklären, weil sie ihren Zweck also nicht erfüllen konnte, dürfe sich der Künstler nicht weiter verunsichern lassen. Er müsse sich darüber im Klaren sein, „daß wir nichts Sicheres wissen können, und die wahre Krisis kommt deshalb von jener Seite [der Wissenschaft] und nicht von der Kunst".[186] Während die Wissenschaft versagt habe, da sie nicht am Wesen der Dinge rühren konnte, vermöge der Künstler mit seinem Werk jedoch genau dies, weil seine Kunst nicht nur den Intellekt, sondern auch die Sinne berühre und weil „die Betrachtung eines großen Kunstwerkes unseren Körper und unseren Geist vollständig absorbiert, und sie in ganz [...] lichte und rationelle Zustände versetzt".[187] Die Kunst von morgen sei der Wissenschaft weit überlegen, da sie – auch er verwendet diesen großen Begriff – universell sei. Die neue Kunst sei zudem „[h]och sinnlich, hoch lyrisch, hypnotisch, hoch akrobatisch, hoch vernünftig, eine Kunst, aus tausend Stücken geschaffen, erfinderisch, mit vielfachen Gleichlauten, Dissonanzen, Absichten, Suggestionen, und das Ganze durch klar sinnliche Mittel".[188] Sie erfüllt also im Gegensatz zur Naturwissenschaft, deren Sprache rein zerebral ist und nichts als „leere[...] Umarmungen"[189] geben kann, beides: Sie ist geistig fordernd und sinnlich wirksam. Diese doppelte Wirkmacht geht auch von Schlemmers Werken aus. Er ist seiner Zeit voraus, ein Künstler von morgen, zumal vor dem Hintergrund der Ausführungen Ozenfants. Müsste man die Wirkung der Kunstwerke Schlemmers beschreiben, so läge es nahe, jene Qualitäten zu zitieren, mit denen der französische Maler die sich anbahnende Kunst definiert, denn sind sie nicht hoch sinnlich, hoch akrobatisch, erfinderisch und zugleich universell?

Konstruktivismus

In seinem Buch *Wegweisung der Technik* (1928) trennt der Architekt Rudolf Schwarz, der in den 50er Jahren die Bauhausdebatte anstieß[190], die Technik scharf von der Kunst, auch und gerade von Kunst, deren Bildsprache geometrisch ist und somit an die Formsprache industrieller Zweckbauten erinnert. Letztlich verbinde „die sachliche und konstruktive Bildarchitektur nichts mit dem begrenzten Nützlichkeitsgedanken technischer Werke".[191] Nicht maschinelle Zweckmäßigkeit sei das Ziel von Kunst, sondern die „Offenbarung reiner menschlicher Züge".[192] Das Zusammenspiel von klarer, geometrischer Bildsprache und der Visualisierung dessen, was der Theoretiker des Neuen Bauens als menschliche Züge bzw. als kollektive geistige Energien bezeichnet, veranschauliche das künstlerische Werk von El Lissitzky:

> Die konstruktive gegenständliche Phantasie eines Lissitzky mag zum Beispiel technisch äußerst anregend sein, ihr künstlerischer Gehalt hängt jedoch von der Objektivierung der eigenständigen Dynamik individueller Empfindungen ab [...]. Die Bildarchitektur offenbart diese befreiten, elementaren menschlichen und geistigen Energien. Und weil sie den tätigen Schwung dieser Freiheit durch nichts trüben oder belasten will, erhebt sie sich aus den unbeherrschbaren Zusammenhängen transzendentaler Wolkenmeere und unbewußter Düsternis in die vollkommene, grenzenlose Helligkeit des Raumes, in die schwebende Abgeschlossenheit der Form. Deshalb meidet sie den schwankenden Wechsel der Stimmungen, die malerische Heiterkeit und Düsterkeit schmelzender Lyrismen. Deshalb steht sie über jeder individualistischen Äußerung. In der vollkommenen, komplexen Formalität ihrer geometrischen Formen, im ruhigen Gleichgewicht der parallel hochstrebenden Vertikal-Gliederungen wirkt sie als weckender Ruf in der irdischen Kollektivität. Aus dem lebendigen Gleichgewicht heraus wird sie zur Architektur des Geistes.[193]

Auf die Verbindung von Kunst und Technik bei gleichzeitiger Absetzung der Kunst von Technik weist auch Lissitzky selbst hin. Der Konstruktivismus beweise, „daß die Grenze zwischen Mathematik und Kunst, zwischen einem Kunstwerk und einer Erfindung der Technik, nicht feststellbar ist".[194] Doch sei Kunst zu keiner Zeit Mathematik oder Technik, weil sie das Lebendige, nicht aber tote Gegenstände gestalte.¹⁹⁵ Es sei, schreibt der russische Künstler in seinem Aufsatz „Proun" (1920/21), „nicht der Weg des Ingenieurs, der über mathematische Tabellen, über algebraische Auslegungen, über *Zeichnungen von Projekten*"¹⁹⁶ führe, den er gehen wolle, vielmehr siedele sich *Proun* (pro unowis = für eine Erneuerung in der Kunst) zwischen Kunst und Ingenieurwesen an. *Proun* ließe „den Künstler und das Bild auf der einen Seite, den Ingenieur und die Maschine auf der anderen Seite"¹⁹⁷ zurück. Darüber hinaus münde der „neue Raum" in einen architektonischen Raum.¹⁹⁸ Letztlich ist Kunst für den Konstruktivisten eine „Umsteigestation zur Architektur".¹⁹⁹ Damit gilt für seine Kunst, was auch für die Kunst von Mondrian und Schlemmer gilt: Sie verbindet sich mit der Architektur bzw. dem Neuen Bauen – beide bedienen sich, wenn auch unter verschiedenen Vorzeichen, der Mathematik, sind klar und präzise im Ausdruck.

Seinen „Proun"-Aufsatz beendet Lissitzky mit folgender Feststellung:

> Auf diesem Wege werfen uns die einen den verächtlichen Spitznamen „Metaphysiker" zu, weil das, was wir tun, außerhalb der Grenzen der Physik Krajewitschs liegt. Andere beschuldigen uns dagegen der „Mathematisierung" und haben auch nicht recht. Denn unser Kampf gegen die bildende Kunst ist der Kampf gegen die Zahl, gegen das Leblose.
> Wir sehen aber, daß die neue Welt dennoch errichtet wird. Sie wird nicht durch unser Wissen und nicht durch die Technik geschaffen. Sie wird durch eine direkte und präzise Kraft gestaltet, wie der Weg des Mondsüchtigen, vor der alle beschämt zurückweichen.²⁰⁰

Lissitzky will zwar keinesfalls als Metaphysiker abgestempelt werden, doch gleichzeitig führt er an dieser Stelle eine geheimnisvolle Wirkmacht ins Feld, eine „präzise Kraft", die angeblich den Prozess des Aufbaus leitet. Nicht die Ratio bestimmt also nach Lissitzky den Gestaltungsprozess, sondern eine magische Kraft. Letztere schlägt sich wiederum in einer mathematisch-exakten Formsprache nieder. Wie Mondrian und Schlemmer, so ist auch der Schöpfer der *Prounen*, der im Übrigen Architektur und Ingenieurwissenschaften studierte, fasziniert von der Klarheit der mathematischen Sprache. Gleichwohl bezeichnet er die Mathematik der Naturwissenschaften als eng und begrenzt.²⁰¹ Nicht um eine tote Mathematik ist es ihm zu tun, sondern um einen mathematischen Instinkt. „Hohe mathematische Begabung kann sich", schreibt er,

> ohne das Vorhandensein der mathematischen Wissenschaft realisieren. Man kann mathematischen Instinkt besitzen, ohne sich seiner schon durch Zeichen, Worte oder Ziffern bewußt zu sein. So sind die Bauten Ägyptens der Beweis für eine kolossale mathematische Begabung. Das ist nicht nur die klare Welt ungestümer zahlenmäßiger Verhältnisse, sondern gleichzeitig die Lösung mathematischer Probleme, ohne aufgezeichnete Wissenschaft.²⁰²

Zudem wendet sich der russische Konstruktivist gegen die Raumvorstellung der Antike, die er als statisch bezeichnet. Stattdessen richtet er sich nach den Erkenntnissen der modernen Wissenschaft: „Die antike Mathematik ist letzten

Endes Stereometrie. Sie begreift die Dinge als Größen außerhalb der Zeit. Das ist mathematische Statik. Die neue Wissenschaft sah ein, daß die Welt in der Zeit lebt, und sie schaltete die Zeit als vierte Koordinate ein. Sie ist dynamisch geworden und hat eine Reihe von Absoluta zerstört. Sie hat das Absolute aller Maßstäbe und Maße vernichtet".[203] Auf dieses Fundament baut Lissitzky seine *Proun*-Welt, die nicht Abbild von bereits Existierendem sein will, sondern Vorbild einer neuen, zu erschaffenden Welt.[204] „[U]numgängliche Bedingung" seiner Konstruktionen sei ferner „die Bewegung oder Teilnahme an der Bewegung".[205] Doch wie dynamisch sind Lissitzkys Bildarchitekturen tatsächlich?

In der Kunstwissenschaft gibt es offensichtlich keinen Zweifel darüber, dass die Bilder des Konstruktivisten einen dynamischen Eindruck hinterlassen. Ausnahmslos wird auf die Dynamik, die seinen Bildern innewohne, aufmerksam gemacht. Karl Ruhrberg etwa schreibt über die *Prounen* folgendes:

> Seine Formen werden rhythmisch gegliedert, auch sie bewegen sich vor unendlichen Räumen, auf verschiedenen Bildebenen, waagerecht, senkrecht und diagonal, Räume überschneiden sich und werden einander entgegengesetzt. Die innere Dynamik dieser Bilder ist unverkennbar und von der statischen Ordnung der Niederländer sehr verschieden. Der revolutionäre, auf Umwälzung bedachte Zug dieser Kunst ist offenkundig.[206]

Hubertus Gaßner spricht von „dynamischen Bild- und Raumkonstruktionen".[207] Der Betrachter solle in die innere Bewegung des Werks gezogen werden, „um selbst ein aktives Glied im Prozeß dieser universellen Reorganisation der Wahrnehmung, der Gesellschaft, der Umwelt und der Natur zu werden".[208] Außerdem weist Gaßner darauf hin, dass Lissitzky das künstlerische Schaffen im Sinne des Strukturalismus definiere, nämlich „als „Erfindung" einer Struktur, in der die „Elemente" des Gestaltens, d. h. die Farben, die Materialien [...] und die Konstruktionsfiguren [...] untereinander und zum Ganzen in bestimmte dynamische Beziehungen gesetzt werden".[209] Durch die Kombination der verschiedenen Elemente entstehe schließlich „ein Zusammenhang optischer oder physischer Spannungskräfte, die sich anziehen oder abstoßen, Zug oder Druck ausüben".[210] Ein paar Zeilen weiter unten zitiert Gaßner dann eine entscheidende Bemerkung Lissitzkys, die sich auf die Momenthaftigkeit bildender Kunst bezieht. Die künstlerische Form sei, so der Konstruktivist, das erstarrte Momentbild eines Prozesses.[211]

Erinnert sei auch an die eingangs zitierte Textpassage aus *Wegweisung der Technik*, in der Schwarz vom *ruhigen* Gleichgewicht hochstrebender Vertikal-Gliederungen spricht. Für den Architekten sind die ästhetischen Konstruktionen zum einen äquilibristische Bildarchitekturen, die sich in einem Zustand der Ruhe befinden, zum anderen aber postuliert er eine Aufwärtsbewegung der Bildelemente. Damit beschreibt Schwarz letztlich nichts anderes als ein *schwebendes* Gleichgewicht bzw. ein *dynamisches* Gleichgewicht, wobei die Bewegung im Sinne eines anthropologischen Bildverständnisses, nach welchem es der Betrachter ist, der eine bildliche Darstellung animiert, lediglich eine imaginierte ist. Zudem lässt seine Bildbeschreibung in ihrer eigentümlichen Verwobenheit von Bewegung und Ruhe an Interpretationen beispielsweise von Bockemühl oder Maur denken, die sich mit den Werken von Mondrian und Schlemmer auseinandersetzten. Statt von „statischer Ästhetik" sprechen sie von Ponderationsgefüge, fixierter Bewegung oder ausbalancierten Spannungsverhälnissen.

Wenn man nun die angeführten Äußerungen über die Kunst Lissitzkys zusammenfasst, so kann festgehalten werden, dass Farben und Formen, aus denen sich seine Werke aufbauen, zu spannungsreichen Beziehungsgefügen zusammentreten. Seine Kunst-Konstruktionen können insofern als statische Systeme bezeichnet werden, als sie aus geometrischen, technoiden Formen zusammengesetzt sind, als sie Zug- und Druckkräfte erfahrbar machen, also das Phänomen der Spannung visualisieren und Gleichgewichte im Zustand der Ruhe zeigen. Damit entpuppt sich auch der Konstruktivist bei genauerer Betrachtung als „ästhetischer Statiker".

Abschließend sei nochmals Lissitzkys Auffassung hinsichtlich des Verhältnisses von Naturwissenschaft und Kunst aufgegriffen, denn diese ist nicht nur Grundlage der Ästhetik des Konstruktivisten, sondern auch eine Quintessenz dieser Arbeit. Lissitzky sieht einerseits Mathematik, Technik und Kunst ineinander aufgehen, gleichzeitig aber betont er, dass Kunst niemals Naturwissenschaft und Naturwissenschaft niemals Kunst sein kann, egal wie exakt und konstruiert Kunst, egal wie lebensnah und gefühlsbetont Naturwissenschaft auch sein mag. Bei aller Differenzierung ist jedoch auffallend, dass sowohl von Seiten der Ingenieure als auch von Seiten der Architekturtheoretiker und Künstler von einer gelebten, pulsierenden Mathematik gesprochen wird. Da ist die Rede von einem „statischen Gefühl", vom „mathematischen Instinkt" oder von einer „gefühlten Mathematik". Diese „weiche" Spielart der Mathematik schreibt sich in die Konstruktionen ein, seien sie nun mechanischer oder künstlerischer Natur – hier öffnet sich dann auch das Einfallstor für metaphysische Erklärungsmodelle. Während allerdings das Konstruieren beim Ingenieur in erster Linie vom Befolgen mathematischer sowie physikalischer Gesetze geprägt ist, ist das Konstruieren beim Künstler zuerst und vor allem anderen mit Phantasie, Intuition, Gefühl und, wenn man so will, individuellen Formzwängen verbunden. Die Individualität des Schöpfungsakts ist dabei auf doppelte Weise mit der Universalität verknüpft: erstens durch die geometrische Formsprache und zweitens durch das Verdrängen des Individuellen zugunsten des Kollektiven. Genau dieses Streben ist es, welches die Avantgarde in manchen Augen totalitarismusverdächtig macht. Mit ihrer theoretischen und ästhetischen Formulierung einer kollektiv vereinheitlichten

Lebensweise hätte sie die Gleichschaltung der Individuen in den Diktaturen geistig und lebenspraktisch vorbereitet.[212] Dem Verhältnis von Ästhetik und Politik sowie den damit verbundenen Verstrickungen der Avantgarde mit totalitären Regimen kann an dieser Stelle nicht weiter nachgegangen werden. Allerdings sei wenigstens zu bedenken gegeben, dass vor dem Hintergrund der Ausführungen zur „statischen Moderne" Gegenüberstellungen, die „zwei Kulturen" annehmen, indem sie nämlich von der These ausgehen, dass die „totalitäre Kultur [...] das Konstruktive, Dynamische, Utopische durch das Biomorph-Organische, Statisch-Monumentale, Überzeitlich-Klassische"[213] ersetzte, nicht länger aufrechterhalten werden können.[214]

Anmerkungen

1 Zit. nach Birgit Sonna, „Der Neue Mensch – Utopie und Ideologie. Facetten der Körperkultur im Werk von Oskar Schlemmer", S. 247. Angesichts des Vokabulars, das Schlemmer hier zur Charakterisierung der Kunst einer „großen Zeit" verwendet, drängt sich ein Vergleich nicht nur mit der monumental-klassizistischen Nazi-Architektur auf, sondern beispielsweise auch mit der Bildästhetik einer Leni Riefenstahl, die u. a. die Olympischen Sommerspiele 1936 in Berlin filmisch dokumentierte. Schlemmer war zwar um die „deutsche Sache" bemüht, doch musste er immer wieder feststellen, dass sein künstlerisches Werk von den Nationalsozialisten nicht anerkannt wurde, dass sein Patriotismus also mehrfach ins Leere lief. 1937 waren einige seiner Arbeiten in der Ausstellung „Entartete Kunst" in München zu sehen. In seinem Buch *Die Brücke ins Geisterreich* beleuchtet Hein Schlemmers Verhältnis zu den Nazis (vgl. S. 245–251). Zu Schlemmers Überzeugung, er könne mit seiner Kunst im NS-Staat eine entscheidende Rolle spielen und das Kunstverständnis prägen, siehe auch: Magdalena Droste, „Ambitionen und Ambivalenzen – Oskar Schlemmer in den Jahren 1933/34", in: Wolfgang Ruppert (Hrsg.), *Künstler im Nationalsozialismus. Die „deutsche Kunst", die Kunstpolitik und die Berliner Kunsthochschule*, Köln 2015, S. 176–201. Die Autorin weist darauf hin, dass der Künstler Joseph Goebbels zitiert, wenn er z. B. von einer stählern-romantischen Kunst spricht (vgl. ebd. 179).
2 Vgl. Karin von Maur, *Oskar Schlemmer. Monographie*, Bd. 1, München 1979, S. 15 und 221 (Mondrian), S. 105 (französische Puristen), S. 161 (pittura metafisica). Von März bis Juli 2016 fand in der Staatsgalerie Stuttgart die Ausstellung *Giorgio de Chirico. Magie der Moderne* statt. Der hierzu erschienene Ausstellungskatalog gibt einen umfassenden Einblick in das Œuvre de Chiricos und deckt u. a. zahlreiche Parallelen zu Werken anderer Künstler der Moderne auf, so auch zu jenem von Oskar Schlemmer (vgl. Birgit Langhanke, „Blick nach Innen", in: Paolo Baldacci, Christiane Lange und Gerd Roos (Hrsg.), *Giorgio de Chirico. Magie der Moderne*, Stuttgart 2016, S. 102–103).
3 Birgit Sonna, „Der Neue Mensch – Utopie und Ideologie", S. 247.
4 Oskar Schlemmer, Tagebuch, Mitte November 1922, in: ders., *Idealist der Form*, S. 103.
5 Ebd. S. 103.
6 Oskar Schlemmer, Brief an Otto Meyer-Amden, Dessau, Mitte Dezember 1925, in: ders., *Idealist der Form*, S. 157.
7 Vgl. ebd. S. 157.

8 Oskar Schlemmer, Tendenz-Kunst (12.11.1924), in: ders., *Idealist der Form*, S. 124.
9 Ebd. S. 124.
10 So auch Birgit Sonna in „Der Neue Mensch – Utopie und Ideologie", S. 249. Kay Kirchmann tituliert Schlemmer als „Mann des Ausgleichs", dessen Arbeit am Bauhaus als „Versuch der Ausbalancierung" der dort herrschenden Widersprüche und Spannungen verstanden werden könne (Kay Kirchmann, „Oskar Schlemmer", in: Jeannine Fiedler und Peter Feierabend (Hrsg.), *Bauhaus*, S. 280–287, hier S. 280).
11 Oskar Schlemmer, Tagebuch, 30. April 1919, in: ders., *Idealist der Form*, S. 50.
12 Vgl. Oskar Schlemmer, Gestaltungsprinzipien bei der malerisch-plastischen Ausgestaltung des Werkstattgebäudes des Staatlichen Bauhauses, in: ders., *Idealist der Form*, S. 110; Oskar Schlemmer, Tagebuch, Anfang November 1922, in: ders., *Idealist der Form*, S. 102. Heimo Kuchling legt eine Auswahl von Schlemmers Aufzeichnungen zum Unterricht „Der Mensch" vor. Es handelt sich hierbei um einen Kurs am Bauhaus, den der Künstler seit Frühjahr 1928 leitete. Schlemmer hat die Vorlesungsunterlagen nie selbst geordnet und zu einem abgerundeten Ganzen zusammengestellt, weswegen sie mehr ein lockeres „Gerüst, ein groß angelegter Entwurf" (Heimo Kuchling, „Vorbemerkung", in: Oskar Schlemmer, *Der Mensch. Unterricht am Bauhaus*, nachgelassene Aufzeichnungen, redigiert, eingeleitet und kommentiert von Heimo Kuchling, herausgegeben von Hans M. Wingler, Neue Bauhausbücher, Berlin 2014, S. 9–10, hier S. 9) sind.
13 Oskar Schlemmer, Tendenz-Kunst, S. 125.
14 Oskar Schlemmer, Tagebuch, Frühjahr 1925, in: ders., *Idealist der Form*, S. 131.
15 Ebd. S. 131.
16 Ebd. S. 131.
17 Ebd. S. 131.
18 Ebd. S. 132.
19 Oskar Schlemmer, Brief an Wolfgang Pfleiderer, im Felde, 10. November 1917, in: ders., *Idealist der Form*, S. 33.
20 Vgl. Achim Barsch und Peter M. Hejl, „Zur Verweltlichung und Pluralisierung des Menschenbildes im 19. Jahrhundert: Einleitung", in: dies. (Hrsg.), *Menschenbilder. Zur Pluralisierung der Vorstellung von der menschlichen Natur (1850–1914)*, Frankfurt am Main 2000, S. 7–90.
21 Ebd. S. 63.
22 Johann Heinrich Zedler, *Grosses vollständiges Universal-Lexicon aller Wissenschafften und Künste*, Bd. 40, „Stillstand der schweren Cörper", Sp. 107.
23 Vgl. hierzu auch: Jens Christian Jensen (Hrsg.), *Im Gleichgewicht – Paul Klee und die Moderne*, Kiel 1987 (hier v. a. Kap. III, Zur Kunst der Gegenwart. Auf der Suche nach einem neuen Gleichgewicht, S. 47–68).
24 Ähnlich hält auch Rainer K. Wick fest, dass Schlemmers „Kompositionen nie als expressive Niederschriften, als Protokolle subjektiver Befindlichkeiten, als Psychogramme [erscheinen], sondern immer gefiltert und abgeklärt durch sein Streben nach Gesetzmäßigkeit. Indem er die Ratio als Kontrollinstrument zwischen Intuition und Materialisation einschiebt, gelingt es ihm, Subjektives zu objektivieren und sich somit seinem Ziel der Gestaltung eines idealen Menschentypus anzunähern. Dabei geht es ihm um das, was er selbst mit dem Begriff der „mystischen Objektivität" belegt hat, um eine Objektivität also, die bei allem Gesetzmäßigen und Kalkulierbaren die Tatsache des „Unbegreiflichen, Unbenennbaren" nicht ausschließt" (Rainer K. Wick, „Schlemmers Menschenbild", in: ders., *Bauhaus. Kunst und Pädagogik*, Oberhausen 2009, S. 297–312, hier S. 304). Hinter dem Konzept der „mystischen Objektivität", das essentiell für das Verständnis des Schlemmer'schen Menschenbildes ist, stehen Namen wie Pa-

racelsus, Jakob Böhme, Heinrich von Kleist, Carl Gustav Carus, Philipp Otto Runge, Caspar David Friedrich, Otto Flake oder Ricarda Huch (vgl. ebd. S. 304–309).
25 Heimo Kuchling, „Einleitung", in: Oskar Schlemmer, *Der Mensch*, S. 11–23, hier S. 19. Die Gesetze nicht als starre Dogmatik, sondern als lebendigen Wissensschatz zu begreifen, diese Vorstellung findet sich auch bei Gino Severini, der in seinem Traktat *Du Cubisme au Classicisme. Esthétique du compas et du nombre* (1921), welcher u. a. am Bauhaus Widerhall fand, betont, „dass er den Künstlern keine festen Anweisungen zur Verfertigung ihrer Bilder geben wolle und die von ihm vorgestellten Prinzipien kein totes System in der mechanischen Art seien, wie man an der École des Beaux-Arts die Perspektive lerne. Vielmehr gehe es ihm um die Bereitstellung der Mittel, die Methode werde sich von allein ausformen [...]. Es gelte Anschluss an den künstlerischen Geist der italienischen Renaissance zu finden, und zwar an den richtigen Geist: Die besten Kräfte der Zeit nach Giotto seien vielleicht gerade deshalb so herausragend gewesen, weil sie „im griechischen Geist" versucht hätten, das Individuum mit dem Universum in Beziehung zu setzen" (zit. nach Eckhard Leuschner, „Rechte Winkel und Lineale: Maßkonzepte in der italienischen Kunst von der pittura metafisica bis zur scuola romana", in: ders. (Hrsg.), *Figura Umana. Normkonzepte der Menschendarstellung in der italienischen Kunst 1919–1939*, Petersberg 2012, S. 17–51, hier S. 29).
26 Ebd. S. 19.
27 Oskar Schlemmer, „analyse eines bildes und anderer dinge", in: *bauhaus. zeitschrift für bau und gestaltung*, Bd. 3, Heft 4, Dessau 1929, S. 6–12, hier S. 10.
28 Oskar Schlemmer, Brief an Fritz Nemitz, Eichberg, 17. Februar 1937, in: ders., *Idealist der Form*, S. 312.
29 Oskar Schlemmer, Tagebuch, 7. Mai 1919, in: ders., *Idealist der Form*, S. 51.
30 Oskar Schlemmer, Tagebuch, Oktober 1919, in: ders., *Idealist der Form*, S. 55.
31 Oskar Schlemmer, Brief an Konrad K. Düssel, im Felde, 13. Juni 1918, in: ders., *Idealist der Form*, S. 39.
32 So der Titel der von Andreas Hüneke hrsg. Briefe, Tagebücher und Schriften.
33 Vgl. Oskar Schlemmer, Brief an Alois J. Schardt, Berlin, 26. Juli 1933, in: ders., *Idealist der Form*, S. 279.
34 Oskar Schlemmer, Brief an Fritz Nemitz, Eichberg, 17. Februar 1937, S. 312.
35 Oskar Schlemmer, Tagebuch, November 1919, in: ders., *Idealist der Form*, S. 55f.
36 Zit. nach Karin von Maur, „Von der Fläche zum Raum. Oskar Schlemmers Beitrag zum Weimarer Bauhaus", in: Hellmut Th. Seemann und Thorsten Valk (Hrsg.), *Klassik und Avantgarde – Das Bauhaus in Weimar 1919–1925*, Göttingen 2009, S. 147–168, hier S. 167.
37 Oskar Schlemmer, Brief an Otto Meyer-Amden, Weimar, 7. Dezember 1921, in: ders., *Idealist der Form*, S. 81.
38 Ebd. S. 82.
39 Oskar Schlemmer, Brief an Gunta Stölzl, Breslau, 2. September 1930, in: ders., *Idealist der Form*, S. 223.
40 Johann Heinrich Zedler, *Grosses vollständiges Universal-Lexicon aller Wissenschafften und Künste*, Bd. 39, „Statick, Wage-Kunst, Static", Sp. 1276.
41 Johann Heinrich Zedler, *Grosses vollständiges Universal-Lexicon aller Wissenschafften und Künste*, Bd. 40, „Stillstand der schweren Cörper", Sp. 107.
42 Oskar Schlemmer, Brief an Otto Meyer-Amden, Berlin, 14. Dezember 1932, in: ders., *Idealist der Form*, S. 269.
43 Zit. nach Karin von Maur, *Oskar Schlemmer*, S. 231.

44 Auffallend ist die Nähe des Aquarells zu einer Fotografie, die sich in der Mappe *9 jahre bauhaus. eine chronik* (um 1929) befindet. Letztere war ein Abschiedsgeschenk der Bauhäusler für Walter Gropius. Das fotografische Porträt Schlemmers ist im Ausstellungskatalog *Oskar Schlemmer. Visionen einer neuen Welt* auf S. 266 abgebildet.
45 Karin von Maur, *Oskar Schlemmer*, S. 317.
46 So bezeichnet sich Schlemmer in: Brief an J. Bissier vom 20.02.1942 (Nachtrag), unveröffentlicht, zit. nach Karin von Maur, *Oskar Schlemmer*, S. 300.
47 Oskar Schlemmer, Perspektiven (8.11.1932), in: ders., *Idealist der Form*, S. 261.
48 Karin von Maur, *Oskar Schlemmer*, S. 332.
49 Ebd. S. 16.
50 Oskar Schlemmer, „analyse eines bildes", S. 12.
51 Roland Barthes, *Der Eiffelturm*, S. 57.
52 Unveröffentlichte Tagebuchaufzeichnung über das Aktzeichnen, um 1925, zit. nach Karin von Maur, *Oskar Schlemmer*, S. 190.
53 Hierzu auch: Dirk Scheper, *Oskar Schlemmer. Das Triadische Ballett und die Bauhausbühne*, Berlin 1988, S. 195–197, S. 256 und S. 262.
54 Vgl. Oskar Schlemmer, „analyse eines bildes", S. 8 und 9.
55 Vgl. Johann Heinrich Zedler, *Grosses vollständiges Universal-Lexicon aller Wissenschafften und Künste*, Bd. 40, „Stillstand der schweren Cörper", Sp. 107.
56 Vgl. Birgit Sonna, „Der Neue Mensch – Utopie und Ideologie", S. 247.
57 Vgl. Oskar Schlemmer, Tagebuch, 9. April 1935, in: ders., *Idealist der Form*, S. 293.
58 Oskar Schlemmer, Tendenz-Kunst, S. 124.
59 Ebd. S. 125.
60 Bei der Komposition des Bildes stütze sich Schlemmer vermutlich auf eine Fotografie von Lux Feininger. Auf ihr sind die Leiterin der Weberei-Werkstatt, Gunta Stölzl, sowie einige Studentinnen zu sehen (vgl. Karin von Maur, „Kunstfiguren steigen in Räume der Zukunft", in: *Bauhaus – Zeitschrift der Stiftung Bauhaus Dessau 1* (2014), S. 93–101, hier S. 98; eine Abbildung der Fotografie ist ebd. auf S. 96 zu finden).
61 Ebd. S. 98.
62 In ihrer umfassenden Schlemmer-Monografie erklärt Karin von Maur Schlemmers Hinwendung zu Geländer- und Gerüstszenen psychologisch: „Daß Schlemmer nach der barocken Auflockerung [der Breslauer Jahre] plötzlich eine solche Vorliebe für geometrische oder geschwungene Geländermotive manifestierte, hat seinen Ursprung nicht nur im Bildformalen, wo sie Verfestigung, Strukturierung und Rhythmisierung bewirkt, sondern wesentlich im Psychologischen. Obwohl ihm gerade um 1930 das überschwängliche Strömen von Formen und Farben mehr gelegen hätte, zwingt er sich – in der Einsicht seiner Gefahren – zur Korrektur und Disziplinierung mit Hilfe von Gerüstmotiven. In einem tieferen Sinne bedeutete das Geländer Stütze und Halt vor dem Unkontrollierten, Instinkthaften, Unbewußten, vor deren irrationaler Triebkraft er zurückscheute und die er damit eindämmte und rational ‚einspannte'. So waren seine Breslauer Malerei zu Beginn der dreißiger Jahre der ‚Griff ins Volle' einerseits und der ‚Griff zum Geländer' andererseits Ausdruck jenes profunden Dualismus zwischen Gefühl und Verstand, zwischen dem Dionysischen und Apollinischen, der einen anhaltenden Spannungszustand verursachte, den er durch seine Kunst zum Ausgleich zu bringen suchte" (Karin von Maur, *Oskar Schlemmer*, S. 222). Zur Reihe der Geländerbilder siehe auch: Ryszard Różanowski, „„Eine herrliche Entspannung in einer blöden Zeit" – Die Bresslauer Jahre Oskar Schlemmers", in: *Dyskurs Pismo Naukowo-Artystyczne Akademii Sztuk Pięknych we Wrocławiu* 17 (2013), S. 302–322, v. a. S. 313–315.

63 Ebd. S. 143.
64 Ebd. S. 143 f.
65 Ebd. S. 331.
66 Ebd. S. 331.
67 Ebd. S. 162.
68 Ebd. S. 162.
69 Hierzu auch: Karin von Maur, „Von der Fläche zum Raum. Oskar Schlemmers Beitrag zum Weimarer Bauhaus", S. 158 f.
70 Oskar Schlemmer, Tagebuch, Anfang November 1922, in: ders., *Idealist der Form*, S. 102.
71 Ryszard Różanowski, „"Eine herrliche Entspannung in einer blöden Zeit" – Die Bresslauer Jahre Oskar Schlemmers", S. 310.
72 Vgl. ebd. S. 311.
73 Ernst Scheyer, *Die Kunstakademie Breslau und Oskar Moll*, S. 96, zit. nach Ryszard Różanowski, „"Eine herrliche Entspannung in einer blöden Zeit" – Die Bresslauer Jahre Oskar Schlemmers", S. 311.
74 Oskar Schlemmer, Tagebuch, 19. September 1935, in: ders., *Idealist der Form*, S. 294.
75 Oskar Schlemmer, Tendenz-Kunst, S. 125.
76 A. Ehrenberg, *Die ästhetische Statik*, S. 13.
77 Ebd. S. 22 f.
78 Ebd. S. 24 f.
79 Ebd. S. 41.
80 Oskar Schlemmer, Brief an Willi Baumeister vom 1.7.1912, zit. nach Wolf Eiermann, „Arterien der Weltliteratur – Schlemmer liest. Schlemmer schreibt. Zur Bedeutung seiner Briefe", in: Staatsgalerie Stuttgart und Ina Conzen (Hrsg.), *Oskar Schlemmer*, S. 257–265, hier S. 265.
81 Wilhelm Worringer, *Abstraktion und Einfühlung. Ein Beitrag zur Stilpsychologie*, München 1981, S. 48.
82 Ebd. S. 49. Worringer spricht in seiner Schrift von „Naturvölkern", „primitiven Kunstepochen" und „orientalischen Kulturvölkern" (z. B. S. 48). Diese Begriffe sind natürlich überaus problematisch und zurecht umstritten. Sie werden hier nur deshalb verwendet, weil sie im Rahmen der Argumentation Worringers einen prominenten Platz einnehmen.
83 Ebd. S. 50.
84 Ebd. S. 174 (der Anhang „Transzendenz und Immanenz in der Kunst" (S. 167–182) erschien zuerst in der *Zeitschrift für Ästhetik und allgemeine Kunstwissenschaft* und wurde 1910 in die 3. Auflage aufgenommen).
85 Auf die Parallelität des Denkens von Worringer und Schlemmer, der aller Wahrscheinlichkeit nach vertraut war mit Worringers Theorie, weist bereits Karin von Maur hin (vgl. Karin von Maur, *Oskar Schlemmer*, S. 62).
86 Oskar Schlemmer, Brief an Otto Meyer-Amden, Stuttgart, 2. September 1918, in: ders., *Idealist der Form*, S. 43.
87 Oskar Schlemmer, Tagebuch, 30. April 1919, in: ders., *Idealist der Form*, S. 50.
88 Oskar Schlemmer, Tagebuch, September 1924, in: ders., *Idealist der Form*, S. 123.
89 Oskar Schlemmer, Tagebuch, 19. Februar 1919, in: ders., *Idealist der Form*, S. 48.
90 Oskar Schlemmer, Tagebuch, September 1915, in: ders., *Idealist der Form*, S. 22 f.
91 Oskar Schlemmer, Karte an Julius Bissier, Sehringen, 31. März 1943, in: ders., *Idealist der Form*, S. 348.
92 Sigfried Giedion, *Die Herrschaft der Mechanisierung*, S. 778.
93 Oskar Schlemmer, Tagebuch, Anfang November 1922, in: ders., *Idealist der Form*, S. 102.

94 Oskar Schlemmer, Gestaltungsprinzipien, S. 110.
95 Sigfried Giedion, *Die Herrschaft der Mechanisierung*, S. 777.
96 Wolf Eiermann, „Arterien der Weltliteratur – Schlemmer liest. Schlemmer schreibt", S. 257.
97 Oskar Schlemmer, Mensch und Kunstfigur, S. 145.
98 Oskar Schlemmer, Gestaltungsprinzipien, S. 111.
99 Oskar Schlemmer, Brief an Willi Baumeister vom 1.7.1912, zit. nach Wolf Eiermann, „Arterien der Weltliteratur – Schlemmer liest. Schlemmer schreibt", S. 265.
100 Auch László Moholy-Nagy bezeichnet die zweidimensionale Bildfläche als statisch. Im Kapitel „Die statische und kinetische optische Gestaltung" seines Buches *Malerei, Fotografie, Film* fragt er, ob heute, in einer Zeit, in der das Medium des Films das Aufzeichnen und Abspielen von Bewegung ermöglicht, „das statische Einzelbild als farbige Gestaltung" (László Moholy-Nagy, *Malerei, Fotografie, Film*, München 1927, S. 20) weiter kultiviert werden solle, oder ob das Tafelbild, andersherum gefragt, in einer dynamisch-energetischen Zeit, die mit allerlei neuen technischen Mitteln aufwartet, in der es also neue Gestaltungsmöglichkeiten gibt, schlicht überflüssig sei. Zunächst definiert der Künstler und Theoretiker mit wenigen Worten, was unter statischer und was unter dynamischer Gestaltung zu verstehen ist: „Das Wesen des Einzelbildes ist die Produktion von Spannungen in Farben- und (oder) in Formverhältnissen auf der Fläche, die Produktion neuer, farbiger Harmonien in gleichgewichtigem Zustande. Das Wesen des reflektorischen Lichtspiels ist die Produktion von Licht-Raum-Zeit-Spannungen in farbigen oder Hell-Dunkelharmonien und (oder) in verschiedenen Formen auf kinetische Art, in einer Kontinuität der Bewegung: als optischer Zeitablauf in gleichgewichtigem Zustande" (ebd. S. 21). Die Kernbegriffe bei der Beschreibung statischer Kunst sind also „Spannung", „Harmonie" und „Gleichgewicht". Letzteres ist im Tafelbild, in welchem das Zeitmoment fehlt, statisch. Um ein dynamisches Gleichgewicht handelt es sich dagegen bei der kinetischen Gestaltung, weil hier Bewegung „als optischer Zeitablauf" (ebd. S. 21) gezeigt wird. Kunst stellt demnach, zumindest solange sie auf der zweidimensionalen Bildfläche verbleibt, unweigerlich ein statisches Gleichgewicht dar. Kinetische Kunst ist demgegenüber nicht nur selbst in Bewegung, wie Moholy-Nagy weiter ausführt: „Hier schaffen das neu auftretende Zeitmoment und seine immer weiter laufende Gliederung einen gesteigerten aktiven Zustand des Zuschauers, der – statt einer Meditation über ein statisches Bild und statt eines Hineinsinkens, woraus seine Aktivität sich erst aufbaut – gezwungen wird, sich gewissermaßen sofort zu verdoppeln, um eine Kontrolle und ein gleichzeitiges Mittun der optischen Ereignisse ausführen zu können. Die kinetische Gestaltung gibt dem Aktivitätsdrang sozusagen eine Erleichterung zu einem sofortigen Erfassen neuer Lebenssicht-Momente, während das statische Bild solche langsam keimen läßt" (ebd. S. 21 f). Diese Bemerkung untermauert nicht zuletzt die These, dass es sich bei Mondrians Kunst um statische Kunst, mithin um die Gestaltung eines statischen Gleichgewichts handelt, dessen Dynamik lediglich latent angelegt ist, da erst eine Meditation vor der Bildfläche, ein Hineinsinken in das Geschaute, das neoplastizistische Bild mit Vitalität auflädt. Die Lebendigkeit des Bildes muss, um mit den Worten des Bauhäuslers zu sprechen, „langsam keimen" (ebd. S. 22). Letztlich schätzt Moholy-Nagy aber beide Gestaltungsformen, die statische wie die dynamische.
101 Vgl. Oskar Schlemmer, Zu den Wandbildern für das Museum Folkwang in Essen, S. 230 f.
102 Oskar Schlemmer, Tagebuch, 9. April 1935, S. 292.
103 Karin von Maur, „Kunstfiguren steigen in Räume der Zukunft", S. 93.
104 Ebd. S. 93.

105 Zit. nach Rainer K. Wick, „Schlemmers Menschenbild", S. 310. Zum „Mechanisierungsvorwurf" siehe auch: Oskar Schlemmer, „Mißverständnisse", in: *Schrifttanz*, Heft 2, 4. Jg., Oktober 1931, S. 27–29.
106 Oskar Schlemmer, „analyse eines bildes", S. 10.
107 Ebd. S. 12.
108 Hans Sedlmayr, *Verlust der Mitte. Die bildende Kunst des 19. und 20. Jahrhunderts als Symptom und Symbol der Zeit*, Frankfurt am Main 1958, S. 118.
109 Ebd. S. 118.
110 Hierzu auch: Norbert M. Schmitz, „Oskar Schlemmers anthropologisches Design", in: Jeannine Fiedler und Peter Feierabend (Hrsg.), *Bauhaus*, S. 288–291.
111 Hans Sedlmayr, *Verlust der Mitte*, S. 115.
112 Ebd. S. 115.
113 Max Burchartz (1887–1961), Maler, Typograf, Grafiker, Möbeldesigner, Übersetzer und Bauhausschüler, schlägt mit seinem Buch *Gleichnis der Harmonie* in dieselbe „Kerbe". Wie Schlemmer, gesellt er sich damit zu den Protagonisten der „statischen Moderne" und stellt sich gegen Sedlmayrs *Verlust der Mitte*. Ein Blick ins Vorwort macht deutlich, dass Burchartz in seiner Monografie die Mitte stark macht. Er spricht von Spannungen, vom Spiel der Kräfte und davon, dass Kunst ein Gleichnis der Harmonie sei: „Der Mensch der Gegenwart neigt zu einer Überbewertung seiner verstandesmäßig geistigen Schlüsse – die manchmal Fehlschlüsse sind. Wenn auch des Geistes Mitwirken nicht zu entbehren ist, so ist es doch nicht der Geist, der die Werke der Kunst „empfindend erlebt", sondern die Seele in ihrem Dasein zwischen Lust und Leid, zwischen Liebe und Haß und zwischen allem anderen Gegenspiel der Erfahrung. Die Werke der Kunst erwecken durch die ihnen innewohnenden gegensätzlichen Spannungen ein ähnliches Spiel der Kräfte, durch die Spannungen nämlich zwischen den Grundkräften, durch die Spannungen zwischen Gestaltbild und Umwelt, durch das Gegeneinander zweier verschiedener Möglichkeiten, den Raum zu erleben und durch die Spannung zwischen Raum und Zeitpunkt. Alle diese Gegenkräfte streben zum Verbund und zu dem allein befriedenden Punkt der Mitte. Jedes Kunstwerk ist ein Gleichnis der Harmonie" (Max Burchartz, *Gleichnis der Harmonie. Gesetz und Gestaltung der bildenden Künste. Ein Schlüssel zum Verständnis von Werken der Vergangenheit und Gegenwart*, München 1949, S. 8). Burchartz` Verteidigung der Mitte gründet auf dem Begriffsfeld der „statischen Moderne". Es sind die polaren Spannungen, die zum Ausgleich gebracht, zu einer harmonischen Einheit verschmolzen werden müssen. Diese Einheit allerdings ist nicht starr, es ist kein „toter" Stillstand, sondern ein „Ringen der Teile" (ebd. S. 208). Damit wiederum beschreibt er nichts anderes als einen statischen Zustand (vgl. hierzu das *momentum*-Gespräch mit Karl-Eugen Kurrer). Und wenn der Bauhausschüler postuliert, dass Kunstwerke „ihren Sinn als in unser Leben hinein wirkende harmonisierende Kräfte" hätten, und dass sie „Beispiel und Gleichnis [seien], einzutauchen in den kosmischen Strom" (ebd. S. 209), dann klingt das ganz nach Mondrian (vgl. auch: Andreas Zeising, „Die Rückeroberung der Mitte. Zu Max Burchartz` konservativer Verteidigung der Moderne", in: Kunstmuseum Mühlheim an der Ruhr, Beate Reese (Hrsg.), *Das Bauhaus und danach. Werner Graeff und die Nachkriegsmoderne*, Köln 2011, S. 16–23).
114 Es genügt schon das kursorische Lesen des von Fiedler und Feiarabend herausgegebenen Bauhaus-Folianten, um zu erkennen, dass die „ästhetische Statik" am Bauhaus omnipräsent ist. In der vorliegenden Arbeit über die „statische Moderne" liegt der Fokus auf Schlemmer. Vieles andere kann angesichts der Materialfülle nicht oder nur schlaglichtartig berücksichtigt werden. Die „ästhetische Statik" am Bauhaus ist sicherlich eine eigene Studie wert.

115 Vgl. Norbert M. Schmitz, „Der Vorkurs unter László Moholy-Nagy – Sinneskompetenz", in: Jeannine Fiedler und Peter Feierabend (Hrsg.), *Bauhaus*, S. 369–373, hier S. 373. Neben Bills Konstruktion sind auch eine „Gleichgewichtsstudie" von Anni Wildberg aus dem Jahr 1924 sowie eine „Schwebende Plastik, illusionistisch, Gleichgewichtsstudie" aus dem gleichen Jahr von Corona Krause zu sehen. Beide Arbeiten gelten als verschollen. Als „Spannungsübung" wird eine Arbeit von Leo Grewenig bezeichnet, die ebenfalls 1924 entstand und verschollen ist. Diese Arbeit hätte ebenso gut als Gleichgewichtsübung tituliert werden können, da es sich bei ihr um eine ausbalancierte Konstruktion handelt, bei der die Spannkraft des verwendeten Materials ausgelotet wird. Insofern ist diese Arbeit wie auch die anderen erwähnten Arbeiten bestes Beispiel für „ästhetische Statik".
116 Martin Kieren, „Vom Bauhaus zum Hausbau – der Architekturunterricht und die Architektur am Bauhaus", in: Jeannine Fiedler und Peter Feierabend (Hrsg.), *Bauhaus*, S. 552–569, hier S. 560 f.
117 Jens Christian Jensen (Hrsg.), *Im Gleichgewicht – Paul Klee und die Moderne*, S. 24. Zu den Polen Statik/Dynamik siehe auch: Matthias Bunge, *Zwischen Intuition und Ratio*, S. 206 ff.
118 Hans-Friedrich Geist, „Landschaft mit Vögeln – 1923", in: *Das Kunstwerk*, Bd. 7, Heft 3/4, Baden-Baden 1953, S. 48 f, hier zit. nach Jens Christian Jensen (Hrsg.), *Im Gleichgewicht – Paul Klee und die Moderne*, S. 21.
119 Wolfgang Kersten in: *Paul Klee als Zeichner*, Berlin 1985, S. 161, hier zit. nach Jens Christian Jensen (Hrsg.), *Im Gleichgewicht – Paul Klee und die Moderne*, S. 21.
120 Zit. nach Christoph Wagner, „Gino Severini und das Bauhaus: Auf der Suche nach einem ‚neuen Pythagoras'", in: Eckhard Leuschner (Hrsg.), *Figura Umana*, S. 80–96, hier S. 95.
121 Kurt Doerry, „Spielerische Gymnastik", in: *Scherl's Magazin*, 6. Jg., Heft 5, Mai 1930, S. 450–455, hier S. 451. Online ist der Artikel hier zu finden: https://www.arthistoricum.net/werkansicht/dlf/73359/8/0/ (zuletzt aufgerufen am 14.07.2021).
122 Ebd. S. 451.
123 Ebd. S. 454.
124 Weiterführend zu Seidenstücker u. a.: Karin Lelonek (Hrsg.), *Friedrich Seidenstücker. Von Nilpferden und anderen Menschen, Fotografien 1925–1958*, Ostfildern 2011.
125 Siehe hierzu auch: Dirk Scheper, *Oskar Schlemmer. Das Triadische Ballett und die Bauhausbühne*, S. 144 f und S. 256. Zur Rolle des Gleichgewichts am Bauhaus siehe auch: Konrad Wünsche, „Äquilibristische Tendenzen im Bauhaus", in: Tobia Bezzola, Alois Martin Müller, Lars Müller und Beat Wismer (Hrsg.), *Équilibre. Gleichgewicht, Äquivalenz und Harmonie in der Kunst des 20. Jahrhunderts*, S. 253–264.
126 Oskar Schlemmer, „Tänzerische Mathematik", in: *Vivos Voco. Zeitschrift für neues Deutschtum*, Bd. 5, Heft 8/9, Leipzig 1926, S. 279–293, hier S. 279.
127 Oskar Schlemmer, Zu den Wandbildern für das Museum Folkwang in Essen, S. 230. Dass die Verbindung beider Pole, dem Gefühl auf der einen, der Wille zur Exaktheit auf der anderen Seite, zu keinem Zeitpunkt einfach war und daß ihn die Amalgamierung beider Extreme bis zuletzt beschäftigte, zeigt sein Tagebucheintrag vom 11. Juli 1942: „Die strengen Fensterbilder und die turbulenten Figurenphantasien! Ist keine Annäherung oder Verbindung großer Spannungsverhältnisse möglich?" (Oskar Schlemmer, Tagebuch, 11. Juli 1942, in: ders., *Idealist der Form*, S. 341).
128 Vgl. hierzu auch das Kapitel „Experiment" im Mondrian-Teil dieser Arbeit.
129 Alfred Gotthold Meyer, *Eisenbauten*, S. 48.
130 Franz Czech, „Eisenbauten, ihre Geschichte und Ästhetik", in: *Der Eisenbau* 10 (1910), S. 405–407, hier S. 405.

131 Oskar Schlemmer, „analyse eines bildes", S. 6.
132 Vgl. Oskar Schlemmer, Brief an Fritz Nemitz, Eichberg, 17. Februar 1937, S. 310 f.
133 Ebd. S. 311.
134 Vgl. Oskar Schlemmer, Brief an Konrad K. Düssel, im Felde, 13. Juni 1918, S. 38 f.
135 Oskar Schlemmer, Gestaltungsprinzipien bei der malerisch-plastischen Ausgestaltung des Werkstattgebäudes des Staatlichen Bauhauses, S. 110.
136 Ebd. S. 110 f.
137 Vgl. Sigfried Giedion, *Bauen in Frankreich*, S. 58.
138 Oskar Schlemmer, Brief an Fritz Nemitz, Eichberg, 17. Februar 1937, S. 311.
139 Oskar Schlemmer, „Tänzerische Mathematik", S. 279.
140 Oskar Schlemmer, Perspektiven, S. 263.
141 Ebd. S. 263.
142 Oskar Schlemmer, „Tänzerische Mathematik", S. 279.
143 Ebd. S. 279.
144 Ebd. S. 281.
145 Oskar Schlemmer, „analyse eines bildes", S. 6 f.
146 Ebd. S. 6.
147 Ebd. S. 6.
148 Ebd. S. 6.
149 Oskar Schlemmer, Mensch und Kunstfigur, S. 142.
150 Ebd. S. 143.
151 Vgl. Oskar Schlemmer, „Tänzerische Mathematik", S. 281. Siehe hierzu auch: Ulrike Müller-Harang, „„ ... höchster gegenstand wird immer der mensch, der kunstschöne mensch sein". Die Bühnenarbeit Oskar Schlemmers und ihre ästhetischen Prämissen in der Weimarer Klassik", in: Hellmut Th. Seemann und Thorsten Valk (Hrsg.), *Klassik und Avantgarde*, S. 109–122, hier S. 112.
152 Zit. nach Arnd Wesemann, „Die Bauhausbühne", in: Jeannine Fiedler und Peter Feierabend (Hrsg.), *Bauhaus*, S. 532–547, hier S. 538.
153 Oskar Schlemmer, Mensch und Kunstfigur, S. 148.
154 Oskar Schlemmer, „Tänzerische Mathematik", S. 280.
155 Ebd. S. 280.
156 Ebd. S. 281.
157 Hierzu auch: Friederike Zimmermann, ‚*Mensch und Kunstfigur'. Oskar Schlemmers intermediale Programmatik*, Freiburg im Breisgau, Berlin und Wien 2014, S. 309 und 338.
158 Oskar Schlemmer, „Tänzerische Mathematik", S. 281.
159 Le Corbusier, „die geometrie", in: *bauhaus. zeitschrift für bau und gestaltung*, Bd. 3, Heft 4, Dessau 1929, S. 12. In *Vers une Architecture* (1923), einem Buch, in welchem programmatische Aufsätze des Architekten versammelt sind, die zuvor in der Zeitschrift *L'Esprit Nouveau* erschienen waren, bemerkt Le Corbusier, dass uns „[d]er Ingenieur, beraten durch das Gesetz der Sparsamkeit und geleitet durch Berechnungen [...] in Einklang mit den Gesetzen des Universums [versetzt]. Er erreicht die Harmonie" (zit. nach Ulrich Conrads (Hrsg.), *Programme und Manifeste zur Architektur des 20. Jahrhunderts*, Braunschweig und Wiesbaden 1986, S. 56). Maß, Zahl und Gesetz sind auch für den avantgardistischen Architekten nicht bloße Anzeiger rationalen Denkens. Sie sind vielmehr Indiz einer metaphysisch-harmonischen All-Einheit. In ebendiese Richtung zielt Le Corbusier auch mit seiner puristischen Malerei. Die Bildsprache des Purismus steht nicht nur im Zeichen der von der Technik geprägten Realität, sondern veranschaulicht gleichzeitig kosmische Harmonie, ohne dabei wie der Neoplastizismus auf Ge-

genständlichkeit zu verzichten (vgl. Stanislaus von Moos, „Der Purismus und die Malerei Le Corbusiers").
160 Oskar Schlemmer, Perspektiven, S. 261.
161 Vgl. ebd. S. 261.
162 Vgl. Hubert van den Berg und Walter Fähnders, „Die künstlerische Avantgarde im 20. Jahrhundert – Einleitung", in: dies. (Hrsg.), *Metzler Lexikon Avantgarde*, S. 1–19, hier v. a. S. 1 und S. 11–14.
163 Vgl. Karl Ruhrberg, *Kunst des 20. Jahrhunderts*, S. 168.
164 Oskar Schlemmer, Perspektiven, S. 261.
165 Ebd. S. 261.
166 Ebd. S. 261.
167 Vgl. A. Ehrenberg, *Die ästhetische Statik*.
168 Oskar Schlemmer, „Tänzerische Mathematik", S. 281.
169 Oskar Schlemmer, Ein Hinweis, in: ders., *Idealist der Form*, S. 38.
170 So der Titel des Ausstellungskatalogs zur Schlemmer-Retrospektive der Staatsgalerie Stuttgart.
171 Gottfried Boehm, „Oskar Schlemmer", in: Katharina Schmidt, Gottfried Boehm und Ulrich Mosch (Hrsg.), *Canto d'Amore. Klassizistische Moderne in Musik und bildender Kunst 1914–1935*, Basel 1996, S. 338–342, hier S. 339.
172 Vgl. Oskar Schlemmer, Zu den Wandbildern für das Museum Folkwang in Essen, S. 231.
173 Oskar Schlemmer, „Tänzerische Mathematik", S. 281.
174 Am 15. August 1923 hielt Gropius anlässlich der Bauhaus-Ausstellung in Weimar über dieses Thema einen programmatischen Vortrag. Der Bauhausdirektor konnte dem Publikum zudem sein neu gestaltetes Büro präsentieren. Unübersehbar ist die Anlehnung an die *De-Stijl*-Ästhetik (vgl. hierzu das Kapitel „Kunst und Technik, eine neue Einheit", in: Winfried Nerdinger, *Das Bauhaus. Werkstatt der Moderne*, München 2018).
175 Gino Severini, „Aesthetisches Résumé", in: Carl Einstein und Paul Westheim (Hrsg.), *Europa Almanach*, S. 80–87, hier S. 85.
176 Ebd. S. 85.
177 Zu Jacques Maritain (1882–1973) siehe: Peter Ehlen, Gerd Haeffner und Friedo Ricken, *Philosophie des 20. Jahrhunderts*, Bd. 10, Stuttgart 2010, S. 131–133.
178 Gino Severini, „Aesthetisches Résumé", S. 86.
179 Ebd. S. 87.
180 Ebd. S. 87.
181 Oskar Schlemmer, Perspektiven, S. 261.
182 Ebd. S. 260 f.
183 Gino Severini, „Aesthetisches Résumé", S. 86.
184 Amédée Ozenfant, „Kunst, Wissenschaft und die Gesellschaft von morgen", in: Carl Einstein und Paul Westheim (Hrsg.), *Europa Almanach*, S. 192–205, hier. S. 193.
185 Ebd. S. 193.
186 Ebd. S. 193.
187 Ebd. S. 198.
188 Ebd. S. 203.
189 Ebd. S. 198.
190 Vgl. Alexander Henning Smolian, „Serie oder Persönlichkeit – zum Technikverständnis von Rudolf Schwarz", in: *Wolkenkuckucksheim. Internationale Zeitschrift zur Theorie der Architektur*, 19,33 (2014), S. 193–207, hier S. 200.

191 Rudolf Schwarz, *Wegweisung der Technik*, mit Bildern nach Aufnahmen von Albert Renger-Patzsch, erweitert um ein Nachwort von Wolfgang Pehnt: „Kalte Hochglut", Neuausgabe, hrsg. v. Maria Schwarz und dem Albert Renger-Patzsch Archiv, Ann und Jürgen Wilde, Köln 2008, S. 13.
192 Ebd. S. 13.
193 Ebd. S. 13 f.
194 Zit. nach Karl Ruhrberg, *Kunst des 20. Jahrhunderts*, S. 168.
195 Vgl. El Lissitzky, „Proun", in: ders., *Proun und Wolkenbügel. Schriften, Briefe, Dokumente*, herausgegeben von Sophie Lissitzky-Küppers und Jen Lissitzky, Dresden 1977, S. 21–34, hier S. 21.
196 Ebd. S. 27.
197 Ebd. S. 32 f.
198 Vgl. ebd. S. 33.
199 Karl Ruhrberg, *Kunst des 20. Jahrhunderts*, S. 167.
200 El Lissitzky, „Proun", S. 34.
201 Vgl. ebd. S. 22.
202 Ebd. S. 22.
203 Ebd. S. 24.
204 Vgl. Kurt Milde, „Nachwort", in: El Lissitzky, *Proun und Wolkenbügel*, S. 222–228, hier S. 223. Zur Funktion der avantgardistischen Kunst in Russland siehe auch: Hubertus Gaßner (Hrsg.), *Zwischen Revolutionskunst und Sozialistischem Realismus. Dokumente und Kommentare, Kunstdebatten in der Sowjetunion von 1917 bis 1934*, Köln 1979; Hubertus Gaßner, Karlheinz Kopanski und Karin Stengel (Hrsg.), *Die Konstruktion der Utopie*, hier v. a. die Beiträge von Yves Alain Bois, Hubertus Gaßner, Boris Groys und Hans Günther; Bettina-Martine Wolter und Schirn Kunsthalle Frankfurt (Hrsg.), *Die große Utopie. Die russische Avantgarde 1915–1932*, Frankfurt am Main 1992; Wilhelm Hornbostel, Karlheinz W. Kopanski und Thomas Rudi (Hrsg.), *Mit voller Kraft. Russische Avantgarde 1910–1934*, Heidelberg 2001.
205 El Lissitzky, „Proun", S. 31.
206 Karl Ruhrberg, *Kunst des 20. Jahrhunderts*, S. 167.
207 Hubertus Gaßner, „Utopisches im russischen Konstruktivismus", in: Hubertus Gaßner, Karlheinz Kopanski und Karin Stengel (Hrsg.), *Die Konstruktion der Utopie*, S. 48–68, hier S. 57. Auf die verschiedenen Schaffensphasen Lissitzkys kann hier nicht weiter eingegangen werden. Entsprechend kann die Frage, ob es bei ihm im Laufe der Zeit zu einer Verschiebung des Verhältnisses von Statik und Dynamik kam, nicht beantwortet werden. Auch Werk und Wirken anderer russischer Avantgardisten können im Rahmen dieser Arbeit nicht berücksichtigt werden.
208 Ebd. S. 57.
209 Ebd. S. 54 f.
210 Ebd. S. 55.
211 Vgl. ebd. S. 55.
212 Vgl. Hubertus Gaßner, Karlheinz Kopanski und Karin Stengel, „Die Konstruktion des Unkonstruierbaren", S. 7.
213 Hans Günther, „Die russische Avantgarde und der Thermidor der revolutionären Kultur", in: Hubertus Gaßner, Karlheinz Kopanski und Karin Stengel (Hrsg.), *Die Konstruktion der Utopie*, S. 77–81, hier S. 77.
214 Vgl. hierzu auch Peter Ulrich Hein, *Die Brücke ins Geisterreich*.

Gottfried Benn und der Triumph der Statik

> Brennecke, halte mir, mir wird schwimmlich!
> Franz Hessel

Statik

Eine Arbeit, die sich mit der Statik als Begriff, Verfahren und (Lebens-)Prinzip befasst, kommt nicht umhin, auch auf das Werk des Pastorensohnes, Mediziners, Dichters, Essayisten, Experimentators, Freundes der Ambivalenz und der Peripherie Gottfried Benn einzugehen, da sein Werk unmittelbar mit der Statik sowie der um diese kreisenden Begriffe wie Gleichgewicht, Balance, Konstruktion, Exaktheit, Form und Formel, Maß und Mitte, Statue, Stabilität, Ruhe, Bewegungslosigkeit und Ewigkeit in Verbindung steht. Für den Autor, den Gunnar Decker in seiner Benn-Biographie als „Missionar des Satzbaus"[1] und „ruhlos an seinen Sätzen meißelnde[s] Dämmertier"[2] bezeichnet, gehören Statik und Ästhetik untrennbar zusammen, sieht er letztere doch im Statischen aufgehen, das ab 1934 und damit nach seiner Abkehr vom Nationalsozialismus, dem er sich in den Jahren 1933/34 angedient hatte, seinem Sündenfall, „seinem großen Mißverständnis"[3] und „moralischen Tiefpunkt"[4], zum Ankerpunkt seiner Kunst- und Geschichtstheorie wie seiner Anthropologie wird.[5] „Kunst", stellt Benn fest, „ist statisch. Ihr Inhalt ist ein Ausgleichen zwischen Tradition und Originalität, ihr Verfahren die Balance zwischen Masse und Stützpunkt" (SW V, 163). Mit dieser These, die Benn in seiner autobiographischen Schrift *Doppelleben* (1950) formuliert, unterstellt er nicht nur die gesamte ästhetische Sphäre der Statik und bedient sich dabei der Terminologie der Ingenieure, sie lässt auch an Oskar Schlemmer denken. Die Aufgabe des modernen Künstlers, davon war der Bauhaus-Meister überzeugt, muss es sein, Vergangenes und Gegenwärtiges, überliefertes und aktuelles Wissen auf unverwechselbare, innovative Weise zusammenfließen zu lassen. Das bedeutet gleichzeitig auch: sich nicht vom Tempo der Zeit überrollen lassen, Distanz wahren, nicht blind aktuellen Moden hinterherrennen, sich für die Zukunft rüsten, der Gegenwart ein Gesicht geben, indem man nicht nostalgisch das Alte bewahren will und stur an überkommenen, unzeitgemäßen Formen festhält, sondern aus überlieferten Quellen schöpft, um dann das durch sie vermittelte Wissen produktiv für das eigene Schaffen zu nutzen. Dem Schriftsteller Benn gelingt die Verquickung von Alt und Neu, von Fremdem und Eigenem durch Rückgriff auf Schriften von Johann Wolfgang von Goethe, Hugo von Hofmannsthal, Immanuel Kant, Friedrich Nietzsche, Semi Meyer oder Oswald Spengler, um nur einige zu nennen, die er zu einem „gigantische[n] Montagenetzwerk"⁶ zusammenstellt. Wenn also der Monteur Benn vom Wort sagt, dass es „löst und fügt" (SW IV, 181), dann lässt sich das auf die Textebene übertragen, denn auch für die Benn'sche Textproduktion gilt das Prinzip vom Lösen und Fügen: Ein Textbruchstück wird aus seinem ursprünglichen Kontext gerissen und anschließend in einen anderen, neuen Text eingefügt, wo es in Dialog zu dem es umgebenden Sprachmaterial tritt. Das montierte Textfragment wird so nicht nur selbst mit neuen Bedeutungsdimensionen aufgeladen, die vom Autor des Ursprungstextes so nicht intendiert waren, es eröffnet gleichzeitig im neu entstandenen Text zusätzliche Perspektiven und entlarvt damit die Relativität jeglicher Aussage. Benn selbst erkennt in der Montagekunst, dem „Roboterstil" (SW V, 168), den „Stil der Zukunft".⁷ „Das Getue in den Romanen" dagegen, meint er, sei „Unfug, es geht nichts an sich weiter und geschieht nichts, der Mensch stockt und arbeitet – der Künstler ist es, der weiter muß, sammelt, gruppiert – ländlich-großväterlich mit Hilfe von zeitlich-räumlichen Kategorien, aktuell-neurotisch durch absolute transzendente Schwerpunktsbildungen, Fesselungen, Drehpunktskonstituierungen – nur so schafft er etwas jenseits von Relationen und Ambivalenz" (ebd. 168). Nicht nur für Schlemmer und Mondrian ist es der Künstler, der an der Spitze der Gesellschaft voranschreitet, indem er einen Stil findet, der in die Zukunft weist, auch Benn ist sich über die zentrale Rolle, die der Künstler innerhalb der Gesellschaft spielt, im Klaren. Bereits 1931 lässt er in *Eine Geburtstagsrede und ihre Folgen*, einer Replik auf die Polemik *Heinrich Mann? Hitler? Gottfried Benn? Oder Goethe?* des Berliner Architekten Werner Hegemann, die dieser anlässlich von Benns *Rede auf Heinrich Mann* verfasste, folgendes wissen:

> Ich könnte höchstens heute hinzufügen, daß ich die Kunst für viel radikaler halte als die Politik: in *einer* Gestalt führt sie eine Gesellschaftsschicht zu Ende, mit *einem* Satz übergibt sie ein Jahrhundert seinem nächsten Ziel, sie allein, nicht die Politik, reicht bis in jene seelischen Schichten hinein, in denen die wirklichen Verwandlungen der menschlichen Gesellschaft sich vollziehen, die Verwandlungen des Stils und der Gesinnung.
> (SW III, 324)

Einerseits spricht also Benn der Kunst eine gesellschaftliche Wirkmacht zu, andererseits aber postuliert er – wohlgemerkt im selben Jahr – in seinem Rundfunkbeitrag *Die neue literarische Saison*: „Kunst machen […] heißt vom Standpunkt der Künstler aus, das Leben ausschließen, es verengen, ja es bekämpfen, um es zu stilisieren" (ebd. 334). Kunst, die das Leben ausschließt und dennoch seelische sowie an diese gebundene soziale Veränderungen bewirken kann? Geht das? Nein, möchte man meinen, doch bei Benn bedeutet das Leben auszuschließen nicht, es zu verleugnen, es auszublenden und nicht zur Kenntnis zu nehmen.⁸ Vielmehr steckt hinter dieser Aussage sein „Ohne mich!", das wiederum eng mit seiner These, Kunst sei statisch, verknüpft ist. Gleichzeitig ist damit ein Aspekt genannt, der „die Kunst von allen übrigen Bereichen" (SW V, 163) trennt, zumal in einer Zeit „purer Dynamik" (SW III, 388), denn auch an dem Dichter, dem „ewigen Flüchtling[...], der am Ende nur davon träumt, sich gar nicht mehr bewegen zu müssen"[9], geht der Geschwindigkeitsrausch, in dem sich die Gesellschaft befindet, nicht spurlos vorüber. Und so notiert er: „[Ü]berall imaginäre Größen, überall dynamische Phantome [...], immer nur der Prozeß an sich, immer nur die Dynamik als solche –; frappante Sentenz von Ford, gleich glänzend als Philosophie wie als Geschäftsmaxime" (SW III, 388). Zudem ist es eine Zeit, in der „der Verlust des Bestimmten und Absoluten" (SW V, 164) unübersehbar geworden ist, in der es keine Sicherheiten mehr zu geben scheint, außer jene, dass heute Gültiges morgen schon verworfen werden kann. Zusammenhänge suchen ist vor diesem Hintergrund sinnlos, denn am Ende entpuppt sich doch alles als vorläufig, unbestimmt und relativ. Der moderne Mensch schwankt beständig zwischen unterschiedlichen Positionen, Blickwinkeln und Überzeugungen; er analysiert, prognostiziert und diskutiert, ohne sich aber letztlich aus dieser „Grundlagenkrise" (ebd. 164), wie Benn sie nennt, herausarbeiten und befreien zu können – der Mensch ist jetzt nur mehr einer „*in Anführungsstrichen*" (ebd. 169). Gegen eine solch zerrüttete Realität, in der man keinen festen Boden mehr unter den Füßen hat, stellt Benn, der „statische[...] Beobachter inmitten der zirkulierenden Umwelt"[10], nun die Ästhetik. Sie ist ihm letztes Refugium in einer ansonsten disparat-diffusen Welt. Und so lässt er die anderen wissen: „[B]itte ohne mich, ich kenne nämlich eine Sphäre, die ohne diese Art von Beweglichkeit ist, eine Sphäre, die ruht, die nie aufgehoben werden kann, die abschließt: die ästhetische Sphäre" (SW V, 165). Das Leben ausschließen heißt also sich herauszunehmen, zurückzutreten, aus der Distanz heraus betrachten, unbewegt und isoliert beobachten, stillstehen und die Dinge auf sich zukommen lassen, anstatt auf sie zuzugehen. Das Leben ausschließen meint aber auch, die Welt verengen, ihr „punktuelle Perspektiven" (SW IV, 387) geben, weil die Suche nach der Wahrheit sinnlos ist, weswegen Benn dann auch die Ausdruckskunst über die Wissenschaft stellt, die „ja nur Sammelsurium, charakterloses Weitermachen, entscheidungs- und verantwortungsloses Entpersönlichen der Welt"[11] sei. Und so wirft sich die Frage auf:

> Wo war eigentlich das Gehirn, das alle diese Stimmungen, Möglichkeiten, Zuckungen, Wehen aufnahm und nicht in Geschwätz und Feuilletons reportierte, sondern die Zeit durch seine Existenz zeugend legitimierte, der nicht überall mitlief, den Rummel mitmachte, dabei war, sondern die Trächtigkeit zu der Erkenntnis hatte: wer mit der Zeit mitläuft, wird von ihr überrannt, aber wer still steht, auf den kommen die Dinge zu?
>
> (SW III, 335)

Benn könnte die Frage selbst beantworten, ist er es doch, der sich allzu gern in sein Schreiblabor zurückzieht, unbehelligt, isoliert und einsam an Sätzen und Versen feilt, also in Ruhe Ausdruck schafft, denn „[k]örperliche Bewegung ist eine Nutzlosigkeit vom Standpunkt des Geistes gesehn" (SW IV, 412). Die Verbindungen nach außen sind also reduziert, aber sie sind eben auch nicht gänzlich gekappt. Benns Aufmerksamkeit richtet sich mehr auf das Innenleben, Gedankengänge, Perspektivisches. Der Dichter hat schon früh erkannt, dass ein Fokussieren allein der Außenwelt nicht nur einseitig und oberflächlich ist, es ist auch nicht das ‚volle Leben', denn zu diesem gehören doch gerade auch das Innere, das Rauschhafte, subjektive Sichtweisen, Assoziationen, endogene Bilder. Einerseits kann sich der Mensch also, egal wie sehr er sich abschirmt und herausnimmt, nicht gänzlich von seiner Umwelt lösen – er bleibt immer Phänotyp und als solcher geprägt von der Zeit, in der er lebt –, andererseits aber erweist sich die Welt als nicht mehr greifbar. Ausschließlich rational zu denken hat sich überlebt, ist fragwürdig geworden. Das Suchen nach Zusammenhängen ist sinnlos geworden. Was soll der Glaube an einen Fortschritt, wenn sich doch nur alles im Kreise dreht? „Fades Da capo! Die Idee in der Geschichte" (SW III, 98). Für Benn hat sich die Wissenschaftssprache abgenutzt, weil sie die Dinge nur streift und weil sie es nicht vermag, an das zu rühren, was tief verborgen liegt. Sie „ist nicht mehr das Medium, in dem er sich ausdrücken will. Diese Sprache erweist sich als unfähig, das Skandalon auszudrücken: die Situation des Ich in einer sich rapide technisierenden Welt, die in die Vielfalt ihrer Gesichte zerfällt".[12] Doch trotz seines Bekenntnisses zum Expressionismus, zu Entschweifung, zum „Verlöschen im Außersich des Rausches oder des Vergehens" (SW III, 109) und zur „südlichen Zermalmung" (ebd. 109) geht es Benn bereits in der Frühphase darum, Form zu schaffen. Entsprechend schreibt er in *Das moderne Ich* (1919): „Wenn wir aber lehrten den Reigen sehen und das Leben formend überwinden, würde da der Tod nicht sein der Schatten, blau, in dem die Glücke stehen?" (ebd. 101). Freilich ist zu diesem Zeitpunkt die Flucht vor Ratio, Logik und Kausalität, das Wehren gegen die als sinnlos wie quälend empfundene „*Bewußtheit*" (ebd. 109) Movens des Benn'schen Schreibaktes, doch ist es der Autor, dem es obliegt, das Dionysische zu bannen, es zu strukturieren, ihm eine Form zu geben. Er darf gerade nicht im Rausch vergehen. Er darf sich gerade nicht der Auflösung und dem Zerfließen im Unbewussten hingeben, da er es ist, der sprachlich fixieren muss. Er ist der Konstrukteur einer assoziativ-rauschhaften Wahrnehmungswelt.[13] Zur Zertrümmerung und „Zusammenhangsdurchstoßung" (ebd. 132) gehört also unweigerlich auch das Aufbauen und formale Verbinden.

So wird etwa im Gedicht *Karyatide* (1916) eine Frauenskulptur emphatisch dazu aufgefordert, sich dem Stein zu entrücken. „Rausche / doch in die Flur!

Verhöhne die Gesimse – "[14] heißt es und „Bespei die Säulensucht".[15] „Stürze / die Tempel vor die Sehnsucht deines Knies, / in dem der Tanz begehrt!"[16] Dieses Gedicht ist gleichsam ein lyrischer Befreiungsappell. Es ist ein Aufruf zum Ausbrechen aus festen Strukturen; es animiert zur Flucht aus starren, rationalen Ordnungen hin zu einer Welt des Rausches, in der das Blut in Wallung gerät: „Breite dich hin, zerblühe dich, oh, blute / dein weiches Beet aus großen Wunden hin: / sieh, Venus mit den Tauben gürtet / sich Rosen um der Hüften Liebestor –".[17] Doch endet das Gedicht, aus dem die Sehnsucht nach Entschweifung im Rausch spricht, mit folgenden Versen: „sieh diese letzte Glück-Lügenstunde / unserer Südlichkeit / hochgewölbt".[18] Die Zeit des Dionysischen ist die Zeit des Stundengottes, der weiß, dass man der als bedrückend empfundenen Bewusstheit nicht dauerhaft entfliehen kann. Es ist die glückliche Stunde eines „Ich, das für einige Augenblicke sich erwärmt und atmet und dann in kaltes, amorphes Leben sinkt" (SW IV, 178). Dementsprechend folgt dem Auflösen fester Formen im Gedicht *Karyatide* das Zurückfallen in ebendiese, verweist doch das Adjektiv „hochgewölbt" unmittelbar auf die architektonische bzw. bautechnische Struktur des Gewölbes. Dieses aber ist nicht nur Ausdruck mathematischer Berechnungen, es ist nicht nur Zeichen der menschlichen Beherrschung der Materie, sondern es ist in Benns Gedicht gerade auch Reminiszenz an die „Südlichkeit".[19]

Zwischen Entformung und Formgebung bewegt sich auch der junge Arzt Werff Rönne, Alter ego Gottfried Benns.[20] Er will „beformeln" (SW III, 68) und „Formen suchen" (ebd. 46) und dann wieder entschweifen: „[I]ch schwinge wieder – ich war so müde – auf Flügeln geht dieser Gang – mit meinem blauen Anemonenschwert – in Mittagssturz des Lichts – in Trümmern des Südens – in zerfallendem Gewölk – Zerstäubungen der Stirne – Entschweifungen der Schläfe" (ebd. 34). Rönne, das tritt immer wieder deutlich hervor, ist einer, der schwankt, der zwischen verschiedenen Polen pendelt, genauer: zwischen Wirklichkeit und Rausch, zwischen Leben und Tod, zwischen fester Form und Zerfall, zwischen zerebralem und vitalem Prinzip, zwischen Bewegung und Erstarrung, zwischen Geist und Materie, „zwischen naturwissenschaftlichem Positivismus und der monistischen Spekulation auf verschüttete Schichten scheinbar abgelebter Entwicklungsstufen, die sich gerade unter dem Rationalitätsdruck modernen Daseins immer wieder ins bewusste Erleben Bahn brechen".[21] Obwohl er das Auflösen im Rausch sucht, da er offenbar nur hier Beglückung sowie neue Vitalität verspürt, obwohl es die „Entschweifungen der Schläfe" (ebd. 34) sind, die neue Lebensgeister in ihm wecken und ohne die sein Leben in physischer wie psychischer Erstarrung mündet, so ist der Taumelnde doch beständig auf der Suche nach Unangreifbarkeit, Festigkeit, Messbarkeit, Berechenbarkeit und System (z. B. ebd. 47).

Dass aber diese Suche nach Stabilität, dass alles Ringen um Ordnung und festgefügte, klar umrissene Inhalte letztlich vergeblich ist und den Protagonisten zudem als eine tragikomische Figur erscheinen lässt, bemerkt Meyer-Sickendiek:

> Zugleich ist er [Rönne] unentwegt bemüht, seinem Ich Stabilität zu verleihen, indem er verzweifelte Versuche unternimmt, einen Bezug zur Wirklichkeit herzustellen [...]. Alles wird registriert, besprochen und bedacht [...]. Dabei entspricht diesem intakten Ich-Welt-Bezug, den Rönne für sich vergeblich wiederherzustellen sucht, ein in der Sprache stabilisiertes Welt- und Menschenbild der objektiven Tatsachen, der Ordnung, der festumrissenen Inhalte, der Wertnormen und des eindeutigen, selbstsicheren Verhaltens [...]. In ausgesprochen grotesken Situationen glaubt Rönne Halt zu finden in eben diesen erstarrten Formen einer bürgerlichen Welt, die u. a. durch ein Begriffsfeld des Statischen und Vertikalen markiert wird: „Er war der geachtete Mann, dem im Umfang seines Faches Vertrauen zukam, eine bodenständige Natur, festen Schrittes und aufrechter Art." Zugleich aber finden sich Bilder, die Rönne mit dem Horizontalen verknüpfen: „Es zog ihn nieder auf den Rasen zog es ihn, leicht hingemäht." Auf Grund dieser Diskrepanz wird Rönne zur tragikomischen Figur, da seine vermeintliche Erlösung immer schon Auflösung, seine Macht Ohnmacht bedeutet.[22]

Vertikale und Horizontale sind also in den Rönne-Novellen lediglich vordergründig Anzeiger für Stabilität. Wollte man es in der Sprache des Neoplastizismus ausdrücken, so ließe sich sagen, dass Waagrechte und Senkrechte Ausdruck des Strebens nach Halt, Struktur und Ordnung sind, während der unendliche, weiße und weite aperspektivische Raum „außen im Kristall" (SW III, 34) die südlichen Gefilde, den Ort des Auflösens, des Rausches und der Regression symbolisiert. Im weißen Raum schwebt und schwingt es. Erschüttert sind Subjekt und Objekt und, damit verbunden, das Erzählen. Alles zerfließt. Nichts scheint mehr wirklich fassbar. „Der Raum wogt so endlos [...]. Zerfallen ist die Rinde, die mich trug" (ebd. 32). Rönne hat „keine Macht mehr über den Raum" (ebd. 33). Er ist labil und das Uferlose lauert (vgl. ebd. 47). „War er wirklich? Nein; nur alles möglich, das war er" (ebd. 57). Das wiederum ist angesichts der Tatsache, dass in einem unendlichen Raum unendliche Möglichkeiten der Realisierung existieren, kaum verwunderlich.

Benns Rönne-Novellen sind keine äquilibristische Kunst. Die Gegensätze sind zwar deutlich angelegt, doch austariert sind sie nicht. Es geht nicht, und wie könnte das bei dem Anti-Synthetiker Benn auch anders sein, um Synthese, sondern um die Veranschaulichung einer Bewusstseinskrise, die auch Erzählkrise ist. Es geht um zwei Linien, eine absteigende der Zertrümmerung und eine aufsteigende der Geburt eines Poeten.[23] Dabei bedingen sich beide Linien gegenseitig, denn ohne den Zerfall von Wirklichkeit und Ich gäbe es die Eroberung – so auch der Titel einer der Rönne-Novellen – des neuen Sprachraumes nicht, bliebe der Imaginationsraum verschlossen und damit auch die Möglichkeit eines inneren, äußerst bildreichen Sehens, das sich in einem „Wurf aus Formen" (ebd. 49), in einem „Spiel in Fiebern" (ebd. 49) entlädt. Unübersehbar führen die Rönne-Texte das Zusammenspiel von Formgebung und Entformung vor.²⁴ Und so wird aus der Erkenntniskrise schließlich doch ein Erkenntnisgewinn. Es ist die „Erkenntnis, daß der Ort, an dem Dichtung in der Moderne noch einen magischen Bildzauber zu entfalten vermag, nur dort liegen kann, wo die Sprache ihres Referenzcharakters enthoben ist, d. h.: Dichtung wird möglich, sobald der Künstler die sprachlichen Bausteine von ihrem Wirklichkeitsbezug befreit hat".²⁵ In seiner Akademie-Rede, die Benn im April 1932 anlässlich seiner Aufnahme in die Preußische Akademie der Künste hielt, spricht der Autor von einem halluzinatorisch-konstruktiven Stil (vgl. ebd. 393). Ebendieser ist es, der das Benn'sche Werk kennzeichnet. Halluzinatorisches findet sich nämlich nicht nur in seinen frühen Texten. Vielmehr hält auch der späte Benn am Expressionistisch-Rauschhaften, an Dissoziation, Südlichkeit und Stammhirn fest. Gleichzeitig aber sind die Entschweifungen zu keiner Zeit ohne Konstruktion zu denken.

Insgesamt zeigt sich also, dass es der Formgedanke ist, der sein Werk – und zwar nicht erst sein späteres und spätes – durchzieht. Die Quintessenz seines Schaffens formuliert Benn selbst, wenn er schreibt: „Diese innere Realität und ihr unmittelbares Aufsteigen in formale Bindungen, das ist ja wohl die in Frage stehende Kunst" (SW IV, 80). Zwar weisen der Formgedanke und die Tendenz zu äußerlichem Stillstand eindeutig auf den Begriff der Statik und damit auf das Spätwerk Benns, das in besonders hohem Maße geprägt ist von der Idee der Statik²⁶, doch schreiben sie sich ebenso in seine expressionistische Phase ein, in welcher es vordergründig um Entschweifung, Rausch, Traum, Zertrümmerung und Ich-Auflösung geht. Zugleich ist aber auch die Statik nicht ohne das Moment der Bewegung zu denken. Treffend fasst Manfred Koch diesen Sachverhalt zusammen:

> Für ein genaueres Verständnis seiner Texte ist die Entgegensetzung von Regression und geistiger Formung [...] eher hinderlich. Ein ‚Rausch'-Gedicht ist – wenn es denn gelungen ist – immer kunstvolle intellektuelle Inszenierung des Verströmens, so wie umgekehrt ein überzeugendes ‚Geist'-Gedicht immer von der Gestaltung letztlich unkontrollierbarer, explosiver psychischer Energien lebt. In Nietzsches Terminologie: das Dionysische ist immer das Dionysische *des* Apollinischen und viceversa. Um einen Abschied vom Dionysischen kann es bei Benn, wie seine eigenen poetologischen Äußerungen auch weiterhin belegen, nicht gehen; eher müsste man vom Versuch einer kalten Bewirtschaftung des Dionysischen sprechen. Der Gegensatz zwischen frühem und spätem Benn muss deshalb anders formuliert werden, nämlich als die Frage, welches Moment im Wechselverhältnis von Apollinischem und Dionysischem jeweils in den Vordergrund gerückt wird.²⁷

Die strikte Dichotomisierung – hier der regressionssüchtige Rauschkünstler des Frühwerks, dort der Geist-Arbeiter der späten Schaffensphase, der höchsten Wert auf handwerkliche Präzision legt – sei, so Koch, das Resultat von

Benns Selbstdeutung, nach welcher er seinen Lebensweg als eine Geschichte der Hinwendung zum „Geist" verstanden wissen wollte.[28] Dass eine derartige Grenzziehung jedoch nicht aufrechterhalten werden kann, wird deutlich, wenn man die Brille, die Benn seinen Lesern aufsetzen will, beiseiteschiebt. Dann tritt hervor, dass der formende Statiker Benn schon während seiner expressionistischen Phase konstruiert.[29]

Indes zeigt auch ein Blick auf den Formbegriff, der für den späten Benn so prominent ist, wie sehr Statik und Dynamik zusammenspielen: Einerseits steht die Form bei Benn für Geschlossenheit, Hinterlassungsfähigkeit und Bestimmtheit. „Ich habe es", schreibt er entsprechend in *Doppelleben*,

> nicht weiter gebracht, etwas anderes zu sein als ein experimenteller Typ, der einzelne Inhalte und Komplexe zu geschlossenen Formgebilden führt, der unter Einheit von Leben und Geist nur das gemeinsame sekundäre Resultat verstehen kann: Statue, Vers, hinterlassungsfähiges Gebilde – ich gehe das Leben an und vollende ein Gedicht. Alles, was sonst das Leben betrifft, ist fragwürdig und unbestimmt. (SW V, 137)

Zudem knüpft Benn den Begriff der Form an Kälte, Härte und Stabilität, wenn er, ebenfalls in *Doppelleben*, folgendes notiert: „Der Kunstträger ist statistisch asozial, lebt nur mit seinem inneren Material, er ist ganz uninteressiert an Verbreiterung, Flächenwirkung, Aufnahmesteigerung, an Kultur. Er ist kalt, das Material muß kaltgehalten werden, er muß ja die Idee, die Wärme, denen sich die anderen menschlich überlassen dürfen, kalt machen, härten, dem Weichen Stabilität verleihen" (SW V, 168). Benns oberste Maxime ist es, der Sprache eine Form zu geben, die, weil sie fest und unumstößlich ist, der Zeit trotzt. Aus seinen Formgebilden spricht „Entwicklungsfremdheit"[30]; sie sind gemacht für die Ewigkeit – sie sind statische Kunst, denn das Kunstwerk „ist statisch, weil es eine Form hat, die sich nicht mehr verändert, die nicht relativiert, nicht aufgehoben werden kann, die objektiv ist. Die Statik der Kunstwerke ist der verklärte Gegensatz des sinnlosen Prozesses fortwährender Verwandlung, der Leben und Geschichte heißt".[31] Andererseits aber bindet Benn die Form unmittelbar an die Dynamik, wenn er schreibt: „*Die Formen* – darauf allein kommt es an [...]. Was die eigentlich sind, muß offen bleiben, aber sichtlich sind sie etwas ganz Primäres: Rhythmus, Spannung, ‚Prozeß'" (ebd. 150). Der Formbegriff darf also nicht ausschließlich statisch, sondern muss auch dynamisch gedacht werden.

Demgegenüber trennt Oswald Spengler (1880–1936), Geschichtsphilosoph und Kunsthistoriker, in seinem Hauptwerk *Der Untergang des Abendlandes* (1918) das Statische (Apollinische) strikt vom Dynamischen (Faustischen):

> Was wir Statik, Chemie, Dynamik nennen, historische Bezeichnungen ohne tieferen Sinn für die heutige Naturwissenschaft, sind *die drei physikalischen Systeme der apollinischen, magischen und faustischen Seele*, jedes in seiner Kultur erwachsen, jedes in seiner Geltung

auf eine Kultur beschränkt. Dem entsprechen die Mathematiken der euklidischen Geometrie, der Algebra, der höheren Analysis, und die Künste der Statue, der Arabeske, der Fuge. Will man die drei Arten von Physik [...] nach ihrer Auffassung des Bewegungsproblems unterscheiden, so hat man eine mechanische Ordnung von Zuständen, von geheimen Kräften, von Prozessen.[32]

Benn dagegen verankert die Statik nicht wie Spengler ausschließlich in der Antike, sondern ebenso in der Moderne, indem er erstens die Ästhetik im Allgemeinen, also auch die moderne, zeitgenössische, als statisch bezeichnet, indem er zweitens *Statische Gedichte* schreibt, die künstlerischer Ausdruck eines modernen Subjekts sind, indem er drittens ‚absolute Prosa' verfasst, in der keine Handlung, keine Entwicklung zu erkennen ist, in der es also gerade nicht um Prozesse, sondern um Zustände geht, und indem er viertens sowohl den Phänotyp als auch den Radardenker, beides moderne Menschen, als nach außen hin ruhende Individuen zeichnet, die sich fernab der urbanen Dynamik aufhalten – Bewegungslosigkeit, ruhig aus der Distanz heraus beobachten, den Blick nach innen richten und Ausdruck schaffen, ist ihnen oberste Maxime.

Statisch, das ist für Benn anti-dynamisch, anti-faustisch, anti-fortschrittlich und das ist Konstruktion, ruhendes, kaltes Material, das ist Maß und Form, wie er seinen Schweizer Verleger Peter Schifferli wissen lässt:

> „Statische Gedichte" –, statisch ist ein Begriff, der nicht nur meiner inneren ästhetischen und moralischen Lage, sondern auch der formalen Methode der Gedichte entspricht und in die Richtung des durch Konstruktion beherrschten, in sich ruhenden Materials, besser noch: in die Richtung des Anti-Dynamischen verweisen soll. Gelänge es mir, diesen Eindruck zu verwirklichen, würde es zeigen, daß aus meiner chaotischen expressionistischen Generation, deren einziger Überlebender ich wohl bin [...] – doch eine innere Klärung hervorgehen konnte, die nicht abfallende Ermüdung der produktiven Kräfte bedeutet, sondern schöpferische Bändigung der schweren existentiellen Zerwürfnisse und Krisen, mit denen meine Generation aus konstitutioneller Anlage und durch die exorbitanten äußeren Verwicklungen von Anfang an zu kämpfen hatte. Statik also heißt Rückzug auf Maß und Form, es heißt natürlich auch ein gewisser Zweifel an Entwicklung und es heißt auch Resignation, es ist anti-faustisch.[33]

Es liegt nahe, dass sich Benn hier auf Spenglers Zuordnung bezieht, nach welcher die Antike apollinisch und statisch, die Neuzeit aber dynamisch und faustisch ist.[34] Spengler zufolge ist der antike Mensch ein ahistorisch denkender, während der moderne Mensch einer ist, der das Leben historisch begreift, sprich in Prozessen denkt. Benn jedoch bleibt nicht bei dieser strikten Gegenüberstellung stehen, sondern macht die Statik zum integralen Bestandteil seiner Ästhetik, überführt die „antike Seele" also in die Moderne, was sich nicht zuletzt in seinem Formverständnis niederschlägt. Hier entlarvt sich Benn, wie an vielen anderen

Stellen auch, als ambivalenter Denker. Dagegen ist Spengler davon überzeugt, dass es im modernen Sinne gar keine Statik mehr gebe:

> Das Dogma von der Kraft ist das *einzige* Thema der faustischen Physik [...]. Es gibt keine abendländische Statik [...]. Man kann das auf jedem einzelnen Gebiet nachprüfen. Selbst die „Temperatur", die doch am ehesten den antik-statischen Eindruck einer passiven Größe macht, läßt sich diesem System erst einordnen, wenn sie im Bilde einer Kraft erfaßt wird: die Wärmemenge als Inbegriff der sehr schnellen, feinen, unregelmäßigen Bewegungen der Atome eines Körpers, seine Temperatur als die mittlere lebendige Kraft dieser Atome.[35]

Statt der Vorstellung starrer Teilchen findet sich hier jene bewegter Materie. Auf Benns *Statische Gedichte* und seine ‚absolute Prosa' übertragen – denn Spengler spricht an dieser Stelle dezidiert von mechanischer Statik – heißt das, dass die Form zwar äußerlich stabil ist, dass jedoch innerhalb der Sprach-Konstruktionen Kräfte wirken, dass die Worte „arbeiten" – mit- und gegeneinander. An dieser Stelle wird dann auch ein Satz aus dem *Radardenker* bedeutsam: „Spannungen gewachsen sein, Spannungen binden – ausgleichen, das Geheimnis des Stils!" (SW V, 77) Bei aller Spannung jedoch, die innerhalb des Benn'schen Werkes angelegt ist, will der Dichter über sie hinaus gelangen, will er „etwas jenseits von Relationen und Ambivalenz" (ebd. 168) finden. Auf dieses Jenseitige kommt er im Rahmen seiner Rede im Kolbe-Museum zu sprechen:

> Der Maler muss etwa ein Bild machen, d. h. er muss Ordnung schaffen gegen vage traurige Realitätszufälligkeiten und das Bild oder die Statue muss alles enthalten, es gibt für sie kein Vorher und kein Nachher. Oder der Lyriker muss vielleicht in 12 Reihen eines Gedichts das ganze Sein nicht ambivalent, sondern in Ruhe und Statik bilden, schön, evident und menschentief. Hinterlassungsfähige Gebilde muss er schaffen, fertiggemacht, die von ihm abfallen, sodass Sie um sie herumgehen können, sie in die Hand nehmen, nachmessen können – es müssen wirkliche Dinge sein. Der Künstler kann nicht ambivalent bleiben, er muss handeln, er muss glauben. Die Kunst ist die Wirklichkeit der Götter, vielleicht vielfach aus trüben Quellen genährt, aber wenn sie dasteht, trägt sie die Erinnerung an jene. (SW VI, 108)

Genau diese Zeilen sind zentral für die Klärung des Benn'schen Statikverständnisses, da sie einige wesentliche Aspekte seiner Poetologie des Statischen enthalten. Der Autor verbindet den Begriff der Statik hier nicht etwa mit Spannung, sondern löst ihn von seiner technischen Definition, indem er ihn mit Schönheit, Evidenz und Menschentiefe assoziiert. Statik bezieht sich bei Benn zwar auf Ruhe, doch siedelt er sie zugleich jenseits des Spannungsvollen, und das heißt bei ihm auch jenseits des Ambivalenten, an. Sie bezeichnet einen Zustand der Ordnung, welche wiederum das „ganze Sein" enthält, womit der Begriff auf Absolutheit bzw. Universalität zielt. Die Statik situiert sich jenseits des Zufälligen, jenseits des Chaos, aber auch jenseits des Zeitlichen. Statische Formen sind mithin aus Ewigkeitswerten gebaut. Gleichzeitig betont Benn, dass ein poetisches Gebilde vom Dichter gleich einem Ding, das man *nachmessen* könne, abfallen würde. Der Schriftsteller wählt hier wohl insbesondere deshalb einen mathematisch-technischen Ausdruck, um die Handfestigkeit der Sprach-Konstruktionen, die sowohl in der Welt verankert sind als auch in metaphysische Sphären weisen, hervorzuheben. Hinzu kommt, dass ein Dichter die lyrische Form und damit einhergehend die Statik nicht dauerhaft halten kann. Sobald ein Gedicht vollendet ist, trennt es sich gleichsam vom Lyriker, der nun wieder ins Chaos zurückfällt, aus dem heraus er neue „hinterlassungsfähige Gebilde" modellieren kann, ja muss.

Die Nähe zur Programmatik von Mondrian und Schlemmer ist unübersehbar. Erinnert sei außerdem an die Ausführungen zur Spannung im Neoplastizismus. Dort hieß es, dass bei einer Bildbetrachtung, die nicht zum Zwecke einer formalen Analyse erfolgt, gerade der Moment der Entspannung bedeutend ist. Einen ähnlichen Eindruck hinterlassen offenkundig Benns *Statische Gedichte*, wie folgender Äußerung Kiesels zu entnehmen ist: „Die statischen Gedichte [...] sind formal durchaus unterschiedlich, weisen insgesamt aber eine deutliche Tendenz zu einem ruhigen, entspannten, syntaktisch und klanglich austarierten Sprechen auf".[36]

Auch Durs Grünbein hebt auf das Moment des Ausbalanciertseins ab, wenn er schreibt, dass für Benns *Statische Gedichte* ein Wort von Henri Matisse gelte, das wie folgt lautet:

> Ich träume von einer Kunst des Gleichgewichts, der Reinheit, der Ruhe, ohne beunruhigende und sich aufdrängende Gegenstände, von einer Kunst, die für jeden Geistesarbeiter, für den Geschäftsmann so gut wie für den Literaten ein Beruhigungsmittel ist, eine Erholung für das Gehirn, so etwas wie ein guter Lehnstuhl, in dem man sich von physischen Anstrengungen erholen kann.[37]

In diesem Zusammenhang sei außerdem auf Steinhagen verwiesen, der im Rahmen seiner umfassenden Analyse der *Statischen Gedichte* darauf aufmerksam macht, dass für Benn das Gleichgewicht bedeutsam sei[38] – und das obwohl Benn ein „Liebhaber der Ambivalenz"[39] ist, obwohl sich Benns dichterisches Werk sowie seine Poetologie gerade durch das Ausstellen von Widersprüchlichkeiten auszeichnet, obwohl sich zu jedem programmatischen Satz dessen Gegen-Satz finden lässt.[40] Benn selbst lässt beispielsweise wissen: „Für jedes neue Gedicht braucht man eine neue Orientierung, jedes neue Gedicht ist eine neue Balance zwischen dem inneren Sein des Autors und dem äußeren, dem historischen, dem sich mit dem Heute umwölkenden Geschehen. Die Auseinandersetzung zwischen diesen beiden Polen als Vorarbeit ist der nichtlyrische Versuch".[41] Das Herstellen eines Gleichgewichts zwischen Innen und Außen, zwischen Autorsubjekt und Zeitgeschehen wird hier dem lyrischen Schreibprozess vorangestellt, sodass das

Ausbalanciertsein des Dichters zur Voraussetzung von Lyrik wird. Entscheidend ist darüber hinaus der Hinweis Benns, dass die Balance immer wieder aufs Neue gefunden werden müsse. Dies erinnert an das Kapitel „Auch die Erde, namentlich aber Ulrich huldigt der Utopie des Essayismus" aus Robert Musils Roman *Der Mann ohne Eigenschaften*, in welchem es um Ulrichs essayistische Lebenseinstellung geht, die ihm, in der modernen Welt die einzig adäquate scheint, ist doch alles stets in Wandlung begriffen und nichts als Hypothese. Anstatt an der fluiden, zersplitterten Realität, in der es keine Sicherheiten mehr gibt, zu verzweifeln, schreitet der Protagonist unaufgeregt von einem Gleichgewicht zum nächsten und lässt sich von den ständigen Neuerungen, auf die es immer wieder zu reagieren gilt, nicht aus der Ruhe bringen. Schließlich weiß er, dass die Dinge von Natur aus einen Mittelwert anstreben. Kein Grund zur Beunruhigung also, auch und obwohl alles Handeln stets nur Versuch – nichts anderes ist ein Essay[42] – bleiben kann. „Ungefähr wie ein Essay in der Folge seiner Abschnitte ein Ding von vielen Seiten nimmt, ohne es ganz zu erfassen, [...] glaubte er, Welt und eigenes Leben am richtigsten ansehen und behandeln zu können".[43] Und auch Benn spricht von einem „Versuch", wenn er auf das Finden eines ausbalancierten Zustandes zwischen dem Inneren des Autors auf der einen und dem äußeren Geschehen auf der anderen Seite eingeht. Demnach lässt sich sagen, dass der Dichter Benn wie Ulrich einer essayistischen Lebenshaltung folgt, die wiederum dem „Prinzip Statik" verpflichtet ist, was bedeutet, dass „jedes Kräftespiel mit der Zeit einem Mittelwert und Mittelzustand, einem Ausgleich und einer Erstarrung zustrebt".[44] Weil sich dieses Kräftespiel als Auseinandersetzung zwischen Ich und Welt im Dichtersubjekt abspielt und Benn zudem der Auffassung ist, dass es „keinen anderen Gegenstand für die Lyrik als den Lyriker selbst"[45] gibt, wie er in seinem Vortrag *Probleme der Lyrik* (1951) konstatiert, schreibt sich das Gleichgewicht und damit das „Prinzip Statik" unweigerlich in die Benn'sche Dichtung ein. Es ist Ausgangspunkt und Grundvoraussetzung für den Schreibprozess, an dessen Ende eine feste, ruhende sprachliche Form steht. ‚Versuche' macht also nicht nur Ulrich, auch Benn stellt welche an. Er selbst bezeichnet sich als experimentellen Typ, der das Leben angeht und am Ende vor einer festen Form steht, die Bestand hat (vgl. SW V, 137). Seine Arbeit ist die eines Statikers, eines poetischen allerdings, der sprachlich konstruiert.[46]

Aber es ist nicht nur die Arbeitsweise des Dichters Benn poetisch, auch ein Ingenieur kann mitunter „poesieförmig" vorgehen, dann nämlich, wenn „es um das Assoziative, um das nichtlineare Verknüpfen [geht und] nicht um das, was man Querdenken nennt, nicht um das lineare Denken, nicht um das folgerichtige Denken, nicht um die Logik und Konsequenz"[47], wenn es sich um „[g]leichsam poesieförmiges Konstruieren"[48] handelt. Diese Einsicht bringt Karl-Eugen Kurrer,

Historiograph der Baustatik und Bautechnik, zu dem Schluss, dass „der wirklich geniale Ingenieur [...] poetischer Denker"[49] sei.

Während also der Dichter wie ein Ingenieur konstruieren kann, so kann umgekehrt der Ingenieur poetisch denken. Und mehr noch: beide sind Experimentatoren. Doch gleicht Benns Verständnis vom Experimentieren dem eines modernen Wissenschaftlers? Lange „hat man Experimente als wohldefinierte empirische Prüfverfahren angesehen, die in einen ebenso wohldefinierten theoretischen Rahmen eingebettet sind und die dazu dienen, bestimmte Hypothesen [...] entweder zu bestätigen oder zu widerlegen".[50] Solch eine Auffassung greift jedoch, das hat der Mikrobiologe und Wissenschaftstheoretiker Ludwik Fleck in seiner Studie *Entstehung und Entwicklung einer wissenschaftlichen Tatsache* (1935) herausgearbeitet, zu kurz. Es ist gerade das Unklare, Einmalige und Unfertige, das die wertvollen wissenschaftlichen Versuche kennzeichnet, denn sobald

> sie klar, präzis und beliebig reproduzierbar werden – sind sie für eigentliche Forschungszwecke nicht mehr nötig, sie dienen dann nur zu Demonstrationszwecken oder Einzelfeststellungen [...]. Wäre ein Forschungsexperiment klar, so wäre es überhaupt unnötig: denn um ein Experiment klar zu gestalten, muß man sein Ergebnis von vorneherein wissen, sonst kann man es nicht begrenzen und zielbewußt machen. Je reicher an Unbekanntem, je neuer ein Forschungsgebiet ist, um so unklarer sind die Experimente.[51]

Entsprechend ist auch die Wahrnehmung zu Beginn der Forschung nicht klar gerichtet, nicht auf einen bestimmten Sachverhalt fokussiert, sondern ähnelt vielmehr einem chaotischen Herumtasten:

> Die erste stilverworrene Beobachtung gleicht einem Gefühlschaos: Staunen, Suchen nach Ähnlichkeiten, Probieren, Zurückziehen; Hoffnung und Enttäuschung. Gefühl, Wille und Verstand arbeiten als unteilbare Einheit. Der Forscher tastet: alles weicht zurück, nirgends ein fester Halt. Alles wird als artefizielle, willensmäßige eigene Wirkung empfunden: jede Formulierung zerfließt bei der nächsten Probe. Er sucht den Widerstand, den Denkzwang, dem gegenüber es sich passiv fühlen könnte".[52]

Das aber bedeutet nun nicht, dass der Wissenschaftler dem logischen Denken oder der Kausalität abschwört. Das Ideal der Objektivität gilt nach wie vor, nur fassten die Wissenschaftler zu Beginn des 20. Jahrhunderts

> das wissenschaftliche Selbst neu, ganz gleich ob sie Astronomen waren, die Spektogramme ordneten, Mediziner, die Röntgenbilder untersuchten, solche, die sich als Wissenschaftsphilosophen verstanden, oder Mathematiker, die über die Wurzeln ihrer Intuition nachdachten. In ihren anspruchsvollen Darstellungen gaben sie zunehmend einem unbewußten, subjektiven Element Raum [...]. Um die Mitte des zwanzigsten Jahrhunderts erschienen Objektivität und Subjektivität nicht mehr als Gegenpole.[53]

Für die „wissenschaftliche Tatsache", die am Ende der Suchbewegung steht, wobei von Ende eigentlich gar nicht gesprochen werden kann, da die Forschung prinzipiell keinen Abschluss kennt, wie Fleck bemerkt, bedeutet das, dass sie ein Produkt aus Subjektivität und Objektivität ist. Dabei entwickelt sich das anfänglich dominierende Gefühlsmäßig-Chaotische Schritt für Schritt zu einer immer klarer umrissenen Wissensstruktur. „So entsteht", fasst Fleck zusammen, *„die Tatsache: zuerst ein Widerstandsaviso im chaotischen anfänglichen Denken, dann ein bestimmter Denkzwang, schließlich eine unmittelbar wahrzunehmende Gestalt [...]*. Allen empirischen Wissenschaften gilt das Herausarbeiten dieses „festen Bodens der Tatsachen" als das Ziel".[54] Wenn Benn nun schreibt, dass er ein „experimenteller Typ" (SW V, 137) in einem „Laboratorium für Worte" (SW IV, 355) sei, der das Leben angehe und am Ende vor einer festen Form stünde, dann kommt darin genau das zum Ausdruck, was Fleck über die Entstehung einer „wissenschaftlichen Tatsache" sagt, dass sie sich nämlich als unmittelbar wahrzunehmende Gestalt aus einem anfänglichen Gefühlschaos herausschäle. Ferner gilt für die Benn'sche Form, was für die Tatsache gilt: „[S]ie ist immer ein Ereignis denkgeschichtlicher Zusammenhänge, immer ein Ergebnis bestimmten Denkstiles".[55] Zwar ist Benns „statische Ästhetik" Zeichen von Abschottung, Distanz und Isolation, doch bedeutet das nicht, wie bereits bemerkt wurde, dass Benn keinen Austausch mit der Umwelt zulässt, ganz im Gegenteil: auch für den Dichter gilt: „[D]as Denken [ist] eine soziale Tätigkeit katexochen, die keineswegs innerhalb der Grenzen des Individuums vollständig lokalisiert werden kann".[56] Vor diesem Hintergrund ist es nur konsequent, Montage-Kunst herzustellen, in der das „Draußen", in der andere Stimmen unmittelbar zum Sprechen kommen, wenn auch in verändertem Kontext. Jedenfalls lebt selbst das „Dämmertier"[57] in ständigem Austausch. Ihm ist nicht entgangen, dass das Formproblem von zentraler Bedeutung für Europa, besonders für Deutschland ist (vgl. SW IV, 195). Die Schlagworte der Stunde sind „Umriß, Stil, Abstraktion, vertieftes Leben, Geist" (ebd. 153). Ein „neuer Mensch schiebt sich herein", schreibt Benn, „der Mensch als nackte formale Trächtigkeit" (ebd. 175). Damit nun ist der Denkstil der Stunde charakterisiert, wobei der *„Denkstil als gerichtetes Wahrnehmen, mit entsprechendem gedanklichen und sachlichen Verarbeiten des Wahrgenommenen"*[58] definiert werden kann. „Ihn begleitet eventuell ein technischer und literarischer Stil des Wissenssystems".[59] Während es jedoch in der Wissenschaft darum geht, „festen Boden" unter die Füße zu bekommen[60], steht Benns Ästhetik auf „paradoxem Boden" (ebd. 183). Hier geht es nicht um wissenschaftliche Tatsachen, sondern um individuelle „Tatsächlichkeiten" (SW V, 137). Seine Kunst zielt auf existenzielle Gründe, welche weder objektiv noch kausal zu erklären sind. „Kunst aber", schreibt Benn in *Doppelleben*,

> hat keine geschichtlichen Ansatzkräfte, sie hebt die Zeit und die Geschichte auf, ihre Wirkung geht auf die Gene, die innere Erbmasse, die Substanz – ein langer innerer Weg. Das Unterhaltende und Politische einiger Spezialitäten z. B. des Romans täuscht, das Wesen der Kunst ist unendliche Zurückhaltung, zertrümmernd ihr Kern, aber schmal ihre Peripherie, sie berührt nicht viel, das aber glühend. Existentielle Gründe sind keine kausalen, sie sind konstitutionell, verpflichten niemanden, sie gelten nur für den, in dem sie sich als Tatsächlichkeiten erweisen, vielleicht sind sie mutative Varianten, Versuche, die sich verstärken oder wieder verschwinden, oder wie oben gesagt: Experimente. Sie sind nicht übertragbar, auch nicht nachprüfbar, sie suchen sich ihre Legitimationen in der Ununterdrückbarkeit der Ausdruckswelt. (ebd. 137)

Wenn Benn davon spricht, dass er in einem „Laboratorium für Worte" (SW IV, 355) arbeite, wenn er ferner technisches resp. naturwissenschaftliches Vokabular ins Feld führt, dann ist das ebenso Ausdruck des Zeitgeistes wie sein Verlangen nach Verhaltenheit, nach Gleichgewicht und Zeitlosigkeit, Ordnung und festen Strukturen, nach Gemessenheit und Zurückhaltung, oder anders: nach Statik. Auch Benn ist wie Mondrian und Schlemmer „unter die Statiker gegangen, man könnte auch sagen, er hat sich ausbalanciert, das nervöse Gehirn ist zur Ruhe gekommen".[61] Daher nimmt nicht Wunder, dass Benn in seiner Schrift *Lebensweg eines Intellektualisten* (1934), die nicht nur „poetische Selbsterklärung, individuelle und geschichtsphilosophische Positionsbestimmung und politische Rechtfertigung zugleich"[62] ist, sondern auch den Umbruch innerhalb seiner Programmatik markiert, in der ab nun das Formbewusstsein ins Zentrum rückt, während alles Dionysische in den Hintergrund gedrängt wird, vom Konstruieren spricht und die „Prinzipien des Baus" (SW IV, 185) aufruft:

> Die Kunst nicht mehr das moralische Problem des Helden, nicht mehr die Ideale, die er zum Schluß verkündet, sondern die Maßnahmen des Künstlers selbst, sich auszudrücken, also sein Konstruktives, seine Genialität in den Mitteln des Mitreißens, der Spannung, der Ich-Auflösung, seine bewußte Anwendung von Prinzipien des Baus und des Ausdrucks, die Bewußtmachung alles dessen, was nach Akt aussieht, schöpferischem Akt und dessen Steigerung.[63] (ebd. 185f)

Dionysisch sind Ich-Auflösung und Mitreißen; apollinisch sind Konstruktion, Geist, Form und Stil. Beides tritt in diesem Text, „Benns letztmaligem, schon verzweifelt zu nennenden Versuch, sich mit dem NS-Staat zumindest zu arrangieren, ohne seine alten Maximen aufgeben zu müssen"[64], unmittelbar nebeneinander, wobei sich das strukturelle Moment, das Konstruktive, die ordnende Kraft des Geistes über das einstmals favorisierte Rauschhafte schiebt, denn die „Ausdruckswelt", das „ist eine Welt klar verzahnter Beziehungen, des Ineinandergreifens von abgeschliffenen Außenkräften, gestählter und gestillter Oberflächen" (SW IV, 175). Benn sucht nun „Erlösung im Formalen" (ebd. 177) und befindet sich damit auf der Höhe der Zeit, was nicht verwundert, da er ganz genau registriert, was draußen vor sich geht. Er weiß, dass es „drei Themen [gibt], die das Jahrhundert bis heute durchziehen: die Wirklichkeit, die Form und der Geist" (ebd. 181). Es sind das „Halten der Ordnung, das Erkämpfen der Form" (ebd. 187), die für ihn ins Zentrum seines Schreibens rücken. Sein Material ist der Ausdruck, der in der Benn'schen Schreibstube gehärtet und geschliffen wird. Er ist ihm Inbegriff des Exakten: Der „Ausdruck, der liegt klar zutage, hat Kontur, kann nicht ausweichen, hat keinen Hinterhalt, ist hart, ausgeschliffen, und so sehen wir eine neue Welt mit ungeheurer Wucht sich nähern, eine Welt der Formen, der Beziehungen, der Funktionen, der verzahnten Beziehungen" (ebd. 201). Letztlich geht es also um das sprachliche Fixieren und Formen endogener Bilder, subjektiver Imaginationsräume, die aus dem Inneren des modernen Dichters emporsteigen und nach außen drängen. Es ist dieser Widerstreit von flüchtigem Leben und fester Form, der Benns Werk auszeichnet. In der ‚statischen Phase' wird Kunst gleichsam zur „Ausgleichssphäre"[65], in der Ratio und Leben, Geist und Vitalität in ein spannungsvolles Verhältnis zueinander treten. Allerdings wird der Gegensatz nicht vollkommen nivelliert – um das Aufheben von Gegensätzen, zumal zum Zwecke der Herstellung eines harmonischen Ganzen, ist es Benn nie zu tun, eher um ein Abschwächen allergrößter Spannungen. Abkühlen, Schleifen, Härten, das ist die Devise des späten Benn. Und so gilt: „Formales möge [ebenso] kommen" wie „Flüchtiges, Tragschwingen mögen kommen, flach und leicht gehämmert, Schwebendes unter Azur, Aluminiumflächen, *Oberflächen* –: *Stil* – !" (ebd. 176 f).

Zusammenfassend kann festgehalten werden, dass Benn zwar mit genuin technischem Vokabular hantiert, es also vom naturwissenschaftlich-technischen Bereich in den der Literatur überführt und damit die Geschichte der Technik gleichsam in die Sphäre der Ästhetik einschreibt, sich aber gleichzeitig von diesem Bereich distanziert. In „Alexanderzüge mittels Wallungen" etwa heißt es: „Oder wenn das Leben verlangte sich mit einem Ingenieur zu unterhalten, wo die Fortschritte der Ölfeuerung oder irgend etwas mit Umdrehung und Nabe im Vordergrund stand, gewiß, zugegeben, allerlei – aber was drängte denn schließlich so, großes Schlafmotiv der Verbesserung, großes Beischlafmotiv von der Profilierung der Kultur" (SW III, 137). Benn erweist sich auch hier als „Liebhaber der Ambivalenz",[66] der einerseits konstruieren will wie ein Ingenieur, dann aber dessen Fortschrittsgläubigkeit moniert. Gleiches gilt für das Experiment: Zum einen rekurriert er auf das moderne Experimentverständnis, bezeichnet sich selbst als experimentellen Typen, der sich im Labor bewegt und dort sein Material unter das Mikroskop legt, zum andern aber ist seine Kritik am naturwissenschaftlichen Denken nicht zu übersehen. Bereits Kiesel macht auf dieses für Benn typische Einerseits-Andererseits aufmerksam: „Insgesamt ist festzustellen, daß Benn von der urbanen Moderne und von der zivilisatorischtechnischen Modernisierung hochgradig fasziniert, zugleich aber auch abgestoßen war. Die Faszination resultierte aus der ungeheuren Dynamik und Vielfältigkeit des modernen Lebens [...]. Das Abgestoßensein kam aus dem Blick für die Vordergründigkeit, Brüchigkeit und Hinfälligkeit dieser ganzen Modernität".[67]

Im Folgenden sei der Blick auf den *Roman des Phänotyp* gerichtet, welcher sich zwischen dem Vitalen, Subjektiven, Perspektivischen auf der einen und dem Formalen, Objektiven, Überzeitlichen auf der anderen Seite bewegt. Am Phänotypischen, lässt sich, wie Benn bemerkt, arbeiten, ja muss man arbeiten (vgl. SW V, 170). Der Phänotyp erweist sich nicht nur als wahrhaft moderner Mensch, der, wie Benn in *Doppelleben* proklamiert, neu zusammengesetzt werden müsse, und zwar „aus Redensarten, Sprichwörtern, sinnlosen Bezügen, aus Spitzfindigkeiten" (ebd. 169), er ist auch ein *„Mensch in Anführungsstrichen"* (ebd. 169), weil es den Menschen als einheitliches psycho-physisches Wesen nicht mehr gibt. Stattdessen überall „diese Zerstückelung", überall „Winkelzüge" (SW IV, 409). Der moderne Mensch gleicht einer Montage, besteht nur mehr aus disparaten Zerfallsprodukten einer einstmals zusammenhängenden, teleologischen und fortschrittsgläubigen Menschheitserzählung.[68] Es ist ein Mensch der Vielstimmigkeit, des Situativen und Relativen, da es definitive, letztgültige Aussagen nicht mehr gibt, sondern nur noch Vorläufiges bzw. einzelne Perspektiven, die sich wie Perlen auf einer Kette aneinanderreihen lassen.[69] Aber der Phänotyp, im Übrigen ein Begriff, den Benn vom dänischen Genetiker Wilhelm Johannsen (1857–1927) übernahm und „die Summe aller in einem einzelnen Individuum tatsächlich erscheinenden Wesenszüge" meint, wohingegen unter Genotyp die „Summe aller aus diesem bestimmten Stamm möglichen, latenten, auslösbaren Phänotypen" (SW III, 263) zu verstehen ist, verzweifelt angesichts dieser Lage nicht, übt sich vielmehr im „Ausdrucksarrangement" (SW IV, 408). *„Ausdruck schaffen"* (ebd. 397) ist es, nach dem allein er strebt. Er ist nicht versucht, eine bestimmte Aussage treffen zu wollen, weil „[e]r weiß, daß es nichts zu künden gibt" (ebd. 396). Und so erträgt er „das Nebeneinander der Dinge" (ebd. 396). Der Phänotyp ist einer, der in Bewegungslosigkeit verharrt und die Dinge auf sich zukommen lässt, anstatt sich voller Elan auf sie zu stürzen – das machen andere. Er lebt nach der Maxime: „Körperliche Bewegung ist eine Nutzlosigkeit vom Standpunkt des Geistes gesehn" (ebd. 412). Hinzu kommt, dass der Phänotyp auf sich selbst zurückfällt. Er spricht kaum, „nämlich nur zu sich selber, er selber wird sein feinstes Ohr" (ebd. 412). Er bildet die Mitte des Romans, der

> *orangenförmig* gebaut [ist]. Eine Orange besteht aus zahlreichen Sektoren, den einzelnen Fruchtteilen, den Schnitten, alle gleich, alle nebeneinander, gleichwertig, die eine Schnitte enthält vielleicht einige Kerne mehr, die andere weniger, aber sie alle tendieren

> nicht in die Weite, in den Raum, sie tendieren in die Mitte, nach der weißen zähen Wurzel, die wir beim Auseinandernehmen aus der Frucht entfernen. Diese zähe Wurzel ist der Phänotyp, der Existentielle, nichts wie er, nur er, einen weiteren Zusammenhang der Teile gibt es nicht. (SW V, 140f)

Der Phänotyp garantiert demnach die Form *und* den Inhalt[70], der *einerseits* von ihm ausgeht, der *andererseits* aber wieder auf ihn zurückfällt, denn, so heißt es im „Libellen-Segment": „Alles kommt aus dem Mittelpunkt, gilt nur für ihn, fällt sofort in ihn zurück" (SW IV, 412). Damit fallen Erzähltechnik, die hier auch Montagetechnik ist, und Phänotyp in eins. Er ist „Konstitutionsgrund und Ziel der Form. Er ergibt sich nicht nur aus der Form, er ist die Form".[71] Dagegen sind „Herkunft, Lebenslauf – Unsinn! [...] Nichts wird stofflich-psychologisch mehr verflochten, alles angeschlagen, nichts durchgeführt. Alles bleibt offen. Antisynthetik. Verharren vor dem Unvereinbaren" (SW V, 169). Und über all dem schwebt der Begriff der Statik, denn nicht nur sucht man im Roman vergeblich nach einer Handlung und damit nach bestimmten Entwicklungen, nach einer gewissen Dynamik des Erzählten, auch ist der Phänotyp einer, der stillsteht und die Dinge von fern betrachtet. Es genügen die Streifzüge des Geistes und das Anordnen diverser Bilder, Motive und Begriffe zu einem assoziativen Sprachgefüge. Allerdings ist die „statische" Weltsicht des Phänotyps nicht mit jenem Verständnis zu vergleichen, das hinter dem zentralperspektivischen Blick steht, da die Statik des Phänotyps gerade nicht Ausdruck menschlicher Hybris ist. Ganz im Gegenteil: Der Phänotyp registriert die Disparatheit der einzelnen Erscheinungen – etwas, das es in einem zentralperspektivischen Bild von vornherein nicht gibt, weil innerhalb des Rahmens alles zu einem homogenen Ganzen verschmolzen ist – und lässt diese in ihrer Ambivalenz bestehen. Überhaupt ist die Zwiespältigkeit des Wahrgenommenen Movens seines Ausdruck-Schaffens. Zudem geht es dem Phänotyp nicht um einen kontrollierten Zugriff auf die Welt, der nun ohnehin nicht mehr möglich scheint, sondern darum, Fäden aufzunehmen, um sie sogleich wieder fallen zu lassen, also gerade so vorzugehen wie die Natur, die bei der Hervorbringung bestimmter Formen völlig willkürlich verfährt (vgl. SW IV, 395). Dieser „Experimentiercharakter" (ebd. 395) kann demnach nicht nur der Natur attestiert werden, sondern auch den Hervorbringungen des Phänotyps, der nicht wie die Wissenschaftler am kausalen Denken festhält, sondern die einzelnen Erscheinungen in ihrem Nebeneinander bestehen lässt, ohne ihnen ein gewisses Denkschema überzustülpen. Und so gilt letzten Endes: „Wenn man das Ganze überblickt, ist es von großer Unverständlichkeit, aber wahrlich der Wunder voll" (ebd. 413). Gleichwohl ist der Roman als Einheit zu betrachten. In diese Richtung weist nicht nur der soeben zitierte Satz, in dem vom *Ganzen* gesprochen wird, auch folgender Satz legt nahe, dass Benn seine ‚absolute Prosa' als Einheit konzipierte: „Er weiß, daß es nichts zu künden gibt, was sich nicht im Einzelnen, in einzelnen Einzelnen, selbst verkündet. Es gibt die Kette dieser Einzelnen – eine Kette" (ebd. 396). Aber es ist dies eben keine harmonische Einheit wie bei Mondrian, sondern gerade ein Nebeneinander von Bruchstücken, das die Gegensätze, Unvereinbarkeiten und Unverständlichkeiten nicht auflöst, sie vielmehr als grundlegendes Moment der modernen Wirklichkeit präsentiert, denn „[e]s gab Zeiten, da war kausales Denken exzellent, Zeichen einer klugen kleinen Clique, heute ist es Abspülwasser, jeder Zeitungsleser begründet seine Weltanschauung und seinen Rheumatismus, heute ist, das Nebeneinander der Dinge zu ertragen und es zum Ausdruck zu bringen, auftragsgemäßer und seinserfüllter" (ebd. 396). Benn stellt also im *Roman des Phänotyp* gerade das Ambivalente aus[72], das sich aber am Ende dennoch innerhalb einer konkreten Ordnung formiert – es ist „die neue, nach außen gelagerte Welt" (ebd. 177) aus lauter Perspektiven, Anfängen, Abbrüchen, Unvereinbarkeiten und Gedankenfetzen. Es ist ein Text, der sich gegen Dogmatik und Substanzdenken richtet. Konsequenterweise bleibt deshalb im *Phänotyp* und für den Phänotyp letztlich alles offen (vgl. SW V, 169).

Indessen richtet auch der in der technischen Moderne verankerte Radardenker seine Wahrnehmung vornehmlich nach innen, verfährt also gerade nicht wie ein handelsübliches Radargerät, das elektromagnetische Wellen aussendet, um Gegenstände im Raum zu orten. Sein Blick geht, still und tief (vgl. ebd. 71). Er ist ein „Mann am Fenster" (ebd. 67), für den allein die „Gedankengänge im Heim" (ebd. 67) zählen. Die „äußere Kausalität", weiß er, „schafft nichts heran" (ebd. 68), weshalb sein Blick aus dem Fenster dann auch sogleich nach innen umschlägt. Es ist ein Blick nach

> Siam, das in Lotosblüten versunkene Land, in dem ein ewiger Sonnabendnachmittag herrscht, das Reich, das immer Fische in seinen Gewässern hat und Reis auf seinen Feldern! [...] Sie kennen die Prozessionsstraße von Babylon? Rechts und links die Löwen aus goldener Emaille, in der Ferne das Ischtartor – eine Flucht aus Glasur und bunten Ziegeln – 120 Löwen! – die sehen Sie entlang. Das sind Perspektiven! (ebd. 68)

Der Radardenker weiß seine Wirklichkeit, die in erster Linie eine innere ist[73], eine multiperspektivische dazu, auszudrücken und zu ordnen: „[S]ein Versuch, in jedem Satz alles zu sagen, ihn ganz solitär zu machen, ihn tragend auszubauen, da es für den inneren Menschen Raum und Zeit und Übergänge nicht gibt, sowie die einzelnen Sätze und Absätze ohne Motivbeziehung hintereinanderzustellen [...], also blockartig zu verfahren, das ist modern" (ebd. 78). In Blöcken zu erzählen, ohne Zusammenhänge, ohne Entwicklungen, ist demnach auch für den Radardenker die Ausdrucksform der Wahl, für die ferner gilt, dass jeder Satz Absolutheit beansprucht. Auch deshalb kann von ‚absoluter Prosa'[74] gesprochen werden. Dieser Anspruch deckt sich mit jenem Mondrians, der mit seinen Gemälden den gesamten Kosmos darstellen wollte. Immer wieder sprach er deshalb selbst von der Universalität resp. Absolutheit, die seinen Bildern innewohne. Folgt man den Aussagen des Künstlers, so gilt für dessen Werke: Alles in einem Bild. Aber auch Schlemmer ging es darum, *alles* auszudrücken. Die Suche nach dem Universellen wiederum entlädt sich bei den beiden Künstlern in Form einer äquilibristischen Bildsprache. Ihre Kunst ist eine Kunst des Gleichgewichts. Ausgleichen ist allerdings auch dem Radardenker nicht fremd, denn irgendwo in seinem Bewusstsein schlummert eine Gewissheit, die da lautet: „Spannungen gewachsen sein, Spannungen binden – ausgleichen, das Geheimnis des Stils!" (ebd. 77). Das ist angesichts der zahlreichen Perspektiven, die sich nach dem Prinzip der ‚absoluten Prosa' lediglich assoziativ-lose aneinanderreihen, ohne etwas Bestimmtes zu wollen, außer eben ein sprachliches Abbild des Seelenzustandes des Radardenkers zu geben, der sich durch sie im Text selbst realisiert (vgl. ebd. 77 f), erstaunlich, denn es sind doch gerade das Unzusammenhängende, die fehlenden Bezüge und Verflechtungen des Geschriebenen, die nicht nur die poetologische Grundlage des *Radardenker*-Textes sind, sondern auch die Poetologie des Radardenkers selbst. Machen nicht gerade die Spannungen zwischen den Blöcken und das Aufrechterhalten dieser, also das Ausstellen von Divergenzen, Lücken und irritierenden Motivzusammenstellungen, das Schreiben in der Moderne aus? Geht es nicht gerade darum, nicht auszugleichen? Ist es nicht die Ambivalenz, die, zumal für Gottfried Benn, Movens des Ausdruckschaffens ist? Und ist das Gehirn nicht einfach „rund, weich, dehnungsfähig" und seine Funktion das Realisieren (vgl. ebd. 77)? Geht es also nicht einfach darum, Dinge hervorzubringen, sie greifbar zu machen, indem man sie in all ihrer Disparatheit und Sinnlosigkeit bestehen lässt, sie aber dennoch sprachlich fixiert, oder steckt doch hinter allem Schreiben das Gleichgewicht? Hier ist erneut ein Blick auf Ulrich, den Mann ohne Eigenschaften, erhellend. Dieser schwankt von einem Gleichgewichtszustand zum nächsten und ist nie auf Abschluss und Endgültigkeit aus. Er hat sich arrangiert mit den ständigen Veränderungen des Lebens. Er hat sich eingerichtet in dieser modernen Welt, die er am besten essayistisch zu fassen glaubt. Ähnliches gilt für den Radardenker: „Wir werden sein, wir sind: Alte animistische Rudimente und die neue technische Realität. Jeder ist einbegriffen – aber niemand kann mehr sein als etwas allgemeine Gültigkeit mit Zeichen von Situationärem" (ebd. 79).[75] Die Welt und sich aus der Situation heraus betrachten, im Hier und Jetzt leben, absolut sein im Moment, in dem Hirnstamm auf Technik und Regression auf Fortschritt trifft, das Gleichgewicht nur für den Augenblick suchen – das ist es, um was es auch dem Radardenker geht. Nicht um ein endgültiges Ausgleichen der Spannungen ist es ihm zu tun, sondern um ein situationäres Gleichgewicht, oder, mit Ulrich zu sprechen, um ein essayistisches.[76]

Überblickt man das Benn'sche Werk, insbesondere sein spätes, so fällt auf, dass sein Denken um die Begriffe Abstraktion, Konstruktion, Form, Gleichgewicht und Stil kreist, um die Schlüsselbegriffe der „statischen Moderne" also. Der poetische Konstrukteur reiht sich ein in diese andere Strömung, die sich zwischen die Dynamik jener Jahre schiebt, diese zur Kenntnis nimmt, ohne aber an der Oberfläche der Erscheinungen haften zu bleiben – und das obwohl seine Ausdruckswelt ausdrücklich der Oberfläche verpflichtet ist –, denn für Benn ist Kunst auch: „letzte[...] europäische[...] Metaphysik" (SW IV, 187). Welche Rolle diese im Spätwerk Benns spielt, soll im Folgenden ausgeführt werden.

Stundengott

In seiner autobiographischen Schrift *Doppelleben* bemerkt Benn im Rahmen seiner Ausführungen zum Stil der Zukunft, dass es der Künstler sei, „der weiter muß, sammelt, gruppiert – ländlich-großväterlich mit Hilfe von zeitlich-räumlichen Kategorien, aktuell-neurotisch durch absolute transzendente Schwerpunktsbildungen, Fesselungen, Drehpunktskonstituierungen – nur so schafft er etwas jenseits von Relationen und Ambivalenz. Diese Technik selbst ist das Problem und man soll sie ruhig bemerken" (SW V, 168). Diese Bemerkung bezieht sich jedoch nicht nur auf die „PHASE II – nämlich Phase II des expressionistischen Stils" (ebd. 170), sondern lässt gleichfalls an Benns vielzitierte Definition der ‚absoluten Prosa' denken, die, wie bereits bemerkt, ein neuartiges Erzählen meint, das nicht linear verfährt, das nicht psychologisiert und Realität nicht abbildet, sondern sie allererst hervorbringt, und zwar in einer ganz bestimmten Ordnung. Hier werden Textblöcke aufgestellt, die lediglich durch ein gemeinsames Zentrum, den Phänotyp als existenzielle Größe, zusammengehalten werden. Er ist der *Drehpunkt*, um den herum *gruppiert* wird. Er bildet die Mitte, den *Schwerpunkt* der sprachlichen Konstruktion, auf den hin alles ausgerichtet ist. Man könnte auch sagen, dass der Phänotyp als Tragpfeiler fungiert, auf den sämtliche Kräfte wirken, der sie bündelt und *fesselt*, der die Spannungen erträgt und gleichzeitig die Form des Ganzen garantiert.[77] Letztere ist, wie es im „Blöcke-Block" des *Roman des Phänotyp* heißt, „eine Architektur von eigener Balance" (SW IV, 419). Dieser Roman, eine Gattungsbezeichnung, die man streng genommen in Anführungszeichen setzen müsste, da Benn mit seiner ‚absoluten Prosa' das traditionelle Erzählen ja gerade bricht, bildet eine eigene Balance, ein neues Gleichgewicht. In ihm geht es um Existentielles. Existentiell wiederum bedeutet, „das Schwergewicht des Ich vom Psychologisch-Kasuistischen ins Arthafte, Dunkle, Geschlossene, in den Stamm" (SW IV, 389) zu ziehen. Das Individuum gewinnt so an „Gewicht, Schwere, Eindringlichkeit" (ebd. 389). Hier wirkt metaphorisch gesprochen die Statik, die „Wissenschaft von der Schwere der Cörper"[78] und hier herrscht zumindest nach außen hin „Stillstand der schweren Cörper".[79] „Von diesem machen die Gesetze der Statick bekannt, daß in eines Cörpers Schwer-Puncte seine gantze Schwere [...] begriffen sey".[80] Doch dürfen die sprachlichen Konstruktionen, dürfen die „Prinzipien des Baus" (SW IV, 185) nicht nur in zeitlich-räumlichen Kategorien gedacht werden. Vielmehr müssen sie um das Transzendente erweitert werden, handelt es sich doch um „transzendente Schwerpunktsbildungen" (SW V, 168). Zu hinterfragen ist allerdings, ob es sich dabei tatsächlich bloß um eine „aktuell-neurotisch[e]" (ebd. 168) Technik handelt, oder ob sich Tieferes hinter dem Akt des Konstruierens verbirgt. Bereits in seiner kurzen Schrift *Dichterglaube*, wohl im Sommer 1931 verfasst, bemerkt Benn folgendes:

> So gewiß ich mich früh von den Problemen des Dogmas, der Lehre der Glaubensgemeinschaft entfernte, da mich nur die Probleme der Gestaltung, des Wortes, des Dichterischen bewegten, so gewiß habe ich die Atmosphäre meines Vaterhauses bis heute nicht verloren: in dem *Fanatismus zur Transcendenz*, in der Unbeirrbarkeit, jeden Materialismus historischer oder psychologischer Art als unzulänglich für die Erfassung und Darstellung des Lebens abzulehnen. Aber ich sehe diese Transcendenz ins Artistische gewendet, als Philosophie, als Metaphysik der Kunst. (SW III, 338)

Hier ist nicht nur angelegt, was Benn später mit seiner ‚absoluten Prosa' vorführt, nämlich die Darstellung des Lebens in völlig unsystematischer Weise, denn gleichzeitig wird auch deutlich, dass Kunst für Benn ästhetische Metaphysik ist. An diesem Punkt nun liegt wohl nichts näher als ein Blick in den *Roman des Phänotyp*, präziser: in das Segment „Statische Metaphysik". Zunächst sei bemerkt, dass unter diesem Stichwort all das versammelt ist, was das Denken des späten Benn auf entscheidende Weise prägt: Es ist die Ablehnung von Fortschritt, Kausalität, Logik und Dynamik sowie die Überzeugung, dass weder natürlichen noch historischen Prozessen eine wie auch immer geartete Sinnhaftigkeit unterstellt werden darf. „Durchdacht, durchhandelt, durchlitten seit vier Jahrtausenden und kein Resultat!" (SW IV, 395) Das ist die Quintessenz aller Beobachtungen, die den Phänotyp dazu verleiten, sich außerhalb dieses Systems zu bewegen, in dem man blind der obsolet gewordenen Idee von Fortschritt und Kausalität folgt. Statt emsigem Vorwärtsschreiten also lieber ruhen, auf der Stelle treten oder im Kreis laufen. Und so ist seine Lehre: „Alles, was zurückbleibt, sind Dinge, die in Bewegungslosigkeit geschaffen wurden oder in langsamem Herumgehen um einen Steinblock" (ebd. 415). Diese Form der Statik hat nichts von Stagnation, sondern bezieht sich auf das Auf-sich-selbst-zurück-geworfen-sein des modernen Menschen, der aus der Isolation heraus künstlerisch produktiv werden kann und seine eigene Ausdruckswelt schafft, wodurch das Erzählte schließlich nichts anderes ist als reiner Ausdruck des Selbst. „Das Ziel", heißt es entsprechend im Roman, „ist die Herrichtung des Ichs zu einer durchlebten, geistig überprüften Form, zu einer Haltung" (ebd. 389).

Analog zu Schlemmers Menschen-Architekturen, die Ausdruck einer gefühlten, durchpulsten, erwärmten Mathematik sind, sind auch Benns Konstruktionen vital. Sein Gesetz – die Orangen-Formel – bindet das Dionysische, gibt dem Chaotischen ein Gerüst, engt das Ausschweifende ein, fesselt das Vorüberstreichende – „Vorüberstreichen als ein Abenteuer der Seele, dem Nichts entstiegen, dem wir enteilen, im Nichts sich lösend, das über uns sich schließt, [...] so eintägig, *ephemer*: dies tiefe Zeichen seiner Seele!" (ebd. 418). Doch am Ende verwandelt sich all das aus der Tiefe aufgestiegene, fluide und weiche Material, verwandeln sich die endogenen Bilder in eine klare, harte Struktur, in „Oberflächenkunst". Alles tritt „in eine helle Beleuchtung, in feststehende Verhältnisse, in Beziehungen, die im Rahmen ihrer Lage gültig" (ebd. 421) sind. Wie für Schlemmer, so gilt also auch für Benn: das Resultat ist das Gesetz. Kunst, so kann festgehalten werden, offenbart sich bei beiden als Dreiklang aus Seele, Natur und Geist. Sie ist ganzheitliche Erfahrung.

Zudem sei an dieser Stelle an Le Corbusiers und Ozenfants Essay „Über die Bestimmungen der Malerei" erinnert, in welchem die beiden Puristen davon sprechen, dass die Kunst es vermöge, die „beängstigende Leere"[81] im modernen Menschen zu füllen. Dieser stecke in einer Sinnkrise und habe „das Bedürfnis nach jenen idealen Gewißheiten, die ihm sonst die Religion gewährte".[82] „*[A]n ihr und an der Metaphysik zweifelnd*", heißt es weiter, „*ist er auf sich selber verwiesen und die wahre Welt ereignet sich nur noch in seinem inneren Selbst*".[83] Ferner kündigen Ozenfant und Le Corbusier an, dass der Kunst „die Aufgabe zufallen [wird], auf glänzende Weise zu zerstreuen und jene hochgestimmte, überschwengliche Befriedigung zu schaffen, ohne die der Seelenfrieden unmöglich ist".[84] Mit ihrer Einschätzung beschreiben die beiden Puristen eben jene Situation, in der sich der Phänotyp befindet, der nicht nur „leer, leer" (SW IV, 396), isoliert und selbst sein feinstes Ohr ist, sondern der sich in die Sphäre der Kunst rettet und seinen Stil finden will. Ausdruck schaffen, das ist sein Refugium, in dem er „schöne Wachträume"[85] durchleben kann, in dem es um Existentielles geht, nicht um „Abspülwasser" (SW IV, 396), in dem aber auch Überspannung herrscht, Dunkelheiten, körperliche Gefahren, Brüchigkeiten, blutleerer Taumel (vgl. ebd. 397), Kunst schaffen scheint vor diesem Hintergrund das einzig Erfüllende in einer ansonsten sinnleeren Welt zu sein. Sie geht den Menschen an, indem sie ihn psychisch wie physisch in Bann zieht. Sie ergreift den Menschen total. Doch ist die Kunst tatsächlich dazu in der Lage, das entstandene Sinnvakuum zu füllen? Fest steht jedenfalls, dass der Phänotyp am Ausdruck schaffen festhält, obwohl er feststellt, dass sich selbst das geistige Durchdringen und Strukturieren, das Erkennen von Gesetzmäßigkeiten als fragwürdige Angelegenheit entpuppt:

> Also, wenn wir uns im großen Stil hüten, – denkt der Phänotyp dies weiter – : bleibt nichts übrig als ein Zickzack aus Wüsten und Wahn, ein Gewebe aus lauter Unsinnigkeiten, und wenn wir uns an einer seiner Maschen fangen oder stoßen oder auch nur einen

> Rand zu berühren wähnen, so sagen wir Gesetz und Ordnung und Form und Ziel, diese begrifflichen Kondensationen des Irrsinns, und soweit wir überhaupt etwas beschreiben oder erkennen können, ist es der Abgrund, aber auch der enthält ja noch die Vorstellung des Grundes, also ist es das Bodenlose. (ebd. 402)

Entsprechend bemerkt Steinhagen, dass

> jeder Versuch [...], der darauf gerichtet ist, das Wesen, die Substanz oder das Sein der Dinge und der Wirklichkeit zu ergründen [...] für Benn damit [endet], daß die Dinge ins Wesen- und Substanzlose zerfallen, daß die Wirklichkeit sich in „Nichts" auflöst, und die desillusionierende Aufgabe des Dichters besteht eben darin, diesen Zerfall der alten Ordnung der Welt sichtbar zu machen, nicht das Sein, sondern das chaotische „Nichts" der Wirklichkeit offenbar werden zu lassen.[86]

Tatsächlich ergeht sich auch im *Roman des Phänotyp* alles in Nutzlosigkeit und Irrsinn. Hier hebt kein Gott seine Hand schützend über die Welt, denn „[j]egliches Spiel ist nutzlos, aber auch der Ruhm und die Schönheit, alle Spiele der Götter sind es und je nutzloser umso göttlicher" (SW IV, 398). Und doch kommt „[a]ller Glanz, den wir in unserer Seele tragen, [...] von Dingen, die wir erschaffen haben –, Erinnerungen an Bilder, Erlebnisse mit Büchern, Eindrücken aus Kreisen, die wir analytisch durchschritten, erarbeitete Dinge, geistig emporgehobene und meistens ohne Gesellschaft langsam erwachsene" (ebd. 398). Das bedeutet wiederum, dass der künstlerische Akt nicht einfach nur Spiel über dem Abgrund, Jonglieren mit dem Nichts und Signum einer zerfallenden Welt ist, in der alte Werte und Ordnungen obsolet geworden sind, denn da ist auch diese innere Stimme, die niemand hört, außer dem Phänotypen und mit ihm Benn selbst, und von der man nicht sagen kann, woher sie kommt.[87] Da ist zudem diese unergründliche, produktive, schöpferische Stunde und da ist die Magie der Form sowie die Macht der Worte, die auf entsprechend Eingestellte wirkt.[88] „Ich besitze", schreibt Benn in *Doppelleben*, „Müdigkeiten, Melancholie, produktives Aufbrausen, Zögern, Zaudern, Zaubern – das kann ich eine Stunde durchhalten" (SW V, 170). Wie auch länger, möchte man hinzufügen, wirkt hier doch der „Stundengott".[89] Es ist dies ein Gott der Form, der „Oberflächenkunst"[90], der entäußerten Sprachgebilde, der mit keinem christlichen Heilsversprechen aufwartet, sondern von der Faszination der Ästhetik kündet, die dunkel oder hell, heiß oder eisig, bedrohlich oder beglückend, emporhebend oder erdrückend sein kann. In jeder Form, die fasziniert, fasst Benn zusammen, liegen „genügend Dunkelheiten und Seinsabgründe [...], um den Tiefsinnigsten zu befriedigen". In ihr leben „genügend Substanzen von Leidenschaft, Natur und tragischer Erfahrung [...]. Aber natürlich ist das eine Entscheidung, Sie verlassen die Religion, Sie verlassen das Kollektiv und gehen über in unübersehbare Gefilde".[91]

Benn geht es, das zeigen die vorstehenden Ausführungen, um mehr als nur um das Aufzeigen des allgemeinen Wertezerfalls, denn gegen das Substanzlose, gegen die unsägliche Leere der Welt, in der der Mensch nur mehr ein Roboterdasein führe (vgl. SW V, 160), setzt er den Bereich der Ästhetik, in dem Totalität neu erfahren werden kann. Dabei gelangt er immer wieder an die Grenze zu einem Bereich, der weder logisch erfasst werden kann, noch mit Worten auszudrücken ist: Es ist die geheimnisvolle Sphäre der schöpferischen Momente, des Verwandelns endogener Bilder in feste Formen und der Wirkmacht der Sprache. Hier kann erfahren, nicht aber er- bzw. geklärt werden. Der Gedanke einer „totalen Kunst" aber, die jenseits des Kollektivs zu verorten ist, ist nicht neu, reicht vielmehr zu den Anfängen des Benn'schen Schreibens zurück:

> Das Tierische und der immer nackter sich sublimierende Gedanke: gibt es noch für beides ein gemeinsames Prinzip? Für das Leben und die Erkenntnis, die Geschichte und den Gedanken, gibt es in der abendländischen Welt noch ein solches monistisches Prinzip? Für die Bewegung und den Geist, für die Reize und die Tiefe – gibt es noch einen Zusammenschluß, eine Betastung, ein Glück? Ja, antwortet Rönne, aber weither, nichts Allgemeines, fremde, schwer zu ertragende, einsam zu erlebende Bezirke: „In sich rauschte der Strom, oder wenn es kein Strom war, ein Wurf von Formen, ein Spiel in Fiebern, sinnlos und das Ende um jeden Saum – ": er erblickt die Kunst. – (SW IV, 170)

Zwar formuliert Benn dies erst retrospektiv und aus der Defensive heraus in *Lebensweg eines Intellektualisten*, doch ist der Wille zur Formung bei Benn, der sich auch jetzt noch, Mitte der 30er Jahre, in einer prekären politischen Situation zum Expressionismus bekennt und der von Beginn an Rauschkünstler war und es immer blieb, auch wenn später der Aspekt des Formalen in den Vordergrund tritt, tatsächlich schon in der Frühphase seines Schaffens deutlich zu erkennen. Das Leben formend zu überwinden (vgl. SW III, 101) ist ihm Lebensaufgabe. Dass dies in einem spannungsreichen Feld vonstattengeht, sollte klar sein.

Solo-Spieler

In seiner Benn-Biographie hält Gunnar Decker fest, dass das „Zugleich von barbarischer Formlosigkeit (Natur!) und genialer Formung (Kunst!) [Benns] Lebensthema [war]. Ein ständiger Kampf zweier Kraftzentren, den er austrug. Er sah in der Geschichte den Irrsinn von Gewalt und Zufall. Wer Statuen wolle, müsse auch Trümmer bejahen, wurde so zum immer weiter variierten Grundmotiv seines Werks".[92] Eben dieses „Zugleich" ist es, das Benn mit Schlemmer verbindet. Auch der Bauhauskünstler war ein Leben lang um ein ausgeglichenes Verhältnis von Entformung und Formstrenge bemüht. Bis zuletzt fragte er sich, ob ein Ausgleich zwischen beidem tatsächlich möglich sei. Benn und

Schlemmer erweisen sich als „Solo-Spieler vom Rande"[93], die zwar abseits stehen, deshalb aber nicht Abseitiges schaffen. Genau das Gegenteil ist der Fall, denn „in einer Zeit, die bloß lärmt"[94], lassen sie sich weder beeindrucken noch gefangen nehmen von *einer* Idee, sondern schöpfen vielmehr aus dem Vollen, lassen sich aus der Distanz heraus inspirieren, fungieren als Seismographen, um ihren ganz persönlichen Stil zu entwickeln, der Existenzielles ebenso berührt wie Aktuelles, und der sich zwischen Abstraktion und Abbildung, zwischen Gesetz und Gefühl, zwischen Ratio und Rausch, zwischen Apollinischem und Dionysischem aufspannt. Beide sind „ästhetische Statiker", die den Ausgleich suchen und denen es zumindest ab und zu gelingt, zur Ruhe zu kommen.[95] Wie Benn, so beherrscht auch Schlemmer sein Material und überführt das zunächst Weiche und Ungebundene im Schaffensprozess in eine feststehende Konstruktion, in der die einzelnen Elemente in Verbindung miteinander treten. Nicht zuletzt deshalb wird letzterer nicht müde zu betonen, dass das Ergebnis seiner künstlerischen Akte stets beherrscht sei vom Gesetz. Müsste Benn eine Bezeichnung für Schlemmers besonders konstruiert wirkende Kunstwerke, wie etwa die Gerüst- und Geländerszenen, finden, so hätte er sie wohl „hinterlassungsfähige[...] Gebilde" (SW V, 137) genannt. Um solche herstellen zu können, gilt es, Distanz zu wahren, denn wer sich zu sehr ins Leben stürzt, wer sich vom Chaos der Erscheinungen überrollen lässt, verliert den Überblick und vermag es aufgrund des Versunkenseins in die Außenwelt nicht mehr, Zeitlos-Gültiges zu schaffen. Doch woher eigentlich der Drang zum Kunst- und damit Formschaffen kommt, ist unklar, weist vielmehr ins Metaphysische. Schlemmer spricht von einem „*künstlerischen* Fluidum, das aus bislang unbekannten Quellen stammt"[96] und von „zwei Seelen in einer Brust – einer malerischen oder besser philosophisch-künstlerischen und einer theatralischen oder, sagen wir's einfach heraus: einer ethischen und einer ästhetischen"[97] –, Benn von einer inneren Stimme aus dem Unbekannten[98] und einem „dumpfen schöpferischen Keim".[99] „Irgendetwas in Ihnen", lässt er wissen,

> schleudert ein paar Verse heraus oder tastet sich mit ein paar Versen hervor, irgendetwas anderes in Ihnen nimmt diese Verse sofort in die Hand, legt sie in eine Art Beobachtungsapparat, ein Mikroskop, prüft sie, färbt sie, sucht nach pathologischen Stellen. Ist das erste vielleicht naiv, ist das zweite ganz etwas anderes: raffiniert und skeptisch. Ist das erste vielleicht subjektiv, bringt das zweite die objektive Welt heran, es ist das formale, das geistige Prinzip.[100]

Ersetzt man in diesem Textabschnitt „Verse" durch „Linien", so ist hier genau das beschrieben, was Schlemmer in seiner „analyse eines bildes" vorführt: das objektivierende „Sezieren" seines Gemäldes *Vorübergehender*, das Herausschälen des Gesetzhaften, Strukturierten, das formale Eruieren dessen, was der „schöpferische[...]

Keim"[101] hervorbrachte, kurz: das Ausstellen des „geistige[n] Prinzip[s]".[102] Doch ganz ohne Dionysisches geht es dann doch nicht. Das lyrische Ich wartet „auf seine Stunde, in der es sich für Augenblicke erwärmt, wartet auf seine südlichen Komplexe mit ihrem „Wallungswert", nämlich Rauschwert, in dem die Zusammenhangsdurchstoßung, das heißt die Wirklichkeitszertrümmerung vollzogen werden kann, die Freiheit schafft für das Gedicht – durch Worte".[103] Ähnlich klingt das bei Schlemmer, der dem Künstler den „*dionysischen* Rausch" wünscht, „damit er das *Wunder* offenbare".[104] So ist die „statische Ästhetik" also nicht ohne Dionysisches zu denken – es sind subjektive *Perspektiven*, die nach oben drängen und sich zu einer festen Form verhärten: Gefühl wird Konstruktion. Hier manifestiert sich die „formfordernde[...] Gewalt des Nichts" (SW III, 133).

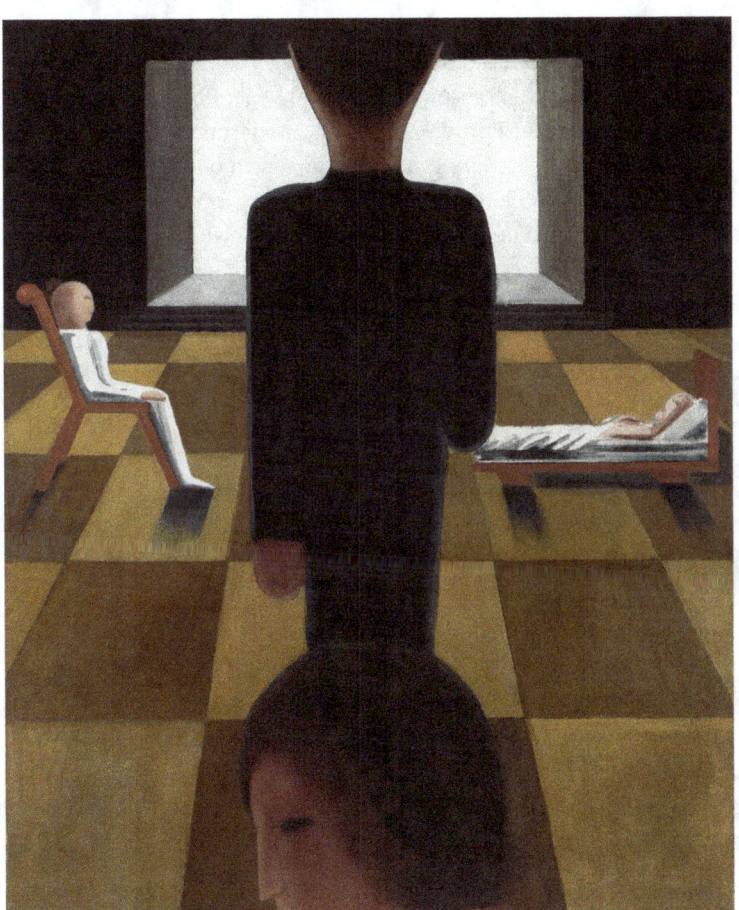

Abbildung 34: Oskar Schlemmer, Ruheraum (1925).

Und schließlich findet Schlemmers *Ruheraum* (Abbildung 34) sein sprachliches Pendant, wenn es gegen Ende der *Gehirne*-Novelle heißt:

> Eines Abends ging er hinunter zu den Liegehallen; er blickte die Liegestühle entlang, wie sie alle still unter ihren Decken die Genesung erwarteten; er sah sie an, wie sie dalagen: alle aus Heimaten, aus Schlaf und Traum, aus Abendheimkehr, aus Gesängen von Vater zu Sohn, zwischen Glück und Tod – er sah die Halle entlang und ging zurück. (SW III, 34)

Warten nicht draußen, im weißen Licht, das wie magisch in den *Ruheraum* strahlt, die von Rönne herbeigesehnten „Entschweifungen der Schläfe" (ebd. 34)? Ist nicht das leuchtende Weiß Imaginationsraum, Raum für „ligurische Komplexe" (ebd. 109)? Ist nicht dort das Leben „außen im Kristall" (ebd. S. 34), wo es sich wieder schwingen lässt und wo alle Müdigkeit verfliegt? Liest man Schlemmer mit Benn, kann man jedenfalls davon ausgehen. Diese Lesart, das sei hinzugesetzt, geht stillschweigend davon aus, dass die Dynamik des Schwingens und die Starrheit des Kristalls einander nicht diametral gegenüberstehen, sondern dass sie vor dem Hintergrund der Entdeckungen der modernen Physik durchaus zusammengedacht werden können. „Im Kristall, in dem sich der Mediziner Rönne befindet", hält Friederike F. Günther entsprechend fest, „schwingt es. Die Erkenntnis der inneren Bewegtheit der Materie jedoch tritt nur ins Bewusstsein derjenigen, die mit den Entdeckungen der Naturwissenschaften vertraut sind, die sich gewissermaßen die distanzierte Außensicht der Wissenschaft aneignen und damit ein Stück weit vom Leben und seiner unmittelbaren organischen Wahrnehmungsspezifik entfernen. Nietzsche hat diese Spannung zwischen wissenschaftlicher Erkenntnis und sinnlichem Vermögen des Einzelnen als unerträglich gespannten Bogen bezeichnet, der – ohne die Kunst – zu brechen droht"[105]:

> Je schwieriger die Erkenntniss von den Gesetzen des Lebens wird, um so inbrünstiger begehren wir nach dem Scheine jener Vereinfachung, wenn auch nur für Augenblicke, um so größer wird die Spannung zwischen der allgemeinen Erkenntnis der Dinge und dem geistig-sittlichen Vermögen des Einzelnen. *Damit der Bogen nicht breche*, ist die Kunst da.[106]

Die Kunst ist demnach ausgleichendes Element innerhalb eines spannungsvollen Systems, welches sich zwischen Objektwelt und Subjekt aufspannt. Kunst, lässt sich aus Nietzsches Feststellung ableiten, garantiert Stabilität. Sie hält zusammen, was zu bersten droht. Sie bringt die auseinanderstrebenden, widerstreitenden Kräfte ins Gleichgewicht, ja sie trägt die gesamte Objekt-Subjekt-Konstruktion. Sie fungiert gewissenmaßen als Statik.

Schrift/Bild

Lange bevor Benn seine *Statischen Gedichte* schreibt und in einem Brief an seinen Verleger Peter Schifferli aufschlüsselt, was sich hinter dem Adjektiv „statisch" verbirgt, definiert Richard Huelsenbeck in seinem *Dadaistischen Manifest* das statische Gedicht, welches Worte zu Individuen macht. Raoul Hausmanns typographisches Gedicht „grün" gilt, wie bereits erwähnt, als Umsetzung der Huelsenbeck'schen Definition. Benn, der bis zuletzt am Expressionismus, welcher im *Dadaistischen Manifest* scharf attackiert wird, festhält, bezieht sich an keiner Stelle auf Dada, was allerdings auch nicht verwundert, da Benn und die Dadaisten jeweils unter völlig anderen Vorzeichen arbeiteten. Wohl kaum etwas scheint deshalb abweger als den späten Benn, dem es um Form, Abstraktion und Stil zu tun ist und der immer wieder das „geistige Prinzip" stark macht, mit dem Dadaismus zu vergleichen, dem das Leben „ein simultanes Gewirr von Geräuschen, Farben und geistigen Rhythmen"[107] ist und der dem Leben nicht ästhetisch gegenübersteht, sondern gesamtsinnlich. Dada ist vor allem dagegen. „Gegen die ästhetisch-ethische Einstellung! Gegen die blutleere Abstraktion des Expressionismus! Gegen die weltverbessernden Theorien literarischer Hohlköpfe".[108] Trotz aller Differenzen lohnt es sich jedoch, Benns Poetologie mit jener Huelsenbecks engzuführen, was im Folgenden geschehen soll.

In seinem poetologischen Vermächtnis *Probleme der Lyrik* hält Benn, der weder lange noch tiefsinnig über die Form sprechen will, zu ebendieser folgendes fest:

> Form, isoliert, ist ein schwieriger Begriff. Aber die Form ist ja das Gedicht. Die Inhalte eines Gedichtes, sagen wir Trauer, panisches Gefühl, finale Strömungen, die hat ja jeder, das ist der menschliche Bestand [...], aber Lyrik wird daraus nur, wenn es in eine Form gerät, die diesen Inhalt autochthon macht, ihn trägt, aus ihm mit Worten Faszination macht.[109]

Es geht also darum, bestimmte Inhalte, den menschlichen Bestand, wie Benn sagt, in eine Form zu bringen. Die Inhalte wiederum sind unmittelbar an das Dichtersubjekt gebunden. „Ich würde sagen", bringt Benn entsprechend auf den Punkt, „daß hinter jedem Gedicht ja immer wieder unübersehbar der Autor steht, sein Wesen, sein Sein, seine innere Lage, auch die Gegenstände treten ja nur im Gedicht hervor, weil sie vorher seine Gegenstände waren".[110] Letztere konkretisieren, verdichten und verfestigen sich im Wort, für welches das lyrische Ich in besonderem Maße sensibel ist. Anhand eines Beispiels aus der Biologie erklärt Benn, dass das Dichtersubjekt „Flimmerhaare [hat], die tasten etwas heran, nämlich Worte, und diese herangetasteten Worte rinnen sofort zusammen zu einer Chiffre, einer stilistischen Figur [...], diese schwarze Letter ist bereits ein Kunstprodukt".[111] An dieser Stelle nun trifft sich Benn mit Huelsenbeck, denn auch dieser begreift die schwarze Letter als Kunstprodukt, das eine bildevozierende Kraft in sich trägt. Die statische Lyrik Dadas ist ‚rezeptionsästhetische Kunst', da sie nur in Interaktion mit dem Rezipient ihre Wirkmacht entfalten kann. Die vom Künstler gesetzten Buchstaben werden vom Leser aufgenommen und anschließend in Bilder, ja ganze Bildkaskaden transformiert. Das leblose Sprach-Material gerät im Bewusstsein des Lesenden in Bewegung. Während also das Gedicht rein äußerlich statisch ist, entwickelt es sich im Inneren des Menschen zu einem dynamischen „Kopfkino". Vor diesem Hintergrund kann konstatiert werden, dass auch Benn in seiner berühmt gewordenen Rede *Probleme der Lyrik* statische Dichtung im Sinne des Dadaismus vorstellt, weil auch bei ihm alles von der „schwarze[n] Letter"[112] ausgeht. Sie ist ihm künstlerisches Material, welches eine ganz besondere Qualität besitzt: Mit den Buchstaben „ist das Bewußtsein in bestimmter Richtung verbunden, es schlägt in diesen Buchstaben an, und diese Buchstaben nebeneinander gesetzt schlagen akustisch und emotionell in unserem Bewußtsein an".[113] Hier wird die Wirkmacht der Wörter betont, die den Zauber der Sprache ausmacht, die „das letzte Mysterium"[114] in einer ansonsten verwissenschaftlichten Umwelt darstellt, in der ein analysierender Geist alles scheint und in der die Logik oberste Maxime ist. Es sind die „Entschweifungen der Schläfe" (SW III, 34), auf die sowohl Benn als auch Huelsenbeck setzen. Dabei ist es vor allem das Substantiv, welches es Benn besonders angetan hat. „Worte, Worte – Substantive! Sie brauchen nur die Schwingen zu öffnen und Jahrtausende entfallen ihrem Flug" (ebd. 133). Entsprechend ist es bei dem Dadaisten das Substantiv „Wald", das den Ausgangspunkt der sich anschließenden Assoziationskette bildet. Doch während die statische Lyrik Dadas als Vorläufer der Konkreten Poesie gelten kann, also Optische Poesie ist, in der das Potential der Typographie ausgeschöpft wird, indem die lineare Anordnung der Schrift zugunsten eines freien Arrangements der Lettern gesprengt wird, sind

> Benns Gedichte [...] keine primär graphisch organisierten Schreibmaschinengedichte, wie sie in den Anfangszeiten der Konkreten Poesie entstanden, sondern Gedichte eines Autors, der mit Schrift und Notizblock arbeitete. Sie leben immer noch mehr von Bibel und Philosophie als von Schlagern, von deren formaler und sprachlicher Simplizität sie weit entfernt sind; das Vokabular, das Benns Gedichte, wie Döblin bemerkte, „hochgebildet und weithin unverständlich" machte, hat Benn weniger dem Radio abgelauscht als vielmehr im „Satzbordell" der altehrwürdigen Berliner Staatsbibliothek aufgelesen.[115]

Im Rahmen der statischen Lyrik, so lässt sich zusammenfassend festhalten, treten die starre Materialität des Schrift-Bildes und die bewegten Imaginationsbilder des Rezipienten zusammen. Ein festes Äußeres entfesselt sich im Leser resp. Bildproduzenten zu einer lebendigen, imaginären Bilderwelt. Letztlich handelt es sich bei der Definition statischer Lyrik um eine rezeptionsästhetisch grundierte Poetologie, da sowohl Benn als auch Huelsenbeck dem Leser eine entscheidende Rolle beimessen. Erst in ihm entfaltet sich das Gedicht, erst in ihm beginnt es zu wirken, schlagen die Worte an. Entsprechend spricht Wolfgang Riedel in seinem Aufsatz „Endogene Bilder. Anthropologie und Poetik bei Gottfried Benn" von ‚poetischer Transzendenz', „[u]nd zwar in jenem doppelten Sinne, daß sie, statisch-topologisch verstanden, die Einbildungskraft (die ‚Gehirne') als das ‚Jenseits' des Textes festhält [...] und zugleich, dynamisch (im Sinne der Transzendierung) genommen, die durch die Einbildungskraft in diesem ‚Textjenseits' (in den ‚Gehirnen') bewirkte Verwandlung der Wörter in Bilder bezeichnet".[116] Entsprechend bemerkt auch Till Röcke in seinem Traktat *Radardenker*: „Das Individuum anzuregen, das ist Auftrag der Kunst. Jeder formt für sich allein".[117]

Benn weiß um die Lust des menschlichen Geistes am Bild. Seine Texte, seien sie nun poetisch oder prosaisch, aktivieren die Einbildungskraft der Gehirne, fordern das Assoziationsvermögen des Bewusstseins heraus. Benn spielt mit der Differenz zwischen abstraktem Wort, den schwarzen Lettern, und konkreter Vorstellung, den imaginierten Bildern. Er macht sich die Faszination, die von der Sprache ausgeht, zunutze, denn, so schreibt er in *Provoziertes Leben*, „endogene Bilder sind die letzte uns gebliebene Erfahrbarkeit des Glücks" (SW IV, 320). Die Aktivierung des Imaginationsvermögens, das Spielen mit der Offenheit von Zeichen ist etwas, das charakteristisch für die „statische Moderne" ist. Nicht nur Mondrian, auch Huelsenbeck und Benn provozieren mit ihrer Ästhetik ein „inneres Sehen", das allerdings des äußeren, optischen Reizes unbedingt bedarf, wie Benn betont: „[D]as optische Bild unterstützt meiner Meinung nach die Aufnahmefähigkeit. Ein modernes Gedicht verlangt den Druck auf Papier und verlangt das Lesen, verlangt die schwarze Letter, es wird plastischer durch den Blick auf seine äußere Struktur, und es wird innerlicher, wenn sich einer schweigend darüber beugt".[118]

Wenn aber vom Kunstwerk selbst nur ein erster Impuls ausgeht, wenn es, wie im Falle des statischen Dada-Gedichtes, ausreicht, nur ein paar Buchstaben zu arrangieren und es dem Leser überlassen wird, was er aus dem Rezipierten macht, wenn vor allem er es ist, der die Kunst-Welt aufbaut, kann dann nicht jeder Künstler werden? Zunächst jedenfalls scheint dies so zu sein, liegt es doch in der Hand des Lesers, aus den gedruckten Lettern eine Welt jenseits der Wirklichkeit zu gestalten. Hier verstrickte sich dann auch der Dadaismus, der sich gegen den Geniekult stellte und postulierte, dass jeder Kunst schaffen könne. Gleichzeitig blieb man aber unter sich, bildete einen recht überschaubaren, elitären Zirkel, gab sich mal dandyhaft, mal dadasophisch, mal zeitkritisch, mal spöttisch, mal unsinnig, mal amüsant. Dagegen macht Benn klar, dass nicht jeder zum Dichten geboren sei, denn „das Verhältnis zum Wort ist primär, diese Beziehung kann man nicht lernen. Sie können Äquilibristik lernen, Seiltanzen, Balanceakte, auf Nägeln laufen, aber das Wort faszinierend ansetzen, das können Sie, oder das können Sie nicht".[119] Von dieser Stelle ausgehend lässt sich nun der Bogen zum Statik-Kapitel schlagen, in welchem die verschiedenen Bedeutungsdimensionen des Begriffs „Statik" im Benn'schen Werk aufgefächert wurden. So schreibt der Dichter etwa, dass man einen Ausgleich zwischen Originalität und Tradition schaffen und eine Balance zwischen Masse und Stützpunkt finden müsse. Der Künstler selbst müsse außerdem in sich ruhen, müsse das Äußere, also das Geschehen um ihn herum, und sein Inneres in ein Gleichgewicht bringen. Ferner heißt es im *Radardenker*, dass man Spannungen binden müsse, denn Ausgleichen sei das Geheimnis des Stils. Und in einem Brief an seine Tochter Nele vom 11. September 1946 beschreibt er sein poetisches Verfahren als Akt des Ausgleichens:

> Meine neue Formulierung: „Kunst ist der gelungene Ausgleich zwischen Zentrum und Peripherie". Die Peripherie ist das objektiv Gewordene, das einzige, das geschichtlich wird u bleibt. Das Innere, die Substanz ist selbstverständlich u. immer da u. immer das gleiche. Form! d. h. geistige Arbeit, sichtbar gewordenes Bemühn um Ausdruck.[120]

Aufgrund all seiner um das Austarieren kreisenden Äußerungen erscheint Benn letztlich selbst als Äquilibrist par excellence, als poetischer allerdings. Diese Form des Gleichgewichthaltens ließe sich, so Benn, jedoch nicht erlernen, sondern sei dem Künstler vielmehr in die Wiege gelegt.[121]

Mitte

In seinem 1948 erschienenen Hauptwerk beklagt der österreichische Kunsthistoriker Hans Sedlmayr den Verlust der Mitte. „Überall gewinnen", schreibt er, „die extremen Richtungen auf Kosten der gemäßigten, zu denen zu gehören als Rückständigkeit [...] erscheint".[122] Der Mensch strebe, so seine Feststellung, fort von der Mitte und damit fort von der Menschlichkeit.[123] Wo aber lässt sich Benn, der schon längst zu den Klassikern der Moderne zählt, also gewissermaßen in der Mitte der literarischen Welt steht, verorten, und wo sieht er sich selbst? Ist er vielleicht wie Schlemmer ein vom Rande aus agierender Mann der Mitte? Angesichts der Tatsache, dass Benn ein „Dämmertier"[124] ist, das das Zwielicht liebt, das die Peripherie dem Rampenlicht vorzieht, das isoliert und still in seiner Schreibstube hockt, sich auf sich einzirkelt und seine Aufmerksamkeit nach innen richtet, scheint es abwegig zu sein, Benn als Menschen zu begreifen, der in der Mitte steht, zumal der Dichter selbst immer wieder betont, dass er ein Sonderling und Einzimmerbewohner sei, asozial und krankhaft müde. „[I]ch blicke nicht über mich hinaus" (SW V, 172), gesteht er in *Doppelleben*; „ich arbeite, ich suche Worte, ich zeichne meine Morphologie, ich drücke mich aus" (ebd. 172). Doch weil der Autor wie alle anderen auch *in* der Zeit lebt und von ihr geprägt wird, sind seine Texte zwangsläufig Ausdruck des Zeitgeistes. Entsprechend hält Benn fest: „Es sind individuelle Versuche, den inneren Strömungen, die in gewisser Weise die Strömungen der Zeit sind, Ausdruck zu verleihen [...]. Ich blicke nicht in die Zukunft, meine Gedanken ergreifen und begreifen sich nur als eine regional begrenzte, phänotypische höchstens drei Jahrzehnte repräsentative Zwangslage einer Generation" (ebd. 171). Benn will nicht in die Zukunft blicken? Dabei hat er doch kurz zuvor vom Stil der Zukunft gesprochen. Dies ist nur eine der bereits angesprochenen Ambivalenzen der Benn'schen Programmatik. Kann also ein Autor, der sich mit Vorliebe zwischen dem Einerseits-Andererseits bewegt, der sich nicht für eine Seite entscheiden will, weil er das ja auch nicht muss und weil er lieber mit den Widersprüchen des Lebens spielt als sich ernsthaft für oder gegen etwas zu entscheiden, in der Mitte stehen?

Aufschluss gibt hier ein Blick in Benns *Probleme der Lyrik*. Hier unterhält sich ein modernes lyrisches Ich mit der Mitte. Die Mitte, das ist zunächst die Norm, der Maßstab – hier gibt es keinen Platz für Extreme, für Außergewöhnliches, Abseitiges und Auffälliges.

> Die verschiedenen Arten der Ermüdung, die unmotivierten Stimmungswechsel, die Tagesschwankungen, die optische Sucht nach Grün plötzlich, die Berauschung durch Melodien, Nichtschlafenkönnen, Abstoßungen, Übelkeiten, die hohen Gefühle wie die Zerstörungen – alle diese Krisen des Bewußtseins, diese Stigmatisierungen des späten Quartär, diese ganze leidende Innerlichkeit wird nicht von [ihr] erfaßt.[125]

Diese Mitte nun, die selbstbewusst dasteht, klagt das lyrische Ich, den „Dégénéré"[126], an. Nicht Zerrbilder solle man schaffen, sondern Allgemeingültiges, Anschauliches, Ganzweltliches. Doch von ebendieser Mitte will das lyrische Ich nichts wissen und setzt deshalb kurzerhand eine neue Mitte, *seine* Mitte, denn

> [e]ntweder hat nämlich der Mensch heute genau so eine Mitte wie er nur je eine hatte, entweder ist der Mensch auch heute tief, oder er war es nie. Entweder ist Verwandlungsfähigkeit und auch gelegentlich Untergangsfähigkeit sein Gesetz, oder er hat überhaupt kein Gesetz. Entweder ist ihm etwas auferlegt, was er auf jeden Fall und unter jeder Gefahr zum Ausdruck bringen muß, oder ihm ist überhaupt nichts auferlegt.[127]

Es gilt also, neue Maßstäbe zu generieren, sich von der Mitte abzuwenden, wenigstens von einer Mitte, die Angst in die Welt trägt und von der gewisse Zwänge ausgehen. Von einem Verlust der Mitte, so das Resümee, könne allerdings nicht gesprochen werden, vielmehr sei es so, dass sich die Mitte verschiebe:

> Aber die Richtung dieser Mitte wird deutlich, sie geht in die Spannungssphären Bewußtsein und Geist, nicht in die Richtung von Trieb, Gefühlswärme, gepflegtem botanischzoologischem Innenidyll, sondern in die einer Verkettung verschärfter Begriffe, von Übersteigerung des Animalischen zu intellektuellen Konstruktionen, in produktives Ablenken inneren Mystizismus zu klaren, irdisch gebundenen Formen – es ist die Richtung auf eine Bewußtsein und

Ausdruck wollende und Bewußtsein und Ausdruck werdende Welt, mit einem Wort: auf Abstraktion.[128]

Die sich herauszuschälen beginnende ‚neue Mitte', ist demnach nicht länger als Zentrum zu denken, in dem verschiedene Extreme zum Ausgleich gebracht sind; es handelt sich nicht um eine „äquilibristische Mitte", wie sie etwa Schlemmer ein Leben lang suchte. Auch geht es Benn nicht darum, aufzuzeigen, dass „Verstand und Gefühl, Verstand und Triebe, Glauben und Wissen, Herz und Kopf, Leib und Geist, Seele und Geist [...] auseinandergerissen und zu Widersachern erklärt"[129] werden, wie dies Sedlmayr in *Verlust der Mitte* herausstellt. Nun – vom Verlust der Mitte kann, wie gesagt, nicht gesprochen werden. Stattdessen macht Benn eine neue Mitte geltend, die dezidiert in eine Richtung weist: zur *Abstraktion*. Dem Dichter geht es also weder um das Herausarbeiten und Schärfen von Polaritäten, um sie in Sedlmayrscher Manier gegeneinander auszuspielen, noch strebt er im Rahmen der Definition der neuen Mitte nach Gleichgewicht, nach einem Ausgleich diverser Gegensätze. Vielmehr betont er die Verschiebung der Mitte hin zur *Konstruktion*. Damit sind die Schlüsselbegriffe der ‚neuen Mitte', nämlich Konstruktion, Abstraktion, Klarheit und Spannung, dieselben wie jene der „statischen Moderne". Folglich steht auch die „neue Mitte" im Zeichen der Statik. Sie schließt Triebhaftigkeit, Gefühl und Mystik nicht aus, sondern integriert diese in ihre abstrakten Gebilde. Benn formuliert hier also genau das, was Mondrian und Schlemmer und nicht zuletzt er selbst bereits vorführten. Für die „ästhetischen Statiker" steht am Ende ein Gesetz, eine Form, eine Konstruktion, die das Gefühl, das Unergründliche in sich aufgenommen hat.

Anmerkungen

1 Gunnar Decker, *Gottfried Benn. Genie und Barbar, Biographie*, Berlin 2008, S. 20.
2 Ebd. S. 20.
3 Ebd. S. 254.
4 Ebd. S. 255.
5 Im 2016 erschienenen *Benn-Handbuch* werden insgesamt vier Bedeutungsdimensionen des Begriffs „Statik" aufgefächert: „(1) eine geschichtsphilosophische, die Benns Ablehnung von Teleologie und seinen „persönlichen Unglauben an eine Bedeutung der geschichtlichen Welt" (SW V, 137) zum Ausdruck bringt; (2) eine werkästhetische, die im Theoriegebäude der Benn'schen Artistik das Kunstwerk als in sich ruhendes, „hinterlassungsfähiges Gebilde" (ebd.) charakterisiert; (3) eine produktionsästhetische, die auf Konstruktivität und geradezu klassische Materialbeherrschung [...] abhebt; (4) eine psychologische, wenn mit dem Begriff eine resignative Haltung der Introversion und Affektlosigkeit artikuliert wird" (Antje Büssgen, „Statik", in: Christian M. Hanna und Friederike Reents (Hrsg.), *Benn-Handbuch. Leben – Werk – Wirkung*, Stuttgart 2016, S. 305–306, hier S. 306). Die bislang wohl umfassendste Analyse des Begriffs legte Harald Steinhagen vor (Harald Steinha-

gen, *Die Statischen Gedichte von Gottfried Benn. Die Vollendung seiner expressionistischen Lyrik*, Stuttgart 1969). Weniger differenziert setzte sich Theo Meyer in seiner Arbeit *Kunstproblematik und Wortkombinatorik bei Gottfried Benn* mit dem aus der Mechanik entlehnten Begriff auseinander. „Er kann verweisen", heißt es zusammenfassend, „erstens auf eine metaphysische Grundsubstanz, zweitens auf den artifiziellen Modus operandi und drittens auf die autonome Werkgestalt" (Theo Meyer, *Kunstproblematik und Wortkombinatorik bei Gottfried Benn*, Köln und Wien 1971, S. 76). Ingo Seidler betont in seinem Aufsatz „Statische Montage" vor allem die Entwicklungsfeindlichkeit der Benn'schen Dichtung, die jegliche Veränderung ausschließe. Es gehe weder um Nachricht noch um Inhalt und Mitteilung, sondern um Ausdruck, um Zustände und Perspektiven. Benns Werk stehe deshalb im Zeichen eines „a-historischen Ästhetizismus" (Ingo Seidler, „Statische Montage. Zur poetischen Technik im Spätwerk Gottfried Benns, in: Wolfgang Peitz (Hrsg.), *Denken in Widersprüchen. Korrelarien zur Gottfried-Benn-Forschung*, Freiburg 1972, S. 171–183).

6   Holger Hof, *Montagekunst und Sprachmagie. Zur Zitiertechnik in der essayistischen Prosa Gottfried Benns*, Mainz 1991, S. 405.

7   Vgl. hierzu auch Benns Äußerungen in: ders., *Probleme der Lyrik. Späte Reden und Vorträge*, mit einem Vorwort von Gerhard Falkner, Stuttgart 2011, S. 65 f. Zum Montageverfahren bei Benn siehe auch: Helmuth Kiesel, „Montagetechnik: Wortkombinatorik, Fremdwörter, Plagiat", in: Christian M. Hanna und Friederike Reents (Hrsg.), *Benn-Handbuch*, S. 290–292; Carolina Kapraun, *Literatur und Wissen. Zum anthropologischen Wissenstransfer bei Gottfried Benn*, Heidelberg 2015, v. a. S. 65–84. Grundsätzliches zur Montage: Eckart Voigts-Virchow, „Montage/Collage", in: Ansgar Nünning (Hrsg.), *Metzler Lexikon Literatur- und Kulturtheorie. Ansätze – Personen – Grundbegriffe*, Stuttgart und Weimar 2008, S. 514–515.

8   Auf die Verschränkung von Kunst und Leben bei Benn insistiert auch Till Röcke, der konzis wie treffend festhält: „Mag die Sphäre der Kunst auch autonom sein in ihrer Wirkung, da sie keinen sozialen Zwecken dient, so weist das Kunstwerk doch unauslöschlich eine Spur auf, die ins Leben zurückführt. Schließlich stammt es von da" (Till Röcke, *Radardenker. Traktat über Gottfried Benns „PHASE II"*, Treuenbrietzen 2013, S. 30; ähnlich auch an anderen Stellen, z. B. S. 75 und 85).

9   Gunnar Decker, *Gottfried Benn*, S. 17.

10   Helmut Lethen, *Der Sound der Väter. Gottfried Benn und seine Zeit*, Berlin 2006, S. 212.

11   Gottfried Benn, *Briefe an F. W. Oelze 1932–1956*, herausgegeben von Harald Steinhagen und Jürgen Schröder, 2 Bde. in 3 Tlbd., Wiesbaden 1977–1980, hier Bd. 1, S. 28.

12   Gunnar Decker, *Gottfried Benn*, S. 66. Hierzu auch: Christoph Perels, „Sprache der Wissenschaft und Sprache der Dichtung. Zu Gottfried Benns Sprachkritik zwischen 1914 und 1920", in: Stefan J. Schierholz (Hrsg.), *Die deutsche Sprache in der Gegenwart. Festschrift für Dieter Cherubim zum 60. Geburtstag*, Frankfurt am Main 2001, S. 223–231.

13   Vgl. Friederike Reents, „Vom „armen Hirnhund" zum „Prinzen Vogelfrei". Die poetologische Bedeutung der Tierbilder beim frühen Benn", in: Walter Delaber (Hrsg.), *Gottfried Benn (1886–1956). Studien zum Werk*, Bielefeld 2007, S. 107–116, hier S. 116; Carolina Kapraun, *Literatur und Wissen*, S. 185–190.

14   Gottfried Benn, Karyatide, in: Moritz Baßler (Hrsg.), *Literarische Moderne*, S. 377–378, hier S. 377.

15   Ebd. S. 377.

16   Ebd. S. 377.

17   Ebd. S. 377.

18   Ebd. S. 378.

19   Siehe hierzu auch die Interpretation von Manfred Koch, „Schattenspiele am Ende der Geschichte. Zu Gottfried Benns *Statischen Gedichten*", in: Günter Butzer und Joachim Jacob

(Hrsg.), *Berührungen: komparatistische Perspektiven auf die frühe deutsche Nachkriegsliteratur*, München 2012, S. 305–322.
20 Zur autobiographischen Färbung Rönnes siehe: Yvonne Wübben, „„Ein Bluff für den Mittelstand". Gottfried Benn und die Hirnforschung", in: *Text + Kritik*, Heft 44: Gottfried Benn, 3. Aufl., Neufassung, München 2006, S. 71–82, hier S. 81; Helmut Lethen, *Der Sound der Väter*, S. 35 f; Friederike Reents, „„Gehirne. Novellen' (1916): Rönne-Novellen" in: Christian M. Hanna und Friederike Reents (Hrsg.), *Benn-Handbuch*, S. 130–136, hier S. 130 f.
21 Christian Schärf, „Darwinismus", in: Christian M. Hanna und Friederike Reents (Hrsg.), *Benn-Handbuch*, S. 11–12, hier S. 12.
22 Burkhard Meyer-Sickendiek, „Die absolute Grübelprosa: Benns ‚Rönne' und die Gehirnwelten der Moderne", in: ders., *Tiefe. Über die Faszination des Grübelns*, München 2010, S. 259–267, hier S. 265 f.
23 Vgl. Yvonne Wübben, „„Ein Bluff für den Mittelstand". Gottfried Benn und die Hirnforschung", S. 78.
24 Hierzu auch: Friederike Reents, „„Gehirne. Novellen" (1916): Rönne-Novellen", in: Christian M. Hanna und Friederike Reents (Hrsg.), *Benn-Handbuch*, S. 130–136.
25 Wilhelm Krull, „Die Welt – hinter den Augen des Künstlers? Eine Skizze zu Gottfried Benns „Gehirne"", in: *Text + Kritik*, Heft 44: Gottfried Benn, München 1985, S. 63–74, hier S. 68.
26 Vgl. Antje Büssgen, „Statik", S. 305.
27 Manfred Koch, „Schattenspiele am Ende der Geschichte", S. 308.
28 Vgl. ebd. S. 307.
29 Schon Beda Allemann weist darauf hin, dass sich Benn nie vom Expressionismus abwendete. Sein „Perspektivismus [habe] von Anfang an seine Statik in sich getragen, auch wo sie von „trunkener Flut" überspült war" (Beda Allemann, „Statische Gedichte. Zu einem Gedicht von Gottfried Benn", in: Jost Schillemeit (Hrsg.), *Deutsche Lyrik von Weckherlin bis Benn*, Frankfurt am Main 1965, S. 326–336, hier S. 333). Auch Johann Siemon arbeitet an der Aufweichung der strikten Trennung von Frühwerk und Spätwerk. So erkennt er etwa in Rönne den Phänotyp: „Auch wenn die Strukturbeschreibung „orangenförmig" ohne Zweifel vom Aufbau des *Romans des Phänotyp* abgeleitet wurde, ist selbst sie, in einem umfassenderen Sinne, auf die gesamte Prosa sinnvoll zu beziehen. Das Wort will nämlich nichts anderes bedeuten, als daß der Text in sich abgeschlossen und selbstreferentiell ist [...]. Es steht wohl außer Frage, daß etwa auch die Rönne-Novellen, den *Phänotyp*, den *Existentiellen*, Rönne eben, als einzig strukturierendes Zentrum haben. Benns gesamtes Werk kreist doch um eben dieses Zentrum des schöpferischen Selbst, das sich zum Ausdruck bringen will" (Johann Siemon, *Die Formfrage als Menschheitsfrage. Die Genese des künstlerischen Weltbilds in der Prosa Gottfried Benns*, München 1997, S. 41 f). Andersherum sei der Begriff der Statik an Bewegung gekoppelt: „Der Begriff Statik beschreibt bei Benn das Kunstwerk als Ergebnis prozessualer Bewußtseinstätigkeit, als hergestellte Autonomie. Er meint das *Fest-Machen* dionysischer Entgrenzung in der *Ewigkeit* der schönen Form. Daß der Begriff der Statik ebensowenig auf das Spätwerk festzulegen ist, wie der der *absoluten Prosa*, wird auch dadurch belegt, daß Benn sein Frühwerk ja indirekt selbst einbezieht, wenn er von der „PHASE II [...]" spricht" (ebd. S. 44). Ähnlich bemerkt Antje Büssgen: „Das Konzept der ‚absoluten Prosa' bildet aber in seinem Werk keine Innovation der vierziger Jahre, sondern führt zurück in die zehner und frühen zwanziger Jahre" (Antje Büssgen, „Der späte Benn: Modern, postmodern, konventionell – oder nur sich selbst treu als Verfechter einer anthropologisch fundierten Wirkungspoetik?", in: Elena Agazzi und Amelia Valtolina (Hrsg.), *Der späte Benn. Poesie und Kritik in den 50er Jahren*, Heidelberg 2012, S. 31–54, hier S. 31). Meyer-Sickendiek bezeichnet die Novellensammlung *Gehirne* als Vorstufe

der ‚absoluten Prosa' (Burkhard Meyer-Sickendiek, „Die absolute Grübelprosa: Benns ‚Rönne' und die Gehirnwelten der Moderne", S. 259).
30 Gottfried Benn, „Statische Gedichte", in: ders., *Statische Gedichte (Gedichte 1937–1947)*, mit einem Vorwort von Durs Grünbein, Stuttgart 2011, S. 107.
31 Dieter Wellershoff, *Gottfried Benn. Phänotyp dieser Stunde*, Stuttgart 1962, S. 235.
32 Oswald Spengler, *Der Untergang des Abendlandes. Umrisse einer Morphologie der Weltgeschichte*, Bd. 1, München 1975, S. 492. Siehe außerdem S. 234–241 und S. 489 f.
33 Zit. nach Harald Steinhagen, *Die Statischen Gedichte von Gottfried Benn*, S. 245.
34 Vgl. Elena Agazzi, „‚„Farben und Klänge gibt es in der Natur, Worte nicht". Benns Arbeit am lyrischen Experiment zur Zeit der *Statischen Gedichte*", in: Raul Calzoni und Massimo Salgaro (Hrsg.), *„Ein in der Phantasie durchgeführtes Experiment". Literatur und Wissenschaft nach Neunzehnhundert*, Göttingen 2010, S. 159–175, hier S. 167 ff; Christian M. Hanna, „Antike und Mythos", in: ders. und Friederike Reents (Hrsg.), *Benn-Handbuch*, S. 315–320, hier S. 318.
35 Oswald Spengler, *Der Untergang des Abendlandes*, S. 533 f.
36 Helmuth Kiesel, *Geschichte der literarischen Moderne*, S. 421.
37 Durs Grünbein, „Elegien für einen Irrtum", in: Gottfried Benn, *Statische Gedichte*, S. 7–34, hier S. 33 f.
38 Vgl. Harald Steinhagen, *Die Statischen Gedichte von Gottfried Benn*, S. 253 ff.
39 Gunnar Decker, *Gottfried Benn*, S. 15.
40 Vgl. Joachim Vahland, „Sind die ‚Statischen Gedichte' statische Gedichte?", in: Bruno Hillebrand (Hrsg.), *Gottfried Benn*, Darmstadt 1979, S. 350–366, hier S. 360.
41 Zit. nach Harald Steinhagen, *Die Statischen Gedichte von Gottfried Benn*, S. 253.
42 „Essay" und „Experiment" haben einen gemeinsamen Ursprung: den „Versuch". Das bemerkte schon Max Bense: „‚Essay' heißt auf deutsch: Versuch [...]. Wir sind davon überzeugt, daß der Essay Ausdruck einer experimentierenden Methode ist, es handelt sich bei ihm um ein experimentelles Schreiben, und man hat davon im selben Sinne zu sprechen, wie man von experimenteller Physik spricht" (Max Bense, „Über den Essay und seine Prosa", in: *Merkur. Deutsche Zeitschrift für europäisches Denken*, 3. Heft, 1. Jg. (1947), S. 414–424, hier S. 417). Der an dieser Stelle angesprochene Themenkomplex „Essay – Versuch – Experiment" ist in der literaturwissenschaftlichen Forschung mittlerweile ausgiebig diskutiert worden. Aus der Vielzahl an Beiträgen kann hier nur eine kleine Auswahl aufgelistet werden: Christian Schärf, *Geschichte des Essays. Von Montaigne bis Adorno*, Göttingen 1999; Birgit Griesecke, „Essayismus als versuchendes Schreiben. Musil, Emerson und Wittgenstein", in: Wolfgang Braungart und Kai Kauffmann (Hrsg.), *Essayismus um 1900*, Heidelberg 2006, S. 157–175; Marcus Krause, „Mit Dr. Benn im „Laboratorium der Worte". Zur Experimentalität moderner Subjekte", in: Birgit Griesecke, Marcus Krause, Nicolas Pethes und Katja Sabisch (Hrsg.), *Kulturgeschichte des Menschenversuchs im 20. Jahrhundert*, Frankfurt am Main 2009, S. 78–109; Michael Gamper und Christine Weder, „Gattungsexperimente. Explorative Wissenspoetik und literarische Form: Aphorismus/Fragment/Notat – Essay – Novelle/Roman – Lyrik (Michael Gamper) – Märchen (Christine Weder)", in: Michael Gamper (Hrsg.), *Experiment und Literatur. Themen, Methoden, Theorien*, Göttingen 2010, S. 96–178; Raul Calzoni, „Das ‚Experiment' in der Literatur. Eine Einleitung", in: Raul Calzoni und Massimo Salgaro (Hrsg.), *„Ein in der Phantasie durchgeführtes Experiment". Literatur und Wissenschaft nach Neunzehnhundert*, Göttingen 2010, S. 11–28; Helmuth Kiesel, *Geschichte der literarischen Moderne*, S. 138–141.
43 Robert Musil, *Der Mann ohne Eigenschaften*, S. 250.
44 Ebd. S. 251.

45 Gottfried Benn, *Probleme der Lyrik. Späte Reden und Vorträge*, mit einem Vorwort von Gerhard Falkner, Stuttgart 2011, S. 50.
46 Bereits 1921 schrieb der Schriftsteller Sergej Tretjakow (1892–1937) noch etwas pointierter als Benn über die Arbeit eines Dichters und sein „Material": „Der Dichter ist lediglich Wort-Arbeiter und Wort-Konstrukteur, Meister in der Sprach-Schmiede und Lebensfabrik. Verse sind lediglich Wortlaboratorien, Werkstätten, in denen das Wort-Metall gebogen, zugeschnitten, verschweißt und montiert wird" (zit. nach Lothar Lang, *Konstruktivismus und Buchkunst*, S. 8).
47 Karl-Eugen Kurrer, „Der wirklich geniale Ingenieur ist poetischer Denker", o.S.
48 Ebd.
49 Ebd.
50 Hans-Jörg Rheinberger, *Experimentalsysteme und epistemische Dinge. Eine Geschichte der Proteinsynthese im Reagenzglas*, Frankfurt am Main 2006, S. 23f.
51 Ludwik Fleck, *Entstehung und Entwicklung einer wissenschaftlichen Tatsache*, S. 112ff.
52 Ebd. S. 124.
53 Lorraine Daston und Peter Galison, *Objektivität*, S. 383.
54 Ludwik Fleck, *Entstehung und Entwicklung einer wissenschaftlichen Tatsache*, S. 124f. Dabei ist dem Wissenschaftler bewusst, dass es „weder konzeptuell noch materiell so etwas wie eine unproblematische Repräsentation eines Wissenschaftsobjekts im Sinne einer unmittelbaren Abbildung von etwas ‚da draußen'" (Hans-Jörg Rheinberger, *Experimentalsysteme und epistemische Dinge*, S. 129) gibt.
55 Ebd. S. 124.
56 Ebd. S. 129.
57 Gunnar Decker, *Gottfried Benn*, S. 20.
58 Ludwik Fleck, *Entstehung und Entwicklung einer wissenschaftlichen Tatsache*, S. 130.
59 Ebd. S. 130.
60 Vgl. ebd. S. 125.
61 Durs Grünbein, „Elegien für einen Irrtum", S. 18.
62 Wolfgang Emmerich, „Lebensweg eines Intellektualisten" (1934), in: Christian M. Hanna und Friederike Reents (Hrsg.), *Benn-Handbuch*, S. 227–229, hier S. 227.
63 Entsprechend betont Agazzi, dass Benn „praktisch ingenieurmäßig konstruiert". „Der Bezug zur Konstruktionstechnik" sei „als eine „technische" und experimentelle Antwort auf die gewaltvolle Macht der Technologie zu verstehen, die seit Beginn des Jahrhunderts auf heimtückische Art und Weise die Rolle des Individuums und dessen Beziehung zur Kollektivität transformiert" (Elena Agazzi, „„Farben und Klänge gibt es in der Natur, Worte nicht". Benns Arbeit am lyrischen Experiment zur Zeit der *Statischen Gedichte*", S. 171). Obwohl es sich hier anbieten würde, geht Agazzi nicht näher auf die Begriffe „Experiment" und „Konstruktion" ein, weswegen dann auch ihre Bemerkungen im Vagen verbleiben.
64 Wolfgang Emmerich, „Lebensweg eines Intellektualisten" (1934), S. 229.
65 Till Röcke, *Radardenker*, S. 74.
66 Gunnar Decker, *Gottfried Benn*, S. 15.
67 Helmuth Kiesel, *Geschichte der literarischen Moderne*, S. 395f.
68 Damit ist der Phänotyp Ausdruck des Zeitgeistes, wie Siemon bemerkt. Der Text reduziere sich „auf nicht weiter individualisierbare Stimmen, in denen sich, in verschiedenen Absätzen neue Perspektiven eröffnend, der *Zeitgeist* ausspricht. Es geht also darum, eine Epoche auf ihre Essenz zurückzuführen, d. h. für Benn, sie von jedem Realitätsbezug abzutrennen, um sie aus der sinnlosen Beliebigkeit historischen Geschehens zu befreien, und sie in eine autonome,

nur auf sich selbst verweisende Sinnkonstruktion zu überführen" (Johann Siemon, *Die Formfrage als Menschheitsfrage*, S. 334).

69 Zum Montageverfahren im *Roman des Phänotyp* siehe: Peter Uwe Hohendahl, „"Roman des Phänotyp" (1944/1949)", in: Christian M. Hanna und Friederike Reents (Hrsg.), *Benn-Handbuch*, S. 149–154, hier S. 150. Zwar bezeichnet Benn die Montagekunst als Stil der Zukunft, doch wendet er diesen schon längst selbst an – wie im Übrigen andere Avantgardisten auch, die Mensch und Umwelt als montierte Wirklichkeiten zeigen. Zudem ist es eigentlich nichts Neues, wenn Benn verkündet, dass „Gedankengänge gruppiert, Geographie herangeholt, Träumereien eingesponnen und wieder fallen gelassen" (SW V, 169) werden, dass alles offen bleibe, die Unvereinbarkeit der Bruchstücke grundlegendes Prinzip sei und dass die Darstellung voller „Wiederholungen von Worten und Motiven" (ebd. 169) sei. Was anderes tut sich in seiner ‚absoluten Prosa' kund als das unter der sogenannten PHASE II Subsumierte? (vgl. hierzu auch Benns Äußerungen im *Radardenker* und in *Probleme der Lyrik*). Während sich also die PHASE II als weit weniger zukunftsorientiert erweist, als man das aufgrund von Benns eigener Ankündigung zunächst erwartet, kündigt sich zumindest durch die gewählte Bezeichnung „Roboterstil" ganz eindeutig die kybernetische Zukunft an. Von hier aus lässt sich dann auch der Bogen zu Max Bense spannen, mit dem Benn seit den 30er Jahren korrespondierte (hierzu: Bernhard Dotzler, „Roboterstil", in: *Benn-Jahrbuch*, Bd. 2, Stuttgart 2004, S. 153–168). Verschwiegen werden darf an dieser Stelle jedoch keinesfalls, dass es nicht nur der Begriff des Roboterstils ist, der für die Kunst der Zukunft steht, denn auch Benns ‚absolute Prosa' ist nicht etwa eine des Schlussstriches, sondern eine des Neubeginns, wie Till Röcke, der Dotzlers Lektüre attackiert (vgl. Till Röcke, *Radardenker*, S. 88–91), hervorhebt, und wie angesichts von Sätzen wie „Die Plastizität des Werdens wendet sich in neue Dimensionen [...] – von Ermüdung keine Spur" (SW V, 79) oder: „[D]er Mensch ist nicht ein Ende [...], sondern ein Beginn [...] – er ist noch nicht eingerenkt in die neue Konstruktion" (ebd. 78) kaum bezweifelt werden kann. Die PHASE II ist unbestritten eine in die Zukunft gerichtete Poetik und Poetologie, wiewohl Benn hier auf bereits erprobte Verfahren und Ideen zurückgreift. Er öffnet hier die Tür zur kybernetischen Moderne. Allerdings: Benn selbst bleibt Radardenker, d. h. er beobachtet und registriert aus der Distanz. Er weist den Weg, lässt dabei aber ganz in phänotypischer Manier, bis auf wenige Andeutungen, alles offen. Das Feld der Kybernetik überlässt er anderen.

70 Streng genommen müsste man nicht von Inhalt, sondern von Ausdruck sprechen, da es um das Ausdruck schaffen, nicht aber um die Erzeugung von Inhalten geht, wie Benn in einem Brief an Oelze bemerkt: „Es ist ein Roman nach Innen, der Roman der tatsächlichen inneren Schichten in uns, aber dies nicht analysiert, sondern ausgedrückt, real vorhanden, wobei natürlich Inhalt und Form schon wieder identisch ist, ja das ist eigentlich das ganze Problem, dass es Inhalt nicht giebt, nur Ausdruck u. Form, bezw. nur Inhalt als Ausdruck und Form" (zit. nach Johann Siemon, *Die Formfrage als Menschheitsfrage*, S. 42). Entsprechend heißt es im Roman, dass der Phänotyp leer sei und dass es nichts zu verkünden gebe, doch gleichzeitig ist der Text voller Bilder. Auf diesen Sachverhalt kommt Benn in *Doppelleben* zu sprechen: „Man beachte: am Schluß wird dann zurückgegangen auf die Stimmung des Phänotyps, die momentane, in diesem Fall seine eigene Melancholie, das ist sein Aggregatzustand in dieser Stunde, das deckt sich mit dem Überblick über die Bilder – flüchtig die Ekstase, Arien des Glücks und Arien der Verdammnis [...]. „Das unmittelbare Erleben tritt zurück, es brennen die Bilder, ihr unerschöpflicher beschirmter Traum." Warum sind sie unerschöpflich, warum brennen sie – weil der Phänotyp sie in die Ordnung von Worten brachte, in abwägend gebaute Sätze aus dem Prozeß des Absoluten" (SW V, 142f). Wo Bilder sind, sollte man meinen, ist es nicht leer, doch Fülle gibt es ganz offensichtlich ebenfalls nicht, wie es an anderer Stelle – im *Radardenker* – heißt: „ – aber das ist es ja gerade: Es gibt keine Leere und es gibt keine Fülle, es gibt nur die Möglichkeit, die Leere zu füllen hier, sofort, am Fenster mittels Lotung und

Transformation" (SW V, 76). So entpuppt sich das moderne Subjekt als leere Hülse, das sich völlig auf die *Technik*, nämlich das Schaffen einer Form mittels Ausdruck, konzentriert. Statt auf individuelle Züge einer Figur, die es im traditionellen Sinne, sprich als klar umrissene Gestalt nun nicht mehr gibt, setzt Benn mit seiner Montagekunst auf das Arrangieren des aufgeschnappten, teils peripheren Gemurmels.

71 Thomas Pauler, *Schönheit und Abstraktion. Über Gottfried Benns ‚absolute Prosa'*, Würzburg 1992, S. 148.

72 Vgl. Thomas Pauler, *Schönheit und Abstraktion*, S. 155 f; Johann Siemon, *Die Formfrage als Menschheitsfrage*, S. 337; Gunnar Decker, *Gottfried Benn*, S. 496.

73 Vgl. Thomas Wegmann, „‚„Der Radardenker" (1949/1958)", in: Christian M. Hanna und Friederike Reents (Hrsg.), *Benn-Handbuch*, S. 158–160, hier S. 160; Johann Siemon, *Die Formfrage als Menschheitsfrage*, S. 395; Gottfried Benn, SW IV, 197.

74 Zur Programmatik des Absoluten siehe: Moritz Baßler, „Absolute Prosa", in: Walter Fähnders (Hrsg.), *Expressionistische Prosa*, Bielefeld 2001, S. 59–78. „Absolute Prosa", fasst Baßler zusammen, „ist einer jener wenig glücklichen, aber nicht aus der Welt zu bringenden literaturwissenschaftlichen Begriffe, in denen formale Textbefunde, Programmatiken sowie politische und philosophische Besetzungen ein kaum mehr entwirrbares Konglomerat bilden" (ebd. S. 76). Zur Problematik dieser Gattung äußerten sich auch Lethen in *Der Sound der Väter*, S. 86 f und Hans Esselborn in seinem Beitrag „Absolutes Gedicht oder Erlebnislyrik bei Gottfried Benn", in: *Wirkendes Wort 39* (1989), S. 111–123. Außerdem sei auf Gregor Streims Aufsatz „‚Risse im Parthenon'" verwiesen. Streim liest Benns Poetik des Absoluten vor dem Hintergrund der modernen Physik (Gregor Streim, „‚Risse im Parthenon'. Reflexionen der modernen Physik in Gottfried Benns Poetik des Absoluten", in: Marie Guthmüller und Wolfgang Klein (Hrsg.), *Ästhetik von unten. Empirie und ästhetisches Wissen*, Tübingen und Basel 2006, S. 403–426). Ob und inwieweit es sich beispielsweise bei Einsteins *Bebuquin* (1912) um „statische Ästhetik" handelt und ob die ‚absolute Prosa' grundsätzlich der Sphäre des Statischen zuzurechnen ist, wäre noch zu klären.

75 Im *Ptolemäer* (1947) klingt das so: „Auftauchen, nur im Akt vorhanden sein und wieder versinken" (SW V, 14). In seiner Analyse des *Radardenkers* weist Siemon auf die eminent wichtige Bedeutung des Augenblicks hin, denn „Sinn kann sich nur im je stattfindenden Bewußtseinsakt konstituieren und bleibt auf diesen beschränkt" (Johann Siemon, *Die Formfrage als Menschheitsfrage*, S. 391). Ferner stelle sich „Struktur und Ordnung nur noch für Augenblicke ein. Die *Gebilde* bieten die, wenn auch begrenzten, so doch einzig noch möglichen Sinnerfahrungen" (ebd. S. 395).

76 Das bedeutet allerdings nicht, dass der *Radardenker*-Text der Gattung des Essays zuzuordnen ist. Zwar findet man Merkmale des Essays in ihm – insbesondere, wenn man beachtet, was der Essay sein kann, nämlich „Probe, Versuch, Entwurf, Experiment, Spiel, Tasten" (Bernd Scheffer, *Interpretation und Lebensroman. Zu einer konstruktivistischen Literaturtheorie*, Frankfurt am Main 1992, S. 296), und welche Qualitäten ihm zugeschrieben werden: „Vorläufigkeit, Unfertigkeit, Schwebezustand, Unsicherheit, (Selbst-)Ironie, Freiheit(en), Perspektivität, Teilantworten – bis hin zu Paradoxien, Widersprüchen, Unstimmigkeiten und Zufälligkeiten" (ebd. S. 296) –, doch meint das Essayistische hier mehr eine gewisse Haltung dem Leben gegenüber, die sich wiederum in der Art und Weise zu Denken und zu Schreiben spiegelt. Grundsätzlich ist der *Radardenker* der ‚absoluten Prosa' zuzurechnen, die allerdings essayistisches Schreiben nicht ausschließt, sondern integriert. In diese Richtung zielt auch Siemon (vgl. Johann Siemon, *Die Formfrage als Menschheitsfrage*, S. 46 ff).

77 Zwar gemahnt Benn: „Bedenken Sie: eine Art Roman (ohne Handlung) und vor allem ohne tragende Figur, er geht ja davon aus, dass es individuelle Züge nicht mehr gibt, warum also

durch *Gestalten* etwas ausdrücken, wenn gerade die Gestalt abhanden gekommen ist?" (zit. nach Johann Siemon, *Die Formfrage als Menschheitsfrage*, S. 42). Gleichwohl konstituiert der Phänotyp den Roman, da er es ist, der Form und Inhalt garantiert. Damit ist der *Roman des Phänotyp* eben doch ein Roman mit tragender Figur, wenn auch in einer nicht herkömmlichen, d. h. nicht den Gattungskonventionen entsprechenden Weise.

78   Johann Heinrich Zedler, *Grosses vollständiges Universal-Lexicon aller Wissenschafften und Künste*, Bd. 39, „Statick, Wage-Kunst, Static", Sp. 1276.

79   Johann Heinrich Zedler, *Grosses vollständiges Universal-Lexicon aller Wissenschafften und Künste*, Bd. 40, „Stillstand der schweren Cörper", Sp. 107.

80   Ebd. Sp. 107. Allerdings schreibt sich auch hier die Dynamik ein, denn der Hirnstamm steht im Rahmen der Benn'schen Programmatik für Vitalität, Affektivität, Trieb- und Instinktleben, für Traum, Rausch und Entgrenzung. Es ist der „primitiv-schizoide[...] Unterbau" (SW III, 271). Zur Gehirnthematik siehe: Christian M. Hanna, „Gehirn, Verhirnung, progressive Zerebra(lisa)tion", in: Christian M. Hanna und Friederike Reents (Hrsg.), *Benn-Handbuch*, S. 324–327. Seit den späten 40er Jahren, heißt es hier, variiere die Verwendungsweise stark, weshalb die Bedeutung des Gehirn-Begriffs jeweils aus dem Kontext ermittelt werden müsse.

81   Zit. nach Heinz Brüggemann, *Architekturen des Augenblicks*, S. 267.

82   Ebd. S. 267.

83   Ebd. S. 267.

84   Ebd. S. 267.

85   Ebd. S. 267.

86   Harald Steinhagen, *Die Statischen Gedichte von Gottfried Benn*, S. 268.

87   Dass Benns Texte von einem metaphysischen Hintergrundgemurmel begleitet sind, dass es aber bei einem Rauschen aus den Rängen bleibt und nicht zu einer Rede über Seelenkunde oder Daseinsgründe anschwillt, bemerkt Röcke, der festhält, dass Benn zwar den „metaphysischen Rest" immer betont habe, doch „ein Weitergraben mit der Stoßrichtung Seelenkern und Daseinsgrund [...] tunlichst vermieden" (Till Röcke, *Radardenker*, S. 37) habe.

88   Vgl. Gottfried Benn, *Probleme der Lyrik*, S. 54 f.

89   Betont werden muss an dieser Stelle, dass Stundengott und Phänotyp nicht identisch sind (vgl. Johann Siemon, *Die Formfrage als Menschheitsfrage*, S. 335; Thomas Pauler, *Schönheit und Abstraktion*, S. 154 f.).

90   In *Lebensweg eines Intellektualisten* schreibt Benn: „Formales möge kommen, Flüchtiges, Tragschwingen mögen kommen, flach und leicht gehämmert, Schwebendes unter Azur, Aluminiumflächen, *Oberflächen* –: *Stil* – ! – kurz, die neue, nach außen gelagerte Welt" (SW IV, 176 f). Das Bild von der Oberfläche und eines darunterliegenden, tiefen Grundes ist eine Vorstellung, die auch in der Ethnologie um 1900 zu finden ist (vgl. hierzu Helmut Lethen, *Der Sound der Väter*, S. 136 f). Zum Oberflächendiskurs, auf den an dieser Stelle nicht weiter eingegangen werden kann, siehe beispielsweise auch: Clemens Rathe, *Die Philosophie der Oberfläche. Medien- und kulturwissenschaftliche Perspektiven auf Äußerlichkeiten und ihre tiefere Bedeutung*, Bielefeld 2020; Philip Ursprung, *Der Wert der Oberfläche. Essays zu Architektur, Kunst und Ökonomie*, Zürich 2017; Julia Meier, *Die Tiefe der Oberfläche. David Lynch – Gilles Deleuze – Francis Bacon*, Berlin 2013. Im Zusammenhang dieser Arbeit ist bemerkenswert, dass sich in der Benn'schen Oberflächenkunst Statik und Dynamik zusammenschließen. Zum einen ist sie Inbegriff des Formalen: Hier ist der Ort „klar verzahnter Beziehungen, des Ineinandergreifens von abgeschliffenen Außenkräften, gestählter und gestillter Oberflächen" (SW IV, 175). Gleichzeitig aber ist die Oberflächenkunst Kunst des Flüchtigen, des Schwingens und Schwebens, Kunst des Rausches wie der Südlichkeit (vgl. ebd. 176 f).

91   Gottfried Benn, *Probleme der Lyrik*, S. 67.

92 Gunnar Decker, *Gottfried Benn*, S. 495.
93 Ebd. S. 495.
94 Ebd. S. 496.
95 In diesem Zusammenhang sei auf das Kapitel „Bauhaus mit Musik" in Lethens *Der Sound der Väter* hingewiesen, in welchem der Autor die „kastenförmige" Bauweise von Gedichten wie *O, Nacht –:* als „Bauhaus mit Musik" bezeichnet (S. 96 ff).
96 Oskar Schlemmer, Perspektiven, S. 261.
97 Oskar Schlemmer, Brief an Otto Meyer-Amden, Weimar, 22. November 1924, in: ders., *Idealist der Form*, S. 126.
98 Vgl. Gottfried Benn, *Probleme der Lyrik*, S. 59.
99 Ebd. S. 46.
100 Ebd. S. 48.
101 Ebd. S. 49.
102 Vgl. ebd. S. 48.
103 Ebd. S. 53.
104 Oskar Schlemmer, Perspektiven, S. 260.
105 Friederike F. Günther, „Arzt und Tot: Ein ästhetisches Verhältnis? Gottfried Benns *Gehirne*", in: Friederike F. Günther und Torsten Hoffmann (Hrsg.), *Anthropologien der Endlichkeit. Stationen einer literarischen Denkfigur seit der Aufklärung*, Göttingen 2011, S. 175–198, hier S. 193.
106 Zit. nach ebd. S. 193.
107 Richard Huelsenbeck, „Dadaistisches Manifest", S. 555.
108 Ebd. S. 557.
109 Gottfried Benn, *Probleme der Lyrik*, S. 48.
110 Ebd. S. 50.
111 Ebd. S. 52.
112 Ebd. S. 52.
113 Ebd. S. 51.
114 Ebd. S. 55.
115 Helmuth Kiesel, *Geschichte der literarischen Moderne*, S. 434 f.
116 Wolfgang Riedel, „Endogene Bilder. Anthropologie und Poetik bei Gottfried Benn", in: Helmut Pfotenhauer, Wolfgang Riedel und Sabine Schneider (Hrsg.), *Poetik der Evidenz. Die Herausforderung der Bilder in der Literatur um 1900*, S. 163–201, hier S. 200. Der Autor bezieht sich hier zwar auf die *Rönne*-Texte, doch lässt sich seine Äußerung problemlos auf Benns Lyrik übertragen.
117 Till Röcke, *Radardenker*, S. 73.
118 Gottfried Benn, *Probleme der Lyrik*, S. 73.
119 Ebd. S. 51.
120 Zit. nach Harald Steinhagen, *Die statischen Gedichte von Gottfried Benn*, S. 254.
121 Ebd. S. 253 ff. Das Ausgleichen, zeigt sich, ist für Benn doch nicht so ungewöhnlich wie Lethen meint (vgl. Helmut Lethen, *Der Sound der Väter*, S. 259).
122 Hans Sedlmayr, *Verlust der Mitte*, S. 115.
123 Vgl. ebd. S. 119.
124 Gunnar Decker, *Gottfried Benn*, S. 20.
125 Gottfried Benn, *Probleme der Lyrik*, S. 61.
126 Ebd. S. 60.
127 Ebd. S. 64.
128 Ebd. S. 69.
129 Hans Sedlmayr, *Verlust der Mitte*, S. 115.

Ausklang

Jean Tinguelys Manifest „Für Statik" (1959)

Der „MetaDadaist"[1] Jean Tinguely verfasste ein Manifest, dem er einen Titel gab, der zumindest auf den ersten Blick ganz und gar nicht zum Programm eines Vertreters der Kinetischen Kunst zu passen scheint. Die Rede ist vom Manifest „Für Statik". Warum es jedoch keinesfalls abwegig ist, dass gerade ein „Meister der Bewegungskunst"[2] für die Statik eintritt und ausgerechnet ihr eine Bühne bereitet, soll im Folgenden aufgezeigt werden.

Das Manifest ist Teil einer Aktion, um die sich verschiedene Legenden ranken. So kursiert beispielsweise die Erzählung, dass das auf tausende Flugblätter gedruckte Manifest vom Flugzeug aus über Düsseldorf abgeworfen wurde, die Zettel jedoch nicht wie geplant in der Stadt landeten, sondern auf den Feldern im Umland. Außerdem wird berichtet, dass der Start des Flugzeugs nicht genehmigt wurde, weshalb die Manifeste aus einem Auto geworfen wurden.[3] In der Forschung wurde bereits darauf hingewiesen, dass nicht entscheidend sei, wie die fotografisch dokumentierte Aktion tatsächlich ablief, weil man davon ausgehen könne, dass es Tinguely vor allem um eine öffentlichkeitswirksame Präsentation der Aktion ging.[4] Insbesondere die Tatsache, dass unterschiedliche Narrationen kursieren, führt dazu, dass man bis heute über das Manifest spricht. Tinguely, soviel steht fest, verstand es bestens, mit den performativen Mitteln zu spielen.

Für die Aufschlüsselung der Statik-Aktion ist nicht nur das Manifest an sich von zentraler Bedeutung, sondern auch das Zusammenspiel von Flugblatt-Text und fotografischer Aufnahme. Daneben ist auch die Rezeptionssituation entscheidend, denn anders als bei einem Happening, das unmittelbar wahrgenommen wird und über dessen Hergang man deshalb nicht spekulieren muss, ist die indirekte und zeitversetzte Kenntnisnahme der Aktion über das Foto Grundvoraussetzung für deren geradezu dadaeske Verschleierung. Auf der Fotografie sind ein Pilot und Tinguely in einem Flugzeug zu sehen. Der Künstler hält mehrere Exemplare seines Manifests fächerartig in den Händen, wobei sich ein Flugblattfächer direkt zur Kamera hin öffnet. Leserlich ist allerdings nur der fett gedruckte Titel „Für Statik". Der darunter stehende Manifesttext kann dagegen nicht entziffert werden.

Auffallend ist, dass sich die Aktion durch eine dreifache Paradoxie auszeichnet: Erstens sitzt der Künstler in einem Flugzeug, also in einem Fortbewegungsmittel, das der Inbegriff von technischem Fortschritt, Beschleunigung und globaler Vernetzung ist. Gleichzeitig aber hält er sein Manifest „Für Statik" in die Kamera. Zweitens ist es seltsam, dass gerade ein Vertreter der Kinetischen Kunst ein Manifest „Für Statik" verfasst, und drittens ist es irritierend, wenn Tinguely gleich im ersten Satz behauptet, dass sich alles bewege und es Stillstand nicht gebe. Nicht zuletzt deshalb titulierte man diesen kurzen Text als „Manifest der Bewegung"[5] oder als „Hymne an die Bewegung".[6] Bezeichnungen wie diese weisen darauf hin, dass die Statik bei Tinguely unmittelbar an die Bewegung, mithin an die Zeit resp. Vergänglichkeit geknüpft ist. Statik meint bei ihm das Leben im Hier und Jetzt, ohne es anhalten, festhalten oder irgendwie konservieren zu wollen. Statik – das ist das Feiern der Absolutheit des Augenblicks bei gleichzeitiger Akzeptanz ständiger Veränderung. Statik ist nicht einfach nur Stillstand, wie gemeinhin angenommen wird, sondern das „JETZT" als „absolute Wirklichkeit"[7], welche wiederum ständige Veränderung impliziert. Zwar fordert der Künstler dazu auf, nicht an überlebten Zeitbegriffen festzuhalten, nicht „Augenblicke zu versteinern"[8], nicht „Lebendiges zu töten"[9], doch legt die Wahl des Titels nahe, dass es ihm darum ging, alle Aufmerksamkeit auf die Statik zu lenken. Bei aller Vitalität, die das Leben auszeichnet, bei aller Dynamik der Erscheinungswelt darf die Statik keinesfalls vergessen werden. Natürlich liegt es nahe, Tinguelys Manifest als Lobgesang auf die Bewegung zu lesen, da es aus der Feder eines Vertreters der Kinetischen Kunst stammt. Doch sollte man das Manifest sowie die Fotografien der Kunstaktion nicht auch als Inszenierung der Statik begreifen, anstatt sie vorschnell als Feier der Bewegung aufzufassen? Wollte Tinguely nicht gerade für die Statik im Leben sensibilisieren? Als sich Theo van Doesburg von der statisch wirkenden Kunst des Neoplastizismus abwandte, betonte er, dass das Leben nicht nur statisch sei, sondern auch dynamisch. Und will Tinguely nicht umgekehrt mit seiner Aktion ausdrücken, dass das Leben nicht nur dynamisch, sondern auch statisch ist? Zwar bindet er die Statik auf unterschiedlichen Ebenen an die Bewegung, etwa indem er sich und sein Manifest im Flugzeug positioniert und dazu auffordert, das Leben nicht anzuhalten, doch ist es gerade die Statik, die im Text für die Absolutheit des Augenblicks steht, d. h., dass das Leben ohne Statik nicht ganzheitlich bzw. in seiner Totalität erfahren werden kann. So gilt also, dass die Statik unmittelbar an die Bewegung gebunden ist. Aber auch umgekehrt gilt: „Bewegung ist das einzige Statische, Endgültige, Dauerhafte und Gewisse".[10]

Obwohl sich Tinguely mit seinem Œuvre außerhalb des Untersuchungszeitraumes befindet, wurde es hier, wenn auch nur punktuell, thematisiert, da es als Scharnier zwischen Klassischer Moderne und Postmoderne fungiert. In den 50er Jahren konnte der Künstler auf das Repertoire der Avantgardisten der ersten Hälfte des 20. Jahrhunderts zurückgreifen, um es anschließend neu zu kontextualisieren, was ihm etwa mit seinen *Méta-Kandinskys* gelang. Vor ihm, noch Ende der 40er Jahre, hatte Alexander Calder Mondrians starre Kunst des Gleichgewichts in Bewegung versetzt. Und nach ihm, im Jahr 1965, erschien eine Modekollektion bei Yves-Saint-Laurent im Stile der Mondrian'schen Bildsprache. Die Kunst der Avantgardisten war nun verfügbar geworden.[11] Gleichzeitig lässt sich von Tinguelys Kunst aus ein Bogen nicht nur in die 80er Jahre zum Schweizer Kunstduo Fischli/Weiss schlagen[12], sondern auch zur zeitgenössischen kybernetischen Kunst. Welche Rolle die Statik dort spielt, wäre, insbesondere auch hinsichtlich der Äußerungen Gottfried Benns zu Kybernetik und Roboterstil, ein Thema für eine weiterführende Untersuchung der hier vorgestellten „statischen Moderne".

Anmerkungen

1 Richard Huelsenbeck, in: MoMA Presseinformation für Homage to New York, 1960, o. S. (zit. nach Margriet Schavemaker, Barbara Til und Beat Wismer, „Jean Tinguely. Eine Einführung", in: Museum Kunstpalast, Düsseldorf und Stedelijk Museum, Amsterdam (Hrsg.), *Jean Tinguely. Super Meta Maxi*, Köln 2016, S. 9–11, hier S. 10).
2 Margriet Schavemaker, Barbara Til und Beat Wismer, „Jean Tinguely. Eine Einführung", S. 11.
3 Hiezu ausführlich: Thekla Zell, „Dynamo Tinguely. „Networking Events" im Rheinland", in: Museum Kunstpalast, Düsseldorf und Stedelijk Museum, Amsterdam (Hrsg.), *Jean Tinguely*, S. 147–154, hier S. 149 f; Kaira M. Cabañas, „Wüste – Bombe – Bildschirm", in: Museum Kunstpalast, Düsseldorf und Stedelijk Museum, Amsterdam (Hrsg.), *Jean Tinguely*, S. 87–92, hier S. 87.
4 Vgl. Margriet Schavemaker, Barbara Til und Beat Wismer, „Jean Tinguely. Eine Einführung", S. 11.
5 Gijs van Tuyl, „Vorwort", in: Kunstmuseam Wolfsburg (Hrsg.), *L'Esprit de Tinguely*, Ostfildern-Ruit 2000, S. 5–9, hier S. 6.
6 Annelie Lütgens, „L'Esprit de Tinguely: Das Wunderbare besiegt das Nützliche", in: Kunstmuseum Wolfsburg (Hrsg.), *L'Esprit de Tinguely*, S. 19–125, hier S. 24.
7 Zit. nach Museum Kunstpalast, Düsseldorf und Stedelijk Museum, Amsterdam (Hrsg.), *Jean Tinguely*, S. 54.
8 Ebd. S. 54.
9 Ebd. S. 54.
10 Zit. nach Kunstmuseum Wolfsburg (Hrsg.), *L'Esprit de Tinguely*, S. 60.
11 Vgl. Beat Wismer, „Weshalb soll ein Bild immer unbeweglich sein? Weshalb darf es sich nicht auch verändern? Jean Tinguelys erstes Jahrzehnt, von der Metakunst zur autodestruktiven Installation", in: Museum Kunstpalast, Düsseldorf und Stedelijk Museum Amsterdam (Hrsg.), *Jean Tinguely*, S. 35–40, hier S. 38 f.
12 Vgl. ebd. S. 40.

Schlusspunkt

Die Arbeit wurde mit einem Zitat Alfred Gotthold Meyers eingeleitet, der in seinem Buch *Eisenbauten* konstatiert, dass man um 1900 in einer Zeit des Umbruches, in einer Zeit der Beschleunigung lebe, in welcher der Mensch aus den alten Gleisen herausgeschleudert werde. Es gelte, sich mit widerstreitenden Kräften, dem Alten auf der einen, dem Neuen auf der anderen Seite, auseinanderzusetzen, wobei das hereinbrechende Neue zwar betäubend, doch gleichzeitig anregend wirke. Heute, gut hundert Jahre später, ist erneut ein solcher Wendepunkt erreicht. Nicht nur muss man sich im „Wirbelstrom"[1] von Globalisierung und Digitalisierung zurechtfinden, auch ist in vielerlei Hinsicht ein Umdenken gefragt, eine Neuorientierung, mithilfe derer die Krisen und Probleme unserer Zeit bewältigt werden können. Einige neue wie zukunftsweisende Tendenzen zeichnen sich bereits ab: Statt Fast Food Slow Food, statt Verbrennungsmotor Elektromobilität, statt Fernreise sanfter Tourismus, statt Ellbogenmentalität Achtsamkeit, statt Globalisierung Regionalität, statt Wegwerfgesellschaft nachhaltiges Konsumieren – eine Liste, die sich fortsetzen ließe. All diese Entwicklungen sind unverkennbare Zeichen eines Umbruchs, der sich gegenwärtig vollzieht, wenn auch in kleinen Schritten. Dem ungezügelten Konsum, dem „Immer erreichbar sein müssen", dem „Höher, schneller, weiter" und dem allgegenwärtigen Leistungsdruck tritt heute eine Sphäre gegenüber, in der man bewusst lebt, im Einklang mit sich und der Welt, mithin im Gleichgewicht. In ebendiese Richtung zielt auch ein Lifestyle-Trend, den man „Lagom" nennt und der seinen Ursprung in Schweden hat. In der Zeitschrift *WELT* heißt es dazu:

> Was aber genau bedeutet eigentlich Lagom? Eine wörtliche Übersetzung gibt es nicht – meistens wird es übersetzt mit „genau im richtigen Maß" oder „alles in Maßen". Lagom meint die Mitte zwischen „zu viel" und „zu wenig" und wendet sich damit gegen jegliche Form von Exzess oder Übertreibung. Letztlich geht es darum, dass man im Leben alles im richtigen Maß machen solle. Gleichzeitig wirkt das Prinzip aber auch nach innen und soll dabei unterstützten, Harmonie und inneres Gleichgewicht zu finden.[2]

Damit wiederholt sich Mondrians Ruf nach Harmonie hundert Jahre nach Gründung des holländischen *De Stijl*. Nichts hat sich, so scheint es, verändert, nur die Vorzeichen sind andere. Kann man also die „statische Moderne", wie sie in dieser Arbeit vorgestellt wurde, fortschreiben? Dies liegt jedenfalls nahe, da wir uns auch heute in einer Zeit des Wandels befinden, in der Schnelligkeit oberste Maxime ist und in der sich die Menschen angesichts vielfältiger Veränderungen, zunehmender Dynamisierung und weltweiter, bedrohlicher Krisen nach Harmonie und Ausgeglichenheit wenigstens im eigenen Leben sehnen.

Den Hintergrund der vorliegenden Arbeit bildet die Eisenarchitektur der Ingenieure, die in der Mitte des 19. Jahrhunderts ihren Siegeszug begann. Die „statische Moderne" auf dieser Folie weiterzuschreiben wäre sicherlich verfehlt, ist doch der Aufschrei, für den die ersten Eisenbauwerke sorgten, längst verklungen. Stattdessen sei ein Blick in Gottfried Benns *Probleme der Lyrik* geworfen. Hier spricht der Autor die Kybernetik an, die „neue Schöpfungswissenschaft, die den Roboter schafft".[3] „Haben Sie", fragt Benn,

> schon einmal darüber nachgedacht, daß das, was die Menschheit heutigentages noch denkt, noch denken nennt, bereits von Maschinen gedacht werden kann, und diese Maschinen übertrumpfen sogar schon den Menschen, die Ventile sind präziser, die Sicherungen stabiler als in unseren zerklafterten körperlichen Wracks, sie arbeiten Buchstaben in Töne um und liefern Gedächtnisse für acht Stunden, kranke Teile werden herausgeschnitten und durch neue ersetzt – also das Gedankliche geht in die Roboter – und was noch übrig bleibt, wohin geht denn das?[4]

Während also das 19. Jahrhundert die Statik zu einer Wissenschaft machte,[5] wurde im 20. Jahrhundert die Kybernetik zu einer solchen. Demnach müsste man den Fokus auf die Kybernetik richten. Wohin die Kunst im Zeitalter der Robotik geht, lotete die vom 5. April bis 9. Juli 2018 im Grand Palais in Paris stattfindende Ausstellung *Artistes et Robots* aus, in der auch eine von Jean Tinguelys *Meta-Matics* zu sehen war. Was, so wurde gefragt, unterscheidet den Künstler vom Roboter? Wird es der vom Menschen geschaffenen Maschine gelingen, ihren Schöpfer zu überflügeln? Grundsätzlich stellt sich die Frage: Was eigentlich ist Kunst? Und von wem kann sie gemacht werden? Bereits ein Jahr zuvor widmete sich das Vitra Design Museum in Weil am Rhein dem zunehmenden Einfluss der Roboter. In der Ausstellung *Hello, Robot. Design zwischen Mensch und Maschine* war u. a. ein Roboter zu sehen, der am laufenden Band Manifeste produzierte. Kann also auch ein Roboter kreativ sein? Und welche Rolle spielen Statik, Gleichgewicht, Abstraktion und Stil für kybernetische Systeme?

Abschließend sei bemerkt, dass die Entwicklung des Computers unmittelbar mit der Baustatik verbunden ist. Der Erfinder des Computers, Konrad Zuse (1910–1995), studierte zunächst an der TH Berlin Maschinenbau, wechselte dann zur Architektur und schließlich zum Bauingenieurwesen. Seine 1934 fertiggestellte Studienarbeit über die Berechnung eines 9fach statisch unbestimmten Systems kann als Auftakt seiner Rechnerentwicklung gelten.[6] In seinem Aufsatz „Konrad Zuse und die Baustatik – Zur Vorgeschichte der Computerstatik" hält Karl-Eugen Kurrer fest, dass „*Zuses* Lebenswerk ein faszinierendes Beispiel dafür [ist], wie aus der Theorie und Praxis einer technikwissenschaftlichen Grundlagendisziplin eine den gesamten gesellschaftlichen Lebensprozeß umwälzende Maschine in Gestalt des Computers hervorging".[7] Grund genug also, den Zusammenhang von Kunst, Literatur, Architektur und Statik auch für die Zeit nach 1950 nicht aus den Augen zu verlieren.

Anmerkungen

1 Alfred Gotthold Meyer, *Eisenbauten*, Vorwort, o. S.
2 Katharina Dippold, „Mit Lagom werden Sie glücklich wie die Schweden", veröffentlicht am 27. August 2017; https://www.welt.de/icon/partnerschaft/article168011581/Mit-Lagom-werden-Sie-gluecklich-wie-die-Schweden.html (zuletzt aufgerufen am 14.07.2021).
3 Gottfried Benn, *Probleme der Lyrik*, S. 65.
4 Ebd. S. 65. Mittlerweile existierten Bilder der Denkprozesse von Maschinen: Michael Förtsch, „So sieht es aus, wenn Maschinenhirne denken", veröffentlicht am 24. Februar 2017; https://www.gq-magazin.de/auto-technik/articles/so-sieht-es-aus-wenn-maschinenhirne-denken (zuletzt aufgerufen am 14.07.2021).
5 Vgl. Alfred Gotthold Meyer, *Eisenbauten*, S. 2.
6 Hierzu ausführlich: Karl-Eugen Kurrer, „Konrad Zuse und die Baustatik – Zur Vorgeschichte der Computerstatik (Teil 1)", in: *Bautechnik* 87 (2010), Heft 11, S. 676–699.
7 Ebd. S. 679.

Abbildungsverzeichnis

Abbildung 1 Piet Mondrian, Komposition Nr. III mit Rot, Gelb und Blau (1927) —— **29**
Abbildung 2 Theo van Doesburg, Simultanes Porträt von Valentin Parnac in seinem Tanz-Epos mit Theo van Doesburgs dissonanter Kontra-Komposition XVI im Hintergrund, Atelier 84 Avenue Schneider, Clamart (Hauts-de-Seine), (1925) —— **33**
Abbildung 3 Piet Mondrian bei der Ausstellung „Masters of Abstract Art" in Helena Rubensteins New Art Center, New York City (April 1942), links: Theo van Doesburg, Kontra-Komposition XIII (1926), rechts: Piet Mondrian, Komposition Nr. 5 (1939–42), Fotograf unbekannt, eventuell Fritz Glarner —— **35**
Abbildung 4 Bau der Britannia-Brücke, Lithographie von G. Hawkings (1850) —— **41**
Abbildung 5 Die Firth-of-Tay-Brücke vor dem Unglück (um 1880) —— **43**
Abbildung 6 Die Brücke nach dem Einsturz (um 1880) —— **43**
Abbildung 7 Piet Mondrian, Komposition mit zwei Linien (1931) —— **52**
Abbildung 8 Fritz Glarner, Piet Mondrian mit Broadway Boogie-Woogie, Atelier 353 East 56th Street, New York City (Anfang 1943) —— **55**
Abbildung 9 Fortunato Depero, Grattacieli. Tavola parolibera Futurista (1929) —— **61**
Abbildung 10 Erich Mendelsohn, Amerika. Bilderbuch eines Architekten (1926) —— **66**
Abbildung 11 Erich Mendelsohn, Amerika. Bilderbuch eines Architekten (1926) —— **70**
Abbildung 12 Erich Mendelsohn, Amerika. Bilderbuch eines Architekten (1926) —— **72**
Abbildung 13 Carel und Mary Mondrian zu Besuch bei Piet Mondrian, Atelier 278 Boulevard Raspail, Paris (August 1936), Fotograf unbekannt —— **82**
Abbildung 14 Fritz Glarner, Das Atelier Mondrians nach seinem Tod, 15 East 59th Street, New York City (Februar 1944) —— **83**
Abbildung 15 Fritz Glarner, Das Atelier Mondrians nach seinem Tod, 15 East 59th Street, New York City (Februar 1944) —— **83**
Abbildung 16 Konstruktionsbüro im Wernerwerk-Hochbau in Berlin-Siemensstadt (1930) —— **85**
Abbildung 17 Maler im Gleichgewicht auf einer Treppe des Eiffelturms (peintre en équilibre sur un escalier de la Tour Eiffel), Pressefotografie, Agence Rol (September 1907) —— **88**
Abbildung 18 Der Eiffelturm bei Nacht (La Tour Eiffel illuminée, publicité Citroën), Pressefotografie, Agence Rol (1925) —— **93**
Abbildung 19 Sigfried Giedion, Die Herrschaft der Mechanisierung (1982) —— **103**
Abbildung 20 Sigfried Giedion, Die Herrschaft der Mechanisierung (1982) —— **104**
Abbildung 21 Sigfried Giedion, Die Herrschaft der Mechanisierung (1982) —— **105**
Abbildung 22 Raoul Hausmann, „grün" (1918) —— **149**
Abbildung 23 Oskar Schlemmer, Der Mensch im Ideenkreis (1928) —— **157**
Abbildung 24 Oskar Schlemmer, Selbstbildnis mit erhobener Hand (1931/32) —— **163**
Abbildung 25 Oskar Schlemmer, Fünfzehnergruppe (1929) —— **165**
Abbildung 26 Oskar Schlemmer, „Analyse eines Bildes und anderer Dinge" (1929) —— **166**
Abbildung 27 Oskar Schlemmer, „Analyse eines Bildes und anderer Dinge" (1929) —— **167**

https://doi.org/10.1515/9783110730913-008

Abbildung 28 Oskar Schlemmer, Relief H bronziert (1919) —— **170**
Abbildung 29 Oskar Schlemmer, Eingang zum Stadion (1930–36) —— **171**
Abbildung 30 Oskar Schlemmer, Abstrakte Figur (1921/23) —— **173**
Abbildung 31 Kurt Doerry, „Spielerische Gymnastik" (1930) —— **183**
Abbildung 32 Kurt Doerry, „Spielerische Gymnastik" (1930) —— **184**
Abbildung 33 Bauhausbühne, Equilibristik (1927) —— **185**
Abbildung 34 Oskar Schlemmer, Ruheraum (1925) —— **239**

Abbildungsnachweis

1	Photo Courtesy Stedelijk Museum Amsterdam, ©abgelaufen
2	RKD – Netherlands Institute for Art History, RKDimages (Bild-Nummer 0000262840), ©abgelaufen
3	RKD – Netherlands Institute for Art History, RKDimages (Bild-Nummer 0000258514)
4	The National Library of Wales, https://viewer.library.wales/1131033#?c=&m=&s=&cv=&manifest=https%3A%2F%2Fdamsssl.llgc.org.uk%2Fiiif%2F2.0%2F1131033%2Fmanifest.json&xywh=-1%2C-904%2C11776%2C10963 (zuletzt aufgerufen am 14.07.2021)
5	National Library of Scotland, https://digital.nls.uk/scottish-bridges/archive/74585166#?c=0&m=0&s=0&cv=53&xywh=-139%2C-183%2C2777%2C2059 (zuletzt aufgerufen am 14.07. 2021)
6	National Library of Scotland, https://digital.nls.uk/scottish-bridges/archive/74585164#?c=0&m=0&s=0&cv=52&xywh=-139%2C-180%2C2777%2C2059 (zuletzt aufgerufen am 14.07. 2021)
7	Photo Courtesy Stedelijk Museum Amsterdam, ©abgelaufen
8	RKD – Netherlands Institute for Art History, RKDimages (Bild-Nummer 0000212627), ©2020 Kunsthaus Zürich, Nachlass Fritz Glarner
9	Die Abbildung ist Heinz Brüggemanns *Architekturen des Augenblicks* (2002) entnommen, ©VG Bild-Kunst, Bonn 2020
10-12	Staatliche Museen zu Berlin – Preußischer Kulturbesitz, Kunstbibliothek, Foto: Dietmar Katz
13	RKD – Netherlands Institute for Art History, RKDimages (Bild-Nummer 0000215819)
14	Kunsthaus Zürich, Fotosammlung, ©2020 Kunsthaus Zürich, Nachlass Fritz Glarner
15	Kunsthaus Zürich, Fotosammlung, ©2020 Kunsthaus Zürich, Nachlass Fritz Glarner
16	Siemens Historical Institute, ©Siemens AG, München/Berlin
17	gallica.bnf.fr / Bibliothèque nationale de France, https://gallica.bnf.fr/ark:/12148/btv1b6913298g.r=eiffel?rk=450646;0 (zuletzt aufgerufen am 14.07.2021)
18	gallica.bnf.fr / Bibliothèque nationale de France, https://gallica.bnf.fr/ark:/12148/btv1b53150713f?rk=21459;2 (zuletzt aufgerufen am 14.07.2021)
19-21	©1948, 1982 Erben Andres Giedion & Verena Clay-Giedion. Veröffentlicht mit Genehmigung der Paul & Peter Fritz AG, Zürich
22	Die Abbildung entstammt dem Ausstellungskatalog *Dada* (2005), veröffentlicht vom Centre Georges Pompidou, Musée national d'art modern, Paris, Foto ©Centre Pompidou, Mnam-CCI / Dist. RMN-GP, ©VG Bild-Kunst, Bonn 2020
23	Bauhaus-Archiv Berlin, ©abgelaufen
24	Die Abbildung entstammt dem Ausstellungskatalog *Oskar Schlemmer. Visionen einer neuen Welt* (2014), Kunsthaus Zug, Stiftung Sammlung Kamm, ©abgelaufen
25	Lehmbruck Museum, Duisburg, Foto: Bernd Kirtz, ©abgelaufen
26 und 27	Stiftung Bauhaus Dessau (I 751 L), ©(Meyer, Hannes) Erbengemeinschaft nach Hannes Meyer/Image by Google
28	Gesellschaft Freunde junger Kunst Baden-Baden, Foto: Karl Manfred Rennertz, ©abgelaufen

29	Kunstmuseum Stuttgart, Foto: Kunstmuseum Stuttgart, ©abgelaufen
30	Foto: Bayerische Staatsgemäldesammlungen – Pinakothek der Moderne, München, https://www.sammlung.pinakothek.de/de/artwork/Pdxzawk4w5 (zuletzt aufgerufen am 14.07.2021)
31	https://www.arthistoricum.net/werkansicht/dlf/73359/11/0/# (zuletzt aufgerufen am 14.07.2021) ©Seidenstücker, unbekannt; Doerry, abgelaufen; *Scherl's Magazin*, unbekannt
32	https://www.arthistoricum.net/werkansicht/dlf/73359/12/0/# (zuletzt aufgerufen am 14.07.2021) ©Seidenstücker unbekannt, Doerry abgelaufen, *Scherl's Magazin* unbekannt
33	Bauhaus-Archiv Berlin, ©unbekannt
34	Staatsgalerie Stuttgart, Foto: Staatsgalerie Stuttgart, ©abgelaufen

Literaturverzeichnis

Agazzi, Elena: „"Farben und Klänge gibt es in der Natur, Worte nicht". Benns Arbeit am lyrischen Experiment zur Zeit der *Statischen Gedichte*", in: Raul Calzoni und Massimo Salgaro (Hrsg.), *"Ein in der Phantasie durchgeführtes Experiment". Literatur und Wissenschaft nach Neunzehnhundert*, Göttingen 2010, S. 159–175.

Alberti, Leon Battista: *Kleinere kunsttheoretische Schriften*, im Originaltext herausgegeben, übersetzt, erläutert, mit einer Einleitung und Excursen versehen von Dr. Hubert Janitschek, Osnabrück 1970.

Albrecht, Andrea und Bomski, Franziska: „Mathematik, Logik, Geometrie, Wahrscheinlichkeitstheorie", in: Birgit Nübel und Norbert Christian Wolf (Hrsg.), *Robert-Musil-Handbuch*, Berlin und Boston 2016, S. 510–516.

Allemann, Beda: „Statische Gedichte. Zu einem Gedicht von Gottfried Benn", in: Jost Schillemeit (Hrsg.), *Deutsche Lyrik von Weckherlin bis Benn*, Frankfurt am Main 1965, S. 326–336.

Arndal, Steffen: „Sehenlernen und Pseudoskopie, zur visuellen Verarbeitung des Pariserlebnisses in R. M. Rilkes *Die Aufzeichnungen des Malte Laurids Brigge*", in: *Orbis Litterarum*, 62 (2007), S. 210–229.

Asendorf, Christoph: „Sattelzeit und Symbolzerfall. Nach dem Bruch: Wandel und Kontinuität in der Ikonologie der Architektur", in: *Forum interdisziplinäre Begriffsgeschichte* 1 (2018), S. 72–78.

Bächler, Hagen und Letsch, Herbert: „Vorwort", in: dies. (Hrsg.), *De Stijl. Schriften und Manifeste zu einem theoretischen Konzept ästhetischer Umweltgestaltung*, Leipzig und Weimar 1984, S. 5–45.

Bachmann-Medick, Doris: *Cultural Turns. Neuorientierungen in den Kulturwissenschaften*, Hamburg 2009.

Barsch, Achim und Hejl, Peter M.: „Zur Verweltlichung und Pluralisierung des Menschenbildes im 19. Jahrhundert: Einleitung", in: dies. (Hrsg.), *Menschenbilder. Zur Pluralisierung der Vorstellung von der menschlichen Natur (1850–1914)*, Frankfurt am Main 2000, S. 7–90.

Barthes, Roland: *Der Eiffelturm*, mit zeitgenössischen Abbildungen, aus dem Französischen von Helmut Scheffel, Berlin 2015.

Baßler, Moritz: „Absolute Prosa", in: Walter Fähnders (Hrsg.), *Expressionistische Prosa*, Bielefeld 2001, S. 59–78.

Baßler, Moritz: „Einleitung", in: ders. (Hrsg.), *Literarische Moderne. Das große Lesebuch*, Frankfurt am Main 2010, S. 15–31.

Becchi, Antonio: „Baustatik", in: *Enzyklopädie der Neuzeit*, im Auftrag des Kulturwissenschaftlichen Instituts (Essen) und in Verbindung mit den Fachwissenschaftlern herausgegeben von Friedrich Jaeger, Bd. 1, Stuttgart 2005, Sp. 1093–1100.

Belting, Hans: „Vorwort. Zu einer Anthropologie des Bildes", in: Hans Belting und Dietmar Kamper (Hrsg.), *Der zweite Blick. Bildgeschichte und Bildreflexion*, München 2000, S. 7–10.

Benn, Gottfried: „Statische Gedichte", in: ders., *Statische Gedichte (Gedichte 1937–1947)*, mit einem Vorwort von Durs Grünbein, Stuttgart 2011, S. 107.

Benn, Gottfried: *Briefe an F. W. Oelze 1932–1956*, herausgegeben von Harald Steinhagen und Jürgen Schröder, 2 Bde. in 3 Tlbd., Wiesbaden 1977–1980.

Benn, Gottfried: Karyatide, in: Moritz Baßler (Hrsg.), *Literarische Moderne. Das große Lesebuch*, Frankfurt am Main 2010, S. 377–378.
Benn, Gottfried: *Probleme der Lyrik. Späte Reden und Vorträge*, mit einem Vorwort von Gerhard Falkner, Stuttgart 2011.
Benn, Gottfried: *Sämtliche Werke. Stuttgarter Ausgabe*, Stuttgart 1986–2003.
Bense, Max: „Über den Essay und seine Prosa", in: *Merkur. Deutsche Zeitschrift für europäisches Denken*, 3. Heft, 1. Jg. (1947), S. 414–424.
Berg, Gunhild: „Experimentieren", in: *Über die Praxis des kulturwissenschaftlichen Arbeitens. Ein Handwörterbuch*, herausgegeben von Ute Frietsch und Jörg Rogge, Bielefeld 2013, S. 138–144.
Berg, Stephan: *Schlimme Zeiten, böse Räume: Zeit- und Raumstrukturen in der phantastischen Literatur des 20. Jahrhunderts*, Stuttgart 1991.
Bergius, Hanne: *Montage und Metamechanik. Dada Berlin – Artistik von Polaritäten*, Berlin 2000.
Beyme, Klaus von: *Das Zeitalter der Avantgarden. Kunst und Gesellschaft 1905–1955*, München 2005.
Biedenkapp, Georg: „Der Ingenieur und die Politik", in: Friedrich Kahl und Adolf Reitz (Hrsg.), *Der Ingenieur. Seine kulturelle, gesellschaftliche und soziale Bedeutung, mit einem historischen Überblick über das Ingenieurwesen*, Stuttgart 1910, S. 30–36.
Biedenkapp, Georg: „Die soziale Wertung des Ingenieurs", in: Friedrich Kahl und Adolf Reitz (Hrsg.), *Der Ingenieur. Seine kulturelle, gesellschaftliche und soziale Bedeutung, mit einem historischen Überblick über das Ingenieurwesen*, Stuttgart 1910, S. 24–26.
Bill, Max: „Die mathematische Denkweise in der Kunst unserer Zeit", in: *Das Werk. Architektur und Kunst 36 (1949)*, S. 86–91.
Bill, Max: „Ueber konkrete Kunst", in: *Das Werk. Architektur und Kunst* 25 (1938), S. 250–256.
Blümle, Claudia: „Rhythmus im Bildraum. John Dewey, Henri Maldiney und Gilles Deleuze", in: Marion Lauschke, Johanna Schiffler und Franz Engel (Hrsg.), *Ikonische Formprozesse. Zur Philosophie des Unbestimmten in Bildern*, Berlin und Boston 2018, S. 143–161.
Bockemühl, Michael: „Das Transzendente als das Sichtbare. Zur Wirkungsform von Werken Konkreter Kunst: Kandinsky, Mondrian, Newman", in: ders., *Bildrezeption als Bildproduktion. Ausgewählte Schriften zu Bildtheorie, Kunstwahrnehmung und Wirtschaftskultur*, herausgegeben von Karen van den Berg und Claus Volkenandt, Bielefeld 2016, S. 157–194.
Bockemühl, Michael: „Die Wirklichkeit des Bildes. Bildrezeption als Bildproduktion. Rothko, Newman, Rembrandt, Raphael", in: ders., *Bildrezeption als Bildproduktion. Ausgewählte Schriften zu Bildtheorie, Kunstwahrnehmung und Wirtschaftskultur*, herausgegeben von Karen van den Berg und Claus Volkenandt, Bielefeld 2016, S. 35–140.
Boehm, Gottfried: „Der Haushalt der Gefühle. Form und Emotion", in: Marion Lauschke, Johanna Schiffler und Franz Engel (Hrsg.), *Ikonische Formprozesse. Zur Philosophie des Unbestimmten in Bildern*, Berlin und Boston 2018, S. 63–84.
Boehm, Gottfried: „Oskar Schlemmer", in: Katharina Schmidt, Gottfried Boehm und Ulrich Mosch (Hrsg.), *Canto d'Amore. Klassizistische Moderne in Musik und bildender Kunst 1914–1935*, Basel 1996, S. 338–342.
Bois, Yves-Alain: „Der Bilderstürmer", in: Angelica Zander Rudenstine (Red.), *Piet Mondrian. 1872–1944*, Bern 1995, S. 313–380.
Borscheid, Peter: *Das Tempo-Virus. Eine Kulturgeschichte der Beschleunigung*, Frankfurt am Main 2004.

Bosman, Jos: „Der Ingenieur, der „Stütze und Last" bekämpft", in: Verena Rentsch (Hrsg.), *Sigfried Giedion 1888–1968. Der Entwurf einer modernen Tradition*, Zürich 1989, S. 55–70.

Breidbach, Olaf: *Bilder des Wissens. Zur Kulturgeschichte der wissenschaftlichen Wahrnehmung*, Paderborn 2012.

Brinkmann, Ludwig: *Der Ingenieur*, Frankfurt am Main 1908.

Brüggemann, Heinz: *Architekturen des Augenblicks. Raum-Bilder und Bild-Räume einer urbanen Moderne in Literatur, Kunst und Architektur des 20. Jahrhunderts*, Hannover 2002.

Bunge, Matthias: „„Die Wirklichkeit des Bildes". Eine kritische Auseinandersetzung mit Michael Bockemühls These von der „Bildrezeption als Bildproduktion"", in: *Zeitschrift für Ästhetik und allgemeine Kunstwissenschaft*, Bd. 35, 1990, S. 131–189.

Bunge, Matthias: *Zwischen Intuition und Ratio. Pole des Bildnerischen Denkens bei Kandinsky, Klee und Beuys*, Stuttgart 1996.

Burchartz, Max: *Gleichnis der Harmonie. Gesetz und Gestaltung der bildenden Künste. Ein Schlüssel zum Verständnis von Werken der Vergangenheit und Gegenwart*, München 1949.

Bürger, Peter: *Theorie der Avantgarde*, Frankfurt am Main 1974.

Büssgen, Antje: „Der späte Benn: Modern, postmodern, konventionell – oder nur sich selbst treu als Verfechter einer anthropologisch fundierten Wirkungspoetik?", in: Elena Agazzi und Amelia Valtolina (Hrsg.), *Der späte Benn. Poesie und Kritik in den 50er Jahren*, Heidelberg 2012, S. 31–54.

Büssgen, Antje: „Statik", in: Christian M. Hanna und Friederike Reents (Hrsg.), *Benn-Handbuch. Leben – Werk – Wirkung*, Stuttgart 2016, S. 305–306.

Cabañas, Kaira M.: „Wüste – Bombe – Bildschirm", in: Museum Kunstpalast, Düsseldorf und Stedelijk Museum, Amsterdam (Hrsg.), *Jean Tinguely. Super Meta Maxi*, Köln 2016, S. 87–92.

Conrads, Ulrich (Hrsg.): *Programme und Manifeste zur Architektur des 20. Jahrhunderts*, Braunschweig und Wiesbaden 1986.

Conzen, Ina: „Oskar Schlemmer – Visionen einer neuen Welt", in: Staatsgalerie Stuttgart und Ina Conzen (Hrsg.), *Oskar Schlemmer. Visionen einer neuen Welt*, München 2014, S. 15–37.

Crary, Jonathan: *Aufmerksamkeit. Wahrnehmung und moderne Kultur*, Frankfurt am Main 2002.

Czech, Franz: „Eisenbauten, ihre Geschichte und Ästhetik", in: *Der Eisenbau* 10 (1910), S. 405–407.

Dalrymple Henderson, Linda: „Abstraktion, der Äther und die vierte Dimension: Kandinsky, Mondrian und Malewitsch im Kontext", in: Kunstsammlung Nordrhein-Westfalen (Hrsg.), *Kandinsky Malewitsch Mondrian – Der weiße Abgrund Unendlichkeit*, Köln 2014, S. 37–55.

Daston, Lorraine und Galison, Peter: *Objektivität*, aus dem Amerikanischen von Christa Krüger, Frankfurt am Main 2007.

Decker, Gunnar: *Gottfried Benn. Genie und Barbar, Biographie*, Berlin 2008.

Deicher, Susanne: *Piet Mondrian 1872–1944. Konstruktion über dem Leeren*, Köln 2001.

Dencker, Klaus Peter: „Optische Poesie", in: Klaus Schenk, Anne Hultsen und Alice Stašková (Hrsg.), *Experimentelle Poesie in Mitteleuropa. Texte – Kontexte – Material – Raum*, Göttingen 2016, S. 17–37.

Dencker, Klaus Peter: *Optische Poesie. Von den prähistorischen Schriftzeichen bis zu den digitalen Experimenten der Gegenwart*, Berlin und New York 2011.

Diener, Michael: *Das Ambivalente in der Kunst Leonardos, Monets und Mondrians*, St. Ingbert 2002.
Dietrich, Richard J.: *Faszination Brücken. Baukunst, Technik, Geschichte*, Berlin 2017.
Doesburg, Theo van: „10 Jahre ‚Stijl'", in: Hagen Bächler und Herbert Letsch (Hrsg.), *De Stijl. Schriften und Manifeste zu einem theoretischen Konzept ästhetischer Umweltgestaltung*, Leipzig und Weimar 1984, S. 208–215.
Doesburg, Theo van: „Der Wille zum Stil", in: Hagen Bächler und Herbert Letsch (Hrsg.), *De Stijl. Schriften und Manifeste zu einem theoretischen Konzept ästhetischer Umweltgestaltung*, Leipzig und Weimar 1984, S. 163–179.
Doesburg, Theo van: „Die monumentale Kunst", in: Il'ja Ėrenburg und Ėl Lisickij (Hrsg.), *Vešč' Objet Gegenstand*, Berlin 1922 (Reprint 1994), S. 141–142.
Doesburg, Theo van: „Die Neue Architektur und ihre Folgen", in: Hagen Bächler und Herbert Letsch (Hrsg.), *De Stijl. Schriften und Manifeste zu einem theoretischen Konzept ästhetischer Umweltgestaltung*, Leipzig und Weimar 1984, S. 185–188.
Doesburg, Theo van: „Farben in Raum und Zeit", in: Hagen Bächler und Herbert Letsch (Hrsg.), *De Stijl. Schriften und Manifeste zu einem theoretischen Konzept ästhetischer Umweltgestaltung*, Leipzig und Weimar 1984, S. 216–221.
Doesburg, Theo van: „Grundsätze der neuzeitlichen (gestaltenden) Architektur", in: Hagen Bächler und Herbert Letsch (Hrsg.), *De Stijl. Schriften und Manifeste zu einem theoretischen Konzept ästhetischer Umweltgestaltung*, Leipzig und Weimar 1984, S. 189–201.
Doesburg, Theo van: „Malerei und Plastik", in: Hagen Bächler und Herbert Letsch (Hrsg.), *De Stijl. Schriften und Manifeste zu einem theoretischen Konzept ästhetischer Umweltgestaltung*, Leipzig und Weimar 1984, S. 202–207.
Doesburg, Theo van: „Über das Verhältnis von malerischer und architektonischer Gesteltung (Mit einer Einführung zur Stijl-Bewegung, Holland)", in: *Der Cicerone*, Jg. 19, Nr. 18, 1927, S. 564–570.
Doesburg, Theo van: „Von der Neuen Ästhetik zur materiellen Verwirklichung", in: Hagen Bächler und Herbert Letsch (Hrsg.), *De Stijl. Schriften und Manifeste zu einem theoretischen Konzept ästhetischer Umweltgestaltung*, Leipzig und Weimar 1984, S. 180–184.
Dotzler, Bernhard: „Roboterstil", in: *Benn-Jahrbuch*, Bd. 2, Stuttgart 2004, S. 153–168.
Droste, Magdalena: „Ambitionen und Ambivalenzen – Oskar Schlemmer in den Jahren 1933/34", in: Wolfgang Ruppert (Hrsg.), *Künstler im Nationalsozialismus. Die „deutsche Kunst", die Kunstpolitik und die Berliner Kunsthochschule*, Köln 2015, S. 176–201.
Duddeck, Heinz: „Wie Wissenschaft die Baukunst in Technik und Kunst entzweite", in: *Gegenworte* 23 (2010), S. 42–45.
Eco, Umberto: *Das offene Kunstwerk*, übersetzt von Günter Mennert, 1. Aufl., Frankfurt am Main 1977.
Edgerton, Samuel Y.: *Die Entdeckung der Perspektive*, aus dem Englischen von Heinz Jatho, München 2002.
Eesteren, Cornelis van: „Zehn Jahre ‚Stijl'. Kunst, Technik und Städtebau", in: Hagen Bächler und Herbert Letsch (Hrsg.), *De Stijl. Schriften und Manifeste zu einem theoretischen Konzept ästhetischer Umweltgestaltung*, Leipzig und Weimar 1984, S. 225–227.
Egenhofer, Sebastian: „Der Ort des Bildes im Neoplastizismus", in: ders., *Produktionsästhetik*, Zürich 2010, S. 35–77.

Eggers, Michael und Rothe, Matthias (Hrsg.): *Wissenschaftsgeschichte als Begriffsgeschichte. Terminologische Umbrüche im Entstehungsprozess der modernen Wissenschaften*, Bielefeld 2009.
Ehlen, Peter; Haeffner, Gerd und Ricken, Friedo: *Philosophie des 20. Jahrhunderts*, Bd. 10, Stuttgart 2010.
Ehrenberg, A.: *Die ästhetische Statik. Ein Beitrag zur Lösung des Formproblems in der bildenden Kunst nebst einer Begriffsbestimmung des Naturalismus*, Berlin 1914.
Ehrlicher, Hanno: „Das Alphabet in Bewegung. Buchstabenexperimente der ‚historischen' Avantgarden", in: *Poetica* 43, Nr. 1/2 (2011), S. 127–151.
Ehrlicher, Hanno: „Entleerte Innenräume. Avantgarde als Fluchtbewegung", in: Heinz Ludwig Arnold (Hrsg.), *Aufbruch ins 20. Jahrhundert. Über Avantgarden*, München 2001, S. 76–91.
Eiermann, Wolf: „Arterien der Weltliteratur – Schlemmer liest. Schlemmer schreibt. Zur Bedeutung seiner Briefe", in: Staatsgalerie Stuttgart und Ina Conzen (Hrsg.), *Oskar Schlemmer. Visionen einer neuen Welt*, München 2014, S. 257–265.
Einstein, Carl: *Bebuquin*, herausgegeben von Erich Kleinschmidt, Stuttgart 1985.
Einstein, Carl: *Die Kunst des 20. Jahrhunderts*, Leipzig 1988.
Emmerich, Wolfgang: „Lebensweg eines Intellektualisten" (1934), in: Christian M. Hanna und Friederike Reents (Hrsg.), *Benn-Handbuch. Leben – Werk – Wirkung*, Stuttgart 2016, S. 227–229.
Engel, Manfred: „Der Verschollene", in: Manfred Engel und Bernd Auerochs (Hrsg.), *Kafka-Handbuch. Leben – Werk – Wirkung*, Stuttgart und Weimar 2010, S. 175–191.
Engel, Manfred: „Kafka und die moderne Welt", in: Manfred Engel und Bernd Auerochs (Hrsg.), *Kafka-Handbuch. Leben – Werk – Wirkung*, Stuttgart und Weimar 2010, S. 498–515.
Enzensberger, Hans Magnus: „Die Herrschaft der Mechanisierung", in: *Der Spiegel*, Heft 6 (1983), S. 196–201.
Erlhoff, Michael: „Putzige Gewalten – drei denkbare Rückblicke auf eine verräumlichte Moderne", in: Jeannine Fiedler und Peter Feierabend (Hrsg.), *Bauhaus*, Potsdam 2016, S. 584–591.
Esselborn, Hans: „Absolutes Gedicht oder Erlebnislyrik bei Gottfried Benn", in: *Wirkendes Wort* 39 (1989), S. 111–123.
Eyth, Max: *Die Brücke über die Ennobucht*, Hamburg 2012.
Fiedler, Jeannine und Feierabend, Peter (Hrsg.): *Bauhaus*, Potsdam 2016.
Fleck, Ludwik: *Entstehung und Entwicklung einer wissenschaftlichen Tatsache. Einführung in die Lehre vom Denkstil und Denkkollektiv*, mit einer Einleitung herausgegeben von Lothar Schäfer und Thomas Schnelle, Frankfurt am Main 1980.
Fulda, Daniel und Prüfer, Thomas (Hrsg.): *Faktenglaube und fiktionales Wissen. Zum Verhältnis von Wissenschaft und Kunst in der Moderne*, Frankfurt am Main 1996.
Gamper, Michael und Weder, Christine: „Gattungsexperimente. Explorative Wissenspoetik und literarische Form: Aphorismus/Fragment/Notat – Essay – Novelle/Roman – Lyrik (Michael Gamper) – Märchen (Christine Weder)", in: Michael Gamper (Hrsg.), *Experiment und Literatur. Themen, Methoden, Theorien*, Göttingen 2010, S. 96–178.
Gamper, Michael: „Naturwissenschaft, Technik/Ingenieurwissenschaften", in: Birgit Nübel und Norbert Christian Wolf (Hrsg.), *Robert-Musil-Handbuch*, Berlin und Boston 2016, S. 504–509.
Gaßner, Hubertus (Hrsg.): *Zwischen Revolutionskunst und Sozialistischem Realismus. Dokumente und Kommentare, Kunstdebatten in der Sowjetunion von 1917 bis 1934*, Köln 1979.

Gaßner, Hubertus; Kopanski, Karlheinz und Stengel, Karin (Hrsg.): *Die Konstruktion der Utopie. Ästhetische Avantgarde und politische Utopie in den 20er Jahren*, Marburg 1992.

Gaßner, Hubertus; Kopanski, Karlheinz und Stengel, Karin: „Die Konstruktion des Unkonstruierbaren", in: dies. (Hrsg.), *Die Konstruktion der Utopie. Ästhetische Avantgarde und politische Utopie in den 20er Jahren*, Marburg 1992, S. 7–11.

Gaßner, Hubertus: „Utopisches im russischen Konstruktivismus", in: Hubertus Gaßner; Karlheinz Kopanski und Karin Stengel (Hrsg.), *Die Konstruktion der Utopie. Ästhetische Avantgarde und politische Utopie in den 20er Jahren*, Marburg 1992, S. 48–68.

Gehring, Petra: „Vom Begriff zur Metapher: Elemente einer Methode der historischen Metaphernforschung", in: Günter Abel (Hrsg.), *Kreativität. 20. Deutscher Kongress für Philosophie, 26.-30. September 2005 an der technischen Universität Berlin*, Hamburg 2006, S. 800–815.

Georgiadis, Sokratis: „Der angegriffene Körper. Sigfried Giedion und die Mechanisierung", in: *Georges-Bloch-Jahrbuch des kunsthistorischen Instituts der Universität Zürich* 5 (1998), S. 157–169.

Georgiadis, Sokratis: „Übungen im „neuen Sehen". Ein Kunsthistoriker als Architekturfotograf", in: *Kunst + Architektur in der Schweiz* 51 (2000), S. 15–21.

Georgiadis, Sokratis: „Von der Malerei zur Architektur. Sigfried Giedions „Raum-Zeit-Konzeption"", in: Verena Rentsch (Hrsg.), *Sigfried Giedion 1888–1968. Der Entwurf einer modernen Tradition*, Zürich 1989, S. 105–117.

Gerstner, Alexandra; Könczöl, Barbara und Nentwig, Janina (Hrsg.): *Der Neue Mensch. Utopien, Leitbilder und Reformkonzepte zwischen den Weltkriegen*, Frankfurt am Main 2006.

Gerstner, Karl: „Das Ästhetische aus dem Geist der Geometrie", in: Thomas Buchsteiner und Otto Letze (Hrsg.), *Max Bill. Maler, Bildhauer, Architekt, Designer*, Ostfildern-Ruit 2005, S. 124–127.

Giedion, Sigfried: „Bauhaus und Bauhauswoche zu Weimar", in: Paul Hofer und Ulrich Stucky (Hrsg.), *Hommage à Giedion. Profile seiner Persönlichkeit*, Basel und Stuttgart 1971, S. 14–19.

Giedion, Sigfried: „Gegen das Ich", in: Paul Hofer und Ulrich Stucky (Hrsg.), *Hommage à Giedion. Profile seiner Persönlichkeit*, Basel und Stuttgart 1971, S. 11–12.

Giedion, Sigfried: „Malerei und Architektur", in: *Das Werk: Architektur und Kunst* 36 (1949), S. 36–42.

Giedion, Sigfried: *Bauen in Frankreich – Bauen in Eisen – Bauen in Eisenbeton*, Berlin und Leipzig 1928.

Giedion, Sigfried: *Die Herrschaft der Mechanisierung. Ein Beitrag zur anonymen Geschichte*, mit einem Nachwort von Stanislaus von Moos, herausgegeben von Henning Ritter, Frankfurt am Main 1987.

Giedion, Sigfried: *Raum Zeit Architektur. Die Entstehung einer neuen Tradition*, mit einem Nachwort von Reto Geiser, 2. erw. Aufl., Basel 2015.

Gispen, Kees: „Der gefesselte Prometheus: Die Ingenieure in Großbritannien und in den Vereinigten Staaten 1750–1945", in: Walter Kaiser und Wolfgang König (Hrsg.), *Geschichte des Ingenieurs. Ein Beruf in sechs Jahrtausenden*, München und Wien 2006, S. 127–177.

Graeff, Werner: „Über die Zeitschrift ‚G'", in: Ursula Hirsch (Hrsg.), *Werner Graeff. Hürdenlauf durch das 20. Jahrhundert*, Wiesbaden 2010, S. 59.

Greenberg, Clement: „Modernist Painting" (1960), in: ders., *The Collected Essays and Criticism*, herausgegeben von John O'Brian, Bd. 4, Chicago und London 1993, S. 85–93.

Gregor, Manfred: *Die Brücke*, München 2005.

Griesecke, Birgit: „Essayismus als versuchendes Schreiben. Musil, Emerson und Wittgenstein", in: Wolfgang Braungart und Kai Kauffmann (Hrsg.), *Essayismus um 1900*, Heidelberg 2005, S. 157–175.

Grünbein, Durs: „Elegien für einen Irrtum", in: Gottfried Benn, *Statische Gedichte (Gedichte 1937–1947)*, mit einem Vorwort von Durs Grünbein, Stuttgart 2011, S. 7–34.

Grüny, Christian und Nanni, Matteo (Hrsg.): *Rhythmus – Balance – Metrum. Formen raumzeitlicher Organisation in den Künsten*, Bielefeld 2014.

Günther, Friederike F.: „Arzt und Tot: Ein ästhetisches Verhältnis? Gottfried Benns *Gehirne*", in: Friederike F. Günther und Torsten Hoffmann (Hrsg.), *Anthropologien der Endlichkeit. Stationen einer literarischen Denkfigur seit der Aufklärung*, Göttingen 2011, S. 175–198.

Günther, Hans: „Die russische Avantgarde und der Thermidor der revolutionären Kultur", in:, Hubertus Gaßner, Karlheinz Kopanski und Karin Stengel (Hrsg.): *Die Konstruktion der Utopie. Ästhetische Avantgarde und politische Utopie in den 20er Jahren*, Marburg 1992, S. 77–81.

Hagner, Michael (Hrsg.): *Ansichten der Wissenschaftsgeschichte*, Frankfurt am Main 2001.

Hanna, Christian M.: „Antike und Mythos", in: ders. und Friederike Reents (Hrsg.), *Benn-Handbuch. Leben – Werk – Wirkung*, Stuttgart 2016, S. 315–320.

Hanna, Christian M.: „Gehirn, Verhirnung, progressive Zerebra(lisa)tion", in: Christian M. Hanna und Friederike Reents (Hrsg.), *Benn-Handbuch. Leben – Werk – Wirkung*, Stuttgart 2016, S. 324–327.

Harbusch, Gregor: „Arbeiten an Wort, Bild und Buch. Das Beispiel *Space, Time and Architecture*", in: Werner Oechslin und Gregor Harbusch (Hrsg.), *Sigfried Giedion und die Fotografie. Bildinszenierungen der Moderne*, Zürich 2010, S. 126–141.

Hausmann, Raoul: „Die neue Kunst", in: ders., *Texte bis 1933*, Bd. 1, Bilanz der Feierlichkeit, herausgegeben von Michael Erlhoff, München 1982, S. 179–185.

Hausmann, Raoul: „Optophonetik", in: ders., *Texte bis 1933*, Bd. 2, Sieg Triumph Tabak mit Bohnen, herausgegeben von Michael Erlhoff, München 1982, S. 51–57.

Hausmann, Raoul: „Wir sind nicht die Photographen", in: ders., *Texte bis 1933*, Bd. 2, Sieg Triumph Tabak mit Bohnen, herausgegeben von Michael Erlhoff, München 1982, S. 37–39.

Hausmann, Raoul: Brief vom 5. 6.1918an Hannah Höch, in: Hannah Höch, *Eine Lebenscollage*, Bd. 1, Berlin 1989, S. 394.

Hebekus, Uwe und Stöckmann, Ingo: „Einleitung", in: dies. (Hrsg.), *Die Souveränität der Literatur. Zum Totalitären der Klassischen Moderne 1900–1933*, München 2008, S. 7–17.

Hein, Peter Ulrich: *Die Brücke ins Geisterreich. Künstlerische Avantgarde zwischen Kulturkritik und Faschismus*, Reinbek bei Hamburg 1992.

Hennig, Richard: „Max von Eyth. Der Dichteringenieur (1836–1906)", in: ders., *Buch berühmter Ingenieure. Große Männer der Technik, ihr Lebensgang und ihr Lebenswerk*, Leipzig 1911, S. 272–294.

Herding, Klaus: „Motion und Emotion. Zur Balance der Antriebskräfte bei Moholy-Nagy", in: *Thesis. Wissenschaftliche Zeitschrift der Bauhaus-Universität Weimar* 3 (2003), S. 151–167.

Herrmann, Hans-Christian von und Velminski, Wladimir (Hrsg.): *Maschinentheorien/Theoriemaschinen*, Frankfurt am Main 2012.

Herrmann, Hans-Christian von: „Künstliche Kunst. Abstraktion als Mimesis", in: Robert Suter und Thorsten Bothe (Hrsg.), *Prekäre Bilder*, München und Paderborn 2010, S. 225–246.

Heßeler, Philipp: *Grundlose Gestaltung. Kunstphilosophische Überlegungen zu Schelling und Mondrian*, Paderborn 2017.

Hickethier, Knut und Schumann, Katja (Hrsg.): *Die schönen und die nützlichen Künste. Literatur, Technik und Medien seit der Aufklärung*, München und Paderborn 2007.
Hof, Holger: *Montagekunst und Sprachmagie. Zur Zitiertechnik in der essayistischen Prosa Gottfried Benns*, Mainz 1991.
Hofmannsthal, Hugo von: *Der Brief des Lord Chandos. Schriften zur Literatur, Kultur und Geschichte*, Stuttgart 2000.
Hohendahl, Peter Uwe: „"Roman des Phänotyp" (1944/1949)", in: Christian M. Hanna und Friederike Reents (Hrsg.), *Benn-Handbuch. Leben – Werk – Wirkung*, Stuttgart 2016, S. 149–154.
Hornbostel, Wilhelm; Kopanski, Karlheinz W. und Rudi, Thomas (Hrsg.): *Mit voller Kraft. Rissische Avantgarde 1910–1934*, Heidelberg 2001.
Hübner, Corinna: *Raoul Hausmann. Grenzgänger zwischen den Künsten*, Bielefeld 2003.
Huelsenbeck, Richard: „Dadaistisches Manifest", in: Moritz Baßler (Hrsg.), *Literarische Moderne. Das große Lesebuch*, Frankfurt am Main 2010, S. 554–557.
Iser, Wolfgang: *Der Akt des Lesens. Theorie ästhetischer Wirkung*, München, 1976.
Ivanovic, Christine: „Amerika, Kafkas verstoßener Sohn. Deterritorialisierung und ‚topographic turn' in *Der Verschollene*, in: Jochen Vogt und Alexander Stephan (Hrsg.), *Das Amerika der Autoren. Von Kafka bis 09/11*, München 2006, S. 45–65.
Jaeger, Roland: „Bilderbücher eines Architekten. Erich Mendelsohn im Rudolf Mosse Buchverlag, Berlin", in: Manfred Heiting und Roland Jaeger (Hrsg.), *Autopsie. Deutschsprachige Fotobücher 1918 bis 1945*, Bd. 1, Göttingen 2012, S. 174–187.
Jaeger, Roland: „Die Fülle der neuen Bilderbücher. Eine begriffsgeschichtliche Skizze zum ‚Fotobuch'", in: Manfred Heiting und Roland Jaeger (Hrsg.), *Autopsie. Deutschsprachige Fotobücher 1918–1945*, Bd. 1, Göttingen 2012, S. 24–29.
Jaffé, H. L. C.: *De Stijl 1917–1931. Der niederländische Beitrag zur modernen Kunst*, Berlin, Frankfurt am Main und Wien 1965.
Janssen, Hans: „"Die neue Gestaltung" lesen", in: Helmut Friedel und Matthias Mühling (Hrsg.), *Mondrian und De Stijl*, Ostfildern 2011, S. 26–45.
Janssen, Hans: „Piet Mondrians ‚True Vision of Reality'", in: Roman Zieglgänsberger (Hrsg.), *Piet Mondrian. Natur und Konstruktion*, Köln 2018, S. 134–154.
Jauß, Hans Robert: *Ästhetische Erfahrungen und literarische Hermeneutik*, Frankfurt am Main 1977.
Jensen, Jens Christian (Hrsg.): *Im Gleichgewicht – Paul Klee und die Moderne*, Kiel 1987.
Jong, Cees W. de: *Piet Mondrian. Leben und Werk*, München, London und New York 2015.
Jooss, Birgit: „Das „Neue Sehen". Extreme Perspektiven in der Photographie", in: Brigitte Salmen (Hrsg.), *Perspektiven: Blicke, Durchblicke, Ausblicke in Natur und Leben, in Kunst und Volkskunst*, Murnau 2000, S. 84–90.
Kafka, Franz: *Briefe 1913-März 1914*, herausgegeben von Hans-Gerd Koch, Frankfurt am Main 1999.
Kafka, Franz: *Der Verschollene*, in der Fassung der Handschrift, Frankfurt am Main 2008.
Kaiser, Walter und König, Wolfgang (Hrsg.): *Geschichte des Ingenieurs. Ein Beruf in sechs Jahrtausenden*, München und Wien 2006.
Kapraun, Carolina: *Literatur und Wissen. Zum anthropologischen Wissenstransfer bei Gottfried Benn*, Heidelberg 2015.
Kassung, Christian: *EntropieGeschichten. Robert Musils „Der Mann ohne Eigenschaften" im Diskurs der modernen Physik*, München 2001.
Kepes, Gyorgy: *Sprache des Sehens*, Mainz und Berlin 1970.

Kieren, Martin: „Vom Bauhaus zum Hausbau – der Architekturunterricht und die Architektur am Bauhaus", in: Jeannine Fiedler und Peter Feierabend (Hrsg.), *Bauhaus*, Potsdam 2016, S. 552–569.

Kiesel, Helmuth: „Montagetechnik: Wortkombinatorik, Fremdwörter, Plagiat", in: Christian M. Hanna und Friederike Reents (Hrsg.), *Benn-Handbuch. Leben – Werk – Wirkung*, Stuttgart 2016, S. 290–292.

Kiesel, Helmuth: *Geschichte der literarischen Moderne. Sprache, Ästhetik, Dichtung im zwanzigsten Jahrhundert*, München 2004.

Kirchmann, Kay: „Oskar Schlemmer", in: Jeannine Fiedler und Peter Feierabend (Hrsg.), *Bauhaus*, Potsdam 2016, S. 280–287.

Klausnitzer, Ralf: *Literatur und Wissen. Zugänge – Modelle – Analysen*, Berlin 2008.

Knorr, Karin D.: „Die Fabrikation von Wissen. Versuch zu einem gesellschaftlich relativierten Wissensbegriff", in: *Kölner Zeitschrift für Soziologie und Sozialpsychologie*, Sonderheft 22 (1980), S. 226–245.

Koch, Manfred: „Schattenspiele am Ende der Geschichte. Zu Gottfried Benns *Statischen Gedichten*", in: Günter Butzer (Hrsg.), *Berührungen: komparatistische Perspektiven auf die frühe deutsche Nachkriegsliteratur*, München 2012, S. 305–322.

König, Wolfgang: „Vom Staatsdiener zum Industrieangestellten: Die Ingenieure in Frankreich und Deutschland 1750–1945", in: Walter Kaiser und Wolfgang König (Hrsg.), *Geschichte des Ingenieurs. Ein Beruf in sechs Jahrtausenden*, München und Wien 2006, S. 179–232.

Koschorke, Albrecht: *Die Geschichte des Horizonts. Grenze und Grenzüberschreitung in literarischen Landschaftsbildern*, Frankfurt am Main 1990.

Krause, Marcus: „Mit Dr. Benn im „Laboratorium der Worte". Zur Experimentalität moderner Subjekte", in: Birgit Griesecke, Marcus Krause, Nicolas Pethes und Katja Sabisch (Hrsg.), *Kulturgeschichte des Menschenversuchs im 20. Jahrhundert*, Frankfurt am Main 2009, S. 78–109.

Krauss, Rosalind E.: *Die Originalität der Avantgarde und andere Mythen der Moderne*, aus dem Amerikanischen von Jörg Heininger, herausgegeben und mit einem Vorwort von Herta Wolf, Amsterdam und Dresden 2000.

Krull, Wilhelm: „Die Welt – hinter den Augen des Künstlers? Eine Skizze zu Gottfried Benns ‚Gehirne'", in: *Text+Kritik*, Heft 44: Gottfried Benn, München 1985, S. 63–74.

Kuchling, Heimo: „Einleitung", in: Oskar Schlemmer, *Der Mensch. Unterricht am Bauhaus*, nachgelassene Aufzeichnungen, redigiert, eingeleitet und kommentiert von Heimo Kuchling, herausgegeben von Hans M. Wingler, Neue Bauhausbücher, Berlin 2014, S. 11–22.

Kuchling, Heimo: „Vorbemerkung", in: Oskar Schlemmer, *Der Mensch. Unterricht am Bauhaus*, nachgelassene Aufzeichnungen, redigiert, eingeleitet und kommentiert von Heimo Kuchling, herausgegeben von Hans M. Wingler, Neue Bauhausbücher, Berlin 2014, S. 9–10.

Kurrer, Karl-Eugen: „Konrad Zuse und die Baustatik – Zur Vorgeschichte der Computerstatik (Teil 1)", in: *Bautechnik* 87 (2010), Heft 11, S. 676–699.

Kurrer, Karl-Eugen: *Geschichte der Baustatik. Auf der Suche nach dem Gleichgewicht*, Berlin 2016.

Lang, Lothar: *Konstruktivismus und Buchkunst*, Leipzig 1990.

Langhanke, Birgit: „Blick nach Innen", in: Paolo Baldacci, Christiane Lange und Gerd Roos (Hrsg.), *Giorgio de Chirico. Magie der Moderne*, Stuttgart 2016, S. 102–103.

Lauter, Marlene: „Mathematik als Metapher – Betrachtungen einiger konstruktiv-konkreter Bildwerke. Piet Mondrian – Georges Vantongerloo – El Lissitzky – Friedrich Vordemberge-Gildewart – Jean Gorin – André Heurtaux – Paul Klee", in: Museum im Kulturspreicher Würzburg, Marlene Lauter und Institut für Mathematik der Universität Würzburg, Hans-Georg Weigand (Hrsg.), *Ausgerechnet . . . Mathematik und Konkrete Kunst*, Baunach 2007, S. 10–13.

Le Bon, Laurent: *Dada*, Paris 2005.

Le Corbusier, „die geometrie", in: *bauhaus. zeitschrift für bau und gestaltung*, Bd. 3, Heft 4, Dessau 1929, S. 12.

Léger, Fernand: „Conférence über die Schau-Bühne", in: Carl Einstein und Paul Westheim (Hrsg.), *Europa Almanach*, Leipzig 1993 (Nachdruck der Ausgabe von 1925), S. 119–132.

Léger, Fernand: „Sehr aktuell sein", in: Carl Einstein und Paul Westheim (Hrsg.), *Europa Almanach*, Leipzig 1993 (Nachdruck der Ausgabe von 1925), S. 13–16.

Lelonek, Karin (Hrsg.): *Friedrich Seidenstücker. Von Nilpferden und anderen Menschen, Fotografien 1925–1958*, Ostfildern 2011.

Lepp, Nicola; Roth, Martin und Vogel, Klaus (Hrsg.): *Der Neue Mensch. Obsessionen des 20. Jahrhunderts*, Ostfildern-Ruit 1999.

Lethen, Helmut: *Der Sound der Väter. Gottfried Benn und seine Zeit*, Berlin 2006.

Leupold, Jacob: *Theatrum Staticum. Das ist Schau-Platz der Gewicht-Kunst und Waagen*, Leipzig 1726.

Leuschner, Eckhard: „Rechte Winkel und Lineale: Maßkonzepte in der italienischen Kunst von der pittura metafisica bis zur scuola romana", in: Eckhard Leuschner (Hrsg.), *Figura Umana. Normkonzepte der Menschendarstellung in der italienischen Kunst 1919–1939*, Petersberg 2012, S. 17–51.

Lindner, Werner: „Der Ingenieur als Schöpfer neuer Formen. Architektur der Technik", in: *UHU*, Heft 7, 3. Jg., Berlin 1927, S. 28–40.

Lissitzky, El: „Das Auge des Architekten. Erich Mendelsohn. Amerika. Bilderbuch eines Architekten", in: ders., *Proun und Wolkenbügel. Schriften, Briefe, Dokumente*, herausgegeben von Sophie Lissitzky-Küppers und Jen Lissitzky, Dresden 1977, S. 64–69.

Lissitzky, El: „K. und Pangeometrie", in: Carl Einstein und Paul Westheim (Hrsg.), *Europa Almanach*, Leipzig 1993 (Nachdruck der Ausgabe von 1925), S. 103–113.

Lissitzky, El: „Proun", in: ders., *Proun und Wolkenbügel. Schriften, Briefe, Dokumente*, herausgegeben von Sophie Lissitzky-Küppers und Jen Lissitzky, Dresden 1977, S. 21–34.

Lugon, Olivier: „Neues Sehen, neue Geschichte. László Moholy-Nagy, Sigfried Giedion und die Ausstellung *Film und Foto*", in: Werner Oechslin und Gregor Harbusch (Hrsg.), *Sigfried Giedion und die Fotografie. Bildinszenierungen der Moderne*, Zürich 2010, S. 88–105.

Lunk, Jessica; Quabeck, Nina und Skaliks, Anne: „Vom Material zum Meisterwerk: Kunsttechnologische Besonderheiten im Werkprozess bei Kandinsky, Malewitsch und Mondrian", in: Kunstsammlung Nordrhein-Westfalen (Hrsg.), *Kandinsky Malewitsch Mondrian – Der weiße Abgrund Unendlichkeit*, Köln 2014, S. 189–199.

Lütgens, Annelie: „L'Esprit de Tinguely: Das Wunderbare besiegt das Nützliche", in: Kunstmuseum Wolfsburg (Hrsg.), *L'Esprit de Tinguely*, Ostfildern-Ruit 2000, S. 19–125.

Lux, Joseph August: „Heimatkunst und Technik", in: Friedrich Kahl und Adolf Reitz (Hrsg.), *Der Ingenieur. Seine kulturelle, gesellschaftliche und soziale Bedeutung*, Stuttgart 1910, S. 43–47.

Mainzer, Klaus: „Naturwissenschaften", in: Stephan Günzel (Hrsg.), *Raum. Ein interdisziplinäres Handbuch*, Stuttgart und Weimar 2010, S. 1–23.

Maur, Karin von: „Kunstfiguren steigen in Räume der Zukunft", in: *Bauhaus – Zeitschrift der Stiftung Bauhaus Dessau* 1 (2014), S. 93–101.
Maur, Karin von: „Von der Fläche zum Raum. Oskar Schlemmers Beitrag zum Weimarer Bauhaus", in: Hellmut Th. Seemann und Thorsten Valk (Hrsg.), *Klassik und Avantgarde – Das Bauhaus in Weimar 1919–1925*, Göttingen 2009, S. 147–168.
Maur, Karin von: *Oskar Schlemmer. Monographie*, 2 Bde., München 1979.
Mauthner, Fritz: *Beiträge zu einer Kritik der Sprache*, 3 Bde., 3. Aufl., Leipzig 1923.
Meier, Julia: *Die Tiefe der Oberfläche. David Lynch – Gilles Deleuze – Francis Bacon*, Berlin 2013.
Mendelsohn, Erich: *Amerika. Bilderbuch eines Architekten*, mit 77 photographischen Aufnahmen des Verfassers, Berlin 1926.
Meyer-Sickendiek, Burkhard: „Die absolute Grübelprosa: Benns ‚Rönne' und die Gehirnwelten der Moderne", in: ders., *Tiefe. Über die Faszination des Grübelns*, München 2010, S. 259–267.
Meyer, Alfred Gotthold: *Eisenbauten. Ihre Geschichte und Ästhetik*, Esslingen am Neckar 1907.
Meyer, Theo: *Kunstproblematik und Wortkombinatorik bei Gottfried Benn*, Köln und Wien 1971.
Milde, Kurt: „Nachwort", in: El Lissitzky, *Proun und Wolkenbügel. Schriften, Briefe, Dokumente*, herausgegeben von Sophie Lissitzky-Küppers und Jen Lissitzky, Dresden 1977, S. 222–228.
Mitchell, W. J. T.: *Bildtheorie*, herausgegeben und mit einem Nachwort von Gustav Frank, Frankfurt am Main 2008.
Mitchell, W. J. T.: *Das Leben der Bilder. Eine Theorie der visuellen Kultur*, München 2008.
Mittelmeier, Martin: *Dada. Eine Jahrhundertgeschichte*, München 2016.
Möbius, Hanno und Berns, Jörg Jochen (Hrsg.): *Die Mechanik in den Künsten. Studien zur ästhetischen Bedeutung von Naturwissenschaft und Technologie*, Marburg 1990.
Moholy-Nagy, László: *Malerei, Fotografie, Film*, München 1927.
Moholy-Nagy, László: *sehen in bewegung*, übersetzt nach der 1947 bei Paul Theobald, Chicago, erschienenen Originalausgabe, Leipzig 2014.
Mommsen, Wolfgang J.: „Kultur und Wissenschaft im kulturellen System des Wilhelminismus. Die Entzauberung der Welt durch Wissenschaft und ihre Verzauberung durch Kunst und Literatur", in: Gangolf Hübinger, Rüdiger vom Bruch und Friedrich Wilhelm Graf (Hrsg.), *Kultur und Kulturwissenschaft um 1900, 2. Idealismus und Positivismus*, Stuttgart 1997, S. 24–40.
Mondrian, Piet: „Der Neoplastizismus", in: Georg Poensgen und Leopold Zahn (Hrsg.), *Abstrakte Kunst. Eine Weltsprache*, mit einem Beitrag von Werner Hofmann „Quellen zur abstrakten Kunst", Baden-Baden 1958, S. 106–111.
Mondrian, Piet: „Die Neue Gestaltung in der Malerei", in: Hagen Bächler und Herbert Letsch (Hrsg.), *De Stijl. Schriften und Manifeste zu einem theoretischen Konzept ästhetischer Umweltgestaltung*, Leipzig und Weimar 1984, S. 62–147.
Mondrian, Piet: „Die neue Gestaltung in der Musik und die futuristischen italienischen Bruitisten", in: ders., *Neue Gestaltung, Neoplastizismus, Nieuwe Beelding*, herausgegeben von Hans M. Wingler, neue Bauhausbücher (Nachdruck der Ausgabe von 1925), Mainz und Berlin 1974, S. 29–41.
Mondrian, Piet: „Die neue Gestaltung. Das Generalprinzip gleichgewichtiger Gestaltung" (1920), in: ders., *Neue Gestaltung, Neoplastizismus, Nieuwe Beelding*, herausgegeben von Hans M. Wingler, neue Bauhausbücher (Nachdruck der Ausgabe von 1925), Mainz und Berlin 1947, S. 5–28.

Mondrian, Piet: „Die Verwirklichung der Neuen Gestaltung in weiter Zukunft und in der heutigen Architektur", in: ders., *Neue Gestaltung, Neoplastizismus, Nieuwe Beelding*, herausgegeben von Hans M. Wingler, neue Bauhausbücher (Nachdruck der Ausgabe von 1925), Mainz und Berlin 1974, S. 54–64.

Mondrian, Piet: „Lebenserinnerungen und Gedanken über die ‚Neue Gestaltung'", in: *Das Kunstwerk. Eine Zeitschrift über alle Gebiete der bildenden Kunst*, begründet von Woldemar Klein, Stuttgart, Berlin, Köln und Mainz 1958, S. 9–12.

Moos, Stanislaus von: „Der Purismus und die Malerei Le Corbusiers", in: *Das Werk: Architektur und Kunst* 53 (1966), S. 413–420.

Moos, Stanislaus von: „Nachwort", in: Sigfried Giedion, *Die Herrschaft der Mechanisierung. Ein Beitrag zur anonymen Geschichte*, mit einem Nachwort von Stanislaus von Moos, herausgegeben von Henning Ritter, Frankfurt am Main 1987, S. 779–816.

Müller-Harang, Ulrike: „„. . . höchster gegenstand wird immer der mensch, der kunstschöne mensch sein". Die Bühnenarbeit Oskar Schlemmers und ihre ästhetischen Prämissen in der Weimarer Klassik", in: Hellmut Th. Seemann und Thorsten Valk (Hrsg.), *Klassik und Avantgarde. Das Bauhaus in Weimar 1919–1925*, Göttingen 2009, S. 109–122.

Müller, Ernst und Schmieder, Falko (Hrsg.): *Begriffsgeschichte der Naturwissenschaften. Zur historischen und kulturellen Dimension naturwissenschaftlicher Konzepte*, Berlin 2008.

Müller, Ernst und Schmieder, Falko: „Interdisziplinäre Begriffsgeschichte", in: *Trajekte. Zeitschrift des Zentrums für Literatur- und Kulturforschung Berlin*, „Interdisziplinäre Begriffsgeschichten", Nr. 24, 12. Jg., April 2012, S. 5–9.

Müller, Ernst und Schmieder, Falko: *Begriffsgeschichte und historische Semantik. Ein kritisches Kompendium*, Berlin 2016.

Müller, Ernst: „Energie", in: *Archiv für Begriffsgeschichte*, Sonderheft 11 (2015), S. 127–143.

Müller, Klaus Peter: „Moderne", in: Ansgar Nünning (Hrsg.), *Metzler Lexikon Literatur- und Kulturtheorie. Ansätze – Personen – Grundbegriffe*, Stuttgart und Weimar 2008, S. 508–511.

Musielski, Ralph: *Bau-Gespräche. Architekturvisionen von Paul Scheerbart, Bruno Taut und der „Gläsernen Kette"*, Berlin 2003.

Musil, Robert: *Der Mann ohne Eigenschaften*, Hamburg 1952.

Nachtigäller, Roland und Gassner, Hubertus: „3x1=1 Vešč' Objet Gegenstand", in: Il'ja Ėrenburg und Ėl Lisickij (Hrsg.), *Vešč' Objet Gegenstand*, Berlin 1922 (Reprint 1994), S. 7–27.

Nerdinger, Winfried: *Das Bauhaus. Werkstatt der Moderne*, München 2018.

Nickel, Gregor und Rottmann, Michael: „Mathematische Kunst: Max Bill in Stuttgart", in: *DMV-Mitteilungen* 14-3 (2006), S. 150–159.

Nietzsche, Friedrich: *Sämtliche Werke. Kritische Studienausgabe in 15 Bänden*, herausgegeben von Giorgio Colli und Mazzino Montinari, München 1980.

Noell, Matthias: „Konkrete Gesellschaft. Zum Verhältnis von Mensch, Raum und Architektur bei Theo van Doesburg, Franz Wilhelm Seiwert und Max Bill" in: Julia Friedrich, Nina Gülicher und Lynette Roth (Hrsg.), *Form und Gesellschaft. Symposium zur Ausstellung „Köln progressiv 1920–33"*, Köln 2008, S. 31–42, Abb. S. 86–87.

Nordsieck, Viola: „Rhythmus als Form der Dauer. Zu Form und Formbildung im Denken Henri Bergsons", in: Marion Lauschke, Johanna Schiffler und Franz Engel (Hrsg.), *Ikonische Formprozesse. Zur Philosophie des Unbestimmten in Bildern*, Berlin und Boston 2018, S. 163–184.

Nübel, Birgit: „Möglichkeitssinn und Essayismus", in: Birgit Nübel und Norbert Christian Wolf (Hrsg.), *Robert-Musil-Handbuch*, Berlin und Boston 2016, S. 719-725.

Nübel, Birgit: *Robert Musil - Essayismus als Selbstreflexion der Moderne*, Berlin 2006.

Oechslin, Werner und Harbusch, Gregor (Hrsg.): *Sigfried Giedion und die Fotografie. Bildinszinierungen der Moderne*, Zürich 2010, S. 18-21.

Ohne Verfasser: „Der Ingenieur und die Literatur", in: Friedrich Kahl und Adolf Reitz (Hrsg.), *Der Ingenieur. Seine kulturelle, gesellschaftliche und soziale Bedeutung, mit einem historischen Überblick über das Ingenieurwesen*, Stuttgart 1910, S. 51-52.

Ohne Verfasser: „Einleitung", in: Friedrich Kahl und Adolf Reitz (Hrsg.), *Der Ingenieur. Seine kulturelle, gesellschaftliche und soziale Bedeutung, mit einem historischen Überblick über das Ingenieurwesen*, Stuttgart 1910, S. 5-6.

Oud, J. J. P.: „Über die zukünftige Baukunst und ihre architektonischen Möglichkeiten", in: Hagen Bächler und Herbert Letsch (Hrsg.), *De Stijl. Schriften und Manifeste zu einem theoretischen Konzept ästhetischer Umweltgestaltung*, Leipzig und Weimar 1984, S. 237-251.

Ozenfant, Amédée: „Kunst, Wissenschaft und die Gesellschaft von morgen", in: Carl Einstein und Paul Westheim (Hrsg.), *Europa Almanach*, Leipzig 1993 (Nachdruck der Ausgabe von 1925), S. 192-205.

Paek, In-Ok: *Rilkes Poetik des ‚neuen' Sehens in den Aufzeichnungen des Malte Laurids Brigge und den Neuen Gedichten*, Konstanz 1996.

Palm, Robert: *Die Brücke von Remagen. Der Kampf um den letzten Rheinübergang*, Bern und München 1985.

Panofsky, Erwin: „Die Perspektive als symbolische Form", in: ders., *Aufsätze zu Grundfragen der Kunstwissenschaft*, herausgegeben von Hariolf Oberer und Egon Verheyen, Berlin 1992, S. 99-167.

Partsch, Susanna und van den Berg, Hubert: „Konstruktivismus", in: Hubert van den Berg und Walter Fähnders (Hrsg.), *Metzler Lexikon Avantgarde*, Stuttgart 2009, S. 172-174.

Parzinger, Hermann; Aue, Stefan und Stock, Günter (Hrsg.): *ArteFakte: Wissen ist Kunst - Kunst ist Wissen. Reflexionen und Praktiken wissenschaftlich-künstlerischer Begegnungen*, Bielefeld 2014.

Pauler, Thomas: *Schönheit und Abstraktion. Über Gottfried Benns ‚absolute Prosa'*, Würzburg 1992.

Pazaurek, Gustav E.: *Symmetrie und Gleichgewicht*, Stuttgart 1906.

Perels, Christoph: „Sprache der Wissenschaft und Sprache der Dichtung. Zu Gottfried Benns Sprachkritik zwischen 1914 und 1920", in: Stefan J. Schierholz (Hrsg.), *Die deutsche Sprache in der Gegenwart. Festschrift für Dieter Cherubim zum 60. Geburtstag*, Frankfurt am Main 2001, S. 223-231.

Peters, Sibylle und Schäfer, Martin Jörg (Hrsg.): *„Intellektuelle Anschauung". Figurationen von Evidenz zwischen Kunst und Wissen*, Bielefeld 2006.

Pethes, Nicolas: „Literatur- und Wissenschaftsgeschichte. Ein Forschungsbericht", in: *IASL* 28 (2003), S. 181-231.

Poensgen, Georg und Zahn, Leopold (Hrsg.): *Abstrakte Kunst. Eine Weltsprache, mit einem Beitrag von Werner Hofmann „Quellen zur abstrakten Kunst"*, Baden-Baden 1958.

Poppelreuter, Tanja: *Das Neue Bauen für den Neuen Menschen. Zur Wandlung und Wirkung des Menschenbildes in der Architektur der 1920er Jahre in Deutschland*, Hildesheim, Zürich und New York 2007.

Prange, Regine: „Horizontal-Vertikal. Beobachtungen zur Entwicklung des Neoplastizismus", in: *Kunstchronik* 49 (1996), S. 74–85.

Prange, Regine: *Das ikonoklastische Bild. Piet Mondrian und die Selbstkritik der Kunst*, München 2006.

Primavesi, Patrick und Mahrenholz, Simone (Hrsg.): *Geteilte Zeit. Zur Kritik des Rhythmus in den Künsten*, Schliengen 2005.

Probst, Jörg und Klenner, Jost Philipp (Hrsg.): *Ideengeschichte der Bildwissenschaft. 17 Porträts*, Frankfurt am Main 2009.

Rathe, Clemens: *Die Philosophie der Oberfläche. Medien- und kulturwissenschaftliche Perspektiven auf Äußerlichkeiten und ihre tiefere Bedeutung*, Bielefeld 2020.

Reents, Friederike: „„„Gehirne. Novellen" (1916): Rönne-Novellen" in: Christian M. Hanna und Friederike Reents (Hrsg.), *Benn-Handbuch. Leben – Werk – Wirkung*, Stuttgart 2016, S. 130–136.

Reents, Friederike: „Vom „armen Hirnhund" zum „Prinzen Vogelfrei". Die poetologische Bedeutung der Tierbilder beim frühen Benn", in: Walter Delaber (Hrsg.), *Gottfried Benn (1886–1956). Studien zum Werk*, Bielefeld 2007, S. 107–116.

Reiß, Herlind: „Walter Gropius über Industriebau", in: *Wissenschaftliche Zeitschrift der Hochschule für Architektur und Bauwesen Weimar* 29 (1983), S. 425–428.

Rheinberger, Hans-Jörg: *Experimentalsysteme und epistemische Dinge. Eine Geschichte der Proteinsynthese im Reagenzglas*, Frankfurt am Main 2006.

Richter, Hans: *Dada, Kunst und Antikunst. Der Beitrag Dadas zur Kunst des 20. Jahrhunderts*, Köln 1978.

Riedel, Wolfgang: „Endogene Bilder. Anthropologie und Poetik bei Gottfried Benn", in: Helmut Pfotenhauer, Wolfgang Riedel und Sabine Schneider (Hrsg.), *Poetik der Evidenz. Die Herausforderung der Bilder in der Literatur um 1900*, S. 163–201.

Riha, Karl: *Dada total. Manifeste, Aktionen, Texte, Bilder*, Stuttgart 2015.

Rilke, Rainer Maria: *Briefe aus den Jahren 1902 bis 1906*, herausgegeben von Ruth Sieber-Rilke und Carl Sieber, Leipzig 1929.

Rilke, Rainer Maria: *Briefe aus den Jahren 1904 bis 1907*, herausgegeben von Ruth Sieber-Rilke und Carl Sieber, Leipzig 1939.

Rilke, Rainer Maria: *Die Aufzeichnungen des Malte Laurids Brigge*, herausgegeben und kommentiert von Manfred Engel, Stuttgart 1997.

Rimmele, Marius; Sachs-Hombach, Klaus und Stiegler, Bernd (Hrsg.): *Bildwissenschaft und Visual Culture*, Bielefeld 2014.

Röcke, Till: *Radardenker. Traktat über Gottfried Benns „PHASE II"*, Treuenbrietzen 2013.

Rodtschenko, Alexander: „Losungen" (1921), in: ders., *Alles ist Experiment. Der Künstler-Ingenieur*, herausgegeben von Pierre Gallissaires, Hamburg 1993, S. 45–46.

Rodtschenko, Alexander: „Wege der zeitgenössischen Fotografie" (1928), in: ders., *Alles ist Experiment. Der Künstler-Ingenieur*, herausgegeben von Pierre Gallissaires, Hamburg 1993, S. 77–82.

Rosa, Hartmut: *Beschleunigung. Die Veränderung der Zeitstrukturen in der Moderne*, Frankfurt am Main 2005.

Röttgers, Kurt und Schmitz-Emans, Monika (Hrsg.): *Perspektive in Literatur und bildender Kunst*, Essen 1999.

Różanowski, Ryszard: „„„Eine herrliche Entspannung in einer blöden Zeit" – Die Bresslauer Jahre Oskar Schlemmers", in: *Dyskurs Pismo Naukowo-Artystyczne Akademii Sztuk Pięknych we Wrocławiu* 17 (2013), S. 302–322.

Rüegg, Arthur: „Das Haus als Stilleben: Le Corbusiers Innenräume um 1925", in: *Zeitschrift für schweizerische Archäologie und Kunstgeschichte* 45 (1988), S. 27–32.
Ryan, Judith: „'Hypothetisches Erzählen': Zur Funktion von Phantasie und Einbildung in Rilkes „Malte Laurids Brigge"", in: Hartmut Engelhart (Hrsg.), *Materialien zu Rainer Maria Rilke „Die Aufzeichnungen des Malte Laurids Brigge"*, Frankfurt am Main 1974, S. 244–279.
Ryan, Judith: „Rainer Maria Rilke: Die Aufzeichnungen des Malte Laurids Brigge (1910)", in: Paul Michael Lützeler (Hrsg.), *Deutsche Romane des 20. Jahrhunderts: neue Interpretationen*, Königstein 1983, S. 63–77.
Sachs-Hombach, Klaus (Hrsg.): *Bildtheorien. Anthropologische und kulturelle Grundlagen des Visualistic Turn*, Frankfurt am Main 2009.
Sachs, Curt: *Eine Weltgeschichte des Tanzes*, Hildesheim, Zürich und New-York 1992.
Sachsse, Rolf: „Medienbauten Medienbilder – Erich Mendelsohn und die Fotografie", in: Regina Stephan (Hrsg.), *Erich Mendelsohn. Wesen Werk Wirkung*, Ostfildern 2006, S. 81–88.
Sachsse, Rolf: *Bild und Bau. Zur Nutzung technischer Medien beim Entwerfen von Architektur*, Braunschweig und Wiesbaden 1997.
Sarasin, Philipp: „Was ist Wissensgeschichte?", in: *IASL* 36 (2011), S. 159–172.
Schärf, Christian: „Darwinismus", in: Christian M. Hanna und Friederike Reents (Hrsg.), *Benn-Handbuch. Leben – Werk – Wirkung*, Stuttgart 2016, S. 11–12.
Schärf, Christian: *Geschichte des Essays. Von Montaigne bis Adorno*, Göttingen 1999.
Schavemaker, Margriet; Til, Barbara und Wismer Beat: „Jean Tinguely. Eine Einführung", in: Museum Kunstpalast, Düsseldorf und Stedelijk Museum Amsterdam (Hrsg.), *Jean Tinguely. Super Meta Maxi*, Köln 2016, S. 9–11.
Scheerbart, Paul: *Glasarchitektur und Glashausbriefe*, München 1986.
Scheffer, Bernd: *Interpretation und Lebensroman. Zu einer konstruktivistischen Literaturtheorie*, Frankfurt am Main 1992.
Scheper, Dirk: *Oskar Schlemmer. Das Triadische Ballett und die Bauhausbühne*, Berlin 1988.
Schlemmer, Oskar: „analyse eines bildes und anderer dinge", in: *bauhaus. zeitschrift für bau und gestaltung*, Bd. 3, Heft 4, Dessau 1929, S. 6–12.
Schlemmer, Oskar: „Mißverständnisse", in: *Schrifttanz*, Heft 2, 4. Jg., Oktober 1931, S. 27–29.
Schlemmer, Oskar: „Tänzerische Mathematik", in: *Vivos Voco. Zeitschrift für neues Deutschtum*, Bd. 5, Heft 8/9, Leipzig 1926, S. 279–293.
Schlemmer, Oskar: *Der Mensch. Unterricht am Bauhaus*, nachgelassene Aufzeichnungen, redigiert, eingeleitet und kommentiert von Heimo Kuchling, herausgeben von Hans M. Wingler, Neue Bauhausbücher, Berlin 2014.
Schlemmer, Oskar: *Idealist der Form. Briefe, Tagebücher, Schriften 1912–1943*, herausgeben und mit einem Nachwort von Andreas Hüneke, Leipzig 1990.
Schmitz, Norbert M.: „Der Vorkurs unter László Moholy-Nagy – Sinneskompetenz", in: Jeannine Fiedler und Peter Feierabend (Hrsg.), *Bauhaus*, Potsdam 2016, S. 368–373.
Schmitz, Norbert M.: „Oskar Schlemmers anthropologisches Design", in: Jeannine Fiedler und Peter Feierabend (Hrsg.), *Bauhaus*, Potsdam 2016, S. 288–291.
Scholz, Gunter (Hrsg.): *Die Interdisziplinarität der Begriffsgeschichte*, Hamburg 2000.
Schwarz, Rudolf: *Wegweisung der Technik*, mit Bildern nach Aufnahmen von Albert Renger-Patzsch, erweitert um ein Nachwort von Wolfgang Pehnt: „Kalte Hochglut", Neuausgabe, hrsg. v. Maria Schwarz und dem Albert Renger-Patzsch Archiv, Ann und Jürgen Wilde, Köln 2008.

Schwiglewski, Katja: *Erzählte Technik. Die literarische Selbstdarstellung des Ingenieurs seit dem 19. Jahrhundert*, Weimar und Wien 1995.

Sedlmayr, Hans: *Verlust der Mitte. Die bildende Kunst des 19. und 20. Jahrhunderts als Symptom und Symbol der Zeit*, Frankfurt am Main 1958.

Segeberg, Harro: „Literaturwissenschaft und interdisziplinäre Technikforschung", in: ders. (Hrsg.), *Technik in der Literatur. Ein Forschungsüberblick und zwölf Aufsätze*, Frankfurt am Main 1987, S. 9–29.

Segeberg, Harro: *Literatur im Medienzeitalter. Literatur, Technik und Medien seit 1914*, Darmstadt 2003.

Seidler, Ingo: „Statische Montage. Zur poetischen Technik im Spätwerk Gottfried Benns, in: Wolfgang Peitz (Hrsg.), *Denken in Widersprüchen. Korrelarien zur Gottfried-Benn-Forschung*, Freiburg 1972, S. 171–183.

Seuphor, Michael: *Piet Mondrian. Leben und Werk*, Köln 1957.

Severini, Gino: „Aesthetisches Résumé", in: Carl Einstein und Paul Westheim (Hrsg.), *Europa Almanach*, Leipzig 1993 (Nachdruck der Ausgabe von 1925), S. 80–87.

Siemon, Johann: *Die Formfrage als Menschheitsfrage. Die Genese des künstlerischen Weltbilds in der Prosa Gottfried Benns*, München 1997.

Smolian, Alexander Henning: „Serie oder Persönlichkeit – zum Technikverständnis von Rudolf Schwarz", in: *Wolkenkuckucksheim. Internationale Zeitschrift zur Theorie der Architektur*, 19,33 (2014), S. 193–207.

Sonna, Birgit: „Der Neue Mensch – Utopie und Ideologie. Facetten der Körperkultur im Werk von Oskar Schlemmer", in: Staatsgalerie Stuttgart und Ina Conzen (Hrsg.), *Oskar Schlemmer. Visionen einer neuen Welt*, München 2014, S. 247–255.

Söring, Jürgen: „„Das angefertigte Werk ist eine Absage gegen Zerfall und Untergang". Plädoyer für ästhetische Ganzheit", in: Reto Sorg und Stefan Bodo Würffel (Hrsg.), *Totalität und Zerfall im Kunstwerk der Moderne*, München 2006, S. 33–47.

Spengler, Oswald: *Der Mensch und die Technik. Beitrag zu einer Philosophie des Lebens*, München 1931.

Spengler, Oswald: *Der Untergang des Abendlandes. Umrisse einer Morphologie der Weltgeschichte*, Bd. 1, München 1975.

Steinhagen, Harald: *Die Statischen Gedichte von Gottfried Benn. Die Vollendung seiner expressionistischen Lyrik*, Stuttgart 1969.

Steinle, Friedrich: „Experiment", in: *Enzyklopädie der Neuzeit*, im Auftrag des Kulturwissenschaftlichen Instituts (Essen) und in Verbindung mit den Fachwissenschaftlern herausgegeben von Friedrich Jaeger, Bd. 3, Stuttgart 2006, Sp. 722–728.

Stiegler, Bernd und Kimmich, Dorothee (Hrsg.): *Zur Rezeption der Rezeptionstheorie*, Berlin 2003.

Stiegler, Bernd: „Raoul Hausmanns Theorie der Optophonetik und die Erneuerung der menschlichen Wahrnehmung durch die Kunst", in: *Hofmannsthal-Jahrbuch. Zur europäischen Moderne* 10 (2002).

Stiegler, Bernd: *Der montierte Mensch. Eine Figur der Moderne*, Paderborn 2016.

Stiegler, Bernd: *Theoriegeschichte der Photographie*, München 2010.

Stierli, Martino: „Mies Montage. Mies van der Rohe, Dada, Film und die Kunstgeschichte", in: *Zeitschrift für Kunstgeschichte*, Bd. 74, Heft 3 (2011), S. 401–436.

Stiglat, Klaus: *Bücher sind Brücken. Ein Streifzug durch 300 Jahre Bauingenieurliteratur*, Berlin 2017.

Straaten, Evert van: „Theo van Doesburg – Konstrukteur eines neuen Lebens", in: Jo-Anne Birnie Danzker (Hrsg.), *Theo van Doesburg. Maler – Architekt*, München, London und New York 2000, S. 43–117.
Streim, Gregor: „‚Risse im Parthenon'. Reflexionen der modernen Physik in Gottfried Benns Poetik des Absoluten", in: Marie Guthmüller und Wolfgang Klein (Hrsg.), *Ästhetik von unten. Empirie und ästhetisches Wissen*, Tübingen und Basel 2006, S. 403–426.
Strosetzki, Christoph (Hrsg.): *Literaturwissenschaft als Begriffsgeschichte*, Hamburg 2010.
Thomas, Karin: *Blickpunkt Moderne. Eine Geschichte der Kunst von der Romantik bis heute*, Köln 2010.
Thomas, Kerstin: „Das Bestimmte Unbestimmte. Formen der Emotion im Bild", in: Marion Lauschke, Johanna Schiffler und Franz Engel (Hrsg.), *Ikonische Formprozesse. Zur Philosophie des Unbestimmten in Bildern*, Berlin und Boston 2018, S. 85–100.
Tuyl, Gijs van: „Vorwort", in: Kunstmuseam Wolfsburg (Hrsg.), *L'Esprit de Tinguely*, Ostfildern-Ruit 2000, S. 5–9.
Ursprung, Philip: *Der Wert der Oberfläche. Essays zu Architektur, Kunst und Ökonomie*, Zürich 2017.
Vahland, Joachim: „Sind die ‚Statischen Gedichte' statische Gedichte?", in: Bruno Hillebrand (Hrsg.), *Gottfried Benn*, Darmstadt 1979, S. 350–366.
van den Berg, Hubert und Fähnders, Walter: „Die künstlerische Avantgarde im 20. Jahrhundert – Einleitung", in: dies. (Hrsg.), *Metzler Lexikon Avantgarde*, Stuttgart 2009, S. 1–19.
Virilio, Paul: *Der negative Horizont. Bewegung, Geschwindigkeit, Beschleunigung*, München 1989.
Voigts-Virchow, Eckart: „Montage/Collage", in: Ansgar Nünning (Hrsg.), *Metzler Lexikon Literatur- und Kulturtheorie. Ansätze – Personen – Grundbegriffe*, Stuttgart und Weimar 2008, S. 514–515.
Wagner, Birgit: *Technik und Literatur im Zeitalter der Avantgarden. Ein Beitrag zur Geschichte des Imaginären*, München 1996.
Wagner, Christoph: „Gino Severini und das Bauhaus: Auf der Suche nach einem ‚neuen Pythagoras'", in: Eckhard Leuschner (Hrsg.), *Figura Umana. Normkonzepte der Menschendarstellung in der italienischen Kunst 1919–1939*, Petersberg 2012, S. 80–96.
Wałowski, Paweł (Hrsg.): *Der (neue) Mensch und seine Welten. Deutschsprachige fantastische Literatur und Science-Fiction*, Berlin 2017.
Warncke, Carsten-Peter: *Das Ideal als Kunst. De Stijl 1917 bis 1931*, Köln 1990.
Weber, Jutta (Hrsg.): *Interdisziplinierung? Zum Wissenstransfer zwischen den Geistes-, Sozial- und Technowissenschaften*, Bielefeld 2010.
Wedemeyer-Kolwe, Bernd: *„Der neue Mensch". Körperkultur im Kaiserreich und in der Weimarar Republik*, Würzburg 2004.
Wegmann, Thomas: „‚„Der Radardenker" (1949/1958)", in: Christian M. Hanna und Friederike Reents (Hrsg.), *Benn-Handbuch. Leben – Werk – Wirkung*, Stuttgart 2016, S. 158–160.
Weininger, Andor: „Weininger spricht über das Bauhaus, bearbeitet von Katherine Jánszky Michaelsen, mit Anmerkungen von Stefan Kraus", in: Jiří Švestka (Hrsg.), *Andor Weininger. Vom Bauhaus zur Konzeptuellen Kunst*, Düsseldorf 1990, S. 25–51.
Wellershoff, Dieter: *Gottfried Benn. Phänotyp dieser Stunde*, Stuttgart 1962.
Wellmann, Mark: *Die Entdeckung der Unschärfe in Optik und Malerei. Zum Verhältnis von Kunst und Wissenschaft zwischen dem 15. und dem 19. Jahrhundert*, Frankfurt am Main 2005.

Wesemann, Arnd: „Die Bauhausbühne", in: Jeannine Fiedler und Peter Feierabend (Hrsg.), *Bauhaus*, Potsdam 2016, S. 532–547.

Weyergraf, Clara: *Piet Mondrian und Theo van Doesburg. Deutung von Werk und Theorie*, München 1979.

Wick, Rainer K.: „Schlemmers Menschenbild", in: ders., *Bauhaus. Kunst und Pädagogik*, Oberhausen 2009, S. 297–312.

Wismer, Beat: „Mondrians ästhetische Theorie als Utopie", in: Hubertus Gaßner, Karlheinz Kopanski und Karin Stengel (Hrsg.), *Die Konstruktion der Utopie. Ästhetische Avantgarde und politische Utopie in den 20er Jahren*, Marburg 1992, S. 157–162.

Wismer, Beat: „Stationen zum Gleichgewicht", in: Tobia Bezzola, Alois Martin Müller, Lars Müller und Beat Wismer (Hrsg.), *Equilibre. Gleichgewicht, Äquivalenz und Harmonie in der Kunst des 20. Jahrhunderts*, Baden 1993, S. 63–239.

Wismer, Beat: „Weshalb soll ein Bild immer unbeweglich sein? Weshalb darf es sich nicht auch verändern? Jean Tinguelys erstes Jahrzehnt, von der Metakunst zur autodestruktiven Installation", in: Museum Kunstpalast, Düsseldorf und Stedelijk Museum Amsterdam (Hrsg.), *Jean Tinguely. Super Meta Maxi*, Köln 2016, S. 35–40.

Wolter, Bettina-Martine und Schirn Kunsthalle Frankfurt (Hrsg.): *Die große Utopie. Die russische Avantgarde 1915–1932*, Frankfurt am Main 1992.

Worringer, Wilhelm: *Abstraktion und Einfühlung. Ein Beitrag zur Stilpsychologie*, München 1981.

Wübben, Yvonne: „„Ein Bluff für den Mittelstand". Gottfried Benn und die Hirnforschung", in: *Text+Kritik*, Heft 44: Gottfried Benn, 3. Aufl., Neufassung, München 2006, S. 71–82.

Wünsche, Konrad: „Äquilibristische Tendenzen im Bauhaus", in: Tobia Bezzola, Alois Martin Müller, Lars Müller und Beat Wismer (Hrsg.), *Equilibre. Gleichgewicht, Äquivalenz und Harmonie in der Kunst des 20. Jahrhunderts*, Baden 1993, S. 253–264.

Zeising, Andreas: „Die Rückeroberung der Mitte. Zu Max Burchartz` konservativer Verteidigung der Moderne", in: Kunstmuseum Mühlheim an der Ruhr, Beate Reese (Hrsg.), *Das Bauhaus und danach. Werner Graeff und die Nachkriegsmoderne*, Köln 2011, S. 16–23.

Zell, Thekla: „Dynamo Tinguely. „Networking Events" im Rheinland", in: Museum Kunstpalast, Düsseldorf und Stedelijk Museum, Amsterdam (Hrsg.), *Jean Tinguely. Super Meta Maxi*, Köln 2016, S. 147–154.

Zieglgänsberger, Roman (Hrsg.): *Piet Mondrian. Natur und Konstruktion*, Köln 2018.

Zieglgänsberger, Roman: „Von der Mühle zum Modul. Piet Mondrians Suche nach einer Matrix der Natur", in: ders. (Hrsg.), *Piet Mondrian. Natur und Konstruktion*, Köln 2018, S. 22–49.

Zima, Peter V.: *Moderne – Postmoderne: Gesellschaft, Philosophie, Literatur*, Tübingen und Basel 2001.

Zimmermann, Friederike: *‚Mensch und Kunstfigur'. Oskar Schlemmers intermediale Programmatik*, Freiburg im Breisgau, Berlin und Wien 2014.

Zimmermann, Friederike: „Oskar Schlemmer als Wandgestalter", in: Staatsgalerie Stuttgart und Ina Conzen (Hrsg.), *Oskar Schlemmer. Visionen einer neuen Welt*, München 2014, S. 157–164.

Nachschlagewerke

Adelung, Johann Christoph: *Grammatisch-kritisches Wörterbuch der Hochdeutschen Mundart*, 2. Aufl., Leipzig 1793–1801.
Benthien, Claudia und Weingart, Brigitte (Hrsg.): *Handbuch Literatur und visuelle Kultur*, Berlin 2014.
Borgards, Roland; Neumeyer, Harald; Pethes, Nicolas und Wübben, Yvonne (Hrsg.): *Literatur und Wissen. Ein interdisziplinäres Handbuch*, Stuttgart 2013.
Brockhaus. Enzyklopädie in 30 Bänden, 21., völlig neu bearbeitete Aufl., Leipzig und Mannheim 2005–2006.
Brockhaus. Konversations-Lexikon, 14., vollständig neubearbeitete Aufl., Leipzig 1898.
Der Brockhaus. Moderne Kunst, vom Impressionismus bis zur Gegenwart, herausgegeben von der Lexikonredaktion des Verlags F. A. Brockhaus, Mannheim und Leipzig 2003.
Der große Duden. Rechtschreibung der deutschen Sprache und der Fremdwörter, 10., neubearbeitete und erweiterte Aufl., Leipzig 1929.
Der große Duden. Rechtschreibung der deutschen Sprache und der Fremdwörter, Leipzig 1929.
Duden, Konrad: *Orthographisches Wörterbuch der deutschen Sprache*, 7. Aufl., Leipzig und Wien 1903.
Duden. Das Fremdwörterbuch, 8., neu bearbeitete und erweiterte Aufl., herausgegeben von der Dudenredaktion, Mannheim 2005.
Duden. Das Synonymwörterbuch. Ein Wörterbuch sinnverwandter Wörter, 3., völlig neu erarbeitete Aufl., herausgegeben von der Dudenredaktion, Mannheim 2004.
Eisler, Rudolf: *Wörterbuch der Philosophischen Begriffe und Ausdrücke*, Berlin 1899.
Engel, Manfred und Auerochs, Bernd (Hrsg.), *Kafka-Handbuch. Leben – Werk – Wirkung*, Stuttgart und Weimar 2010
Frietsch, Ute und Rogge, Jörg (Hrsg.): *Über die Praxis des kulturwissenschaftlichen Arbeitens. Ein Handwörterbuch*, herausgegeben von, Bielefeld 2013.
Grimm, Jacob und Wilhelm: *Deutsches Wörterbuch*, 16 Bde. in 32 Teilbänden, Leipzig 1854–1961.
Günzel, Stephan (Hrsg.): *Raum. Ein interdisziplinäres Handbuch*, Stuttgart und Weimar 2010.
Hanna, Christian M. und Reents, Friederike (Hrsg.), *Benn-Handbuch. Leben – Werk – Wirkung*, Stuttgart 2016.
Jablonski, Johann Theodor: *Allgemeines Lexikon der Künste und Wissenschaften oder deutliche Beschreibung des Reichs der Natur, der Himmel und himmlischen Cörper, der Luft, der Erde, sammt den bekannten Gewächsen der Thiere, Steine und Erzte, des Meers und der darinne lebenden Geschöpfe*, Königsberg 1748.
Jaeger, Friedrich (Hrsg.), *Enzyklopädie der Neuzeit*, 16 Bde., Stuttgart 2005–2012.
Mainzer, Klaus: *Symmetrien der Natur. Ein Handbuch zu Natur- und Wissenschaftsphilosophie*, Berlin und New York 1988.
Meyers großes Konversations-Lexikon. Ein Nachschlagewerk des allgemeinen Wissens, 6., gänzlich neubearbeitete und vermehrte Aufl., Leipzig 1909.
Meyers Lexikon, 7. Aufl., 12 Bde., Leipzig 1924–1930.
Nübel, Birgit und Wolf, Norbert Christian (Hrsg.), *Robert-Musil-Handbuch*, Berlin und Boston 2016.
Nünning, Ansgar (Hrsg.): *Metzler Lexikon Literatur- und Kulturtheorie. Ansätze – Personen – Grundbegriffe*, Stuttgart und Weimar 2008.

Ruhrberg, Karl: *Kunst des 20. Jahrhunderts*, herausgegeben von Ingo F. Walther, Teil I Malerei, Köln 2000.
van den Berg, Hubert und Fähnders, Walter (Hrsg.), *Metzler Lexikon Avantgarde*, Stuttgart 2009
Warner, Alfred: *Historisches Wörterbuch der Elektrotechnik, Informationstechnik und Elektrophysik. Zur Herkunft ihrer Begriffe, Benennungen und Zeichen*, Frankfurt am Main 2007.
Wetzel, Christoph: *Das Reklam-Buch der Kunst*, Stuttgart 2001.
Wolff, Christian von: *Mathematisches Lexicon Darinnen die in allen Theilen der Mathematik üblichen Kunst-Wörter erkläret, und zur Historie der Mathematischen Wissenschaften dienliche Nachrichten ertheilet, Auch die Schrifften, wo jede Materie ausgefüret zu finden, angeführet werden*, Leipzig 1716.
Zedler, Johann Heinrich: *Grosses vollständiges Universal-Lexicon aller Wissenschafften und Künste*, Halle und Leipzig 1731–1754.

world wide web

Dippold, Katharina: „Mit Lagom werden Sie glücklich wie die Schweden", veröffentlicht am 27. August 2017; https://www.welt.de/icon/partnerschaft/article168011581/Mit-Lagom-werden-Sie-gluecklich-wie-die-Schweden.html.
Doerry, Kurt: „Spielerische Gymnastik", in: *Scherl's Magazin*, 6. Jg., Heft 5, Mai 1930, S. 450–455; https://www.arthistoricum.net/werkansicht/dlf/73359/8/0/.
Förtsch, Michael: „So sieht es aus, wenn Maschinenhirne denken", veröffentlicht am 24. Februar 2017; https://www.gq-magazin.de/auto-technik/articles/so-sieht-es-aus-wenn-maschinenhirne-denken.
Gropius, Walter: „Die Entwicklung moderner Industriebaukunst", in: *Jahrbuch des deutschen Werkbundes: Die Kunst in Industrie und Handel* (1913); https://www.cloud-cuckoo.net/openarchive/Autoren/Gropius/Gropius1913.htm.
https://mathematikalpha.de/mondrian-bilder.
https://www.aesthetische-eigenzeiten.de/.
https://www.bernd-nebel.de/bruecken/index.html.
Kurrer, Karl-Eugen im Gespräch (29. Januar 2016), „Der wirklich geniale Ingenieur ist poetischer Denker", *momentum Magazin*, online unter: https://momentum-magazin.de/de/der-wirklich-geniale-ingenieur-ist-poetischer-denker/.
Muthesius, Herrmann: „Das Formproblem im Ingenieurbau", in: *Jahrbuch des deutschen Werkbundes: Die Kunst in Industrie und Handel* (1913); https://www.cloud-cuckoo.net/openarchive/Autoren/Muthesius/Muthesius1913.htm.

Register

Benn, Gottfried 8–9, 10, 14, 78, 111, 114, 134, 143, 211–236, 238–253, 256, 258–259
Bill, Max 49–50, 119, 124, 127–128, 178, 206

Depero, Fortunato 10, 57, 60–63, 68, 74
Doesburg, Theo van 8, 10, 16–17, 18, 30–34, 51–52, 78–82, 113, 115–118, 120–124, 128–129, 132–136, 138, 143–144, 175, 255

Eyth, Max 10, 42, 44–45, 47, 127, 185

Giedion, Sigfried 5, 10, 12, 84, 86, 94, 99–102, 106–107, 109–111, 123, 135–139, 142–143, 175–176, 185, 204, 207

Hausmann, Raoul 10, 25–26, 121, 143, 146–149, 151, 238
Huelsenbeck, Richard 10, 143–146, 148–150, 238–241, 252, 256

Kafka, Franz 57, 63, 124, 129–131

Le Corbusier 2, 10, 74–78, 84, 106, 120, 132, 134, 143, 188, 207–208, 233
Léger, Fernand 4, 10, 12, 56, 75–78, 110–111, 129, 132–133, 143
Lissitzky, El 10, 27, 48, 69, 82, 122, 127, 131–132, 151, 186, 189, 195–198, 209

Mendelsohn, Erich 10, 58, 65, 68–70, 74–76, 120, 131–132
Moholy-Nagy, László 56, 122–123, 142–143, 178, 204–206
Mondrian, Piet 8–9, 10, 15–23, 26–28, 30–32, 34–36, 38–40, 47, 49–50, 52–54, 57–58, 60, 62–63, 74–76, 78, 81–82, 84, 86, 90–94, 99, 106, 109–123, 125–129, 134, 136, 143–144, 150–151, 153, 164, 189–191, 196, 198–199, 204–205, 207, 212, 221, 225, 229, 241, 244, 255–257
Musil, Robert 1, 10–11, 94, 98–99, 131, 139–142, 222, 247

Ozenfant, Amédée 10, 74, 76–78, 132, 134, 189, 194–195, 208, 233

Rilke, Rainer Maria 58–60, 129–130

Schlemmer, Oskar 8–9, 10, 17, 78, 110, 114–116, 120, 122–123, 133, 143, 152–160, 162–165, 169, 171–179, 182–196, 198–208, 211–212, 221, 225, 230, 232–233, 235–238, 242, 244, 252
Severini, Gino 189, 192–194, 201, 206, 208

Tinguely, Jean 10, 119, 254–256, 258